Sharon Garlough Brown

Weil du mit mir gehst

Über die Autorin

Sharon Garlough Brown ist Pastorin. Gemeinsam mit ihrem Mann leitet sie eine Gemeinde in West Michigan. Ihren reichen Erfahrungsschatz aus vielen Jahren geistlicher Retraiten und Kursen über geistliche Übungen hat sie in diesem Buch meisterhaft eingewoben.

Band 2

Sharon Garlough Brown

Weil du mit mir gehst

Vier Frauen
auf einer Glaubensreise

Roman

Aus dem Amerikanischen von Eva Weyandt

GerthMedien

Unser Gott ist voll Liebe und Erbarmen; er schickt uns den Retter, das Licht, das von oben kommt. Dieses Licht leuchtet allen, die im Dunkeln sind, die im finsteren Land des Todes leben; es wird uns führen und leiten, dass wir den Weg des Friedens finden.

Lukas 1,78–79

Mit Liebe und Dankbarkeit dem Einen gegenüber, der mit mir geht. Und für Anne Schmidt, die nicht vergessen werden soll.

Inhalt

Prolog

Katherine Rhodes stand am Fenster ihres Arbeitszimmers im New Hope-Einkehrzentrum und beobachtete die Wildgänse, die in Keilformation über den wolkenverhangenen Himmel zogen. Eine Schneedecke hätte die trostlose Landschaft aufheitern können, in der das Gras zu einem tristen Braun verwelkt war und ein paar noch nicht geerntete Äpfel wie Schmuckelemente an dem Obstbaum im Nachbargarten hingen. Der Winter im Westen Michigans konnte sehr hartnäckig und zermürbend sein, aber er war auch eine reinigende Jahreszeit, in der alle sichtbaren Zeichen von Leben erstarben und die darunterliegenden Formen in ihrer ausdrucksstarken, ehrlichen und verletzlichen Schönheit zum Vorschein kamen. Es war eine Zeit, in der man dem tiefen inneren Wirken Gottes vertrauen musste, eine Zeit, in der man in der andauernden Dunkelheit nach erwachendem Licht Ausschau halten musste, eine Zeit, in der man voller Hoffnung warten musste, während die Natur in tiefem Schlaf lag.

Ihre Gedanken wanderten zu den Menschen, die kürzlich ihren letzten „Geistliche Reise“-Kurs abgeschlossen hatten. Seit mehr als 20 Jahren führte Katherine nun schon solche Kurse im New Hope-Zentrum durch, und noch immer war es ein Grund zu großer Freude für sie, den Heiligen Geist wirken zu sehen. Immer wieder geriet sie ins Staunen darüber, was alles möglich war. Was für ein Vorrecht, dass sie die Kursteilnehmer, die sich nach einer tieferen Beziehung mit Gott sehnten, auf einer kleinen Wegstrecke dieser Reise begleiten durfte!

Auf einer kleinen *Wegstrecke*. Das war am Ende eines Kurses für sie immer eine große Herausforderung: diese Menschen wieder loszulassen und sie Gott anzuvertrauen. Nach einer sehr intensiven gemeinsamen Zeit, in der Katherine den Kursteilnehmern dabei geholfen hatte, sich in der ungeheuer vielschichtigen Landschaft ihres Innern zurechtzufinden und sie für die sanftesten Regungen des Heiligen Geistes empfänglich zu machen, musste sie nun loslassen. Sie hatte ihnen Mut gemacht, die unermessliche Liebe Gottes anzunehmen und ihnen geraten, sich Begleiter für diese Reise zu suchen. Denn auf dem Weg waren vertrauenswürdige Mitreisende unerlässlich.

Mit einem geflüsterten Gebet öffnete Katherine die Hände und vertraute ihre Teilnehmer der Fürsorge Gottes an. Wieder einmal.

Teil 1

Wachsam sein

~

Ich setze meine ganze Hoffnung auf den Herrn, ich warte auf sein helfendes Wort. Ich sehne mich nach dem Herrn mehr als ein Wächter nach dem Morgengrauen, mehr als ein Wächter sich nach dem Morgen sehnt.
Psalm 130,5–6

1

Meg

Meg Crane hatte die Hände in den Kragen ihres türkisfarbenen Pullovers gesteckt. Eiskalt lagen sie an ihrem Kinn. Seit dem Start hatte die gut gekleidete grauhaarige Dame neben ihr auf Platz 12-B immer wieder abschätzige Blicke in ihre Richtung geworfen. Verstieß sie vielleicht gegen irgendeine ihr unbekannte Flug-Etikette? Dies war schließlich ihr erster Flug. Vielleicht irritierten ihre Nachbarin ja die dunkelroten, verräterischen Flecken, die zweifellos ihren Hals hochkrochen. Warum nur hatte sie keinen Rollkragenpullover angezogen? Ihre schulterlangen aschblonden Locken verdeckten diese Flecken nur dürftig.

Die Frau holte eine pflaumenfarbene Damentasche unter dem Sitz ihres Vordermanns hervor. „In diese Flugzeuge werden neuerdings immer mehr Sitzreihen hineingequetscht“, bemerkte sie. „Flugreisen sind wirklich kein Vergnügen mehr, nicht?“

Meg räusperte sich. „Das ist mein erster Flug.“

„Wirklich? Wie schön für Sie.“

Diese gönnerhafte Bemerkung hatte sie vermutlich verdient. Bestimmt gab es nicht viele Frauen, die mit 46 noch nie in einem Flugzeug gesessen hatten.

„Wohin fliegen Sie?“, fragte die Frau.

„Nach London.“

„Im Ernst? Ich fliege auch nach London! Mit dem heutigen Nachtflug?“ Meg nickte. Die Frau nahm ihr Flugticket aus ihrer Tasche. „Flug 835 um 19 Uhr?“

„Ja.“ Meg hatte ihr Ticket schon so oft studiert, dass sie die Daten auswendig kannte.

„Das ist ja was! Die Welt ist doch wirklich klein!“ Sie spielte mit dem herzförmigen Medaillon an ihrer goldenen Kette. „Ich bringe etwas von der Asche meines Mannes nach London. Ich will sie in der Westminster Abbey verstreuen.“

Sie trug ihren Mann in einem Medaillon mit sich herum? So etwas hatte Meg noch nie gehört. War es überhaupt erlaubt, einfach so die Asche eines Menschen zu verstreuen? Meg konnte sich das nicht vorstellen.

Die Frau beugte sich zu ihr herüber. „Vor seinem Tod hat mein Mann eine Liste geschrieben – nicht mit den Dingen, die er noch tun wollte, bevor er stirbt, sondern mit den Orten, die er *nach* seinem Tod besuchen wollte. Seitdem reise ich nun durch die ganze Welt und verstreue seine Asche. Beim Tatsch Mahal, im Grand Canyon, in Paris – ganz oben von der Spitze des Eiffelturms! Meine Tochter findet das makaber, aber ich habe ihr gesagt: ‚Makaber wäre es, wenn ich mich im Haus einschließen, mir alte Fotos anschauen und mir bei einem Gin Tonic die Augen aus dem Kopf heulen würde.‘ In diesem Monat steht also London auf dem Programm und im nächsten Frühling der bolivianische Regenwald. Im kommenden Sommer will ich über den Inka-Trail nach Machu Picchu wandern. Mein Mann hatte immer gehofft, wir könnten diese Reise gemeinsam unternehmen, aber der Krebs kam uns dazwischen. Darum werde ich ein wenig von seiner Asche dort auf der Bergspitze inmitten der alten Ruinen verstreuen.“

Meg reagierte mit einem höflichen Lächeln und einem „Hm“, bevor sie einen neidischen Blick auf die allein reisenden und schweigenden Passagiere auf der anderen Seite des Ganges warf, die durch die Bücher vor ihrer Nase ganz klar das Signal aussandten: „Bitte nicht stören." Megs Bücher steckten in ihrem Handgepäck, das jetzt sicher verstaut im Gepäckfach über ihren Köpfen lag. Gerade als sie nach dem Flugmagazin greifen wollte, kam die Flugbegleiterin mit dem Getränkewagen vorbei. „Möchten Sie etwas trinken?" Sie reichte ihnen eine kleine Tüte mit Snackbrezeln.

„Ein Ginger Ale, bitte", erwiderte Meg. Vielleicht würde das ihren nervösen Magen ein wenig beruhigen.

„Ich nehme eine Bloody Mary." Die Frau öffnete ihre Geldbörse und wandte sich wieder Meg zu. „Wohnen Sie in Kingsbury?"

Meg nickte.

„Sie kommen mir so bekannt vor. Ich überlege schon die ganze Zeit, woher ich Sie kenne. Sind wir uns vielleicht schon mal begegnet?"

„Das glaube ich nicht." Ganz bestimmt wäre ihr eine so redselige Frau im Gedächtnis geblieben.

„Sind Sie im Elternbeirat der Schule?"

„Nein."

„Im Fitnessstudio in der Petersborough Road?"

„Nein."

„Die Frage wird mir keine Ruhe lassen, bis ich eine Antwort gefunden habe."

„Vielleicht sind wir uns schon einmal in der Kirche begegnet? Das wäre eine Möglichkeit."

„Ganz bestimmt nicht." Die Frau zog die Augenbrauen zusammen. „Im Kunstmuseum, in der Konzerthalle oder vielleicht im Gartenklub?"

„Ich fürchte nein."

Die Frau schnippte mit den Fingern. „Ich hab's!"

Meg legte fragend den Kopf zur Seite.

„Sie sehen einer Frau ähnlich, mit der mein Mann vor Jahren zusammengearbeitet hat. Beverly irgendwas. Beverly, Beverly, Beverly … Beverly Reese! Sie sind nicht zufällig mit einer Beverly Reese verwandt, oder?"

„Nein, tut mir leid. Dieser Name sagt mir nichts."

Die Frau strich mit der linken Hand über ihre Wange und ihren Hals. In der rechten hielt sie ihr Getränk. „Sie erinnern mich an sie, weil sie auch so helle Haut hatte und dieselben Flecken bekam wie Sie, wenn sie nervös war. Haben Sie es eigentlich mal mit Akupunktur versucht?"

„Äh … nein." Wie lange dauerte der Flug nach New York?

„Ich glaube, bei ihr hat Akupunktur geholfen. Und Yoga. Das ist nur so eine Idee." Sie drückte den Knopf und stellte die Rückenlehne ihres Sitzes nach hinten. „Was führt Sie denn nach London?"

Ganz vorsichtig riss Meg ihre Brezeltüte auf. Sie wollte nicht, dass das Gebäck in alle Richtungen flog. „Meine Tochter studiert dort englische Literatur im ersten Semester."

„Aha. Was für eine tolle Gelegenheit für sie."

„Ja."

„Und wie lange werden Sie bleiben?"

Dass sie ausgerechnet neben dieser Frau sitzen musste! „Ein paar Wochen. Über Weihnachten."

„Weihnachten in London ist wunderschön. Werden Sie direkt in der Stadt wohnen?"

„Ganz in der Nähe des Colleges."

„Wie schön für Sie."

Ja, es würde ein Erlebnis werden. Seit Wochen träumte Meg nun schon von diesem Besuch. Und auch während des Fluges hatte sie ganz in Ruhe daran denken und sich alles vorstellen wollen. Langsam und bedächtig kaute sie eine Brezel.

Ohne auch nur einmal Luft zu holen, erzählte ihre Sitznachbarin sehr ausführlich von ihrer Familie: Sie selbst hieß Jean, ihre Tochter war Schauspielerin und nicht verheiratet. Sie hatte gerade in einer Broadway-Produktion mitgewirkt. Ihr Mann war an Bauchspeicheldrüsenkrebs gestorben und ihr Sohn machte gerade eine überaus schwierige Scheidung durch. „Ich wusste von Anfang an, dass diese Ehe nicht halten würde", sagte sie. „Wenigstens haben sie keine Kinder. Diese Frau war ein Albtraum. Ein absoluter Albtraum. Ich bin froh, dass er endlich aufgewacht ist und die Reißleine gezogen hat."

Irgendwann döste Jean dann endlich ein – ob nun wegen des Alkohols oder weil sie das Interesse an dieser doch recht einseitigen Unterhaltung verloren hatte, konnte Meg nicht sagen. Vorsichtig, um sie nicht aufzuwecken, suchte sie sich eine andere Sitzposition und zog ihre Schuhe aus.

Ihre Laufschuhe.

Wie weit war sie seit dem vergangenen September gekommen, als sie Hannah, Mara und Charissa im New Hope-Einkehrzentrum kennengelernt hatte. Was für ein Weg lag hinter ihr. Sie hatten zufällig alle an einem Tisch in der hintersten Ecke gesessen, und Meg hatte ihre hohen Absätze als Vorwand genutzt, um nicht durch das Gebetslabyrinth laufen zu müssen. „Ich fürchte, meine Schuhe sind nicht wirklich dafür geeignet", hatte Meg sich entschuldigt. „Ich hatte die ‚geistliche Reise' nicht so wörtlich verstanden."

Im Laufe der vergangenen drei Monate waren sie dem Herzen Gottes ein Stück nähergekommen – wenn auch manchmal nur mit zögernden und unsicheren Schritten. Meg hatte jede Einzelne von ihnen lieben und schätzen gelernt: Mara, die Ehefrau, Mutter von drei Söhnen und baldige Großmutter, Charissa, die verheiratete Doktorandin, die gerade herausgefunden hatte, dass sie schwanger war, und Hannah, die Pastorin, die eine neunmonatige Sabbatzeit von ihrer Gemeinde in Chicago verordnet bekommen hatte.

Alle drei hatten sie zum Flughafen begleitet, mit ihr gebetet und ihr Mut zugesprochen – was Meg sehr gefreut hatte. Ihre Gefährtinnen auf dieser geistlichen Reise waren wirklich ein großes Geschenk für sie!

„Es wird ein schrecklich langer Monat werden, bis wir alle wieder zusammen sind“, hatte Mara geseufzt, als sie in der Abflughalle noch einen Kaffee miteinander getrunken hatten. „Ich möchte nicht aus der Übung kommen, versteht ihr? Ich hoffe nur, dass ich wenigstens ein *bisschen* von all dem behalten kann, was ich im Kurs gelernt habe. Ich und mein Wechseljahrgedächtnis! Also erinnert mich bitte, okay?“

„Mich auch“, warf Charissa ein. „Ich habe eine ganze Liste mit geistlichen Übungen aufgeschrieben, die ich weiterhin praktizieren möchte. Aber in dieser Phase des Semesters, wo Abschlussarbeiten geschrieben werden müssen und Projekte abzuschließen sind, kann ich schlecht loslassen und mein Perfektionismus nimmt wieder überhand. In letzter Zeit konnte ich kaum etwas von der Liste umsetzen. Im Moment versuche ich einfach nur, heil durch den Tag zu kommen.“

„Dann fang doch etwas kleiner an“, schlug Hannah vor. „Such dir eine Sache aus, die dir dabei hilft, trotz der Hektik mit Gott in Verbindung zu bleiben. Und nach und nach kannst du dann vielleicht noch weitere Übungen einbauen.“

„Wenn es nur so einfach wäre“, stöhnte Charissa. „Es geht ums Loslassen, darum, die Kontrolle abzugeben. Ich weiß nicht, ob ich das jemals schaffen werde. Vielleicht werde ich mein Leben lang ein Kontrollfreak bleiben.“

„Aber wenigstens hast du deine Schwachstelle erkannt“, bemerkte Mara. „Das ist doch schon mal ein Fortschritt! Auch wenn du den Eindruck hast, dass es nur langsam vorwärtsgeht.

Ich persönlich muss mir immer vor Augen halten, dass es in Ordnung ist, wenn ich zwei Schritte vor und dann wieder einen zurück mache. Natürlich habe ich manchmal den Eindruck, dass es nur ein paar winzig kleine Schritte nach vorn geht und dann wieder ein paar Riesenschritte zurück. Und mir wird immer noch schwindelig, weil ich ständig im Kreis herumlaufe und dieses alte Gepäck einfach nicht loswerden kann."

Meg hatte daraufhin einige der Gebetsanliegen ihrer Freundinnen in ihrem Tagebuch notiert: Charissa wünschte sich Gelegenheiten, um anderen zu dienen und ihren Mitmenschen gegenüber ihre Liebe zum Ausdruck zu bringen. Mara sehnte sich nach Gottes Frieden und nach einem ausdauernden Glauben, und sie brauchte Kraft für die ständigen Auseinandersetzungen mit ihrem Mann und ihren beiden Söhnen im Teenageralter, und Hannahs Wunsch war es, endlich zur Ruhe zu kommen und sich gut in ihre neue Beziehung einzufinden.

„Und du, Meg?", fragte Mara. „Wie können wir für dich beten?"

„Was ich gerade besonders gut gebrauchen kann ist Hoffnung", erwiderte Meg. „Hoffnung im Hinblick auf meine Reise und meine Zeit mit Becca. Gestern haben wir im Gottesdienst eine Adventskerze angezündet – die Hoffnungskerze. Der Pastor betonte in diesem Zusammenhang, dass ‚Hoffnung' im christlichen Sinne nicht bedeuten würde, sich einfach nur Dinge von Gott zu wünschen, sondern vielmehr darauf zu vertrauen, dass Gott treu ist, egal, was passiert." Sie hatte sich einige Sätze aus der Predigt aufgeschrieben, die sie nicht vergessen wollte: *Unsere Hoffnung ist nicht ungewiss. Die Hoffnung eines Christen passt sich nicht an die Umstände an. Zu hoffen bedeutet, darauf zu vertrauen, dass Gottes guter und liebevoller Plan für uns niemals vereitelt werden kann, egal, wie die Situation uns auch erscheinen mag.*

„Ich werde jeden Tag für dich beten, meine Freundin", hatte Mara versprochen.

Meg wusste, dass sie das auch ernst meinte.

Sie ließ mehrmals ihre Füße kreisen und stellte ihre Rückenlehne in Liegeposition. Ihre Sitznachbarin schnarchte leise. Megs Blick blieb an ihrem Medaillon hängen. Sie hatte sich über die Frau gewundert, weil sie die Asche ihres verstorbenen Mannes mit sich herumtrug, und dabei ganz vergessen, dass auch sie einen Teil ihres Mannes bei sich trug. Jims letzte Karte steckte in ihrem Handgepäck. Es war jene Karte, die er ihr an dem Tag geschrieben hatte, als sie beim Ultraschall zum ersten Mal ihr Baby gesehen hatten. Auf der Karte hatte er geschrieben, wie sehr er Meg und ihr ungeborenes Kind liebe, wie sehr er sich darauf freue, Vater zu werden und dass Meg ganz bestimmt eine wundervolle Mutter sein würde. Aber nur wenige Wochen später war Megs Welt in sich zusammengebrochen, als Jims Wagen auf einer vereisten Straße ins Schleudern geriet und gegen einen Baum prallte. Als Meg im Krankenhaus eintraf, war er bereits gestorben. An Heiligabend brachte Meg schließlich ihr Baby zur Welt, ein hübsches Mädchen mit den großen, sanften Augen seiner Mutter – so, wie Jim es sich gewünscht hatte. Und jetzt wurde dieses kleine Mädchen schon 21 Jahre alt und Meg würde diesen Tag gemeinsam mit ihr in England verbringen können.

Es gab so viel zu feiern, so viel zu erzählen.

Nach Jims Tod hatte Meg die Erinnerungen an ihn aus ihrem Leben verbannt, weil sie sonst nicht hätte weiterleben können. Und weil sie sich nicht vorstellen konnte, Becca allein großzuziehen, gab sie ihr geliebtes Zuhause auf und kehrte dorthin zurück, wo sie ihre Kindheit verbracht hatte – an einen Ort, wo keine Tränen geduldet wurden.

Ihr Vater war gestorben, als Meg vier Jahre alt war. Ihre Mutter akzeptierte weder Schwäche noch Selbstmitleid und sie stellte Meg vor die Wahl: Wenn sie unter ihrem Dach leben wollte, müsste sie sich zusammenreißen und ihr Leben in den Griff bekommen. Aus Angst, unter der Last zusammenzubrechen, verdrängte Meg ihre Trauer und fügte sich den Forderungen ihrer Mutter, so gut sie konnte. Becca hingegen lernte schon früh im Leben, dass es ihre Mutter traurig machte, wenn sie nach ihrem Papa fragte, weshalb sie nach einer Weile ganz damit aufhörte. Die Jahre zogen ins Land, als hätte Jim nie existiert.

Doch nachdem Meg 21 Jahre lang jeden Gedanken an Jim verdrängt hatte, war sie seit Kurzem nun endlich wieder in der Lage, ihre Trauer zuzulassen. Auch wenn es schwierig war, den Schmerz über seinen Tod auszuhalten, so konnte sie die Erinnerungen an ihr glückliches Leben dennoch zulassen. Und einige dieser Erinnerungen wollte sie nun mit ihrer Tochter teilen. Becca sollte erfahren, wie sehr ihr Vater sie geliebt hatte – ohne sie je persönlich kennengelernt zu haben. Sie wollte Becca in die Augen schauen und ihr sagen, wie leid es ihr tue, dass sie ihr den eigenen Vater vorenthalten hatte, und wie sehr sie sich wünsche, sie hätte sich anders verhalten. Jetzt, wo Meg die Erinnerung an Jim wieder zulassen konnte, hoffte sie, dass er dadurch auch für Becca „lebendig" werden würde.

Hoffnung. Da war sie schon wieder.

Während des Gottesdienstes hatte Meg ihren Blick auf die flackernde Hoffnungskerze gerichtet und im Gebet alles vor Gott gebracht: die Ängste, die sie jahrelang gelähmt hatten, die Schuldgefühle, die sie innerlich zerrissen, und die Sehnsüchte, die Gott in ihr hatte wachsen lassen. Katherine, Hannah, Mara und Charissa hatten sie während der ersten Schritte auf ihrer „Reise" begleitet. Nun gab es weitere Schritte zu tun.

In England.

Jim wäre so stolz auf sie, wenn er wüsste, dass sie gerade in einem Flugzeug den Ozean überquerte. Und er wäre stolz auf seine selbstbewusste und lebensfrohe Tochter, die zum Glück vor den Ängsten ihrer Mutter verschont geblieben worden war. *Danke, Gott.* Mit einem zufriedenen Seufzen lehnte Meg ihren Kopf ans Fenster und schloss die Augen. Das leise Summen der Triebwerke ließ sie schließlich einschlafen.

Charissa

Charissa Sinclair wickelte eine Strähne ihrer langen dunklen Haare um ihren Finger und lauschte dem rhythmischen Quietschen der Scheibenwischer. Wieso kam John zu spät? Sie stand bereits seit sieben, nein acht Minuten mit laufendem Motor vor dem Bürogebäude und jetzt wollte sie ihn auch nicht mehr ausschalten.

Na los, komm schon!

Sie hätte sich niemals drei Stunden freinehmen dürfen – und schon gar nicht gegen Ende des Semesters! Aber sie meinte es wirklich ernst mit ihrem Wunsch, sich nicht mehr nur um sich selbst zu drehen, und darum hatte sie beschlossen, sich eine Pause von der Arbeit an ihrem Referat zu gönnen und zum Flughafen zu fahren, um Meg persönlich zu verabschieden. Anschließend hatte sie mit Mara noch einen Happen zu Mittag gegessen. Bis vor Kurzem war Mara für sie nur eine übergewichtige Hausfrau mittleren Alters mit einer schillernden Vergangenheit gewesen, mit der sie rein gar nichts gemeinsam hatte.

Wie man sich doch täuschen konnte!

Eine Gemeinsamkeit gab es nämlich doch, und zudem eine nicht ganz unerhebliche – auch wenn es Charissa schwerfiel, dies zuzugeben. Sie beide brauchten Gnade. Zu dieser Erkenntnis war Charissa in den vergangenen Monaten während des Kurses gekommen. Und es war keine leichte Erkenntnis für sie gewesen.

Außerdem hatte sie festgestellt, dass sie eigentlich ganz gern Zeit mit Mara verbrachte. Obwohl sie in ihrer Ausdrucksweise manchmal recht derb war und ihr gelegentlich auch das nötige Taktgefühl fehlte, hatte Mara mit ihren kastanienrot gefärbten Haaren, ihrer grellen Kleidung und dem auffälligen Modeschmuck das Herz dennoch am richtigen Fleck. „Wann immer du etwas brauchst, ruf mich an", hatte Mara beim Mittagessen gesagt. „Deine Mutter wohnt doch so weit weg. Ich könnte eine, wie sagt man doch gleich …?"

„Ersatzmutter?"

„Ja genau, ich könnte deine Ersatzmutter sein. Oder eine Ersatzoma für dein Baby. Ich liebe Babys!"

Dies war ein weiterer Punkt, in dem sie sich voneinander unterschieden. Charissa hatte nie viel für Babys übriggehabt. Als Einzelkind hatte sie keine jüngeren Geschwister gehabt und auch im Teenager-Alter nie als Babysitterin gearbeitet. Während ihre Freundinnen viele Stunden in Erste-Hilfe- und Babysitter-Kurse investierten, hatte Charissa lieber in ihre Zukunft investiert. „Es ist wichtig, dass du dich auf das Lernen konzentrierst", hatte ihr Vater ihr immer eingebläut. „Um alles andere kümmern sich deine Mutter und ich."

Und jetzt war die Zukunft, auf die sie so zielstrebig hingearbeitet hatte, durch eine ungeplante Schwangerschaft gefährdet worden. Sie hatte ihr Doktorandenprogramm für englische Literatur an der Universität von Kingsbury bereits zur Hälfte hinter sich gebracht, und trotz Professor Allens Beteuerungen, das Programm könne flexibel gestaltet und an ihre Bedürfnisse angepasst werden, hatte Charissa schlicht und ergreifend keine Lust darauf, einen Umweg in Kauf zu nehmen.

Ein Klopfen an die Fensterscheibe ließ sie zusammenzucken, und als sie sich umdrehte, blickte sie in das strahlende Gesicht ihres Mannes. „Steig auf der anderen Seite ein!", rief sie ihm zu und deutete auf die Beifahrerseite. Er rannte um den Wagen herum und sprang ins Auto.

„Ich habe genug vom Regen. Es ist Dezember! Wann kommt denn endlich der Schnee?“ John beugte sich vor und drückte ihr einen Kuss auf die Wange. „Entschuldige die Verspätung. Ich hatte noch ein wichtiges Telefongespräch.“ Charissa fuhr schon los, während er sich noch anschnallte. „Hattest du einen guten Tag?“, fragte er.

In letzter Zeit war es schon „ein guter Tag“ für Charissa gewesen, wenn sie ein paar Bissen hatte zu sich nehmen können, ohne dass ihr übel wurde. In dieser Hinsicht war dieser Tag also recht gut gelaufen. „Ich hätte den Nachmittag vielleicht lieber für die Überarbeitung meines Referats nutzen sollen.“

„Du hast doch das ganze Semester über an diesem Referat gearbeitet. Ich dachte, es wäre längst fertig.“

„Das war doch nur der erste Entwurf. Ich muss ihn noch gründlich überarbeiten.“ Und dafür blieben ihr inzwischen weniger als zwei Wochen. Dr. Gardiner hatte ihren Studenten ans Herz gelegt, ihre Abschlussreferate sehr gründlich vorzubereiten, und Charissa war entschlossen, auf jede mögliche Frage ihrer Kommilitonen oder der Prüfungskommission eine Antwort zu haben. Solche Referate konnte man gar nicht gut genug vorbereiten.

„Du wirst das wie immer großartig machen“, sagte John. „Wie war's mit Meg?“

„Sie war nervös und ziemlich aufgeregt. Aber wenn sie erst mal in London ist, wird sie sicher eine tolle Zeit haben.“ An der Kreuzung setzte Charissa dazu an, nach links abzubiegen.

„Bieg nach rechts ab, okay?“, bat John.

Charissa runzelte die Stirn. „Warum?“

„Vertrau mir. Bieg einfach rechts ab.“

„Wozu?“

„Tu mir einfach den Gefallen, okay? Es wird nicht lange dauern, versprochen!"

„Ich habe dir doch gesagt, dass ich heute bereits meinem Arbeitspensum hinterherhinke –"

„Und das hier wird maximal eine halbe Stunde dauern. Bieg rechts ab und an der nächsten Ampel dann links."

Charissa zögerte und setzte schließlich mit einem übertriebenen Seufzer den Blinker nach rechts. „Wo fahren wir hin?"

„Das ist eine Überraschung."

„Ich *hasse* Überraschungen."

„Ich weiß."

Sie folgte seinen Anweisungen und schließlich gelangten sie in einen Vorort von Kingsbury. „Okay, wir suchen den Columbia Court." John drückte sein Gesicht an die Fensterscheibe. „Da!" Er deutete auf ein Stoppschild. „Bieg rechts ab und fahr langsam weiter." Charissa fuhr bereits langsam und bremste sichtlich übertrieben ab, um anschließend im Schneckentempo weiterzukriechen. John schien es nicht bemerkt zu haben. „464 ... 468 ... 472 – okay, da ist es: Nummer 480! Dort, wo das „Zu verkaufen"-Schild steht. Los, bieg in die Einfahrt ein."

Charissa parkte den Wagen hinter einer schwarzen Limousine. John beugte sich vor. „Und? Wie findest du es?"

Charissa starrte auf den hübschen beigefarbenen Bungalow im Ranch-Stil. „Was soll das? Wem gehört dieses Haus?"

Er grinste sie verschmitzt an. „Möglicherweise bald schon uns. Also, wie findest du es?"

„Was redest du da?"

„Nun, du weißt doch, dass wir in letzter Zeit öfter mal darüber nachgedacht haben, ob wir uns ein eigenes Haus leisten könnten."

Wollte er es einfach nicht kapieren? In den vergangenen Wochen hatten sie dieses Gespräch schon mehrmals geführt, und sie hatte keine Lust, es noch einmal zu tun. Sie erinnerte ihn daran, dass ein Hauskauf für sie beide einfach nicht drin war – und schon gar nicht, wenn das Haus in einem derart guten Viertel lag.

„Ich weiß", erwiderte er. „Aber ich habe heute mit meinen Eltern telefoniert. Wir haben über das Baby gesprochen, und ich habe ihnen gesagt, dass unsere Wohnung eigentlich zu klein ist. Und als ich erwähnte, dass wir uns vielleicht eine größere Wohnung suchen müssen, bot mein Vater an, uns bei der Anzahlung für ein eigenes Haus zu unterstützen."

Charissa starrte ihn verblüfft an. „Soll das ein Witz sein?"

„Würde ich bei so etwas scherzen?"

„Eine Anzahlung. Für ein Haus."

Er strahlte sie an. „Du weißt doch, wie sehr sie sich auf ihr Enkelkind freuen. Und sie wollen uns helfen. Du wirst ihr Angebot doch wohl nicht aus lauter Stolz ablehnen, oder?"

„Nein – natürlich nicht – es ist nur –"

Er griff nach ihrer Hand. „Hör zu. Deine Eltern sind vielleicht nicht begeistert davon, ein Enkelkind zu bekommen. Aber das heißt noch lange nicht, dass andere Menschen genauso empfinden müssen!"

„Nicht begeistert" war eine leichte Untertreibung im Hinblick auf die Reaktion, mit der ihre Eltern die Nachricht von Charissas Schwangerschaft aufgenommen hatten. Und um ehrlich zu sein: Über ihre eigenen Gefühle wollte Charissa lieber gar nicht erst reden. Wenigstens hatte sie mittlerweile den ersten Schock überwunden und zu einer einigermaßen gesunden Haltung gegenüber ihrer Schwangerschaft gefunden, die, so hoffte sie, irgendwann vielleicht sogar in Dankbarkeit und Freude umschlagen würde.

Die Haustür wurde geöffnet und eine gut gekleidete Frau winkte sie herein. Charissa runzelte die Stirn. „John, was soll das jetzt bedeuten?"

Er zuckte die Achseln. „Na ja, nach dem Gespräch mit meinem Vater habe ich ein wenig im Internet gesucht, und als ich auf dieses Haus gestoßen bin, konnte ich einfach nicht widerstehen. Ich habe also gleich im Maklerbüro angerufen und einen Termin vereinbart."

Ihr erster Impuls, ihm Vorwürfe zu machen, weil er sie unter einem Vorwand hierhergelockt hatte, ließ augenblicklich nach, als Charissa sich ausmalte, was das großzügige Geschenk seiner Eltern für sie bedeuten würde. Zwar würden sie von Johns Gehalt gut leben können, bis sie ihre Doktorarbeit geschrieben hatte, und sie hatten gerade sogar damit begonnen, ein wenig Geld für ein eigenes Haus zur Seite zu legen. Doch dieses unerwartete Geschenk veränderte alles.

„Was, wenn ich darauf bestanden hätte, links abzubiegen?", fragte Charissa.

„Ich kann ziemlich überzeugend sein."

„Hm", erwiderte sie, während sie im Rückspiegel ihr Make-up überprüfte. „Wir werden sehen."

~

Charissas Bemühungen, während der Besichtigung auf nonverbale Art mit John zu kommunizieren, scheiterten kläglich. Ihrer Meinung nach wäre es nämlich eine gute Strategie gewesen, etwas verhaltener zu reagieren, doch seine Begeisterung war nicht zu übersehen: Die drei Schlafzimmer waren sehr geräumig. Vom Wohnzimmer führte eine Tür auf eine große Terrasse und die Küche war erst vor Kurzem neu eingerichtet worden. Nachdem Charissa über Jahre hinweg in Studentenwohnheimen gelebt hatte und nun mit John ein kleines Zweizimmerapartment bewohnte, kam ihr dieses Haus mit seinen 185 Quadratmetern wie ein regelrechter Palast vor. „Im Keller gibt es außerdem noch eine große Waschküche", erklärte die Maklerin.

John stieß Charissa mit dem Ellbogen in die Seite. Sie beklagte sich häufig darüber, dass sie die Wäsche immer über mehrere Etagen in den winzigen, muffigen Keller tragen musste. „Kein Kellerverlies mehr", schwärmte John. „Lass uns unterschreiben!"

„Heute Abend werden wir ganz gewiss noch nicht unterschreiben", verkündete Charissa – wobei sie dies nicht nur an John richtete, sondern vor allem an die Maklerin.

„Oh, natürlich nicht", erwiderte diese. „Fahren Sie nach Hause und schlafen Sie eine Nacht darüber. Und wenn Sie ein Angebot abgeben möchten, dann rufen Sie mich einfach morgen früh an. Ihnen ist sicher bewusst, dass es noch andere Interessenten für dieses Objekt gibt. Und ich habe das Gefühl, dass uns dieses Haus regelrecht aus den Händen gerissen werden wird."

„Ich spüre bei dir keine große Begeisterung, Riss", sagte John, als sie den Wagen auf die Straße zurücksetzte. „Was hast du an dem Haus auszusetzen?"

„Ich kann nicht behaupten, dass es mir nicht gefallen würde. Aber du hast den ganzen Tag Zeit gehabt, darüber nachzudenken, und ich wurde vollkommen überrumpelt. Du weißt doch, dass ich mich mit Entscheidungen schwertue." Das klang viel ärgerlicher, als sie beabsichtigt hatte. „Entschuldige bitte, das war nicht so gemeint. Aber ich möchte nichts überstürzen, okay?"

„Ich weiß, ich weiß. Seit meine Eltern ihre Hilfe angeboten haben, habe ich hin und her gerechnet. Wenn sie uns bei der Anzahlung unter die Arme greifen, könnten wir uns das Haus leisten, Riss. Ich bin wirklich der Meinung, wir sollten zugreifen. Findest du nicht auch, dass es perfekt für uns wäre?"

John schwärmte noch die gesamte Heimfahrt über von dem Haus, und auch während des Abendessens und beim anschließenden Geschirrspülen konnte er seine Begeisterung kaum für sich behalten. Charissa hingegen war damit beschäftigt, die

Fußnoten und das Quellenverzeichnis für ihr Referat zusammenzustellen. John hatte sich zwischenzeitlich zu ihr gesetzt und suchte im Internet nach Fotos des Hauses, bombardierte sie mit Fragen und entschuldigte sich anschließend sofort wieder, weil er sie bei der Arbeit gestört hatte. Dann informierte er sie über die Umgebung und die Bewertung der Schulen in dieser Wohngegend. Es hatte einfach keinen Zweck! Charissa speicherte die Änderungen in ihrem Dokument ab und klappte den Laptop zu.

„Entschuldige", sagte er. „Ich halte jetzt den Mund."

„Nein – du hast ja recht. Ruf deinen Vater an und frag ihn, was er von dem Angebot hält."

„Wirklich?"

„Ja. Ruf ihn an."

„Aber gefällt es dir denn wirklich?"

„Es ist toll, John. Lass uns überlegen, wie viel wir bieten wollen. Sprich mit deinem Vater und frag ihn nach seiner Meinung." Hatte sie tatsächlich gerade einem Hauskauf zugestimmt?

John sprang von seinem Stuhl auf und umarmte sie. „Ich hatte direkt ein gutes Gefühl, als wir das Haus betreten haben. Ging es dir nicht auch so?"

Im Gegensatz zu ihrem Mann hatte Charissa nicht viel übrig für Entscheidungen, die aus dem Bauch heraus getroffen wurden. Doch ihr sorgfältiges, pragmatisches Ich war schnell zu dem Schluss gekommen, dass die Vorteile alle Nachteile, die ihr im Laufe der nächsten Tage vielleicht noch in den Sinn kämen, weit überwiegen würden. Hatte sie nicht gerade erst ihren Freundinnen am Flughafen anvertraut, dass sie sich wünschte, ihren Kontrollzwang in den Griff zu bekommen? Vielleicht war dies ja das passende Übungsfeld. Oder um es in Dr. Allens Worten auszudrücken: Vielleicht war es an der Zeit, die Segel zu setzen, sich in den Wind zu legen und abzuwarten, wohin er sie tragen würde.

Hannah

Hannah Shepley und Nathan Allen saßen im Timber Creek Inn und waren gerade mit ihrer Vorspeise beschäftigt, als Hannahs Mobiltelefon klingelte. Es war Meg, die doch eigentlich schon im Flugzeug nach London sitzen sollte. „Bestimmt ist irgendwas passiert", meinte Hannah.

„Nimm den Anruf ruhig entgegen!", forderte Nathan sie auf.

Hannah legte den angebissenen Mozzarella-Stick aus der Hand. „Hallo, Meg, ist alles in Ordnung?"

„Hannah, es tut mir so leid, dass ich dich stören muss. Bist du gerade mit Nathan beim Abendessen?" Megs helle Sopranstimme klang noch eine Nuance höher als gewöhnlich und es lag noch ein kleines zusätzliches Vibrato darin.

„Ja, aber das ist kein Problem. Mach dir keine Gedanken", erwiderte Hannah. „Wo bist du?"

„Am Flughafen in New York. Wir werden gleich wieder starten. Ich störe dich nur ungern, aber ich habe plötzlich Panik bekommen. Ich weiß nicht mehr, ob ich die Haustür abgeschlossen habe, als ich weggefahren bin. Und heute Morgen habe ich noch gebügelt –"

Hannah formte mit dem Mund die Worte *Alles gut* und sagte zu Meg: „Kein Problem. Ich schaue nach, sobald wir mit dem Essen fertig sind."

„Wirklich? Vermutlich habe ich mich da in etwas hineingesteigert."

„Ist schon okay. Du brauchst dir keine Sorgen zu machen. Wie war dein erster Flug?" Hannah drückte das Telefon noch fester ans Ohr, um Meg trotz des Flughafenlärms verstehen zu können.

„Ganz okay. Ich habe neben einer Frau gesessen, die auch nach London unterwegs ist, und sie hat mir geholfen, mich im Flughafen zurechtzufinden. Das war sehr hilfreich."

„Das freut mich! Sag mir Bescheid, wenn du in London angekommen bist, okay? Und mach dir keine Sorgen wegen des Hauses. Ich werde alle paar Tage vorbeifahren."

„Danke. Und denk an mein Angebot. Du kannst auch gerne dort übernachten, wenn du abends mal nicht mehr zum See zurückfahren möchtest, okay?"

Sie verabschiedeten sich und Hannah wandte ihre Aufmerksamkeit wieder Nathan zu. Das Kerzenlicht spiegelte sich in seinen Brillengläsern. Für einen kurzen Moment konnte Hannah in seinen dunklen Augen eine Miniaturausgabe ihrer selbst erkennen. Wenigstens hatte sie sich ein wenig von ihrer Erschöpfung erholt. Die Sabbatzeit von ihrem Pastorenamt zeigte allmählich die gewünschte Wirkung, und sie hatte tatsächlich gelernt, sich auszuruhen – nicht nur körperlich und geistig, sondern auch geistlich und emotional.

„Was ist los?", fragte Nathan. Sein Zeigefinger lag an seinem gepflegten grauen Kinnbart.

Hannah hatte sich immer noch nicht an die Intensität seines zumeist sehr eindringlichen und scharfsinnigen Blickes gewöhnt, aber jetzt lag nichts als uneingeschränkte Zuneigung darin. „Nichts Schlimmes."

Sie tunkte das angebissene Ende ihres Mozzarella-Sticks in das Schälchen mit der Soße. Mit ihm in dasselbe Schälchen zu dippen war ungewohnt für sie. Es war etwas Intimes, das ihrer Meinung nach Ehepaaren vorbehalten sein sollte, oder zumindest Paaren, die länger als zwei Wochen zusammen waren. Nathan dagegen hatte keine Vorbehalte und tunkte seine Sticks ohne Scheu in die Soße. „Sie ist sich nicht sicher, ob sie das Haus abgeschlossen hat. Ich fahre heute Abend noch mal kurz vorbei – nur zur Sicherheit."

„Ich begleite dich."

„Nein, das ist nicht nötig. Ich komme schon klar."

Er streckte die Hand aus und legte sie auf ihre linke Hand. „Das stelle ich auch gar nicht infrage, Hannah. Ich verbringe einfach gerne Zeit mit dir."

Sie errötete. Mit ihren knapp 40 Jahren war sie es gewohnt, auf eigenen Beinen zu stehen, und auch wenn sie und Nate vor langer Zeit einmal gute Freunde gewesen waren, war eine romantische Beziehung noch immer unbekanntes Terrain für sie. „Nun, wenn das so ist", erwiderte sie und schaute ihm in die Augen, „wie könnte ich dein Angebot dann ablehnen?"

„Gut. Ach, da fällt mir ein …" Er zog einen Zettel aus seiner Jackentasche.

„Was ist das?"

„Jake hat für dich eine Liste mit Dingen zusammengestellt, die du hier in der Gegend unternehmen kannst."

Hannah nahm die Liste, las sie durch und lachte leise auf. „Eine Schneemobilfahrt?"

„Ist das nichts für dich? Dann lies weiter. Er hat jede Menge Ideen, wie du lernen kannst, einfach nur Spaß zu haben."

Sie las weiter. „Gokartfahren, Skifahren, Segeln. Bei Letzterem werde ich dich in die Pflicht nehmen."

„Ich weiß doch, wie sehr du Sonnenuntergänge magst", meinte Nathan. „Glaub mir, vom Wasser aus ist das ein noch viel schönerer Anblick. Einfach atemberaubend." Er beugte sich über den Tisch und überflog den Rest der Liste. „Jake besteht auch auf einer Revanche beim Scrabble. Er verliert nur ungern."

Hannah lachte. „Ehrgeizig wie sein Vater, nicht?"

„Absolut! Wie der Vater, so der Sohn."

Der Kellner füllte ihre Wassergläser auf, und Hannahs Blick wanderte zu der älteren Dame am Nachbartisch. Ihre Haare schimmerten silbergrau, und ihr gegenüber saß eine jüngere, adrett gekleidete Frau, die ihr sehr ähnlich sah. Hannah beobachtete, wie die ältere Frau einen Lippenstift aus ihrer Tasche holte, den Deckel abzog, ihn einen Augenblick lang verständnislos anschaute und, nachdem sie ihn an ihre Lippen gedrückt hatte, kurzerhand ein Stück davon abbiss. Sie blinzelte und legte den Kopf zur Seite, als überlege sie, ob sie den ungewohnten Geschmack und die Konsistenz noch näher erforschen wollte. Die jüngere Frau streckte ihre Hand aus.

„Mutter!“ Diese zwei schmerzerfüllten, flehenden Silben weckten Hannahs Mitgefühl – für Mutter *und* Tochter. „Spuck es aus!“ Die ältere Frau kniff die Lippen zusammen. „Bitte.“ Nur widerwillig öffnete sie den Mund und spuckte das abgebissene Stück in die ausgestreckte Hand ihrer Tochter.

Obwohl Hannah wusste, dass sie den Frauen eigentlich ihre Privatsphäre lassen sollte, konnte sie den Blick nicht von der Szene abwenden. Sie beobachtete, wie die Tochter ihre Hand an der weißen Stoffserviette abwischte und anschließend sanft das Kinn ihrer Mutter anhob, um ihren Mund abzutupfen. Die alte Frau lächelte sie mit ihren rot verschmierten Zähnen an. Die Tochter legte so diskret wie möglich ihren Finger an die eigenen Zähne, rieb darüber und bedeutete ihrer Mutter, dasselbe zu tun. Die ältere Dame ahmte die Handbewegung nach und rieb mit dem Zeigefinger unbeholfen über ihre Zähne. Hannah überlegte, was in diesem Moment wohl in der Tochter vorgehen mochte.

„Alles in Ordnung?“, fragte Nathan und folgte ihrem Blick zum Nachbartisch.

„Ja.“

„Sicher?“

Hannah räusperte sich. „Ja.“

In ihrem Kopf spielte sie die unterschiedlichsten Szenarien durch. Vielleicht erinnerte sich die Tochter daran, wie sie selbst einmal ein Stück Kreide abgebissen und ihre Mutter ihr befohlen hatte, es wieder auszuspucken. Vielleicht dachte sie aber auch daran, wie sie zum ersten Mal gemeinsam mit ihrer Mutter Make-up eingekauft und wie diese ihr beigebracht hatte, sich zu schminken. Vielleicht war die Mutter auch noch so klar im Kopf, dass sie die Augenblicke der Verwirrung erkennen konnte und um das trauerte, was gerade im Begriff war, für immer verloren zu gehen. Vielleicht wäre ihr Biss in den Lippenstift aber auch der Tropfen, der das Fass zum Überlaufen bringen und ihre Tochter dazu zwingen würde, sie schweren Herzens in ein Pflegeheim zu geben, um eine bessere Betreuung für sie zu gewährleisten.

„Woran denkst du gerade?", fragte Nathan.

„Im Augenblick kämpfe ich gegen den Impuls an, zu dem Tisch hinüberzugehen und den beiden seelsorgerische Hilfe anzubieten."

Er zog eine Augenbraue hoch.

„Das war nicht ernst gemeint. Na ja, zumindest nicht so ganz. Aber wenigstens bin ich in der Lage, der Versuchung zu widerstehen, richtig? Ich glaube, die Sabbatzeit ist gut für mich und hilft mir dabei, meine übertriebene Pastorenfürsorge endgültig abzulegen." Sie schickte ein Stoßgebet gen Himmel und bat Gott, Mutter und Tochter in dieser schwierigen Situation beizustehen.

„Was genau hat denn deine Aufmerksamkeit gefesselt?", fragte er.

Leise beschrieb Hannah die Szene, die sie beobachtet hatte.

„Es ist wirklich schwer mit anzuschauen, wenn geliebte Menschen älter werden", bemerkte er. Hannah nickte, und plötzlich schlug sie sich mit der flachen Hand an die Stirn. „Was ist?", fragte Nathan.

„Morgen hat meine Mutter Geburtstag! Ich war so sehr mit meinem eigenen Leben beschäftigt, dass ich ganz vergessen habe, ihr eine Karte zu schreiben." Wie hatte ihr das nur passieren können?

„Wie wäre es, wenn du ihr Blumen schickst?“

Hannah seufzte. „Nein. Sie fahren übermorgen nach New York, um meinen Bruder und seine Familie zu besuchen.“

„Dann schick die Blumen und die Karte doch einfach an die Adresse deines Bruders.“

Hm. Das würde gehen. Nate hatte eine Lösung für ihr Problem gefunden. Sie könnte morgens anrufen und ihrer Mutter sagen, dass bei Joe ein Geschenk auf sie warten würde. „Das ist die perfekte Lösung. Danke.“ Sie steckte Jakes Liste in ihre Tasche. „Meine Eltern bleiben ein paar Wochen an der Ostküste und wollen Verwandte besuchen, die sie seit Jahren nicht mehr gesehen haben. Und Weihnachten werden sie dann gemeinsam mit Joe und seiner Familie verbringen. Mein Bruder hat mich auch eingeladen, aber ich habe abgelehnt. Und gleich darauf Gewissensbisse gehabt. Aber ich bin mir ziemlich sicher, dass ich, wenn ich hinfahre, gleich wieder anbieten werde, auf meine Nichten aufzupassen, damit er und meine Schwägerin ausgehen können. Ich liebe meine Nichten, aber sie sind auch ziemlich anstrengend. Und auch wenn ich weiß, dass ich wegen der Dinge aus meiner Vergangenheit irgendwann ein offenes Gespräch mit meinen Eltern werde führen müssen, fühle ich mich dazu im Augenblick noch nicht in der Lage.“ Sie steckte ihre kinnlangen braunen Haare hinter die Ohren. „Sag mir bitte, dass meine Absage kein Vorwand ist, um einer Auseinandersetzung mit meinen Eltern aus dem Weg zu gehen.“

Nathan zuckte mit den Achseln. „Tja, ich muss gestehen, ich habe großes Interesse daran, dass du hierbleibst, darum weiß ich nicht so genau, wie unvoreingenommen meine Einschätzung ist. Aber ich hoffe doch sehr, dass du Weihnachten mit mir und Jake feiern wirst.“

Sie hatte auf seine Einladung gehofft. Liebevoll legte sie ihre Hand auf seine, als der Kellner das Hauptgericht brachte. „Also gut, ich nehme deine Einladung an. Und ich freue mich schon sehr darauf, dich wieder beim Scrabble zu schlagen."

Nathan nahm seine Gabel zur Hand und deutete auf sie. „Träum weiter, Shep. Träum weiter!"

~

Als sie bei Megs Haus ankamen, hatte der Regen nachgelassen. Die graue Wolkendecke war aufgerissen und einem sternenklaren Dezemberhimmel gewichen. Eine schmale Mondsichel strahlte vom Himmel auf sie herab.

„Was für ein hübsches Haus", bemerkte Nathan, während er sich das große Herrenhaus mit dem spitzen Dach, den gedrechselten Zierleisten, den Giebeln und dem hübschen Türmchen genauer anschaute. In seiner Blütezeit war es vermutlich das eleganteste Haus in der Umgebung gewesen. „Die meisten dieser alten Häuser sind in Apartmenthäuser oder Büros umgewandelt worden", merkte er an. „Und Meg wohnt hier wirklich ganz allein?"

Hannah nickte. „Ihre Mutter ist im Frühjahr gestorben. Und da Becca in London ist, lebt sie allein. Es gibt nicht mal einen Goldfisch, der ihr Gesellschaft leisten könnte."

Nathan folgte ihr über die knarrenden Stufen hinauf zur Veranda. Eine der gedrechselten Spindeln war abgebrochen und die Farbe blätterte ab. Hannah versuchte, die Haustür zu öffnen. Sie war verschlossen. „Schon mal eine Sorge weniger", sagte sie. Sie steckte den Schlüssel ins Schloss, stieß die schwere Tür auf und tastete sich an der Wand des dunklen Flures entlang zum Lichtschalter. Der alte Kronleuchter flammte auf.

Nathan stieß einen leisen Pfiff aus, der von den Wänden zurückgeworfen wurde. „Wow. Beinah wie in einem Museum, nicht wahr?" Er spähte in das mit antiken Möbeln eingerichtete Wohnzimmer.

Eher wie in einem Mausoleum, dachte Hannah. Vor allem, wenn sie bedachte, was hier geschehen war. Erst kürzlich hatte Meg entdeckt, dass ihr alkoholkranker Vater in einem der oberen Schlafräume Selbstmord begangen hatte. Damals war sie noch ein kleines Mädchen gewesen. In den vergangenen Monaten hatte Meg sehr viel verarbeiten müssen und sich dem Trauerprozess mit unglaublich viel Mut gestellt.

„Manchmal frage ich mich, warum sie hier wohnen bleibt", sagte Hannah. „Meg hat zwar nicht viel über die Beziehung zu ihrer Mutter erzählt, aber ich habe den Eindruck, dass das Zusammenleben mit ihr nach Jims Tod nicht gerade leicht war." Langsam schüttelte sie den Kopf. „Das ganze Haus hat eine furchtbar traurige und bedrückende Ausstrahlung."

„Wie wäre es denn, wenn wir ein wenig Leben hineinbringen würden?", fragte Nathan.

„Was meinst du?"

„Ich meine, wie wäre es, wenn du Megs Angebot annehmen und während ihrer Abwesenheit hier wohnen würdest?" Nathan legte seine Arme um sie. „Dann hätte ich dich ganz in meiner Nähe. Nur 10 Minuten Fahrt statt 45."

Das Haus ihrer Freundin Nancy, in dem Hannah während ihrer neunmonatigen Sabbatzeit wohnte, war friedlich, aber sehr abgelegen und einsam. Obwohl sie sich anfangs gegen das großzügige Angebot ihres Pastors gewehrt und sich sogar darüber geärgert hatte, konnte Hannah ihrem Übergangszuhause inzwischen auch Gutes abgewinnen. Sie liebte es, von der Veranda aus die Sonnenuntergänge zu beobachten und sich vom Plätschern der Wellen am Strand in den Schlaf lullen zu lassen. Sie liebte es, an dem großen Fenster zu sitzen und ihren Tee zu trinken, in der Bibel zu lesen und Tagebuch zu schreiben. Sie liebte die Spaziergänge am frühen Morgen, wenn die Sonne am Horizont über dem See aufging und jede sich brechende Welle ein glitzerndes

Segel hinter sich herzog, in dem sich die Herrlichkeit des Himmels spiegelte.

Doch ihr Lebensmittelpunkt hatte sich inzwischen nach Kingsbury verlagert, vor allem, seitdem sie Nathan nach so vielen Jahren wiedergetroffen hatte. Ein paar Nächte in der Woche würde sie in Megs Haus wohl überstehen können.

Nate hatte recht. Die Nähe zu ihm war das entscheidende Argument.

~

Hannah war gerade in der Hütte am See angekommen, als Meg erneut anrief, um ihr mitzuteilen, dass sich ihr Flug wegen technischer Probleme um einige Stunden verzögern würde. „Ich weiß nicht, ob wir heute noch starten oder Hotelgutscheine bekommen und auf einen anderen Flug umgebucht werden."

Hannah hangelte sich aus ihrem Mantel, während sie das Telefon in der Hand hielt. Sie konnte die Angst und Erschöpfung in Megs Stimme hören. „Ich werde für dich beten", sagte sie. „Soll ich Mara und Charissa Bescheid geben?"

„Würdest du das tun? Je mehr Menschen im Augenblick hinter mir stehen, desto besser."

Da sie Charissa nicht beim Lernen stören wollte, schickte sie ihr eine E-Mail und rief anschließend Mara an. „Entschuldige, dass ich dich so spät störe", sagte Hannah. „Habe ich dich geweckt?"

„Nein, ich bin noch wach."

Hannah hörte eine Stimme im Hintergrund brüllen. Es klang, als wäre der Fernseher viel zu laut gestellt. „Alles in Ordnung?", fragte Hannah.

„Ja, mir geht es gut. Was gibt's?"

Während Hannah von Meg erzählte und davon, dass sie Gebetsunterstützung brauchte, wurde die Stimme des Mannes im Hintergrund noch lauter. Wer auch immer dort gerade mit Schimpfwörtern um sich warf, tat das nicht in einem Fernsehfilm. „Und bei dir ist ganz bestimmt alles in Ordnung?", fragte Hannah vorsichtig.

„Ja. Entschuldige. Die arme Meg. Sie hatte solche Angst vorm Fliegen, und jetzt das …"

Genau. Jetzt auch noch das. „Ist das etwa Tom, der da so herumbrüllt?", fragte Hannah. Sie hatte Maras Mann bisher noch nicht kennengelernt.

„Ja. Er ist sauer, weil ich ein paar Sachen für Jeremys Baby gekauft habe."

Nur sauer? Das hörte sich nicht so an, als wäre jemand „nur sauer".

„Bedroht er dich?", fragte Hannah.

„Nee."

Aber Hannahs seelsorgerische Alarmglocken begannen zu schrillen.

In den vergangenen Monaten hatte Mara ihre Ehe mit Tom als schwierig, aber erträglich beschrieben. Tom war sehr viel geschäftlich unterwegs und konzentrierte sich an den Wochenenden auf ihre beiden Söhne. Mara fühlte sich ziemlich einsam. Zwar hatte sie ihnen anvertraut, dass sie nicht sicher sei, ob ihre Ehe über den Highschool-Abschluss ihrer Söhne hinaus Bestand haben würde, aber von Gewaltausbrüchen ihr gegenüber war nie die Rede gewesen.

„Mara –"

Eine Tür knallte und das Gebrüll wurde leiser.

Mara stieß selbst eine Reihe von Schimpfwörtern aus. „Er wird die ganze Woche zu Hause sein. Ich Glückliche!"

„Und du kommst ganz bestimmt klar?"

„Ja, er ist jetzt weg. Hat sich in den Keller verzogen und schläft auf der Couch. Mann, ich hoffe nur, dass Meg gut ankommt. Wie erschöpft sie sein muss! Armes Ding. Ich werde ganz fest an sie denken."

Während Mara sich weiter über ihre Wünsche für Meg ausließ, machte es sich Hannah mit einer Decke im Sessel gemütlich und wartete darauf, dass das Gebrüll endlich verstummte. Sie war sich nicht sicher, ob Toms Zorn durch ihr Telefonat nicht noch zusätzlich angefacht wurde oder ob es die Situation entschärfte, aber Mara schien es definitiv nicht eilig zu haben, das Gespräch zu beenden. Darum ließ Hannah sie ausführlich von ihrem Sohn Jeremy und dem Baby berichten, das in der ersten Januarwoche zur Welt kommen sollte, und wie sehr sie sich darauf freute, Großmutter zu werden. Als es im Hintergrund still wurde und Mara hörbar gähnte und sagte, sie sollten jetzt wirklich lieber schlafen gehen, verabschiedeten sie sich voneinander.

Hannah kochte sich noch eine Tasse Kamillentee und lauschte dem Knarren und Ächzen der Pinien im Wind. Vielleicht wäre es wirklich eine gute Idee, in Megs Haus zu ziehen. So würde sie nämlich nicht nur näher bei Nate wohnen, sondern auch bei Mara, falls sie doch noch ihre Hilfe brauchen sollte. Denn so, wie es sich eben angehört hatte, brauchte sie definitiv mehr Hilfe, als Hannah bisher gedacht hatte.

Mara

Mara trommelte mit den Fingern auf den Einkaufswagen, während sie in dem Babyladen in der Schlange wartete. Wenn sie die Einkaufstüten am Montagnachmittag sofort versteckt hätte, wäre Toms Wutausbruch wahrscheinlich vermeidbar gewesen. Aber er war früher als erwartet aus dem Büro nach Hause gekommen und hatte ihr mitgeteilt, dass sich seine Reisepläne für die Woche geändert hätten. Leider hatte sie ihre Einkäufe zu diesem Zeitpunkt noch nicht in den üblichen Verstecken verstaut. Der

Buggy hätte allerdings sowieso nicht in den Schrank im Keller gepasst. Wenn sie ihn doch nur im Kofferraum gelassen hätte! Aber nein, sie hatte ihn ja unbedingt mit ins Haus nehmen müssen, weil sie ihn anschauen und sich ausmalen wollte, wie sie das Baby darin spazieren fahren würde. Als Tom sie darauf ansprach, hatte sie nicht schnell genug reagieren und behaupten können, Jeremy habe ihn gekauft. Außerdem hätte er ihr das sowieso nicht geglaubt, bei all den anderen Einkaufstüten aus dem Babyladen, die im Wohnzimmer verstreut lagen und deren Inhalt Mara auf dem Esstisch ausgebreitet hatte, um sich daran zu erfreuen.

Wegen der Vorhänge war sie unsicher gewesen. 90 Dollar waren vermutlich zu viel für zwei Volants. Aber bei ihrem letzten Besuch in Jeremys Wohnung war das Kinderzimmer noch nicht fertig gewesen, und als sie die Vorhänge entdeckte, die so perfekt zu der Blumendecke passten, die Abbys Mutter Ellen bereits für das Kinderbettchen genäht hatte, konnte Mara nicht widerstehen und musste sie einfach kaufen.

Aber vielleicht würde Ellen die Vorhänge ja auch selbst nähen. Sie war nämlich die Art von Großmutter, die niedliche Sommerkleidchen mit passenden Hütchen selbst schneidern konnte. Und höchstwahrscheinlich würde sie auch noch jede Menge Babydecken, Pullover und Handschuhe stricken. Und was hatte Mara dem Baby zu bieten, wenn sie nicht für das Kind einkaufen konnte?

Mara hatte also im Wohnzimmer gestanden, an einem ihrer Fingernägel herumgekaut und über ihre Einkäufe nachgedacht, als Tom unerwartet ins Zimmer platzte, ihr einen bösen Blick zuwarf, dann ihre Einkäufe ins Visier nahm und schließlich explodierte. Wutausbrüche waren bei Tom eher eine Ausnahme: Meistens verzog er nur verächtlich die Lippen oder machte eine sarkastische Bemerkung, manchmal erhob er im Zorn auch die Faust. Aber das hier war einfach zu viel für ihn gewesen, und noch Stunden später verfolgte er sie schreiend durchs ganze Haus. *Wie Mara es wagen könne, sein schwer verdientes Geld für Jeremys Kind auszugeben? Jeremy verdiene doch sein eigenes Geld und könne selbst für seine Familie sorgen, oder etwa nicht?* Immer weiter versprühte er sein Gift über ihren Sohn und wertete dabei jede Auseinandersetzung, jeden Verstoß in seiner Teenagerzeit und jedes noch so kleine Vergehen als Beweis dafür, dass Jeremy schon immer ein wertloser Tunichtgut gewesen war. Irgendwann im Laufe ihrer Auseinandersetzung hatte Mara das Gefühl, Tom würde den Buggy jeden Augenblick an die Wand werfen. Stattdessen steckte er ihn in die Verpackung zurück. *Mara solle gefälligst den ganzen Mist zurückbringen und sich jeden einzelnen Dollar erstatten lassen, denn kein Cent von seinem Geld würde für dieses Baby ausgegeben.* Er fragte, ob sie ihn verstanden habe. *Wenn sie Babyzeug kaufen wolle, solle sie sich gefälligst einen Aushilfsjob suchen und von ihrem eigenen Geld etwas kaufen. Ob er sich klar genug ausgedrückt habe?*

In diesem Augenblick hatte das Telefon geklingelt.

„Haben Sie Ihre Meinung geändert?", fragte die Verkäuferin am Rückgabetresen.

Mara reichte ihr die Quittung. „Ja."

Die Verkäuferin starrte auf den voll beladenen Einkaufswagen. „Wollen Sie das wirklich *alles* zurückgeben?"

Mara trat nervös von einem Bein aufs andere. „Nun, ich habe die Sachen für meinen Sohn und meine Schwiegertochter gekauft, ohne es vorher mit ihnen abzusprechen."

„Aha", erwiderte die Frau, und ihr Gesichtsausdruck wurde sanfter. „Das kann ich sehr gut nachvollziehen! Ich habe drei verheiratete Söhne, und ich versuche noch immer herauszufinden, wie ich eine gute Schwiegermutter sein kann. Meine Schwiegertöchter rufen nur an, wenn ich auf die Enkelkinder aufpassen soll."

Warum sollte sich Mara die Mühe machen, die Sache richtigzustellen? Sollte die Verkäuferin doch glauben, sie hätte es versäumt, sich mit den zukünftigen Eltern abzusprechen. Dass sich Mara ihrem herrschsüchtigen Ehemann beugen musste, brauchte die Verkäuferin ja nicht zu erfahren.

Auf dem Weg zum Ausgang blieb Mara vor einer Auslage mit Weihnachtsartikeln stehen. Zu schade, dass ihre Enkeltochter erst am zweiten Januar zur Welt kommen würde. Wie gern hätte sie ihr eine Nikolausmütze gekauft! Oder vielleicht die winzigen Elfensocken. Noch niedlicher waren die mit den kleinen Glöckchen an den Zehen – sie sollten vermutlich Unglück abwehren.

Erstaunlich, dass die Menschen über 40 ihre Kindheit heil überstanden hatten, wenn man bedachte, was heutzutage alles als gefährlich eingestuft wurde. Sogar die Autositze, in denen Kevin und Brian gesessen hatten, würden nach den neuesten Standards vermutlich als zu unsicher gelten. Und Jeremy, der mittlerweile 30 war, hatte sogar noch fröhlich auf dem Rücksitz ihres alten Fords herumgeturnt, in dem es noch nicht einmal Sicherheitsgurte gegeben hatte. Und er hatte mit allen möglichen Spielzeugen, Bändern und Kleinteilen gespielt. Aber damals waren es nun mal noch ganz andere Zeiten gewesen.

„Schau mal, Mama!“ Eine hochschwangere Frau trat auf die Auslage zu. Ihr Bauch war so dick, dass man Angst haben musste, sie könne jeden Augenblick platzen. „Sieh dir nur diese kleinen Elfenstiefelchen an!“

Ihre Mutter schob einen voll beladenen Einkaufswagen vor sich her. „Du hast recht, die sind ja niedlich!“ Sie nahm gleich zwei Paar davon. Und eine Nikolausmütze. Und ein Lätzchen mit der Aufschrift „Omas kleiner Engel“.

Wussten diese Frauen eigentlich, wie glücklich sie sich schätzen konnten? Hatten sie auch nur den Hauch einer Ahnung?

Vermutlich nicht.

Bei Jeremys Hochzeit hatte Mara noch auf eine gute Beziehung zu ihrer Schwiegertochter gehofft. Sie hatte sich ausgemalt, dass sie sich zum Mittagessen oder Einkaufen treffen würden; sie hatte von Gesprächen geträumt, in denen Abby sie um Rat fragte und von ihr wissen wollte, wie sie eine gute Ehefrau für Jeremy sein könne.

Nicht, dass sie keine gute Ehefrau gewesen wäre. Abby machte Jeremy glücklich und dafür sollte Mara eigentlich dankbar sein. Aber anderthalb Jahre nach der Hochzeit wartete Mara noch immer vergebens auf ein persönliches Gespräch wie dieses. Sie und ihre Schwiegertochter waren nie allein zum Mittagessen ausgegangen, obwohl sie nur 15 Minuten voneinander entfernt wohnten. Nicht, dass Abby unfreundlich gewesen wäre. Sie hatte sich Mara und Tom gegenüber stets höflich und respektvoll verhalten. Mara vermutete, dass das in ihrer asiatischen Herkunft begründet lag. Aber vielleicht würde Abby sie eines Tages endlich nicht mehr „Mrs Garrison" nennen, sondern „Mama" oder wenigstens „Mara".

Natürlich konnte man es Abby nicht übel nehmen, dass sie in Gegenwart der Garrisons auf der Hut war. Jeder Besuch bei ihnen war der pure Stress, das ließ sich nicht leugnen. Und das Desaster am 4. Juli hatte Abby ihnen vermutlich noch immer nicht verziehen. Allein beim Gedanken daran zuckte Mara zusammen: Tom, der in seinem T-Shirt mit der Aufschrift „Grillkönig" Burger grillte und sich dabei lautstark über die „Fremden" ausließ, „die sein Land ins Verderben führen würden"; Brian und Kevin, die in der Auffahrt ein Feuerwerk zündeten und Abby damit zu Tode erschreckten; und Mara, die in ihrem – zugegebenermaßen sehr kitschigen – Lieblingskleid im Flaggen-Look Limonade in rot-weiß-blaue Plastikbecher einschenkte. Sie hatte Tom gesagt, er solle bitte kein Feuerwerk kaufen, doch er hatte natürlich nicht auf sie gehört.

„Wir haben Neuigkeiten, Mama", hatte Jeremy damals gesagt und seine Hand auf die Rückenlehne von Abbys Stuhl gelegt. Und Mara hatte gewusst, was nun kommen würde. Auf diesen Augenblick hatte sie seit der Hochzeit gewartet!

Als Jeremy wieder zum Sprechen ansetzte, schoss Brian eine Rakete ab, die mit einem ohrenbetäubenden Knall explodierte.

Wumm!

Da sie nicht vorschnell in Jubelgeschrei ausbrechen wollte, bat sie Jeremy, noch einmal zu wiederholen, was er gerade gesagt hatte, nur um sicherzugehen.

„Ich sagte: Abby ist schwanger. Das Baby kommt im Januar."

Maras Lippen entfuhr ein Freudenschrei, der den Feuerwerkskörpern Konkurrenz hätte machen können. Sie riss Jeremy an sich und umarmte ihn, und ohne darüber nachzudenken, dass sie dadurch vielleicht eine Grenze überschreiten könnte, zerrte sie Abby auf die Beine und erstickte sie beinah in einem wabbeligen Berg aus feuchtem, schwitzendem Fleisch. Noch immer sah sie Abbys unbehagliches, aber höfliches Lächeln vor sich, nachdem sie sich befreit hatte.

„Ich kann es nicht glauben! Tom, hast du das gehört? Ich werde Großmutter!"

Ohne zu antworten, spießte Tom mit seiner Grillgabel einen Hotdog auf. Mara umarmte Jeremy noch einmal und drückte ihm einen Kuss auf die Wange. „Gratuliere! Was für wundervolle Neuigkeiten!"

Abby ließ sich wieder in ihren Gartenstuhl fallen.

„Wie das Baby wohl aussehen wird?", überlegte Mara laut, bevor sie plötzlich errötete. „Ich meine, Mischlingsbabys sind doch wunderschön … Sieh dir doch nur Jeremy –"

Das war der Augenblick gewesen, in dem sich Toms Lippen zu seinem höhnischen Lächeln verzogen hatten. Die Beschimpfung, die er anschließend von sich gab, hätte zu einer körperlichen

Auseinandersetzung geführt, wenn Mara nicht ihre Hand auf Jeremys Arm gelegt und ihn gebeten hätte, sich noch ein weiteres Glas Limonade zu nehmen.

In guten wie in schlechten Zeiten.

Nein, sie würde es Abby nicht übel nehmen, dass sie sie mit Tom und den Jungen auf eine Stufe stellte, und dass sie für Abby definitiv zu den „schlechten Zeiten" gehörten, die sie am Tag ihrer Eheschließung mit in Kauf genommen hatte. Das würde sie ihr ganz bestimmt nicht übel nehmen.

Sie seufzte, als sie in ihre Straße einbog. Die Häuser der Nachbarn waren bereits mit Tannenzweigen und dunkelroten Schleifen geschmückt, und vor ihren Haustüren standen riesige Vasen mit Kiefern- und Hartriegelzweigen, an denen Tannenzapfen und getrocknete Granatäpfel herunterhingen. In einer Zeitschrift im Wartezimmer ihrer Therapeutin Dawn hatte Mara hübsche Gestecke für Pflanzvasen entdeckt, aber Tom hätte garantiert kein Verständnis dafür, wenn sie für so etwas sein Geld ausgäbe. „Dummer Kinderkram", würde er sagen. Während nun alle anderen in ihrer Straße ihre Sträucher und Bäume mit dezent funkelnden Lichterketten schmückten, bestand Tom jedes Jahr auf Lichterketten mit großen, bunten, blinkenden Glühbirnen. Vor Jahren hatten sich die Nachbarn sogar schon einmal über den Plastik-Nikolaus mit dem Rentier und dem Schlitten auf ihrem Rasen beschwert. Den hatte Tom schließlich wutentbrannt weggeräumt, aber nicht ohne vorher noch anzudrohen, gleich das komplette Ensemble aufs Dach zu stellen. Bald würde er auch sicher wieder die großen Plastikzuckerstangen in der Einfahrt aufstellen – nur, um damit die Nachbarn zu ärgern.

Irgendwann einmal würde Mara sich durchsetzen und einen echten Kranz mit Äpfeln und Tannenzapfen kaufen, um damit ihre Haustür zu schmücken. Doch jetzt sollte sie vielleicht erst einmal die verfaulten Kürbisse und verwelkten Chrysanthemen wegwerfen, die noch immer auf ihrer Veranda vor sich hin gammelten. Normalerweise betrat sie das Haus durch die Garage, weshalb sie nur selten einen Fuß auf die Veranda setzte. Ein Wunder, dass sich Alexis Harding noch nicht über den Zustand ihres Vorgartens geäußert hatte. Alexis hatte nämlich noch nie ein Problem damit gehabt, sie von ihrem perfekt gepflegten Grundstück auf der anderen Straßenseite aus mit Kritik zu bombardieren. Wie sollte sie auch? Schließlich war jedes Fenster ihres Hauses mit Kerzen beleuchtet, Tannenzweige prangten in ihren schmiedeeisernen Blumenkästen und der Torbogen zu ihrem Garten war mit einer Lichterkette geschmückt. Jetzt fehlte nur noch ein weißer Gartenzaun, um das Bild perfekt zu machen.

Widerlich!

„Und, wie geht's?“, rief Mara drei Nachbarinnen zu, die gerade einen Powerwalk durch das Viertel machten, während Mara vorsichtig die Kürbisse an ihren Stielen berührte. „Jetzt könnte es wirklich bald mal schneien!“

„Ich habe gehört, dass es morgen Nacht schneien könnte, vielleicht sogar ein paar Zentimeter“, erwiderte eine von ihnen.

Mara fragte sich, worüber sie sich wohl unterhielten, während sie gemeinsam unterwegs waren – ob sie nur oberflächlich miteinander plauderten, tratschten oder vielleicht sogar tiefsinnige Gespräche führten? Früher war Mara sehr neidisch auf sie gewesen. Aber jetzt hatte auch sie Gefährtinnen, die sie auf ihrer geistlichen und emotionalen Reise begleiteten. Doch leider würden sie sich in den kommenden Wochen nicht treffen können, um miteinander zu beten. Aber im Januar, sobald Meg wieder zu Hause war, würden sie sich wieder häufiger sehen, hoffte Mara. Vielleicht würden sie auch irgendwann noch mal einen Kurs zusammen belegen. Aber jetzt galt es erst mal, Weihnachten zu überleben.

Sie warf die Post auf den Küchentisch – Rechnungen, Werbung und Weihnachtsgrüße. Die Weihnachtspost öffnete sie erst gar nicht, weil sie sich am Ende doch nur ärgern würde. Es gab nämlich drei Sorten von Karten: erstens die, auf denen nur eine Unterschrift zu finden war – mal ehrlich: Was sollte das? –, zweitens die Karten mit dem Foto einer glücklichen Familie an einem ausgefallenen Reiseziel und drittens Briefe, die die Botschaft vermittelten: „Seht uns an, wir sind die Größten!" Letztere enthielten nämlich immer jede Menge Fotos und ausführliche Berichte über die Leistungen der perfekten, überambitionierten Kinder.

Widerlich!

Nur ein einziges Mal würde sie gern einen ehrlichen Brief lesen über eine Ehe, die in Scherben lag, einen Sohn, der null Ahnung von Algebra hatte, und egozentrische Teenager, die viel zu viel Zeit mit Computerspielen verbrachten. Vielleicht könnte sie selbst mal einen solchen Brief verfassen …

Und eigentlich war das auch genau die Situation, die Pastor Jeff am ersten Adventssonntag in seiner Predigt beschrieben hatte. „Jesus kam nicht im Hilton von Bethlehem zur Welt", hatte er gesagt. „Er kam in das Chaos unserer Welt. Und wenn wir uns in dem stinkenden Durcheinander unseres Lebens umschauen, dann fragen wir uns vielleicht auch selbst: ‚Was kann an einem Ort wie diesem schon geboren werden?'"

Das war die entscheidende Frage, nicht wahr?

Was kann an einem Ort wie diesem schon geboren werden?

Sie zündete ihre Zimt-Duftkerze an, ließ sich am Küchentisch nieder und stützte den Kopf in ihre Hände.

Sie hatte keine Ahnung – absolut keine Ahnung!

2

Meg

Die vielen Verzögerungen im Flugplan hatten all ihre Pläne über den Haufen geworfen. Becca konnte sie wegen ihrer Seminare an der Uni jetzt nicht mehr vom Flughafen abholen, was bedeutete, dass Meg sich nun ganz allein von einem der größten Flughäfen der Welt ins Zentrum einer der hektischsten Großstädte Europas durchschlagen musste. „Mach dir keine Sorgen, Mama", beruhigte sie Becca, als Meg sie mitten in der Nacht weckte, um ihr den aktuellen Stand der Dinge durchzugeben. „Am Flughafen gibt es eine U-Bahn-Station. Du brauchst nur in die Piccadilly Line einzusteigen – das ist die blaue Linie – und kannst bis zum Russell Square durchfahren. Dort steigst du dann aus, okay?"

Meg biss sich auf die Lippen und antwortete nicht.

„Du brauchst nicht einmal umzusteigen. Bis zum Russell Square dauert es etwa eine Stunde." Als Becca weitersprach, lag ein ärgerlicher Unterton in ihrer Stimme. „Oder soll ich mein Seminar sausen lassen und dich abholen kommen?"

„Nein, natürlich nicht, Liebes! Ich schaffe das schon." Sie bemühte sich, zuversichtlicher zu klingen, als sie sich fühlte. „Kannst du – kannst du mir noch einmal sagen, was genau ich tun muss?" Sie spürte, wie die Hitze wieder ihren Nacken hochkroch und ihr Gesicht durchzog. Schnell holte sie einen Stift und eine Quittung von Starbucks aus ihrer Handtasche und notierte sich die U-Bahn-Linie und die Station, an der sie aussteigen musste.

Sie beendete das Gespräch und versuchte, sich mit dem einfachen Gebet zu beruhigen, das Katherine ihnen beigebracht hatte: *Ich kann nicht. Du kannst, Herr.*

Sie holte tief durch die Nase Luft: *Ich kann nicht.*

Und atmete sanft durch ihre leicht geöffneten Lippen aus: *Du kannst, Herr.*

Einatmen: *Ich kann nicht.*

Ausatmen: *Du kannst, Herr.*

Es war ihr, als hörte sie Katherines Stimme, die sagte: „Atme Gottes Liebe zu dir ein, atme deinen Widerstand Gottes Liebe gegenüber aus."

Einatmen: *Hilf mir, Jesus.*

Ausatmen: *Bitte.*

Ihre Sitznachbarin aus dem Flugzeug musterte sie skeptisch. Sie spürte es. Unter dem Vorwand, etwas Wichtiges aus ihrem Handgepäck holen zu müssen, machte sich Meg schließlich am Reißverschluss ihres kleinen Koffers zu schaffen.

„Und welche U-Bahn-Linie müssen Sie nehmen?", fragte Jean.

Meg warf einen Blick auf ihre Notizen. Sie konnte kaum entziffern, was sie dort hingekritzelt hatte. „Die Piccadilly Line bis zum Russell Square. Irgendetwas mit einer blauen Linie, hat meine Tochter gesagt. Aber ich weiß nicht, was das bedeuten soll."

Jean holte eine kleine Karte mit bunten Linien aus ihrer Handtasche. „Schauen Sie mal." Sie deutete auf die Karte. „Die Routen sind mit unterschiedlichen Farben gekennzeichnet. Und hier sehen Sie jeweils die Haltestationen. Die blaue Linie startet direkt in Heathrow und Sie brauchen in der Stadt nicht einmal umzusteigen. Einfacher geht es eigentlich gar nicht. Sehen Sie?"

Meg starrte auf ihren Zeigefinger. Auf dem Papier sah das alles so einfach aus: Sie würde nur der blauen Linie folgen müssen, vorbei an all den Orten, die sie bereits aus Büchern kannte: South Kensington. Hyde Park. Piccadilly Circus. Covent Garden. In der Theorie war das alles kein Problem. Doch bereits eine einzige Flugverzögerung hatte sie in Panik versetzt, und es war nicht abzusehen, welche anderen Unwägbarkeiten ihre sorgfältig entworfenen Pläne noch durcheinanderbringen würden.

Jean steckte die Karte zurück in ihre Handtasche. „Ich nehme auch die blaue Linie nach Knightsbridge. Bis dahin können wir zusammen fahren, in Ordnung?"

Meg nickte. Sie hatte schließlich um Flügel gebeten, nicht? Sie hatte Gott gebeten, sie von den Ängsten zu befreien, die sie nun schon so viele Jahre lang gefangen hielten. Und vielleicht gehörte das alles dazu, wenn man das Fliegen lernen wollte.

Erschöpft rieb sie sich die Augen und gähnte. Wenn sie es schaffte, wach zu bleiben, bis sie ins Flugzeug stiegen, dann könnte sie im Flugzeug vielleicht ein wenig schlafen.

Jean ließ ihre Schultern kreisen. „Sobald ich ins Hotel komme, werde ich mir eine Massage gönnen."

Meg hatte erst einmal im Leben eine Massage bekommen. Jim hatte den Termin für sie vereinbart, als sie mit Becca schwanger war. In einer Zeitschrift hatte er etwas über Schwangerschaftsmassage gelesen und dass sie bei Muskel- und Gelenkschmerzen helfen könne. Sie drückte mit den Fingern in ihre Schultern und spürte die Verhärtungen. Vielleicht würde sich die Verspannung durch ein langes heißes Bad lösen. Sie schloss die Augen und stellte sich vor, wie sie mit einem Stück Lavendelseife in einer großen Badewanne lag.

Ein heißes Bad wäre jetzt wirklich perfekt. Am Russell Square würde sie in eines dieser für London typischen Taxis steigen und sich zum Tavistock Inn fahren lassen. Dort würde sie sich den Stress der Reise abwaschen und sich mit Becca zum Nachmittagstee treffen. Bestimmt wäre ihr Unterricht dann zu Ende.

Schon seit Wochen freute sich Meg auf einen urenglischen Nachmittagstee. Auf der Webseite des Hotels hatte sie Fotos davon gesehen, Tische vor einem flackernden Feuer, beladen mit Obst und Sandwiches auf zarten Porzellantellern, luftigen Scones mit Erdbeermarmelade und dicker Sahne, Shortbread und großen Teekannen. Becca und sie würden viel zu bereden haben. Meg hatte sich allerdings fest vorgenommen, nicht sofort mit ihr über Jim zu sprechen – nicht an ihrem ersten gemeinsamen Tag. Sie würde warten, bis sie etwas mehr Zeit hätten, vielleicht zu Beginn der Weihnachtsferien. Und dann würde sie Becca die Karte zeigen, die Jim ihr geschrieben hatte. Sie würde ihr erzählen, wie sehr er sie geliebt und sich nach ihr gesehnt hatte. Und sie würde von ihrer Angst berichten, die Trauer nicht ertragen zu können, und davon, dass sie jetzt die Gegenwart und Liebe Gottes auf eine ganz neue Weise erlebte, die ihr wieder Mut gab. Sie würde Becca um Vergebung bitten. Vielleicht würde sie mit ihr auch über die Familiengeheimnisse sprechen, die erst kürzlich ans Licht gekommen waren. Aber darüber war sie sich noch nicht sicher, denn sie wollte ihrer Tochter nicht zu viel auf einmal zumuten.

„Meine Damen und Herren, darf ich um Ihre Aufmerksamkeit bitten?“ Die Flugbegleiterin, die sich schon seit mehreren Stunden um die frustrierten Reisenden gekümmert hatte, sprach erneut ins Mikrofon. *Bitte lass es eine gute Nachricht sein.* „Wir danken Ihnen für Ihre Geduld. Das Boarding beginnt in 20 Minuten.“ Großer Jubel ertönte.

„Das wird aber auch Zeit“, sagte Jean.

Meg nahm ihre Uhr ab und stellte sie fünf Stunden vor. So. Damit war sie Becca nun einen großen Schritt näher gekommen.

~

Abgesehen von einigen kleineren Turbulenzen, bei denen Megs Magen Purzelbäume schlug, verlief der weitere Flug recht undramatisch. In Heathrow angekommen, folgte sie Jean zur Passkontrolle und zur Gepäckausgabe und anschließend weiter zur U-Bahn. Meg versuchte es tunlichst zu vermeiden, ihr eigenes Spiegelbild im Zugfenster anzusehen, doch es gelang ihr nicht immer. Wie ein verängstigtes Kind hockte sie auf ihrem blau gepolsterten Sitz, mit fest ineinander gefalteten Händen und steifer Haltung. Jean saß auf dem Platz neben ihr und blätterte seelenruhig in einer Ausgabe von *The Guardian*.

„Bitte Vorsicht beim Aussteigen“, ertönte eine Frauenstimme vom Band. „Sie befinden sich in Acton Town. Umsteigemöglichkeit in die District Line und Piccadilly Line.“

Jean blätterte eine Seite ihrer Zeitung um. „Wir haben noch Zeit“, erklärte sie.

„Sind wir bald da?“, fragte eine jammernde Stimme. Der Junge war das jüngste Kind einer amerikanischen Familie, die ebenfalls in Heathrow in den Zug gestiegen war. Meg hatte mitbekommen, dass der Junge Robbie hieß, weil Robbie sich in der vergangenen halben Stunde immer wieder etwas Neues hatte einfallen lassen, um seine ältere Schwester Kaitlin zu ärgern.

„Nein, wir sind noch nicht da“, erwiderte Robbies Mutter zum x-ten Mal. Sie trug einen karierten Weihnachtspullover mit einem blinkenden Nikolausanstecker. „Du wirst schon merken, wenn wir aussteigen müssen.“

Robbie verdrehte die Augen und boxte Kaitlin gegen die Schulter.

„Aua! Er hat mich schon wieder geboxt!“

Kaitlin schlang die Arme fest um sich, bevor sie auf einen Sitz in der gegenüberliegenden Reihe flüchtete. Seine Mutter hielt Robbie am Handgelenk fest, damit er Kaitlin nicht hinterherrennen konnte. „Aua!“, protestierte er.

Die roten Türen glitten zischend auf, und ein Pulk von Menschen drängte in den Zug: Geschäftsleute in langen Wintermänteln und mit Aktentaschen in der Hand, Mütter mit herumzappelnden Kleinkindern und zwei muslimische Frauen, deren Burkas außer ihren Händen und Füßen den ganzen Körper verdeckten.

„Was ist das für eine Verkleidung?", fragte Robbie und deutete auf die Frauen.

„Psssst", zischte Robbies Mutter.

In der vergangenen halben Stunde hatte Meg außer einer gelegentlich geflüsterten Bemerkung zu Jean keinen Ton von sich gegeben. Die amerikanische Familie sollte nicht merken, dass Landsleute mit im Abteil saßen. Keinesfalls wollte sie von ihnen in ihre lautstarke Unterhaltung darüber hineingezogen werden, wie niedlich diese kleinen Autos doch seien und dass die britische Währung wie „Spielgeld" aussehe.

Als die U-Bahn sich wieder in Bewegung setzte, sang Robbie dieselbe derbe Version von *Jingle Bells*, die Meg bereits als kleines Mädchen auf dem Spielplatz gelernt hatte. Entweder merkten seine Eltern es nicht, oder es war ihnen egal, dass die anderen Zuginsassen ihnen feindselige Blicke zuwarfen. Sie spürte, wie sie errötete. War sie gerade für alle anderen als Amerikanerin zu erkennen?

Wenn sie ehrlich war, hatte Meg die gleichen Beobachtungen gemacht wie Robbies Eltern, nur mit dem Unterschied, dass sich Meg nicht lautstark darüber ausließ. Zum einen war die Landschaft erstaunlich bedrückend. Sie hatte eine ländliche Idylle mit strohgedeckten Häusern, alten Steinkirchen und hübschen kleinen Dörfern erwartet. Stattdessen hatte sie bisher überwiegend eng beieinanderstehende Ziegelhäuser gesehen („Sieh nur, wie winzig die Gärten sind!") und mit Graffiti verschmierte Industriegebäude („Ich habe den Eindruck, dass es hier dieselben

Schimpfwörter gibt wie bei uns!“). Sie fuhren vorbei an mit Müll übersäten Böschungen, hohen Gebäudekomplexen aus Beton und hier und da auch an einem Fußballfeld, bis sie schließlich wieder in den Untergrund eintauchten.

Als Robbie und seine Familie in South Kensington endlich aus der U-Bahn ausstiegen, atmeten alle Passagiere in ihrem Waggon erleichtert auf. Vielleicht war es aber auch nur Meg.

„Ein kleiner Klaps auf den Po hätte ihm ganz sicher nicht geschadet“, bemerkte Jean und deutete auf die Familie auf dem Bahnsteig. Robbie schmetterte immer noch sein Lied, als sich die Türen schlossen. „Solche Leute sind eine Schande für jeden Amerikaner.“

Meg nickte, antwortete aber nicht.

Jean studierte den Plan an der Wand. „An der nächsten Station steige ich aus.“ Eine neue Welle der Panik erfasste Meg. Robbie und seine Familie hatten sie abgelenkt, und sie hatte beinahe vergessen, dass sie schon bald auf sich allein gestellt sein würde. „Achten Sie auf die Stationsnamen, dann kann nichts passieren. Wenn Holborn kommt, dann wissen Sie, dass Sie an der nächsten Station aussteigen müssen. In Ordnung?“

Meg hätte gern eine zuversichtliche Antwort gegeben, aber sie traute ihrer Stimme nicht. Darum nickte sie nur. *Reiß dich zusammen*, befahl ihr die Stimme in ihrem Kopf.

„London wird Ihnen gefallen. Sie werden schon sehen.“ Jean strich mit ihren Fingern durch ihre Haare, als der Zug abbremste. Die Türen glitten auf und sie schnappte sich ihren Koffer. „Alles Gute!“

Meg konnte kaum einen Dank über die Lippen bringen, bevor Jean in der Menschenmenge verschwand.

~

„Russell Square", ließ die Stimme vom Band vernehmen. Meg hielt ihre Koffer fest umklammert. „Bitte treten Sie von den Türen zurück." Sie drängte vor und stolperte aus dem Waggon. Während die U-Bahn wieder beschleunigte und davonbrauste, sah sich Meg um und bewunderte die mit grün-schwarzen Mosaiksteinen gefliesten Wände.

„Fahrstühle und Treppen" war auf einem Wegweiser zu lesen und ein Pfeil wies Meg die richtige Richtung. Sie hatte das Gefühl, mit ihrem schweren Gepäck aus der Menge herauszustechen, als sie dem vorwiegend aus Studenten mit Rucksäcken bestehenden Pulk durch einen schmalen Gang zu einer steilen Treppe folgte.

Gab es hier denn keinen Fahrstuhl?

Wie sollte sie mit ihren zwei Koffern, ihrem Handgepäck und ihrer großen Tasche jemals diese Treppe bewältigen? Sie malte sich aus, wie sie schwankend einige Stufen nahm und dann rückwärts wieder hinunterstürzte.

Denk nach.

Denk nach.

Es kam ihr vor wie ein Rätsel, bei dem logisches Denken gefordert war. Vielleicht könnte sie einen Koffer unten stehen lassen und den anderen hochtragen und dann wieder hinunterrennen und den anderen holen –

„Jackson, hilf der Dame doch bitte mal mit ihren Koffern." Die Frauenstimme war sehr deutlich als die einer Amerikanerin mit Südstaatenakzent zu erkennen. Als sie sich umdrehte, stand Meg vor einer Mutter mit ihrem Sohn im Teenageralter. „Mein Sohn hilft Ihnen gerne." Die Frau versetzte ihm einen Schubs. Wortlos nahm der Junge Meg ihre beiden Koffer ab. „Oben gibt es Aufzüge, die bis zur Straße führen."

„Danke. Vielen Dank."

Meg folgte ihnen die Treppe hinauf und mischte sich dann unter die Menschenmenge, die darauf wartete, dass sich die

Aufzugstüren öffneten. Rechts von ihr führte eine lange spiralförmige Treppe nach oben. Meg beobachtete, wie Dutzende Leute die Geduld verloren und ihr Glück mit der Treppe versuchten.

Sie warf einen Blick auf ihre Uhr. Es war 14:30 Uhr. Vor dem Tee würde ihr also noch genug Zeit bleiben, um ins Hotel zu fahren und ein Bad zu nehmen. Sie konnte den Geschmack der Sandwiches beinah schon auf der Zunge spüren. Das Essen im Flugzeug hatte sie verschlafen, und nun merkte sie, wie hungrig sie eigentlich war.

Schließlich öffneten sich die Aufzugstüren und die Menschenmenge drängte hinein. „Kommen Sie jetzt allein klar?", fragte die Frau, als sie oben angekommen waren. Meg zögerte für einen Moment. „Sie brauchen Ihre Fahrkarte, um hinauszukommen." Sie deutete auf eines der zahlreichen Drehkreuze, vor denen sich inzwischen neue Schlangen gebildet hatten. Meg holte ihr Ticket aus der Tasche.

„Hier entlang, Madam", hörte sie eine Stimme sagen. Sie stammte von einem uniformierten Mann, der am Behindertenausgang stand und sie heranwinkte. „Kommen Sie mit Ihrem Gepäck bitte hierher." Sie steckte ihre Fahrkarte in die dafür vorgesehene Öffnung und das Tor mit dem Rollstuhl- und Kinderwagensymbol schwang auf.

Sobald sie hindurchgetreten war, schaute sie sich nach der freundlichen Dame um. Aber sie war bereits verschwunden. Hatte sie sich eigentlich bei den beiden bedankt? Sie konnte sich nicht genau erinnern.

Mit ihrem schweren Gepäck beladen trat sie hinaus in den grauen Nieselregen. Nur noch eine letzte Herausforderung war zu meistern. Wie organisierte man sich in London ein Taxi? Durch Rufen? Oder durch Winken, wie sie es bereits aus einigen Filmen kannte?

Sie schaute, ob noch andere Reisende auf ein Taxi warteten, aber sie war allein mit ihrem Gepäck. Fußgänger eilten in Geschäfte und kamen wieder heraus, Autos rasten auf der falschen Straßenseite an ihr vorbei. Sie sprang vom Straßenrand zurück, als ein roter, mit Werbung zugepflasterter Doppeldeckerbus durch eine Pfütze fuhr und sie mit Regenwasser bespritzte.

So hatte sie sich das nicht vorgestellt!

Irgendwie hatte sie eine idyllische Weihnachtsszenerie erwartet – wenn auch keine Weihnachtssänger à la Charles Dickens mit Zylindern und Pelzmuffs, die zum Knacken der Maronen auf dem Feuer ihre Lieder schmetterten, so doch wenigstens Weihnachtskränze an den Türen oder Lichterketten in den Bäumen.

Vielleicht war es noch zu früh für Weihnachtslieder, stimmungsvolle Beleuchtung und geröstete Kastanien.

An den Straßenecken von Kingsbury hätte sie gar nicht erst damit gerechnet. Aber das hier war doch England! Und im Augenblick erinnerte es sie an die Fotos von New York oder Boston, abgesehen von den kleinen Autos. Es gab weder Schlösser noch windschiefe Gebäude aus der Tudorzeit mit alten Dachbalken aus Eichenholz, die sich in schmalen Gassen aneinandergereiht hätten. Stattdessen stand Meg inmitten einer belebten Geschäftsstraße. Eine Markise mit der Aufschrift „Zeitschriften, Tabak, Souvenirs, Süßigkeiten" stach ihr ins Auge.

Sie war kurz davor, Becca noch einmal anzurufen, als eine Stimme hinter ihr sie zusammenfahren ließ. „Wohin möchten Sie, meine Liebe?"

Ein Taxi!

Danke, Jesus.

Der Taxifahrer hatte sein Fenster heruntergedreht und lehnte sich hinaus. Sogar das Lenkrad war auf der falschen Seite angebracht.

„Zum Tavistock Inn“, erklärte Meg, und sie war froh, dass ihr so spontan der Name ihres Hotels eingefallen war und sie nicht erst in ihrer Handtasche danach suchen musste.

„Ah … das gute alte Tav.“ Meg war nicht sicher, ob diese Beschreibung eher als Kosename für einen bezaubernden Ort oder als Warnung vor einer Bruchbude zu verstehen war. Der Taxifahrer sprang aus dem Wagen, öffnete den Kofferraum und hievte ihr Gepäck hinein. Die schwarzen Vinylsitze waren feucht und das Taxi roch wie ein nasser Hund. „Na dann“, sagte er. „Los geht's.“ Meg schnallte sich an und hielt den Atem an.

Hannah

Um kurz vor elf klopfte Hannah an Nathans Bürotür. Keine Reaktion. Sie wusste nicht genau, welche Seminare er dienstags hielt, aber dem ausgehängten Terminplan zufolge würde er erst um 14 Uhr wieder in seinem Büro sein. So viel also zu ihrer Idee, ihn mit einer Einladung zum Mittagessen zu überraschen! Sie schickte ihm eine SMS und machte sich auf den Weg zum Studentenzentrum, einem großen, modernen Gebäude aus Stahl mit hohen Decken und großen Fensterfronten, die den Blick auf einen kleinen See freigaben, an dessen Ufer sich elegante Villen aneinanderreihten. Nathan hatte ihr versprochen, im Frühling einmal mit ihr ans andere Ufer zu rudern und dort zu picknicken.

Hannah stellte sich für einen Chai-Tee an und ließ ihren Blick durch den Raum schweifen. Der Stress zum Semesterende war hier deutlich spürbar, und sie fragte sich, ob einige der Studenten, die ihre Bücher auf den Tischen ausgebreitet hatten, wohl auch den einen oder anderen von Nathans Kursen besuchten. Viele von ihnen hatten sich Kopfhörer in die Ohren gesteckt und hörten Musik, während sie gleichzeitig mit atemberaubender

Geschwindigkeit die Tastatur ihrer Laptops bearbeiteten. Für Hannah war es ein Ding der Unmöglichkeit, beim Lesen oder Arbeiten Musik zu hören. Klassische Musik ging vielleicht gerade noch, aber mehr war einfach nicht drin.

Manchmal kam sie sich für ihre 39 Jahre schon ziemlich alt vor. Und wenn sie etwas genauer darüber nachdachte, wäre sie im Übrigen sogar alt genug, um die Mutter eines Studienanfängers zu sein.

Lieber nicht darüber nachdenken. Mit ihrem Becher in der Hand steuerte Hannah auf eine kleine Sitzgruppe zu, wo ein sommersprossiger junger Mann mit roten Haaren gerade Bücher in seinen Rucksack stopfte. „Suchen Sie einen Sitzplatz?", fragte er. „Ich will gerade gehen. Sie können meinen Platz haben."

Sie beobachtete, wie ein Schwanenpaar seine Runden auf dem See drehte. Schuldgefühle durchzuckten sie, weil sie einen so begehrten Platz in diesem überfüllten Raum ganz für sich allein beanspruchte. Vielleicht hielt der Junge sie für eine Dozentin.

Und vielleicht sollte sie sich darin üben, ein Geschenk wie dieses einfach mal anzunehmen.

Das war nämlich etwas, das sie gerade lernen musste: Nachdem sie ihr Leben lang damit beschäftigt gewesen war, Gottes Geschenke an andere zu verteilen, übte sie sich nun darin, Gottes gute Gaben für sich selbst in Anspruch zu nehmen. Ein schwieriger Prozess. „Das ist ein toller Platz", sagte sie schließlich. „Vielen Dank."

Der junge Mann packte seine restlichen Bücher ein und Hannah las Nathans Antwort. Er würde sie um zwölf Uhr zum Mittagessen treffen. Sehr gut. Denn so hatte sie noch etwas Zeit, um in ihr Tagebuch zu schreiben und zu beten.

~

Dienstag, 2. Dezember, 11:20 Uhr

Ich mache mir große Sorgen um Mara. Ich weiß nicht, wozu Tom fähig wäre, und Mara will eindeutig nicht darüber reden. Ich bin mir nicht sicher, wie ich mich verhalten soll. Nach unserem Telefonat gestern Abend habe ich noch mit Nate darüber gesprochen. Er hat mir einige Organisationen genannt, an die sie sich wenden könne, und mir noch einmal in Erinnerung gerufen, dass ich nicht ihre Pastorin sei und sie nicht retten könne. Er warnte mich auch davor, mich in ihre Angelegenheiten einzumischen und die Dinge für sie regeln zu wollen.

Theoretisch weiß ich das alles, aber trotzdem ist es ein ziemlich schmaler Grat. In den vergangenen 15 Jahren hat es mir gutgetan, gebraucht zu werden. Aber in dieser Sabbatzeit geht es darum herauszufinden, wer ich bin, wenn ich mich nicht hinter meiner Geschäftigkeit und Produktivität für Gott verstecken kann. Aber wie kann ich Mara trotzdem zur Seite stehen und ihr helfen? Heute Morgen habe ich sie angerufen, um zu hören, wie es ihr geht, und sie sagte, es sei alles in Ordnung.

Wie kann ich ihr eine Freundin sein und nicht ihre Pastorin? Wie kann ich ihr helfen, ohne gleich die Verantwortung für ihr Leben und ihre Entscheidungen zu übernehmen? Wie kann ich auf sie „reagieren", ohne mich für sie „verantwortlich zu fühlen", wie Nate sagt? Wie kann ich mich vom Heiligen Geist leiten lassen und auf ihre Bedürfnisse eingehen, um ihr Gottes Liebe und Fürsorge vor Augen zu führen? Nate meinte, das könne sich in diesem Fall vielleicht ganz anders gestalten als das, was ich bisher in einem solchen Fall getan habe. Autsch. Manchmal ist er so schrecklich direkt. Ich könnte mich vor ihm nicht verstecken, selbst wenn ich es wollte. Und in dieser Hinsicht habe ich mich wirklich verändert. Ich will mich gar nicht mehr verstecken. Zumindest im Moment nicht.

Ich erinnere mich an eine Sitzung während des Kurses, als Katherine uns einlud, über Genesis, Kapitel 3, nachzudenken, über

Gottes Frage an Adam und Eva im Paradies: „Wo seid ihr?" Ich blättere also einige Tagebuchseiten zurück und stelle fest – wow! Liegt das wirklich erst drei Wochen zurück? Es kommt mir so viel länger vor. Wie ein ganzes Leben. Ich stelle also fest, dass ich mich versteckt habe. Richtig gut versteckt. Und ich wollte gar nicht mehr aus meinem Versteck herauskommen. Und jetzt stehe ich hier und erkenne immer deutlicher, dass die Angst, erkannt zu werden, mich hinter der Maske gefangen hielt. Gott hat schon so viel getan, um mich zu befreien. Er hat mir bereits so viele Einsichten geschenkt. Ich weiß jetzt, dass er mich lieben möchte und dass ich in seiner Liebe ausruhen darf. Ich durfte lernen, dass die Blumen für mich sind – das Geschenk des Liebenden an die Geliebte. Und doch gibt es noch so viel mehr, das er mir zeigen möchte. Ich werde also auch weiterhin das Wirken des Heiligen Geistes zulassen müssen.

Katherine hat einmal gesagt, es sei Gottes Geschenk an uns, wenn sein Licht in die dunklen Ecken unseres Lebens fällt. Dabei kann das Licht selbst nichts an den Dingen ändern, aber es macht sie sichtbar. Und dann stehen wir vor der Wahl: Was werden wir mit den Dingen tun, die das Licht uns gezeigt hat? Sie ignorieren und versuchen, sie zu verdrängen, weil wir Angst vor Überforderung haben? Werden wir vielleicht versuchen, sie selbst in Ordnung zu bringen? Oder werden wir in der Kraft des Heiligen Geistes weiter kleine Schritte in Richtung Freiheit machen, auch wenn es wehtut? Ich bin eine Meisterin, wenn es darum geht, Dinge zu verdrängen, zu ignorieren oder zu versuchen, sie selbst in Ordnung zu bringen. Das beherrsche ich wirklich sehr gut. Doch jetzt probiere ich einen anderen Weg aus, lege die Maske ab und wandle stattdessen im Licht.

Während ich dies aufschreibe, fällt mir eine Bibelstelle ein. Ich habe sie gerade ein paarmal durchgelesen. Sie steht in Jesaja, Kapitel 9, die Verse 1 bis 3: „Das Volk, das im Dunkeln lebt, sieht ein großes Licht; für alle, die im Land der Finsternis wohnen, leuchtet ein Licht auf. Herr, du vermehrst sie und schenkst ihnen große Freude. Sie freuen sich vor dir wie bei der Ernte und wie beim Verteilen der Kriegsbeute. Wie damals, als du das Volk von den Midianitern befreit hast, zerbrichst du das Joch der Fremdherrschaft, das auf ihnen lastet, und den Stock, mit dem sie zur Zwangsarbeit angetrieben werden."

Bei dieser Stelle kommen mir all die „Ketten" in den Sinn, die mich in meinem Leben gefangen halten und die Gott so gerne für mich lösen möchte. Es gibt in dieser Hinsicht bereits einige Dinge, die er ans Licht gebracht hat. Aber ich frage mich: Welche Lasten trage ich noch immer mit mir herum, die Gott mir gerne abnehmen und für mich tragen würde? „Denn uns ist ein Kind geboren, ein Sohn ist uns gegeben, und die Herrschaft ist auf SEINER Schulter."[1]

Viele Jahre lang habe ich die Last der Welt auf MEINEN Schultern getragen. Ich war schon immer extrem verantwortungsbewusst, extrem wachsam. Und ich weiß immer noch nicht so richtig, wer ich bin oder was ich tun soll, wenn der Lauf der Welt nicht mehr von meiner Treue oder meinem Engagement abhängt. Hilf mir, Herr. Lehre mich auszuruhen. Nicht nur körperlich, sondern auch geistlich. Zeige mir mehr und mehr, was das bedeutet. Lass mich die Herrschaft auf deine Schultern legen und darauf vertrauen, dass du alles in der Hand hältst. Siehst du? Immer wieder geht es um Kontrolle. Und ich kann die Kontrolle nur abgeben, wenn ich auf deine Güte, Gnade, Liebe und Macht vertraue.

Hilf mir, dich ganz neu anzunehmen. Hilf mir, offen zu sein, dich in deiner ganzen Fülle in meinem Leben willkommen zu heißen. Denn ein Kind ist uns geboren. Für MICH ist ein Kind geboren. „Und er heißt Wunder-Rat, Gott-Held, Ewig-Vater, Friede-Fürst."[2]

Hilf mir, darauf zu vertrauen, dass du jedem dieser Namen gerecht wirst, für mich und für uns alle. Bitte!

Hannah blickte zufällig in dem Augenblick auf, als eine schlanke dunkelhaarige Frau mit einem Tablett in der Hand vorbeiging. „Charissa!"

„Hannah! Ich hatte nicht damit gerechnet, dich hier zu treffen."

„Ich bin mit Nathan zum Mittagessen verabredet." *Dr. Allen*. Vielleicht sollte sie ihn auf dem Campus lieber Dr. Allen nennen. Sie deutete auf die Sitzbank. „Hast du Zeit, dich ein wenig zu mir zu setzen?"

„Aber nur ein paar Minuten. Ich muss gleich in die Bibliothek zurück."

Hannah warf einen Blick auf Charissas Mittagessen: eine Kugel Hüttenkäse, eine Packung Salzcracker und eine Schale klare Brühe. „Wie geht es dir?", fragte sie und deutete auf das Tablett.

Charissa zuckte die Achseln. „Ich weiß nicht, warum das ‚morgendliche Übelkeit' genannt wird. Manchmal hält die Übelkeit nämlich den ganzen Tag an."

„Nach einer Weile soll es besser werden."

„Ich hoffe es." Sie riss die Packung mit den Salzcrackern auf.

„Meg hat heute Morgen angerufen. Sie ist gut angekommen."

„Das freut mich!"

Hannah griff nach ihrem Becher mit lauwarmem Chai-Tee. „Ich werde ein paar Tage pro Woche in ihrem Haus übernachten, damit ich nicht so oft zum See hinausfahren muss."

„Gute Idee."

„Sie meinte, ich solle das Haus ruhig weihnachtlich schmücken und vielleicht auch eine Dekorationsparty veranstalten. Ich habe Mara fürs Wochenende eingeladen. Du kannst dich uns gerne anschließen, wenn dir danach ist."

„Danke. Ich werde darüber nachdenken."

Seltsam, dieser Unterschied innerhalb von nur 24 Stunden. Am Flughafen hatte Charissa noch ganz entspannt gewirkt, am

Gespräch interessiert und bereit, über ihre Probleme und Sehnsüchte zu sprechen. Sie hatte sogar gesagt, sie habe das Gefühl, dass der Heilige Geist in ihr wirken würde. Doch jetzt machte sie wieder vollkommen dicht. Vielleicht lag es aber auch an der Übelkeit. Oder am Stress. Das war bei Charissa immer schwer zu sagen.

„Kann ich dich in irgendeinem Bereich im Gebet unterstützen?", fragte Hannah.

Charissa kaute sehr lange auf einem kleinen Bissen herum. „Nun ja, für die Uni, das Baby und jetzt noch für die Sache mit dem Haus." Charissa erzählte ihr, dass ihre Schwiegereltern sie ganz unerwartet bei der Anzahlung für ein Haus unterstützen wollten und dass John eines mit drei Schlafzimmern gefunden habe. Heute Morgen hätten sie ein Angebot dafür abgegeben. „Wir warten jetzt nur noch darauf, ob wir den Zuschlag bekommen."

„Das ist ja aufregend!", rief Hannah. Aber Charissa wirkte eher gelangweilt. Ihr Tonfall, ihr Gesichtsausdruck – alles an ihr wirkte irgendwie leblos. Man sollte meinen, dass sie sich doch etwas mehr freuen würde über all die Geschenke, die ihr einfach so in den Schoß fielen –

Charissa stand auf.

Etwas dankbarer –

Hannah ebenfalls.

Und ein kleines bisschen weniger beherrscht.

„Ich muss los", sagte Charissa.

Wenn Charissa nicht ihr Tablett in den Händen gehalten hätte, hätte Hannah sie vielleicht umarmt. Aber so legte sie ihr nur die Hand auf die Schulter und sagte: „Halt uns auf dem Laufenden, okay? Und ich werde an dich denken."

Ohne ein Wort des Dankes verabschiedete sich Charissa und schlängelte sich durch die Menge der Studenten hindurch. Bei ihrer auffälligen Erscheinung fiel es Hannah nicht schwer, sie im Auge zu behalten, bis sie das Gebäude verlassen hatte. Dieses Mädchen hatte wirklich alles: Intelligenz, Schönheit, einen Mann, der sie von ganzem Herzen liebte, sie erwartete ein Baby und würde jetzt auch noch ein Haus kaufen können, in dem sie mit ihrer kleinen Familie leben würde. Aber Hannah war nicht eifersüchtig. Nein, ganz sicher nicht!

Doch, das war sie.

Immer noch.

Sie biss sich auf die Innenseite ihrer Wange und legte ihr Tagebuch zur Seite.

Meg

Kurz nachdem Meg im Hotel angekommen war, rief Becca an und sagte, sie wolle sich noch für ein paar Stunden mit ihrer Studiengruppe zusammensetzen, um sich auf eine bevorstehende Prüfung vorzubereiten.

Also keine gemeinsame Teestunde.

„Wie wäre es mit Abendessen?“, schlug Becca vor. „Ganz in der Nähe deines Hotels gibt es ein hervorragendes indisches Restaurant. Ich komme dann zum Hotel und hole dich ab.“

Meg hatte sich eigentlich schon auf ein Stück rosa gebratenes Roastbeef mit Stampfkartoffeln und Yorkshirepudding zum Abendessen gefreut. Wie gut, dass sie die Tabletten gegen Sodbrennen eingepackt hatte. „Klingt gut, mein Schatz. Wann kannst du hier sein?“

„Vielleicht gegen 18 Uhr? Aber du solltest trotzdem den Nachmittagstee einnehmen, Mama. Es wird dir gefallen.“

Ein Nachmittagstee ohne Becca war zwar nicht das, wovon Meg geträumt hatte, aber die Müsliriegel, die sie für den Flug eingepackt hatte, hatte sie bereits aufgegessen. Mit knurrendem

Magen betrat Meg den Speisesaal und ließ sich an einem Zweiertisch in der Nähe des Kamins nieder.

Eine junge Frau mit rosigem Teint reichte Meg die Speisekarte. „Möchten Sie Tee?"

„Ja, bitte."

Meg überflog die Karte, die lediglich aus einer Seite bestand.

„Traditioneller Nachmittagstee. Eine Auswahl an frisch zubereiteten Sandwiches. Warme Scones mit dicker Sahne und Marmelade. Eine Auswahl an selbst gebackenen Kuchenstücken und Keksen. Sie wählen den Tee aus."

Das alles für eine einzige Person? Meg warf einen unauffälligen Blick auf das ältere Ehepaar in der Ecke, die einzigen anderen Gäste im Raum. Eine Kanne, zwei Tassen, eine dreistöckige Etagere mit Sandwiches und anderen Leckereien.

„Den Nachmittagstee für eine Person, bitte", erklärte Meg, als die Kellnerin zurückkam.

„Welche Teesorte möchten Sie?"

Meg überflog die angebotenen Teesorten. Assam. Darjeeling, Lapsang irgendwas. „Earl Grey, bitte."

Eine Frau mittleren Alters kam herein und setzte sich mit einem Buch ganz allein an einen Tisch. Gut. Dann wäre Meg wenigstens nicht die Einzige, die sich etwas zu lesen mitgebracht hatte. Sie holte ihre Bibel aus der Handtasche und schlug das Buch Jesaja, Kapitel 43, auf: „Fürchte dich nicht, ich habe dich befreit! Ich habe dich bei deinem Namen gerufen, du gehörst mir! Musst du durchs Wasser gehen, so bin ich bei dir; auch in reißenden Strömen wirst du nicht ertrinken."

Danke, Herr, dass du bei mir bist, dass du mich sicher hierhergebracht hast, dass du mir durch die Freundlichkeit anderer Menschen geholfen hast – sogar durch eine Frau, die ich eigentlich nicht besonders mochte. Danke, dass du bei mir bist, wenn mir alles zu viel wird und ich Angst habe. Danke.

Später, wenn sie sich etwas ausgeruht hatte, würde sie sich vielleicht mit ihrem Notizbuch hinsetzen und das Gebet der liebenden Aufmerksamkeit beten, um sich sowohl die Momente ins Gedächtnis zu rufen, in denen sie die Gegenwart Gottes während ihrer Reise gespürt hatte, als auch die Situationen, in denen sie mit lähmender Angst konfrontiert worden war. Katherine hatte ihr Mut gemacht, ein Tagebuch zu führen, in dem sie nicht nur die Erlebnisse während ihres Aufenthalts in der Stadt, sondern auch ihre geistlichen Erkenntnisse festhielt. „Ein Reisetagebuch darüber, inwiefern Gott mit Ihnen ist und Sie mit Gott sind", hatte Katherine gesagt.

Gott mit ihr. Das war ein ausgezeichnetes Thema zur Meditation in der Adventszeit. Wie offenbarte sich Jesus als Immanuel?

Am Sonntag hatte der Chor eines ihrer Lieblingslieder gesungen. „O komm, o komm, Immanuel! Mach frei dein armes Israel. In Angst und Elend liegen wir und flehn voll Sehnsucht auf zu dir. Freu dich, freu dich, o Israel! Bald kommt, bald kommt Immanuel."

Meg liebte die etwas traurige Melodie, in der die Sehnsucht nach dem Einen, der kommen würde, um zu retten, zu erlösen und zu befreien, so wundervoll zum Ausdruck kam.

Die Kellnerin brachte mehrere Teller mit kleinen, in Dreiecksform geschnittenen Sandwiches, Scones und zwei kleine Töpfchen, eines mit dicker Sahne gefüllt, das andere mit Erdbeermarmelade. „Milch und Zucker für Ihren Tee?"

„Milch, bitte."

Meg beobachtete, wie die Kellnerin Milch in die Teetasse goss und diese anschließend mit Tee auffüllte. Vielleicht war es ja ein Geschenk, ein paar Stunden zum Entspannen zu haben, bevor sie Becca traf. Ein paar Stunden, um den Stress und die Anspannung der Reise abzubauen. Eine Zeit, um einen Gang herunterzuschalten und ihre Gedanken zur Ruhe kommen zu lassen.

Einatmen.

Ausatmen.

O komm, o komm, Immanuel, und befreie mich aus meiner Gefangenschaft.

Auch aus der Gefangenschaft ihrer festgefahrenen Vorstellungen davon, wie bestimmte Dinge zu sein hatten. Dies war nämlich ein Problem, das für Meg zunehmend an Bedeutung gewann: Erwartungen loszulassen und zu lernen, sich etwas mehr treiben zu lassen. Bei diesem Gedanken musste Meg beinah laut auflachen. Eine Mutter, die in der Lage war, sich treiben zu lassen, würde Becca wohl kaum wiedererkennen.

Sie biss in ihr Gurkensandwich und legte es sofort wieder auf den Teller zurück. Die Gurkenschreiben waren dünn und fad, das Weißbrot mit viel zu viel Butter bestrichen. Vielleicht war die Erwartung, wie ein Gurkensandwich schmecken würde, dem tatsächlichen Geschmackserlebnis vorzuziehen. Dieses Prinzip kannte sie bereits vom Candy Corn. Jeden Herbst kaufte sie eine Tüte Candy Corn sowie die kleinen, orangefarbenen Kürbisse und vergaß dabei doch jedes Mal, dass sie den Geschmack eigentlich nicht ausstehen konnte. Das Gleiche galt für Eierpunsch. Ihre alljährliche Amnesie brachte sie dazu, eine Flasche zu kaufen, weil Eierpunsch nun mal zu Weihnachten dazugehörte und weil man beim Fest der Feste einfach eine Tasse Eierpunsch trinken musste. Und jedes Jahr goss sie den Großteil der Flasche weg, weil sie wieder einmal festgestellt hatte, dass sie Eierpunsch eigentlich gar nicht mochte.

Sie spülte ihren Mund mit einem Schluck Tee aus, bevor sie das durchweichte Sandwich mit dem Eiersalat probierte. Viel zu viel Mayonnaise. Und Thunfisch hatte sie noch nie gemocht.

Trotzdem konnte sie sich nicht dazu durchringen, die Sandwiches einfach liegen zu lassen und sich den Scones zuzuwenden. Sie war jetzt 46 Jahre alt, und noch immer klang die Stimme ihrer Mutter in ihrem Kopf, die sie ermahnte: „Iss deinen Teller leer!“ Angeekelt starrte Meg auf die Brotscheiben und sehnte sich nach einem großen Glas Wasser, mit dem sie alles hätte herunterspülen können. Aber bei den anderen Gästen stand auch kein Wasser auf dem Tisch. Wäre es unhöflich, darum zu bitten? Sie trank noch einen Schluck Tee. Wenn sie nur eine Papierserviette hätte! Dann könnte sie die Sandwiches unauffällig einwickeln und in ihrer Tasche verschwinden lassen, um sie in ihrem Zimmer in den Müll zu werfen.

Sie suchte in ihrer Handtasche nach einem Papiertaschentuch. Nichts. Da sie auf keinen Fall jemanden beleidigen wollte, riss sie sich zusammen und biss kräftig in das Thunfischsandwich. Weil man das nun mal so machte …

~

Die Vivaldi-Melodie ihres Mobiltelefons riss Meg aus dem Schlaf. Sie ließ ein paar Töne verstreichen, um ein wenig zu sich zu kommen, bevor sie sich meldete. „Hallo?“

„Mama, habe ich dich geweckt?“

„Nein, Schatz! Ich habe mich nur etwas ausgeruht.“ Wie viel Uhr war es überhaupt? Sie richtete sich auf. Der Wecker auf dem Nachttisch zeigte 21:18 Uhr. Was um alles in der Welt hatte das zu bedeuten?

Draußen war es stockdunkel. Offensichtlich war sie vor Stunden mit ihrem Notizbuch auf dem Schoß im Sessel eingeschlafen. Sie knipste die Lampe an und sah auf ihre Uhr. Schon nach neun?

„Entschuldige!“, sagte Becca. „Das war dann doch eine echte Mammutsitzung.“

„Ach, schon gut. Hat das Restaurant noch geöffnet?“ Scharf gewürztes Essen war genau das, was Meg vor dem Schlafengehen eigentlich gar nicht gebrauchen konnte.

„Ach, weißt du, wir haben uns eine Pizza kommen lassen, weil wir alle solchen Hunger hatten. Aber wenn du möchtest, komme ich noch vorbei, um dich zu begrüßen. Soll ich dir vielleicht ein Sandwich aus dem Supermarkt mitbringen? Der liegt nämlich auf meinem Weg."

„Nein, danke, alles gut." Sie würde es bis zum Morgen aushalten, an dem sie sich ein typisch englisches Frühstück schmecken lassen wollte. Aber ohne gebackene Bohnen. „Wie weit ist es bis zu dir? Soll ich dir ein Taxi rufen?"

„Nein, es ist nicht weit."

„Aber es ist schon spät. Bist du sicher, dass du gefahrlos –"

„Mama!"

Unglaublich, dass zwei kleine Silben so ärgerlich klingen konnten.

„Weißt du, wenn ich mir vorstelle, dass du ganz allein –"

„Es ist ja nicht so, als würde ich nach Einbruch der Dunkelheit mein Zimmer nicht mehr verlassen!"

Becca klang müde und angespannt. Vermutlich war sie deshalb so gereizt. „Nein, natürlich nicht", erwiderte Meg. „Entschuldige!"

„Ich bin in etwa 20 Minuten da."

Meg wusch ihr Gesicht, kämmte ihre Haare und ging nach unten. Im Hotel-Foyer setzte sie sich in einen Sessel am Fenster und hielt Ausschau nach Becca. 20, 30, 35, 38, 40 Minuten vergingen in qualvollem Schneckentempo.

Waren die Straßen Londons für ein junges Mädchen, das abends allein unterwegs war, wirklich nicht gefährlich? Vielleicht war Megs Wunsch, Becca so spät noch zu sehen, am Ende selbstsüchtig gewesen. Sie hätten sich doch auch zum Frühstück treffen können. Was hatte sie sich nur dabei gedacht? Sie hoffte, dass Becca nicht den Park in der Nähe des Hotels durchqueren musste. *Herr, bitte. Hilf!*

Fünf Minuten. Sie würde ihr noch fünf Minuten geben, bevor sie ihre Nummer wählte. Wie gut, dass die Frau im Reisebüro so umsichtig gewesen war, ihr zu empfehlen, sich ein Mobiltelefon anzuschaffen, mit dem sie auch im Ausland telefonieren konnte. Irgendwie hatte Meg das Gefühl, dass sie es noch oft brauchen würde.

Sie sah erneut auf ihre Uhr.

Es ist ja nicht so, als würde ich nach Einbruch der Dunkelheit mein Zimmer nicht mehr verlassen.

Als Becca im ländlichen Michigan an der Kunsthochschule studiert hatte, hatte sich Meg nicht so viele Sorgen um ihre Sicherheit gemacht. Und vielleicht hatte sie sich wegen ihres Aufenthalts in London keine großartigen Gedanken gemacht, weil sie ein Idealbild der Stadt im Kopf gehabt hatte. Für sie war London die pure Idylle und deshalb brauchte sie um ihre Tochter doch keine Angst zu haben. Aber dass Becca so spät am Abend in dieser Stadt unterwegs war – oder schlimmer noch, mit der U-Bahn fuhr –, das hatte Meg sich nun wirklich nicht so vorgestellt. In London. In einer Großstadt, in der es zweifellos jede Art von Verbrechen gab, die man sich nur vorstellen konnte.

Oh Gott.

Gerade in diesem Augenblick könnte Becca irgendwo in einem Graben liegen, nachdem sie in einer dunklen Gasse mit einem Messer angegriffen worden war. Sie würde sich glücklich schätzen können, wenn man ihr nur die Handtasche weggenommen hatte.

Oh Gott.

Dieses Viertel war doch Bloomsbury, nicht wahr? War nicht Bloomsbury für irgendetwas berüchtigt? Vielleicht hatte Jack the Ripper in dieser Gegend all die Mädchen ermordet. Und wer konnte schon sagen, ob nicht just in diesem Moment irgendein

Serienmörder in der Gegend sein Unwesen trieb? Nachrichten aus London hatten Meg bisher nie interessiert.

Oh Gott.

Sie hätte sich am Flughafen eine Zeitung mitnehmen sollen. Dann wüsste sie jetzt wenigstens darüber Bescheid, was im Moment so alles in der Stadt passierte.

Sie sah noch einmal auf die Uhr. Zwei Minuten noch, dann würde sie die Polizei rufen. Nein, zuerst würde sie es auf Beccas Handy versuchen, und wenn sie sich nicht meldete, dann würde sie die Polizei rufen. Falls ihr Mädchen wirklich entführt worden war, könnte man sie vielleicht noch finden, bevor sie in ein Versteck gebracht werden würde.

Für Meg war Becca nämlich immer noch ein Kind, ein 21-jähriges attraktives Mädchen, das sich vielleicht gerade in diesem Moment in den Händen eines skrupellosen Verbrechers befand, vor Angst gelähmt und unfähig, nach Hilfe zu rufen.

Meg griff nach ihrem Telefon.

Sie würde der Polizei nicht einmal ihre Kleidung beschreiben können. Eine genaue Personenbeschreibung könnte sie aber abgeben: 1,55 Meter groß, braune Augen, kurze dunkle Haare, die Statur einer Ballerina und ein wenig Ähnlichkeit mit Audrey Hepburn in *Sabrina*.

Oh Gott, hilf mir. Hilf mir. Bitte hilf mir.

Plötzlich ging die Tür auf und Meg fuhr in ihrem Sessel zusammen.

„Hallo, Mama!"

„Becca – Gott sei Dank!" Meg sprang auf, stürmte auf sie zu und drückte sie fest. Offensichtlich zu fest.

Becca schreckte zurück.

„Entschuldige bitte, Liebes", sagte Meg und legte ihre eiskalte Hand an Beccas Wange. „Aber als du nicht gekommen bist, habe ich mir solche Sorgen gemacht!"

„Mir geht es gut. Ich bin schon ein großes Mädchen, okay?"

„Ich weiß. Es tut mir leid."

Das war nicht die Begrüßung, die Meg sich vorgestellt hatte, nachdem Becca nun schon beinahe vier Monate weg war. *Reiß dich zusammen, Meg. Reiß dich zusammen!* Zum Glück konnte nur sie die ängstlichen Stimmen in ihrem Kopf hören, die sich zu Wort meldeten, wann immer ihre ausgeprägte Fantasie die Kontrolle übernahm.

„Ich freue mich so sehr, dich zu sehen!", rief Meg. *Ein Nasenpiercing?* Sie versuchte, nicht daraufzustarren. *Und ihre Haare sind so kurz!* Becca trug ihre Haare schon einige Jahre lang kurz, weil sie ihre Locken nicht mochte, aber dieser kurze Stachelschnitt ließ sie viel älter wirken. *Und erst ihr Rock!* Er verdeckte kaum die wesentlichen Stellen.

Reiß dich zusammen.

„Möchtest du mit nach oben kommen? Dann können wir noch ein wenig plaudern", fragte Meg, während Becca ihre dunkle Jacke auszog. Ihre Bluse war – nun ja – ziemlich offenherzig. *So ein dünner Stoff? Und das im Winter? Kleideten sich junge Leute in London so? Keine dicken Wollpullover und –*

Becca gähnte. „Ich wollte eigentlich nicht lange bleiben. Komm, wir setzen uns hierher."

„Ich habe ein paar Leckereien mitgebracht, die du hier nicht bekommst. Sie sind in meinem Zimmer."

„Toll! Danke! Ich nehme sie später mit."

Meg setzte sich neben Becca aufs Sofa. Als sie ihre Füße unter sich steckte, fiel Meg erst auf, wie eng und kurz der Rock *tatsächlich* war. Ihre Tochter hatte sich schon immer für Mode interessiert, und im Laufe der Jahre hatten sie viele Auseinandersetzungen gehabt, weil ihre Vorstellung von angemessener Kleidung stark voneinander abwich. Nie und nimmer hätte Meg sie in einem solchen Aufzug aus dem Haus gelassen. Und Mutter hätte einen hysterischen Anfall bekommen. Aber sie waren ja nicht in Kingsbury, Becca war kein Teenager mehr und Mutters Kritik hörte Meg nur in ihrem Kopf.

Sie räusperte sich.

Becca zupfte an ihrem Rocksaum.

„Und dein Flug ist gut verlaufen?"

„Es gab zumindest keine Probleme, nachdem wir endlich gestartet waren. Ich freue mich, heute Nacht noch mal richtig zu schlafen, und dann bin ich gerüstet." Meg hielt inne und bemühte sich, nicht zu auffällig auf Beccas Rock oder ihr Piercing zu starren. „Wie sieht dein Terminplan für morgen aus?"

„Unterricht von acht bis zwölf und danach noch eine Lerngruppe."

Also kein gemeinsames Frühstück und kein Nachmittagstee. Meg hoffte sehr, dass ihr Gesichtsausdruck nicht verriet, wie enttäuscht sie darüber war.

„Zum Abendessen hätte ich Zeit."

„In Ordnung."

„In den nächsten Tagen ist ziemlich viel los, aber am Freitag habe ich schon nachmittags frei, dann können wir zusammen etwas unternehmen, okay?" Becca gähnte erneut. „Wenn du morgen früh ins British Museum gehen willst, können wir uns dort vielleicht zu einem schnellen Mittagessen treffen. Es liegt nicht weit vom Campus entfernt."

„Klingt gut", erwiderte Meg. *Siehst du? Alles wird gut werden.* „Ich habe den Reiseführer studiert, und ich glaube, ich könnte gleich mehrere Tage dort zubringen."

„Prima. Ich rufe dich an, sobald mein Unterricht zu Ende ist." Becca machte bereits Anstalten zu gehen, obwohl sie doch gerade erst gekommen war.

Reiß dich zusammen.

Nein.

Lass los. Lass die Erwartungen los, die Enttäuschung, die Angst.

Einatmen. *Ich kann nicht.*

Ausatmen. *Du kannst, Herr.*

„Vermutlich willst du nicht, dass ich dir ein Taxi rufe?"

„Richtig. Alles prima."

„Du könntest heute hier übernachten –"

„Mama." Nicht ärgerlich, aber bestimmt. „Ich komme klar. Versprochen."

Wie sollte Meg einer Tochter, die ihre Flügel ausgebreitet hatte, eine gute Mutter sein? Aus der Ferne sahen manche Dinge möglicherweise viel leichter aus.

Einatmen. *Ich kann nicht.*

Ausatmen. *Bitte hilf mir.*

Sie plauderten noch einige Minuten über den Unterricht, die Prüfungen und die Hausarbeiten, bevor Becca aufstand und ihre Jacke anzog. Wenn sie nur einen langen Mantel tragen würde, der den kurzen Rock verdeckte!

Meg setzte ihr fröhlichstes Lächeln auf. „Rufst du mich an, wenn du zu Hause bist?"

„Mama!" Dieses Mal klang ihre Stimme definitiv genervt.

„Okay – entschuldige. Sei bitte vorsichtig!" Meg drückte Becca einen Kuss auf die Stirn und sofort waren die Sorgen wieder da.

Ihre Haare stanken nach Rauch.

3

Charissa

Als John am Dienstag um 14 Uhr anrief, wusste Charissa gleich, dass es um ihr Angebot für das Haus gehen musste. Auf den Vorschlag ihres Schwiegervaters hin hatten sie gleich am Morgen den vollen Preis geboten. „Spielt keine Spielchen wegen ein paar Tausend Dollar", hatte er ihnen geraten. „Der Preis ist angemessen. Wenn ihr das Haus wirklich haben wollt, dann gebt ihnen, was sie verlangen – vor allem, wenn es noch weitere Kaufinteressenten gibt."

„Hey, Riss." Sobald John die Worte ausgesprochen hatte, wusste sie, dass er gute Neuigkeiten für sie haben würde. Das Haus gehörte ihnen. Um kurz nach fünf holte John Charissa am Campus ab. Er sprudelte regelrecht über vor Freude. „Ist das zu glauben? Wir werden Hausbesitzer!" Wenn alles nach Plan laufen würde, könnten sie Mitte Januar einziehen. „Ich habe eine tolle Idee. Lass uns eine Pizza holen und noch mal hinfahren."

Sie fand die Idee nicht so toll. Ihre Abgabetermine und die Präsentation ihres Referats rückten immer näher und außerdem hatte sie schon den ganzen Tag mit Übelkeit zu kämpfen gehabt. Aber sie hatte sich ja fest vorgenommen, nicht mehr nur auf sich selbst zu schauen – was gar nicht so einfach war. Und so holten sie sich eine Pizza bei Johns Lieblingsitaliener und fuhren zu dem Haus. Die Pizza verspeisten sie im Auto.

„Das vordere Zimmer zur Straße hin – das könnte doch das Kinderzimmer werden, meinst du nicht?“ Die Pizzaschachtel lag aufgeklappt auf Johns Schoß und der Geruch der fettigen Pizza war schlicht und ergreifend zu viel für sie. Charissa brauchte ganze drei Servietten, um das Fett eines einzigen Stückes aufzusaugen.

„Kannst du bitte die Schachtel zuklappen?“ Sie zog die Nase kraus. Da es zu kalt war, um das Fenster zu öffnen, stellte sie die Lüftung am Armaturenbrett so ein, dass der Luftzug auf sie gerichtet war.

John nahm sich noch ein Stück und klappte den Deckel zu. Das Fett lief ihm über die Finger und sein Kinn, als er die Pizza genussvoll in den Mund steckte. Sie reichte ihm eine Serviette.

„Ich habe Papa schon gefragt, ob er uns helfen kann, das große Bad umzubauen. Ich finde, wir sollten die dunklen Schränke und das Linoleum austauschen. Das müsste finanziell noch drin sein. Mein Freund Tim hat sein Haus ganz allein renoviert. Er hat mir angeboten, uns zu helfen.“ Charissa legte den Arm über Mund und Nase. „Willst du nichts mehr? Du hast kaum etwas gegessen.“ Sie schüttelte den Kopf. Er blickte sie fragend an. „Entschuldige bitte, Schatz. Ist es der Geruch?“

„Ich weiß nicht, wie du dieses Zeug in dich hineinstopfen kannst. Es ist widerlich!“

„Soll ich die Schachtel in den Kofferraum stellen?“

„Das wird nicht helfen.“ Sie drückte auf den Knöpfen für die Klimaanlage herum, doch sie ließ sich nicht richtig einstellen. Entweder war es zu warm oder zu kalt. Die Fenster beschlugen bereits und außerdem hatte sie ihr Referat über Milton noch immer nicht fertig. Das Ende des Semesters rückte immer näher, ihre Jeans war ihr jetzt schon zu eng, obwohl sie eigentlich noch gar nicht hätte zunehmen sollen, und sie hatten kein Geld für eine Mitgliedschaft in einem Fitnessklub und –

„Das war wohl doch keine so gute Idee“, meinte John.

Charissa biss sich auf die Zunge, bevor ihr eine sarkastische Bemerkung hätte rausrutschen können.

„Ich dachte nur –" Er warf die Pizzaschachtel auf den Rücksitz.

Sie zog die Augenbrauen hoch. „Was dachtest du?"

„Ach, lass nur. Ich –" Er schaltete die Scheinwerfer an und legte den Rückwärtsgang ein. „Vergiss es einfach."

Na toll, jetzt war John böse auf sie.

„Nein. Weißt du was?" Er nahm den Gang wieder heraus und wandte sich zu ihr. „Ich dachte, du würdest dich darüber freuen, herzukommen und das Haus anzuschauen, für das wir gerade den Zuschlag bekommen haben. Gemeinsam hier zu sitzen und ein bisschen davon zu träumen, wie es wohl sein wird, wenn wir erst einmal eingezogen sind. Aber nein! Du kannst dich nie über irgendetwas freuen! Zuerst das Baby, jetzt das Haus! Damit hast du auch mir all die schönen Momente verdorben, ist dir das eigentlich bewusst?"

Charissa wandte sich ab und starrte aus dem Fenster. Die Lichterketten in den Bäumen blendeten sie und gefielen ihr überhaupt nicht.

John legte erneut den Rückwärtsgang ein und trat dann das Gaspedal durch. Für den Rest des Abends sprachen sie kein Wort mehr miteinander.

Am nächsten Morgen saß Charissa in Dr. Allens Klasse und hörte sich an, was er als Abschlussarbeit für sein Seminar *Literatur und die christliche Fantasie* erwartete. Sie hätte wissen müssen, dass Dr. Allen, dessen Unterrichtsansatz an sich schon sehr unorthodox war, nun auch keine typische Literaturanalyse von ihnen verlangen würde. Jetzt müsste sie, zusätzlich zu allem anderen, was noch abzuarbeiten war, auch noch eine Zusatzaufgabe bearbeiten, in der folgende Fragen zu beantworten waren:

1. Wie hat sich die Literatur, mit der Sie sich in diesem Semester auseinandergesetzt haben, auf Ihren persönlichen Glauben ausgewirkt?
2. Welche Erkenntnisse haben Sie in Bezug auf Ihr Leben mit Gott gewonnen?
3. Identifizieren und diskutieren Sie einige der Hindernisse, die Sie in Ihrer Beziehung zu Gott behindern. Inwiefern lädt Sie Gott zu einem tieferen Leben mit sich ein?
4. Was ist Ihr Gebet?

Bei jeder normalen Literaturanalyse hätte Charissa problemlos die höchste Punktzahl erreichen können. Aber Dr. Allen hatte sie bereits das ganze Semester über dazu herausgefordert, nicht nur kritisch und analytisch, sondern auch „rezeptiv" zu lesen, und das beinhaltete, auf Dinge zu achten, denen sie vorher nie Beachtung geschenkt hatte. Sein Ansatz war herausfordernd gewesen, hatte sie aber auch ein ganzes Stück weitergebracht.

„Formulieren Sie Ihre Antworten so detailliert und spezifisch wie möglich", sagte Dr. Allen gerade. „Führen Sie Beispiele aus der Literatur an und erklären Sie, warum Sie sich dadurch angesprochen oder provoziert gefühlt haben. Beschreiben Sie ausführlich, wie sich Ihr Geist durch das, was Sie gelesen haben, für das Wirken Gottes geöffnet hat. Wichtig ist, dass Sie sich klar darüber werden, wo Sie in Ihrer Beziehung zu Gott im Augenblick tatsächlich stehen, und nicht, wo Sie gerne stehen würden. Seien Sie ehrlich. Gott begegnet uns, wenn wir uns offen eingestehen, in welchen Bereichen wir uns gerade weiterentwickeln oder wo wir vielleicht stagnieren. Ich will nicht beeindruckt werden. Bleiben Sie einfach bei der Wahrheit."

Bleiben Sie einfach bei der Wahrheit.

Und was genau sollte sie dann schreiben?

Dass sie jeden Tag neue Fehler an sich entdeckte?

Dass sie jeden Tag mit der Unbeständigkeit ihres Glaubens konfrontiert wurde oder darüber, wie „lauwarm" sie tatsächlich war und wie eigensinnig sie noch immer nach Kontrolle strebte?

War das die Art von Aufsatz, die Dr. Allen sehen wollte?

Vor einigen Wochen noch hatte sie eine für sie beinah schon übernatürliche Begegnung mit Jesus gehabt, als sie im Unterricht George Herberts Gedicht *Liebe (III)* gelesen hatten. Damals war sie mit einer Liebe konfrontiert worden, die sie trotz ihrer Fehler annahm. Sie hatte einen flüchtigen Blick auf Jesus erhaschen können, der sich nach einer engeren Beziehung mit ihr sehnte. In diesem Moment hatte sie eine Leidenschaft und Sehnsucht verspürt wie nie zuvor in ihrem Leben. Und sie hatte fest geglaubt, diese Begegnung würde ihr Leben verändern …

Doch jetzt kam es Charissa vor, als wären seitdem Jahre vergangen, denn die 26-jährige Frau, die diese Begegnung mit Gott gehabt hatte, war eine Doktorandin gewesen, die davon ausgegangen war, dass sie ihr Leben im Griff hatte und wusste, wie es für sie weitergehen würde. Und jetzt war sie schwanger. An diesen Punkt hatte sie ihre Glaubensreise also gebracht; eine Reise, die ihre Beziehung zu Gott eigentlich hätte vertiefen sollen.

Was für eine Ironie!

Erst gestern hatte sie John Donnes Gedicht über die Fleischwerdung Christi gelesen, in dem es darum ging, dass Jesus dazu bereit gewesen war, in Marias Schoß quasi wie in einer „Gefängniszelle" zu liegen; dass in Marias Leib Licht und Dunkelheit aufeinandergetroffen waren; dass in ihr Gottes Unermesslichkeit auf vollkommene Abgeschiedenheit gestoßen war.[3]

Unermesslichkeit und Abgeschiedenheit.

Was für ein meisterhaftes Wortpaar!

Vielleicht könnte diese Formulierung der Ausgangspunkt für Charissas Arbeit sein. Vielleicht könnte sie Marias Bereitschaft, den Sohn Gottes in ihrem Schoß heranwachsen zu lassen, vergleichen mit ihrem eigenen Widerstand gegen das neue Leben in ihr und gegen das Wirken Christi in ihrem Leben und diese beiden Empfindungen dann einander gegenüberstellen.

Genau das könnte die Art von Reflexion sein, die Dr. Allen von ihnen erwartete. Er beschrieb geistliche Reifung häufig als ein vertrauensvolles Ja zu Gott, als die Schaffung eines heiligen Raums, in dem das Leben Christi gedeihen und wachsen könne.

Licht im Dunkel. Eingeschlossen in einem kleinen Raum.

In einem sehr kleinen Raum.

Würde sie diese Spannung irgendwie in Worte fassen können? Sie selbst war sich nämlich noch immer nicht sicher, ob sie wirklich zulassen wollte, dass fremdes Leben in ihr heranwuchs – körperlich wie geistlich. Und um im Bild zu bleiben: War sie dazu bereit, Jesus voll und ganz in ihr Leben aufzunehmen? Oder wäre ihr vielleicht eine weniger intime, distanziertere Beziehung lieber, in der sie ihn aus sicherem Abstand beobachten konnte?

Sie machte sich einige Notizen und schob sie in ihre Mappe. Wenigstens hatte sie jetzt einen Ansatzpunkt für ihre Arbeit gefunden. Dr. Allen würde zweifellos begeistert sein, sowohl von ihrer inneren Auseinandersetzung als auch von ihren Erkenntnissen. Und das wäre doch wenigstens etwas.

Oder doch nicht?

Vielleicht sollte sie noch einmal einen Termin mit ihm vereinbaren. In diesem Semester hatte sie bereits mehrere hilfreiche Gespräche mit ihm geführt – sowohl über ihren inneren Konflikt als auch darüber, wie sich ihre Schwangerschaft auf den weiteren Verlauf ihres Studiums auswirken würde.

„Das ist ein Trauerprozess, Charissa“, hatte er in der vergangenen Woche gesagt, als sie ihn in seinem Büro aufgesucht hatte. „Bevor Sie in der Lage sein werden, das Geschenk zu erkennen, das Ihnen durch Ihre Mutterschaft zuteilwird, müssen Sie erst einmal benennen, was dafür alles gestorben ist. Ihre Pläne. Ihr Ehrgeiz. Ihre Vorstellung davon, wie Ihr Leben zu verlaufen hätte. Diese geistlichen und emotionalen Tode sind nicht weniger einschneidend als ein physischer Tod, aber vermutlich sind sie schwieriger beim Namen zu nennen. Wichtig ist, dass Sie nicht so tun, als wäre das alles gar kein Problem für Sie. Gott lädt uns ein, ehrlich in unseren Gebeten zu sein, auch wenn die Ehrlichkeit ein hässliches Gesicht hat."

Und ein selbstsüchtiges.

John hatte recht. Sie war wirklich sehr selbstsüchtig. Und sie war sich nicht sicher, ob sich das jemals ändern würde.

~

„Hey, John, gratuliere zum neuen Haus!"

John blickte von seinem Bildschirm auf und klatschte einen seiner Kollegen ab. „Danke, Mark. Ich bin auch ganz aus dem Häuschen."

„Und wann wollt ihr einziehen?"

„So schnell wie möglich. Der Vertrag soll in sechs Wochen unterzeichnet werden. Jetzt muss ich erst mal die Gutachten und all diese Dinge in die Wege leiten." In den kommenden Wochen gäbe es eine Menge zu tun und auf Charissa könne er dabei sicher nicht zählen.

Vielleicht waren Frauen in der Schwangerschaft einfach besonders schwierig.

John hatte sich vorgenommen, mit Tim, seinem ehemaligen Zimmergenossen im College, beim Mittagessen darüber zu reden. „Als Jenn schwanger war, hat sie da auch unter dieser Übelkeit gelitten?"

„Immerzu", erwiderte Tim. „Zumindest ein paar Monate lang. Und sie hatte die seltsamsten Gelüste. Ich erinnere mich, dass ich eines Abends losgefahren bin, um ihr Cashewkerne zu kaufen, weil sie sagte, sie müsse jetzt auf der Stelle welche haben. Also habe ich ihr eine große Tüte gekauft, und als ich nach Hause kam, sagte sie, jetzt habe sie keine Lust mehr darauf."

Launische und unvorhersehbare Gelüste. Das musste er sich merken.

„Und an einem Abend hatte sie Heißhunger auf Schokoladenpudding. Also habe ich Schokoladenpudding gekauft, aber es war die falsche Sorte und da ist sie ausgetickt!"

„Klingt kompliziert", meinte John.

„Ja, aber mit der Zeit wird es besser. Zumindest war es bei Jenn so. Die Schwangerschaft war anstrengend für sie, aber jetzt ist sie mit Begeisterung Mutter."

Das war nachvollziehbar. John hatte nie zwischen Schwangerschaft und Muttersein unterschieden. Vielleicht könnte sich Charissa ja freuen, wenn das Semester erst einmal zu Ende war. Und falls die Schwangerschaft tatsächlich so schwierig für sie war, dann würde sich doch sicher alles ändern, wenn das Baby erst einmal auf der Welt wäre. Denn wessen Herz schmolz nicht dahin, wenn er ein Neugeborenes im Arm hielt? Vor allem, wenn es das eigene Kind war.

„Alles okay bei euch?" Tim musterte ihn misstrauisch.

„Ja, alles gut. Charissa hat nur sehr stark unter dieser morgendlichen Übelkeit zu leiden. Und unglücklicherweise nicht nur am Morgen. Ist das eigentlich auch normal?"

Charissas fehlende Begeisterung für das Haus behielt John lieber für sich. Tim hatte sie nämlich noch nie sonderlich gemocht und trotzdem waren er und John eng miteinander befreundet. Auf jeden Fall wollte er Tim in seiner kritischen Haltung Charissa gegenüber nicht noch mehr bestärken, denn Tim war schon immer der Meinung gewesen, dass John etwas Besseres verdient hätte, und vor der Hochzeit hatte er seine Meinung mehr als einmal deutlich zum Ausdruck gebracht.

Es gab Tage, und in den vergangenen Monaten waren es sogar viele davon gewesen, an denen John, wenn er ganz ehrlich mit sich war, ihm sogar zustimmen musste. Und nachdem er nun Charissa gegenüber seine Enttäuschung geäußert hatte, würde er die Konsequenzen zweifellos zu spüren bekommen und ihre Lieblingsform der Bestrafung erdulden müssen: eisiges Schweigen und eine unterschwellige Aggression ihm gegenüber – ein Zustand, der tagelang andauern konnte.

Um 15 Uhr fuhr John seinen Computer herunter und räumte seinen Schreibtisch auf. Die erste Vorsorgeuntersuchung bei der neuen Ärztin stand an. Er hoffte nur, dass nicht noch andere Paare im Wartezimmer saßen, die ihre Freude über die Schwangerschaft offen zeigten. „Ich gehe jetzt, Susan", informierte er seine Vorgesetzte. „Charissa hat einen Untersuchungstermin."

„Ich hoffe, alles läuft gut."

„Danke. Ich komme morgen etwas früher, um die Zeit aufzuarbeiten."

„Mach dir keine Sorgen, John. Das heute wird ein großer Augenblick für euch beide werden. Genießt ihn."

Du kennst meine Frau nicht, dachte John und schlurfte niedergeschlagen über den Parkplatz.

~

Charissa konnte das Östrogen in der Luft regelrecht spüren, als sie ihren Fuß in die brandneue, hochmoderne Frauenarztpraxis neben dem St. Luke-Krankenhaus setzte. Während sie darauf gewartet hatte, dass John den Wagen parkte, hatte sie die Auslagen des Geschäfts für Schwangerschaftskleidung und -bedarf in der Nähe des Eingangs angeschaut. Schaufensterpuppen mit riesigen Bäuchen trugen die neuste Umstandsmode. An anderen Puppen waren Babytragetücher zu bewundern. Und dann erst die Stillutensilien. Charissa war sich sicher, dass sie nicht stillen wollte. In ihren Augen war Stillen etwas Vulgäres und Primitives, und sie fand es beinah schon unanständig, dass Frauen sich das Recht herausnahmen, ihre Babys in aller Öffentlichkeit zu stillen. Als Kind hatte Charissa einmal beobachtet, wie eine Mutter ihr Baby auf einer Parkbank in Chicago an die Brust gelegt hatte. Angewidert hatte sie dabei zugesehen, wie sich die Lippen des Babys um den riesigen dunklen Nippel schlossen, den die Mutter lächelnd in seinen suchenden Mund schob.

Sie hasste das Wort „Nippel".

Ihre Brustwarzen schmerzten.

Sie ging zur nächsten Bank, um dort auf John zu warten. Wenigstens war sie hier sicher vor allem, was mit dem Muttersein zu tun hatte.

Während der 15-minütigen Fahrt von der Universität hierher hatte John kein Wort mit ihr geredet. Vermutlich schmollte er noch immer. Charissa wusste zwar, dass sie sich eigentlich entschuldigen müsste, weil sie – wie hatte er es gestern Abend im Auto noch ausgedrückt? – sein Leben ruinierte, aber sie konnte sich einfach nicht dazu durchringen. John hatte von Anfang an gewusst, dass es Charissa schwerfiel, Gefühle zu zeigen, was in ihren Augen eindeutig daran lag, dass sie das Temperament ihres Vaters geerbt hatte: kühl, reserviert und beherrscht. Eigentlich könnte sie von John etwas mehr Mitgefühl erwarten, weil sie dermaßen unter Stress stand, vor allem jetzt, wo ein bohnengroßes Embryo dafür sorgte, dass ihr ständig übel war.

John wäre wahrscheinlich glücklicher, wenn sie sich für Schaubilder und die einzelnen Phasen der Entwicklung ihres ungeborenen Babys begeistern könnte, für die winzigen Öhrchen, die flatternden Herzschläge und die Ausbildung der Gliedmaßen – alles Dinge, die Charissa eigentlich zum Staunen bringen müssten.

Aber das war nicht so. John würde lernen müssen, sich damit abzufinden.

Dass in diesem Moment Tränen in ihren Augen brannten, verwunderte sie, und schnell suchte sie nach einem Taschentuch. Sie hasste Tränen, und in letzter Zeit weinte sie ziemlich oft.

Diese verflixten Hormone.

~

Schweigend saßen sie nebeneinander auf einem Sofa im Wartezimmer der Ärztin. Charissa las in einem Band mit Gedichten aus dem 17. Jahrhundert, und John gab vor, in das *Time Magazine* vertieft zu sein. Aber eigentlich konzentrierte er sich auf die Gespräche der anderen Paare.

Es könnten durchaus auch Zwillinge werden, denn in meiner Familie hat es schon einige Zwillingsgeburten gegeben.

Wenn deine Mutter wirklich über Weihnachten kommen möchte, dann müssen wir aber über Neujahr zu meinem Vater fahren.

Ich finde, wir sollten ihn Theodore nennen. Wir können ihn ja Teddie rufen.

Babynamen. Das war ein wichtiges Gesprächsthema unter werdenden Eltern, nicht? John hatte schon stundenlang nach einem Namen für das Baby gesucht und dabei inständig gehofft, Charissa würde Interesse an einem Gespräch signalisieren. Er hatte sich sogar auf eine lebhafte Diskussion eingestellt. Aber im Augenblick war dieses Baby für Charissa nichts anderes als eine große Unannehmlichkeit. Sie konnte sich immer noch nicht dazu durchringen, ihr ungeborenes Kind ein „Baby" zu nennen. Normalerweise sprach sie von ihrer Schwangerschaft, als wäre dies nichts weiter als ein unbequemer medizinischer Zustand, der irgendwann wieder vorbeigehen würde.

Manchmal schien ihre Verärgerung jedoch dem Gefühl von Zerrissenheit zu weichen – oder war es Resignation? – und sie nahm seine Begeisterung mehr oder weniger hin. Aber vor ein paar Tagen hatte er den Fehler gemacht, ihr Schaubilder über den Entwicklungsstand des Babys mit acht Wochen zu zeigen. Charissas hochgezogene Augenbrauen und gekräuselte Lippen hatten darauf schließen lassen, dass sie null Interesse an dem hatte, was sich gerade in ihrem Körper abspielte.

Vielleicht würde der Ultraschall ja etwas daran ändern. Sobald sie den Herzschlag, die winzigen Hände und das Gesicht sähe, würde sie sich vielleicht für dieses kleine Wesen erwärmen können.

John beobachtete, wie einer der Männer die Hand auf den Bauch seiner Frau legte, wie sie gemeinsam lachten und Scherze darüber machten, dass ihr kleines Mädchen gerade Purzelbäume schlug.

Genau das war es, was auch John sich so sehr wünschte. Wie schön es doch wäre, wenn sie ihr Baby endlich als ihren Sohn oder ihre Tochter bezeichnen könnten!

In diesem Moment erschien die Schwester mit einem Klemmbrett in der Hand in der Tür. „Charissa?", sagte sie. Allerdings hatte sie das „Ch" nicht als „K" ausgesprochen, und Charissa hasste es, wenn Leute ihren Namen falsch aussprachen. Wie zu erwarten, korrigierte sie die Frau.

Die Schwester entschuldigte sich und lächelte John an. „Sie können gerne mitkommen." Er erhob sich von dem Sofa und folgte ihnen durch den Flur, wobei er ganz bewusst ein paar Schritte hinter ihnen zurückblieb.

Meg

Es stimmte, was in den Reiseführern stand. Im British Museum könnte man Wochen zubringen und würde am Ende doch nicht alles gesehen haben. Wo sollte man allerdings auch anfangen bei acht Millionen Ausstellungsstücken aus jeder denkbaren Kultur und jedem historischen Zeitalter? „Heimat von einigen der berühmtesten Antiquitäten der Welt" war in Megs Reiseführer zu lesen.

Sie folgte der Menge zum Parthenonfries. Eine geschlagene Stunde blieb sie davor stehen und bewunderte die Kunstfertigkeit dieser Bildhauerarbeit: den Faltenwurf der Gewänder, die geblähten Nüstern eines Pferdes, die Energie und Wildheit der Krieger, die Haltung der ins Gespräch vertieften Figuren. „Das ist Alchemie in Reinform", hörte sie einen Museumsführer sagen. „Dem Bildhauer ist es tatsächlich gelungen, steinharten, kalten Marmor in warmes Fleisch zu verwandeln."

Meg schaute sich um und nahm sich etwas Zeit, um die Museumsbesucher zu beobachten. Schulkinder in Uniformen überlegten voller Begeisterung, was die Gestalten wohl zueinander sagten. Künstler mit Skizzenblocks fingen die Eindringlichkeit eines Gesichtsausdrucks mit ihren Stiften ein. Mädchen im Teenageralter posierten in den albernsten Posen vor den Skulpturen, um sich gleich darauf um ihre Handys zu scharen und kichernd ihre Fotos zu bewundern.

Gegen Mittag stand Meg gerade im großen Hof und bewunderte die eindrucksvolle Stahlgitterkonstruktion des riesigen Glasdaches, als Becca anrief und ihr mitteilte, dass sie es leider nicht schaffen würde, zum Mittagessen ins Museum zu kommen – was ihr schrecklich leidtue. „Wie wäre es, wenn du heute Nachmittag in die ägyptische Ausstellung gehst und ich versuche, dich gegen 17 Uhr beim Souvenirladen zu treffen? Übrigens musst du dir unbedingt den Rosettastein anschauen!"

So hatte sich Meg ihren zweiten Tag in London eigentlich nicht vorgestellt. Aber andererseits hatte sie bereits vor Antritt der Reise gewusst, dass Becca aufgrund ihres Studiums nicht viel Zeit für sie haben würde, zumindest nicht in der ersten Woche. Aber das gehörte doch schließlich zum Abenteuer dazu, nicht? Dass sie lernte, auf eigene Faust fremde Orte zu erforschen und sich ungewohnten Situationen auszusetzen. Na ja, nicht ganz allein, denn schließlich war Gott ja bei ihr. Immanuel.

Da sie am Abend zuvor eingeschlafen war, ohne das Gebet der liebenden Aufmerksamkeit zu sprechen, beschloss sie, ihr Gebet während des Mittagessens in ihrem Tagebuch festzuhalten. Im Museumscafé suchte sie sich einen halbwegs ruhigen Tisch, bestellte ein Käsesandwich und eine Tasse Tee und begann zu schreiben.

~

3. Dezember

Gebet der liebenden Aufmerksamkeit:

Herr, bitte zeige mir, was ich nach deinem Willen erkennen soll. Bitte hilf mir zu sehen, wo du in den vergangenen Tagen am Werk gewesen bist, und zeige mir die Situationen, in denen ich mich von meiner Angst habe blenden lassen.

Wie und wann habe ich deine Gegenwart spüren können?

Folgende Geschenke habe ich bekommen:

1. *Einen wundervollen Abschied am Flughafen mit neuen Freundinnen,*
2. *die Frau im Flugzeug, die mir genau erklärt hat, wie ich zu meinem Ziel kommen würde,*
3. *die Mutter und ihr Sohn, der meine Koffer die Treppen hochgetragen hat, als ich nicht wusste, wie ich das alleine schaffen sollte,*

4. *den Taxifahrer, der mich zum Hotel gebracht hat,*
5. *eine gute Nachtruhe und die Möglichkeit, mir eines der eindrucksvollsten Museen der Welt anzusehen.*

Du hast mir den Wunsch ins Herz gelegt, nach London zu kommen, um Becca zu besuchen, und du hast mir geholfen, meine Ängste zu überwinden und diese Reise tatsächlich in Angriff zu nehmen. Danke, Herr. Ich erkenne, wie du auf vielfältige Weise für mich gesorgt hast. Danke. Du warst für mich da, als alle meine Pläne zu scheitern drohten.

In welchen Momenten schien es mir so, als wärst du ganz weit weg?

Ich verliere dich immer dann aus den Augen, wenn ich mich auf meine Ängste konzentriere. Gestern hat meine Angst beispielsweise mal wieder die Oberhand gewonnen, als Becca nicht pünktlich im Hotel aufgetaucht ist. Das tut mir leid, Herr. Meine Fantasie geht dann mit mir durch und sorgt dafür, dass ich dich aus den Augen verliere. Ich wünschte, meine Angst wäre nicht so groß. Ich wünschte, mein Vertrauen in dich wäre größer. Katherine hat mir geraten, meine Ängste an dich abzugeben und nicht zu versuchen, sie aus eigener Kraft zu bekämpfen, zu verdrängen oder abzuschütteln. Wie schön wäre es gewesen, wenn ich in jenem Augenblick daran gedacht hätte, meine Angst zu dir zu bringen und mich voll und ganz auf deine Liebe zu konzentrieren? Vergib mir, Herr. Und bitte hilf mir, auf deine Liebe und Fürsorge zu vertrauen. Ich weiß, dass du bei mir bist, auch wenn ich dich nicht sehen kann. Lass deine vollkommene Liebe meine Angst vertreiben.

Folgende Dinge haben mir sehr zu schaffen gemacht:

1. *Dass Becca mich nicht vom Flughafen abgeholt hat. In den vergangenen Wochen hatte ich mir unser Wiedersehen in den buntesten Farben ausgemalt, und alles ist ganz anders*

gekommen, als ich es mir erhofft hatte. Darüber war ich sehr enttäuscht.

2. *Dass ich nicht zusammen mit Becca den Nachmittagstee genießen konnte. Ich hatte so viele Pläne für den Besuch bei ihr geschmiedet, und ich war zutiefst enttäuscht, als sie anrief und sagte, sie würde es nicht schaffen.*
3. *Dass Becca nicht zu der Zeit ins Hotel kam, die sie mir genannt hatte. Ich habe mich in meine Angst hineingesteigert und mir die schlimmsten Szenarien ausgemalt.*
4. *Dass Becca, als sie dann endlich aufgetaucht war, so schnell wieder gegangen ist. Ich hatte mir unser Wiedersehen im Hotel so schön vorgestellt, doch dann kam alles ganz anders. Vielleicht waren wir beide ja auch einfach nur müde.*
5. *Ich mache mir Sorgen um sie. Ich weiß, sie ist kein kleines Mädchen mehr, aber es ist wirklich schwierig für mich, sie loszulassen. In den vergangenen Jahren hatte ich schon häufiger das Gefühl, die Verbindung zu ihr verloren zu haben, vor allem, als sie ans College ging. Aber ihr Aufzug gestern hat mich wirklich entsetzt, vor allem das Nasenpiercing und der kurze Rock. Ich weiß nicht, wie ich ihr eine gute Mutter sein kann. Vielleicht geht ja auch wieder einmal meine Fantasie mit mir durch, aber ich habe das Gefühl, dass irgendetwas nicht in Ordnung ist.*

Ich bringe dir meine Angst, Herr. Ich kann sie nicht besiegen; sie quält mich. Aber ich will mir immer wieder bewusst machen, dass du mich liebst und dass du auch Becca liebst. Hilf mir, darauf zu vertrauen, dass du sie beschützt und vor Schaden bewahrst.

Es ist nicht wirklich so, dass du für mich nicht anwesend oder verborgen gewesen wärst, sondern wohl eher so, dass ich in diesen für mich so schwierigen Situationen nicht auf dich geschaut habe. Wenn ich meine Liste noch einmal durchgehe, werden mir meine Angst und Enttäuschung bewusst. Ich bin richtig gut darin, mir Sorgen zu machen, viel besser als im Beten. Und ich habe die Angewohnheit, mir immer gleich das Schlimmste auszumalen. Wenn dann alles ganz anders kommt als in meinen schlimmsten Befürchtungen, bin ich regelrecht enttäuscht. Lehre mich, alles im Gebet an dich abzugeben, Herr; all meine Ängste und Sorgen auf dich zu werfen. Und lehre mich zu hoffen, denn du bist meine Hoffnung. Bitte nimm mir meine Angst und stärke meinen Glauben an dich. In Jesu Namen, amen.

~

Um 17:20 Uhr, kurz vor Schließung des Museums, tauchte Becca mit zwei anderen Mädchen, die sie als Pippa und Harriet vorstellte, im Museum auf. Sie trug Jeans und einen weiten Pullover. „Ich dachte, du würdest sicher gerne meine Freundinnen kennenlernen, von denen ich dir schon so viel erzählt habe", sagte Becca.

Meg bemühte sich, ihre Enttäuschung zu überspielen, und lächelte freundlich, bevor sie Becca umarmte. Dieses Mal rochen ihre Haare nicht nach Rauch. Vielleicht war es ja gestern nur falscher Alarm gewesen.

„Ich hoffe, Sie haben nichts dagegen, dass wir zum Abendessen mitkommen", sagte Pippa.

„Nein, natürlich nicht", log Meg. „Ich freue mich, euch beide kennenzulernen."

Vermutlich war es Pippa, die Becca zu diesem Nasenring überredet hatte. Ihr ganzer Körper war mit bunten Tattoos und Piercings übersät.

Die Mädchen waren sich einig darin, dass sie Lust auf ein gutes Curry hätten, und Meg war bereit, indisches Essen zu probieren. Nach dem Abendessen teilte Becca ihr mit, dass sie erst am Freitagabend wieder Zeit für sie habe. Meg beruhigte sie und versicherte ihr, dass sie sich am Donnerstag und Freitag schon zu beschäftigen wisse. Sie wolle sich einige Sehenswürdigkeiten ansehen.

Auf dem Rückweg ins Hotel schluckte Meg eine Tablette gegen Sodbrennen. Doch das Brennen in ihrem Herzen ließ sie die ganze Nacht über nicht zur Ruhe kommen.

Mara

Es war noch dunkel, und Mara hasste es, die Jungen im Dunkeln zur Schule zu fahren. Sie fluchte leise vor sich hin, als sie einem Mann ausweichen musste, der mit seinem Hund spazieren ging. Idiot! War es denn zu viel verlangt, seine Kleidung wenigstens mit Reflexionsstreifen zu versehen? Wütend drückte sie auf die Hupe.

„Und mich schimpfst du immer, wenn ich fluche!“, maulte Brian.

Sie schluckte ihre Antwort hinunter. Für einen Streit war es noch viel zu früh.

„Vergiss nicht, dass ich dich um 14 Uhr abhole. Du hast einen Termin beim Kieferorthopäden“, ermahnte sie Kevin.

„Daran hast du mich schon dreimal erinnert.“

„Ich möchte dich nur bitten, rechtzeitig draußen zu stehen, damit ich nicht reinkommen und dich holen muss. Ich warte vor dem Hauptbüro. Sei bitte pünktlich.“

„Wie du meinst.“

„Und Brian, das bedeutet, dass du mit dem Bus nach Hause kommen musst.“

„Ich fahre nicht mit dem Bus. Nur Loser fahren mit dem Bus.“

„Also ich kann dich jedenfalls nicht abholen, weil ich mit Kevin zum Kieferorthopäden fahre.“

„Du könntest ihn ja dort absetzen und mich anschließend abholen."

Mara zählte im Stillen bis zehn, bevor sie eine Antwort gab. „Die Praxis des Kieferorthopäden liegt am anderen Ende der Stadt. Die Zeit wird nicht reichen, um einmal quer durch die Stadt zu fahren."

„Ich werde auf keinen Fall den Bus nehmen!"

„Brian, bitte –"

„Dann fahre ich mit Seth nach Hause."

„Ich habe mit Seths Mutter nicht abgesprochen, dass du –"

„Entspann dich!" Brian hob die Hand, und einen kurzen Moment lang dachte Mara, er wolle sie schlagen. Anscheinend hatte er trotz der Dunkelheit im Wagen beobachtet, wie sie zusammenzuckte, denn sein Mund verzog sich zu einem verächtlichen Grinsen. Es war derselbe Ausdruck, den sie schon so oft in Toms Gesicht gesehen hatte.

„Na gut. Dann hole ich dich um 14:40 Uhr am Fußballfeld ab."

Ohne sich zu verabschieden, sprangen die Jungen aus dem Auto und knallten die Türen zu.

Was für eine Woche! Und es war erst Donnerstag. Aber andererseits galt es nur noch einen Tag zu überstehen, bis Tom und die Jungen zu ihrem Jagdausflug aufbrechen würden. Hannah hatte Mara eingeladen, das Wochenende mit ihr zusammen in Megs Haus zu verbringen. „Eine Pyjamaparty!", hatte sich Mara gefreut. Früher war sie immer neidisch auf Frauen gewesen, die gemeinsam mit einer Freundin verreisten, denn in den vergangenen Jahren hatte sie die Wochenenden meist allein verbracht. Diese beiden Tage in Hannahs Gesellschaft würden also ein richtiges Highlight für sie werden.

Sicher würde es ungewohnt sein, in Megs Haus zu übernachten, ohne dass sie da war, aber Hannah hatte betont, dieses

Wochenende sei Megs Idee gewesen. „Sie sagte, wir könnten das Haus gern weihnachtlich schmücken", erzählte Hannah.

Was für ein Spaß – und Tom würde nichts davon mitbekommen.

Die vergangenen Tage waren relativ ruhig verlaufen. Tom hatte seinen Wutausbruch mit keinem Wort mehr erwähnt. Sie hatte die Quittung für die Warenrückgabe auf den Küchentisch gelegt, wo er sie finden konnte, und er hatte sie tatsächlich in Ruhe gelassen. Er hatte das Haus immer frühmorgens verlassen und war erst spät am Abend wieder heimgekommen. Zumindest ging Mara davon aus, dass er so lange im Büro war. Im Grunde hätte er sonst wo sein können, ohne dass sie etwas mitbekam. Sie war froh über jede Stunde, die er nicht zu Hause war.

Manchmal wünschte sie sich, sie wäre ihn endgültig los. Wem wollte sie denn eigentlich etwas vormachen? Sie hatte schon lange die Vermutung, dass Tom eine Geliebte hatte. Er war so viel unterwegs und bestimmt gab es genügend Gelegenheiten für ein Techtelmechtel. Vielleicht würde er eines Tages nach Hause kommen und ihr mitteilen, dass er sie wegen irgendeines Flittchens verlassen werde, das ihm am Ende dann das Leben zur Hölle machen würde. Prima. Sollte er doch ruhig gehen.

Und – würde sie es sich selbst gegenüber wohl eingestehen können? Maras Kehle brannte, während der Gedanke in ihr Gestalt annahm.

An einem Morgen wie diesem würde sie ihm sogar sagen, er solle die Jungen ruhig mitnehmen.

Gefühle wie diese sprachen dafür, dass sie eine schlechte Mutter war. Eine ganz schlechte Mutter. Und sie wollte Christin sein? Eine schöne Christin war sie!

Ihre Therapeutin Dawn hatte sie einmal gefragt, wann genau Mara den Kontakt zu ihren Kindern verloren habe. Auch wenn Mara es sich nur ungern eingestand, hatte sie zu ihrem Jüngsten nie eine richtige Beziehung aufbauen können. Brian war ein Schreikind gewesen, hatte in seinem ersten Lebensjahr Tag für Tag über Stunden hinweg gebrüllt und sich durch nichts beruhigen lassen. Was hatte sie nicht alles ausprobiert: Babywippe, Babyschaukel, lange Autofahrten. Und da sie selbst erlebt hatte, wie anstrengend eine solche Zeit war, hatte sie sogar Verständnis für Mütter, die sich ihre Babys schnappten und sie schüttelten. Sie hatte diese Phase nur deshalb überstanden, weil sie Brian häufig in sein Ställchen gesetzt und sich ausgiebig unter die Dusche gestellt hatte, wo sie sein Geschrei nicht hören konnte.

Tom hatte von dem Stress nichts mitbekommen. Wenn er ausnahmsweise einmal nicht auf Geschäftsreise war, steckte er sich nachts Ohropax in die Ohren. An den Wochenenden machte er mit Kevin Ausflüge zu McDonald's oder in den Zoo und entwickelte dadurch eine starke Beziehung zu ihrem älteren Sohn, der sehr viel pflegeleichter war als sein kleiner Bruder. Bei Kevin war Tom dadurch von Anfang an im Vorteil gewesen. Das war ungerecht.

Natürlich hatte die schwierige Zeit mit Jeremy auch nicht zur Entspannung der Situation beigetragen.

Jeremy war 15 gewesen, als Mara Tom geheiratet hatte. Damals war sie bereits schwanger mit Kevin gewesen. Jeremy fing an, sich in der Schule danebenzubenehmen – er machte keine Hausaufgaben mehr, schwänzte von Zeit zu Zeit und besprühte den Spind eines Klassenkameraden mit Farbe. Der Vertrauenslehrer vermutete, dass er vielleicht eifersüchtig auf Maras neue Beziehung sei. Sie bemühte sich, ihm so oft wie möglich ihre ungeteilte Aufmerksamkeit zu schenken, was mit einem Neugeborenen und einem frisch angetrauten Ehemann nicht leicht war. Als Jeremy 16 war, fand Mara beim Waschen Zigaretten und Kondome in seiner Tasche. Eines Tages fiel ihr sogar eine kleine Plastiktüte mit Marihuana in die Hände. Er versicherte ihr, ein

Freund habe sie ihm zur Aufbewahrung anvertraut („Sein Vater würde ihn umbringen, wenn er das fände!"), und Mara glaubte ihm. Er hatte ja gar kein Geld für Drogen.

Der Tag, an dem Jeremy aus dem Elektroladen anrief und ihr mitteilte, er sei beim Ladendiebstahl erwischt worden, war ein ganz besonders schwarzer Tag gewesen. Zum Glück war der Inhaber des Geschäfts ein alter Collegefreund von Tom, der sich dazu überreden ließ, den versuchten Diebstahl nicht zur Anzeige zu bringen. Das Verhältnis zwischen Tom und Jeremy war schwierig, und Mara sah sich ständig gezwungen, ihren Sohn in Schutz zu nehmen. Jeremy verabscheute den Mann seiner Mutter und hasste es, ihm gegenüber verpflichtet zu sein. Als Jeremy sein Leben endlich wieder in den Griff bekam, waren Kevin und Brian bereits in die Schule gekommen, und Mara hatte ihre ersten Lebensjahre mit Ausflügen zum Spielplatz und Gutenachtgeschichten ganz und gar nicht genießen können.

Aber wie Dawn immer wieder betonte, hatte Mara nur zwei Möglichkeiten: Sie konnte ihr Leben in dem Laufrad der Reue und des „Wenn nur" verbringen oder aber einen Weg finden, die Chance des Augenblicks zu nutzen und einen Ausweg zu suchen.

Das war der Grund, warum sie Katherine Rhodes um ein Gespräch gebeten hatte. Sie brauchte Hilfe, um herauszufinden, was aus dem Chaos und den ständigen Enttäuschungen ihres Alltags Neues entstehen könnte. Sie wollte einen Blick dafür entwickeln.

„Geistliche Leitung ist etwas anderes als Therapie", hatte Dawn ihr in ihrem letzten Beratungsgespräch erklärt. „Katherine wird Ihnen keinen Plan für Ihre weitere Entwicklung an die Hand geben können. Sie wird Ihnen nicht helfen, die Dynamik innerhalb Ihrer Familie zu verstehen, oder Ihnen Wege aufzeigen, wie Sie mit dem Stress umgehen können. Aber sie wird

Ihnen betend zuhören und Ihnen helfen zu erkennen, wie Gott in Ihrem Leben am Werk ist. Sie wird Ihnen einen sicheren Ort anbieten, an dem Sie Gott begegnen und in eine tiefere Intimität mit ihm hineinwachsen können. Sie sind dazu bereit, Mara. Ich spüre die Sehnsucht in Ihnen. Wir können unsere Therapiesitzungen fortführen, aber ich denke, geistliche Leitung ist im Augenblick die bessere Wahl für Sie, als Ergänzung zu Ihren Treffen mit den Frauen aus dem Kurs. Halten Sie daran fest. Es ist wichtig für Sie und es hat Ihr Leben bereits verändert. Ich spüre, wie gut Ihnen das alles tut. Machen Sie weiter so!"

Mach weiter so, sagte sich Mara, als sie später am Vormittag auf den Parkplatz des New Hope-Einkehrzentrums abbog. *Mach einfach weiter.*

Im September hatte sie ihr letztes Gespräch mit Katherine geführt, nachdem sie den Kurs beinahe aufgegeben hätte. Sie hatte den Eindruck gehabt, dass sie nicht in den Kurs passe. Und obwohl sie Katherine viele unangenehme und beschämende Einzelheiten aus ihrer Vergangenheit erzählt hatte, hatte diese ihr liebevolle Worte des Mitgefühls, der Vergebung und Hoffnung mit auf den Weg gegeben. Das war der Augenblick gewesen, in dem Mara endlich erkannte, dass Gott nicht enttäuscht von ihr war.

Ja, dachte Mara, als sie an Katherines geöffnete Bürotür klopfte, *dieses Gespräch hatte ihr wirklich die Augen geöffnet.*

Katherine erhob sich von ihrem Schreibtischstuhl und streckte ihr freundlich die Hand entgegen. Mara atmete tief durch und trat ein.

Vielleicht war es die brennende Kerze auf dem Couchtisch, vielleicht aber auch Katherines einfaches Gebet: „Herr, du hast Raum in uns genommen, mögen wir nun auch Raum in dir nehmen." Was immer auch der Grund war: Mara stellte fest, dass sie in Gottes spürbarer Gegenwart entspannen konnte. Es widerstrebte ihr, die Ruhe zu stören, indem sie anfing zu sprechen, darum saß sie einfach nur mit geschlossenen Augen und offen in ihrem Schoß liegenden Händen da und genoss den Moment.

Sie fühlte sich geborgen. Überwältigt. Spürte ganz tiefen Frieden. Unfassbar. „Mannomann! Kann ich nicht einfach hierbleiben?", fragte Mara, als sie die Augen öffnete. „Ich könnte doch auf der Couch schlafen."

Katherine lächelte und ihre Augen leuchteten wie funkelnde Saphire. Sie strahlte einen unglaublichen Frieden aus. Lebte dieser Friede etwa auch dann in ihr, wenn ihr Leben aus den Fugen geriet? Mara wusste nicht viel über Katherine. Sie hatte mehrmals von ihren Enkelkindern erzählt, jedoch nie einen Ehemann erwähnt. Vielleicht war sie verwitwet. Oder geschieden. Waren Menschen wie Katherine geschieden? Menschen wie sie würden sich doch bestimmt nicht scheiden lassen. Vielleicht hatte ihr Mann sie verlassen. Vielleicht hatte er eine Geliebte und war gegangen, als ihre Kinder noch klein gewesen waren. Und als alleinerziehende Mutter war es ihr dann tatsächlich gelungen, ihre Kinder irgendwie durchs College zu schleusen. Vielleicht –

„Ich freue mich, dass Sie gekommen sind", sagte Katherine.

„Ja, ich mich auch."

Mara rieb ihren Zeigefinger und zupfte an der Ecke eines Kinderpflasters mit SpongeBob-Aufdruck, das sie am Morgen in der hintersten Ecke des Badezimmerschranks gefunden hatte. Von Zeit zu Zeit entdeckte sie Relikte aus der Kindheit der Jungen, was sie immer sehr traurig machte. Kevin hatte als kleines Kind SpongeBob geliebt und manchmal Dutzende Pflaster auf seinen schmächtigen, mit Sommersprossen übersäten Körper geklebt, selbst wenn er gar keine Verletzung gehabt hatte. Eines Tages hatte Mara die Geduld verloren und ihn geschimpft, weil er die Pflaster verschwendete. Und jetzt stand noch eine fast volle Schachtel im Schrank.

Sie war eine furchtbare Mutter.

Gedankenversunken starrte sie in die tanzende Flamme der Kerze und versuchte, das Gefühl der Gegenwart Gottes zurückzuholen, das ihr noch vor wenigen Minuten so gutgetan hatte. Aber es gelang ihr nicht.

Mist.

Dieselbe Stille, die sie gerade noch als so wohltuend empfunden hatte, war ihr nun unangenehm. Es kam ihr so vor, als warte Katherine darauf, dass Mara ihr etwas anbot, was sie gar nicht hatte. Mara starrte auf ihre Füße. Schließlich begann sie zu sprechen. „Also … worüber sollen wir reden? Haben Sie Fragen zu meiner Beziehung mit Gott, die ich beantworten soll, oder was haben Sie geplant?"

„Es kann schon vorkommen, dass ich Sie nach Ihrem Leben mit Gott fragen werde", erwiderte Katherine. „Aber erzählen Sie mir heute doch erst mal, was Sie im Augenblick beschäftigt. Was auch immer es ist."

Nach dieser unerwarteten Aufforderung sprudelten die Worte nur so aus Mara heraus, ohne dass sie vorher darüber hätte nachdenken können. „Ich hasse meinen Mann. Und ich hasse mein Leben."

Noch nie hatte Mara einem anderen Menschen gegenüber ihren Hass auf Tom eingestanden, nicht einmal Dawn gegenüber. Sicher, in den Therapiesitzungen sprach sie offen darüber, wie schwierig ihre Ehe war und wie sehr sie sich wünschte, es wäre anders. Sie hatte ihr Bedauern und ihre Enttäuschung schon oft in Worte gefasst. Aber ihren Hass? Kaum hatte sie die Worte ausgesprochen, war sie auch schon schockiert über ihre eigene Brutalität. So etwas zu denken war eine Sache, aber es auszusprechen war etwas ganz anderes. Jetzt standen diese Worte im Raum und sie konnte sie nicht mehr zurückholen.

„Das hätte ich nicht sagen dürfen."

Die Luft im Zimmer fühlte sich schwer an, als hätte Mara diesen heiligen Ort verunreinigt, indem sie eine solche Ungeheuerlichkeit ausgesprochen hatte. Gerade als sie zurückrudern wollte, ergriff Katherine das Wort. „Ist das so?“

Ja, es war so, so ungern Mara es auch zugab. Sie nickte zögernd.

„Dann ist es der erste Schritt auf dem Weg zu Ihrer Heilung, dass Sie es auch aussprechen.“

Ängstlich blickte Mara auf. „Ich soll ihm das ins Gesicht sagen?“

„Das wäre sicher nicht ratsam.“ Katherine beugte sich ein wenig vor. „Aber Sie haben einen guten Anfang gemacht, indem Sie es sich selbst gegenüber eingestanden haben. Und mir gegenüber. Und vielleicht sind Sie ja in der Lage, es im Gebet auch Gott gegenüber auszusprechen.“

Meinte sie das wirklich ernst? Das würde Mara auf keinen Fall tun. „Ich glaube nicht, dass ich so etwas jemals im Gebet äußern könnte. Das ist eine schreckliche Aussage. Ich meine, wir sollen andere Menschen doch nicht hassen.“ Sie kannte sich in der Bibel nicht so gut aus, aber sie war sich ziemlich sicher, dass Jesus eine Menge zu diesem Thema gesagt hatte.

„Das stimmt“, erwiderte Katherine. „Gott möchte, dass wir anderen Menschen mit Liebe begegnen. Aber diese Liebe in uns entsteht nicht, indem wir unseren Zorn und unsere Wut leugnen.“

Mara verschränkte die Arme. „Und wie soll ich mein Gebet formulieren? ‚Lieber Gott, ich hasse meinen Mann, und an manchen Tagen habe ich auch das Gefühl, eine ganz schlechte Mutter zu sein. Amen.‘ Soll ich das zu Gott sagen?“

„Gott möchte, dass wir vor ihm genau das aussprechen, was wir denken und fühlen – egal, wie es sich auch anhören mag.“

Nun, was Katherine gerade gesagt hatte, klang auf jeden Fall verrückt. „Und ich muss nicht mit einer Strafe rechnen, wenn ich so etwas sage?“ Hatte es für die Menschen im Alten Testament nicht harte Strafen gegeben?

„Gott weiß, wie es in unserem Herz aussieht, noch bevor wir selbst es wissen“, erklärte Katherine. „Sie können ihm gar nichts sagen, was er nicht schon wüsste. Und Gott versteht das und bestraft uns nicht, weil wir ehrlich zu ihm sind.“

„Aber was ist, wenn ich so etwas bete und Gott dann beschließt, Tom zu töten oder den Jungen etwas anzutun? Was, wenn ich bereits einen Fluch über sie heraufbeschworen habe, weil ich das ausgesprochen habe, was ich empfinde? Was dann?“

„Das ist ganz und gar nicht Gottes Art, Mara. Sie können Ihrer Familie nicht schaden, indem Sie Gott bekennen, welche Gefühle Sie quälen.“

Okay. Sie hoffte nur, dass das stimmte. Katherine hielt sie vermutlich für eine schlechte Christin. Zuerst ihr Hass und jetzt ihr Aberglaube. Konnte man von einer geistlichen Mentorin eigentlich gefeuert werden? Mara sollte sich besser bemühen, etwas Tiefsinniges von sich zu geben. Und zwar schnell.

„Ich habe die ganze Woche über etwas nachgedacht, das mein Pastor am Sonntag gesagt hat“, begann Mara, während sie mit dem rot-weiß getupften Armreif an ihrem Handgelenk spielte. „Er sagte, Jesus sei in das Chaos der Welt hineingeboren worden, und ich habe anschließend darüber nachgedacht, wie Jesus in mein chaotisches Familienleben hineingeboren werden könnte.“

„Das hört sich interessant an. Darüber würde ich gern mehr erfahren.“

Mara drehte ihren Armreif, herum und herum. „Also, Meg erzählte uns am Flughafen, am Sonntag sei in ihrer Kirche die Adventskerze der Hoffnung angezündet worden. Und mir kam daraufhin der Gedanke, dass mir an den meisten Tagen die Hoffnung und der Glaube daran fehlen, dass sich in meinem Leben jemals etwas ändern wird. Und darum habe ich überlegt, wie ich

Raum für Jesus schaffen könnte, damit er hineinkommt in alles, was in meinem Leben mit Tom und den Kindern so schrecklich schiefläuft."

„Was für ein großartiges Bild!"

Mara griff nach dem grün gestreiften Sofakissen und drückte es fest an sich. „Ich bin mir nur nicht sicher, ob mir das überhaupt guttut."

Ticktack. Ticktack. Die Uhr an Katherines Wand schien auf einmal so laut zu ticken. Ticktack. Seltsam, dass sie das Ticken der Uhr anfangs gar nicht bemerkt hatte. Ticktack. Ticktack, ticktack –

„Und wie können Sie Jesus nun in dem Chaos willkommen heißen?", fragte Katherine.

Wie lautete die richtige Antwort? *Nun, ich versuche, etwas Platz zu schaffen, indem ich jeden Morgen zur gleichen Zeit 30, nein, 45 Minuten lang in der Bibel lese, während die Jungen noch schlafen und es draußen noch dunkel ist.* War dies der richtige Weg, wie sie Raum für Jesus schaffen konnte? Vielleicht wollte Katherine ja auch wissen, ob sie sich in einigen der geistlichen Disziplinen übte, die sie den Kursteilnehmern in den vergangenen Monaten vorgestellt hatte. Zum Beispiel das Gebet der liebenden Aufmerksamkeit oder das Beten mit Vorstellungskraft. Oder diese Übung mit dem fremd klingenden Namen, den sie nicht einmal aussprechen konnte. *Lectio* – irgendwas, bei der man einen Abschnitt aus der Bibel mehrmals langsam durchlas. In den vergangenen Wochen hatte Mara diese Disziplinen ziemlich vernachlässigt, so viel war sicher.

„Ich weiß nicht", erwiderte sie. „Ich denke, ich habe immer noch keinen guten Weg gefunden, wie ich meinen Müll entsorgen und mehr Raum für ihn schaffen kann."

„Und wenn es nun gar nicht Ihre Aufgabe ist, Ordnung in Ihr Chaos zu bringen?"

Wieso sollte das nicht Maras Aufgabe sein? Wenn diese große Unordnung so viel Platz einnahm, dann war es doch nur richtig, dass sie aufräumte. Und zwar gründlich aufräumte, nicht nur, indem sie alles in die Schränke stopfte, damit es nach außen ordentlich wirkte. Nein, hier waren radikalere Maßnahmen angebracht. Der Gedanke an eine solch umfangreiche Aufräumaktion schreckte sie ab. Doch in ihrem Leben herrschte wirklich große Unordnung, und sie wusste gar nicht, wo sie anfangen sollte.

Das alles erklärte sie Katherine.

„Jesus hat keine Angst vor Unordnung, Mara. Er scheut sich nicht davor, mitten ins Chaos hineinzukommen. Und dann können wir Ja sagen zum Wirken des Heiligen Geistes, der sein Licht auf die Dinge scheinen lässt, die uns gefangen halten. Sie haben eben bereits damit angefangen, indem Sie die brutale Wahrheit ausgesprochen haben. Ein solches Bekenntnis schafft Raum für Jesus."

Mara rutschte unruhig auf der Couch hin und her. „Aber trotzdem wünschte ich, mein Herz wäre rein, verstehen Sie? Ich wünschte, ich könnte Jesus einen besseren Ort bieten."

„Sie würden ihm lieber ein Luxushotel bieten, richtig?"

Mara nickte. Eines von diesen Hotels in der Karibik, für die im Fernsehen immer Werbung gemacht wurde. Das waren riesige Anlagen mit Liegestühlen an weißen Sandstränden mit türkisblauem Wasser, in denen die Gäste Cocktails aus Gläsern schlürften, die mit kleinen Papierschirmchen verziert waren. Solche Orte gab es wirklich, denn sie hatte schon viele solcher Urlaubsfotos auf Facebook gesehen.

Widerlich!

„Denken Sie doch mal einen Augenblick darüber nach, was das über Ihr Gottesbild aussagt", bemerkte Katherine. „Was empfinden Sie, wenn Sie sich vorstellen, dass Gott seinen einzigen

Sohn nicht in einem Palast zur Welt hat kommen lassen, sondern in einem schmutzigen Stall?"

Mara riss sich von ihren karibischen Träumereien los und kehrte in Gedanken zurück zu dem schmutzigen Stall in Bethlehem, zurück zu ihrem eigenen Herzen. „Ich fühle mich schuldig", erwiderte sie. „Ich denke, dass Jesus etwas Besseres verdient hat. Etwas sehr viel Besseres."

„Aber Gott hat diesen Ort ganz bewusst gewählt."

„Dann hat er aber einen seltsamen Geschmack."

Katherine lachte leise. „Ich denke, ich hätte für mein Kind auch etwas anderes ausgewählt."

Maras Magen krampfte sich urplötzlich zusammen, und es dauerte eine Weile, bis ihr klar wurde, warum sie das Gefühl hatte, sich jeden Augenblick übergeben zu müssen. „Wenn ich damals eine andere Entscheidung für mein Kind getroffen hätte", sagte sie schließlich, „dann würde ich jetzt bestimmt nicht in diesem Schlamassel stecken."

~

Katherine betete im Stillen. *Komm, Herr Jesus. Komm und offenbare dich.*

Es gab Zeiten, in denen sie den Drang verspürte, ihre Schuhe auszuziehen, weil sie von dem Bewusstsein überwältigt wurde, dass sie gerade gemeinsam mit einem anderen Menschen auf heiligem Grund stand und dabei einen Blick auf Gott erhaschen konnte. Wenn sie ihre Schuhe hätte ausziehen können, ohne dass Mara es bemerkte, dann hätte sie es tatsächlich getan. Doch so löste sie nur gedanklich ihre Schnürsenkel, streifte die Schuhe ab und betete mit bloßen Füßen.

Komm und räume die Hindernisse aus dem Weg, die Mara davon abhalten, dich vorbehaltlos in ihr Leben einzuladen. Komm und schaffe Raum für dich in all dem Chaos und der Unordnung ihres Lebens. Bring ihr dein Licht. Dein Leben. Hoffnung. Frieden. Die Erkenntnis deiner Liebe.

„Als ich letztes Mal bei Ihnen war, habe ich ja bereits erwähnt, dass ich Tom nur geheiratet habe, weil ich mit Kevin schwanger war, nicht?"

Da sie die Gelegenheit nicht verpassen wollte, die Geschichte noch einmal zu hören und dabei vielleicht neue Erkenntnisse zu gewinnen, streckte Katherine ihr einladend die Hand entgegen. „Erzählen Sie es mir noch einmal", forderte sie Mara auf.

Mara schlug die Beine übereinander und atmete tief durch. „Jeremy war damals ungefähr 15", begann sie, „und ich hatte etliche Beziehungen mit Männern hinter mir, die ihr Leben selbst nicht auf die Reihe bekamen. Ich war immer auf der Suche nach einem sicheren Leben für Jeremy und mich, verstehen Sie? Jeremy war ein guter Junge. Doch mit etwa elf Jahren schloss er sich einer Gruppe von Teenagern an, die nur Unsinn im Kopf hatten, und ich machte mir große Sorgen um ihn. Ich dachte, dass ihm vermutlich nur ein geregeltes Leben fehlen würde. Wir wohnten in einem Dreckloch von einer Wohnung, und ich arbeitete in einem schäbigen kleinen Hotel, um unseren Lebensunterhalt zu verdienen. Manchmal hatte ich auch Nachtschicht. Dann ließ ich Jeremy allein, verschloss die Wohnungstür und betete, dass ihm nichts passieren möge, bis ich am nächsten Morgen wieder nach Hause käme. Und ich –"

Mara nahm sich ein Taschentuch aus der Schachtel, die auf Katherines Tisch stand, und putzte sich die Nase. *Schenk ihr Mut, Herr.*

„Nun, in dem Hotel lernte ich auch einige Geschäftsleute kennen. Nicht die netten, alleinstehenden Männer mit einem guten Job, sondern die Sorte Männer, die auf der Suche nach einem kleinen Abenteuer waren. Und einmal –" Mara bedeckte die Hälfte ihres Gesichts mit dem Taschentuch und starrte wieder auf ihren Schoß. „Nun, einmal kam dieser Mann und bot mir Geld an für … Sie wissen schon … für …“

Katherine wusste, dass die kleinste Bewegung Mara zum Verstummen hätte bringen können, und blieb deshalb regungslos sitzen.

„Für Sex.“ Mara wischte sich mit dem Taschentuch über die Stirn und wich Katherines Blick aus. „Ich habe sein Angebot abgelehnt. Ich konnte mich einfach nicht überwinden. Aber die Versuchung war groß. Sehr groß sogar. Und das hat mir einen gehörigen Schrecken eingejagt, verstehen Sie? Dass ich schon dermaßen verzweifelt war.“ Sie zerknüllte das Taschentuch in ihrer Hand. „Jetzt halten Sie mich bestimmt für einen schlechten Menschen.“

Leise und so sanft wie möglich erwiderte Katherine: „Es ist keine Sünde, in Versuchung zu geraten, Mara. Sie haben viel Mut bewiesen, indem Sie der Versuchung widerstanden haben.“

Mara winkte ab und ihre bunten Armreifen klimperten. „Nein, das stimmt nicht. Denn als Tom zum ersten Mal in das Hotel kam, in seinem schicken Anzug und mit seiner goldenen Kreditkarte wedelnd, habe ich gedacht, dass er die Lösung für all meine Probleme sei. Er schien anders zu sein als die anderen. Und auch wenn ich kein Geld dafür nahm, fing ich dennoch an, mit ihm zu flirten, Sie verstehen schon … und zu versuchen … ich weiß nicht. Doch, ich weiß es. Ich wollte Tom rumkriegen. Ich versuchte, ihn an den Haken zu bekommen. Und als ich dann nach einigen Monaten tatsächlich schwanger wurde, wusste ich schon ganz genau, wie ich ihn dazu bringen würde, mich zu heiraten. Ich deutete an, dass ich das Kind ja auch abtreiben könnte. Ja, ich weiß, das wäre schrecklich gewesen, und ich glaube auch nicht, dass ich es wirklich getan hätte. Obwohl ich bereits als Teenager eine Abtreibung habe vornehmen lassen, aber das ist eine andere Geschichte.“

Nach einer kurzen Pause fuhr Mara fort. „Ich weiß nicht, was ich getan hätte, wenn Tom gesagt hätte: ‚Prima, nur zu!' Doch er reagierte ganz anders und sagte: ‚Dann sollten wir wohl so schnell wie möglich heiraten.' Er war bereits geschieden, aber er und seine Frau hatten keine Kinder. Und er wünschte sich sehnlichst ein Kind. Darum freute er sich auf das Baby. Und als es dann auch noch ein Junge wurde, war er überglücklich. Aber er hat sich nie darum bemüht, ein guter Vater für Jeremy zu sein. Das war er nur für Kevin und Brian. Und obwohl Jeremy und ich endlich aus diesem Dreckloch herauskamen und in ein schönes Haus einziehen konnten, war es, als hätte ich ein Gefängnis gegen ein anderes eingetauscht. Jeremy und Tom stritten die ganze Zeit über. Das war entsetzlich. Und sie tun es auch heute noch, obwohl Jeremy mittlerweile erwachsen ist. Doch als Jeremy noch zu Hause wohnte, hatte ich wenigstens einen Verbündeten, mit dem ich meine Wut teilen konnte. Damals waren es zwei gegen drei gewesen. Jetzt sind es drei gegen einen."

Mara sank in sich zusammen und stieß einen tiefen Seufzer aus. „Sie halten mich jetzt bestimmt für einen schlechten Menschen, nicht?" Sie spielte mit dem Taschentuch in ihrer Hand. „Und das stimmt auch. Ich bin ein furchtbarer Mensch."

Herr, nimm ihr die Scham. „Das stimmt nicht, Mara. Ich finde Sie sehr tapfer, weil Sie den Mut haben, hier zu sitzen und solch schmerzhafte Dinge vor mir auszusprechen." *Schenk ihr den Mut, weiterzumachen.*

„Ich glaube, außer meiner Therapeutin habe ich das alles nie jemandem erzählt. Soweit ich mich erinnern kann, habe ich es nicht einmal Gott gegenüber zugegeben, dass ich Tom bewusst umgarnt habe. Aber wenn ich es jetzt laut ausspreche, dann wird mir bewusst, dass ich das alles wirklich verdient habe." Mara hielt inne. „In meinem Leben gibt es so viel Unordnung, dass es für ein ganzes Leben reicht, so viel ist sicher."

Katherine wartete ab, hörte zu und betete still für sich. Welches Geschenk der Ermutigung ließ sich in der Bibel für Mara finden? Ein Vers? Ein Bild? Ein Gebet? Was könnte ihr die Gegenwart Gottes vor Augen führen? Welche Einladung könnte ihr gegenüber ausgesprochen werden?

Während sie betete, kam ihr ein bestimmter Bibelabschnitt in den Sinn. *Danke, Herr. Lass diese Stelle in ihr lebendig werden.*

„Ich überlege gerade, ob es noch ein anderes Bild gibt, über das wir nachdenken sollten", sagte Katherine. „Nicht, dass die Krippe nicht wunderschön wäre. Es ist nämlich eigentlich ein schönes Bild, dass Jesus an einem solch bescheidenen Ort zur Welt kommt, und ich merke, dass es Ihr sehnlicher Wunsch ist, Raum zu schaffen, damit er auch in Ihrer Familie einziehen kann." Katherine griff nach der Bibel und schlug das 1. Kapitel des Lukasevangeliums auf. „Ich werde jetzt einige Verse mehrmals langsam vorlesen. Sie können mit geschlossenen Augen zuhören, wenn Sie mögen, und wir reden später über das, was Ihnen dabei aufgefallen ist, okay?"

Mara nickte. Katherine begann damit, den Abschnitt laut vorzulesen.

Und im sechsten Monat wurde der Engel Gabriel von Gott gesandt in eine Stadt in Galiläa, die heißt Nazareth, zu einer Jungfrau, die vertraut war einem Mann mit Namen Josef vom Hause David; und die Jungfrau hieß Maria. Und der Engel kam zu ihr hinein und sprach: Sei gegrüßt, du Begnadete! Der Herr ist mit dir! Sie aber erschrak über die Rede und dachte: Welch ein Gruß ist das? Und der Engel sprach zu ihr: Fürchte dich nicht, Maria! Du hast Gnade bei Gott gefunden. Siehe, du wirst schwanger werden und einen Sohn gebären, dem sollst du den Namen Jesus geben. Der wird groß sein und Sohn des Höchsten genannt werden; und Gott der Herr wird ihm den Thron seines Vaters David geben, und er wird König sein über das Haus Jakob in Ewigkeit, und sein Reich wird kein Ende haben (Lukas 1,26–33; LÜ).

Katherine las den Abschnitt ein zweites Mal vor und wartete darauf, dass Mara die Augen öffnete. „Und, hat Sie irgendetwas in dem Text besonders angesprochen?", fragte Katherine.

„Ja. Maria."

„Was genau an Maria?"

„Dass sie auserwählt wurde."

„‚Auserwählt' ist ein großes Wort."

Mara nickte. „In den vergangenen Monaten habe ich intensiv über dieses Wort nachgedacht. Meine Therapeutin und ich haben oft darüber gesprochen, dass Jesus mich auserwählt hat. Weil ich mich immer als Zurückgewiesene gesehen habe, so, als wäre ich übrig geblieben, und Gott hätte gar keine andere Wahl gehabt, als mich anzunehmen. Doch schließlich wurde mir bewusst, dass Jesus mich auserwählt hat, nicht weil er es hätte tun müssen oder weil ich ihm leidgetan hätte, sondern weil er mich liebte und wollte. Das war eine wichtige Erkenntnis für mich."

Danke, Herr. „Das ist ein großer Schritt nach vorn, Mara. Eine grundlegende Veränderung in Ihrem Bild von Gott und von sich selbst."

„Ja. Ich darf es nur nicht vergessen. Ich muss es ganz tief in mir verinnerlichen. Und manchmal fällt es mir noch immer schwer, es zu glauben."

„Ja, das ist nicht leicht", bestätigte Katherine.

Mara, die sich nun wieder auf die flackernde Flamme konzentrierte, antwortete nicht.

„Ich frage mich", sagte Katherine, die ihren Blick ebenfalls auf die Christuskerze gerichtet hatte, „wie sich Maria wohl gefühlt haben muss, als der Engel zu ihr gekommen ist. Was denken Sie?"

Mara dachte kurz nach und antwortete: „Zuerst ängstlich, denn der Engel sagte ihr, sie solle keine Angst haben. Und dann wie etwas Besonderes. Vielleicht war sie auch verwirrt und zweifelte daran, ob das alles wirklich real war, was sie da gerade erlebte."

„Geht es Ihnen manchmal genauso? Sind Sie sich unsicher darüber, ob Sie tatsächlich auserwählt worden sind?"

„Ob ich verwirrt bin, meinen Sie?"

„Verwirrt, ängstlich, auserwählt – all diese Gefühle, die in jenem Moment in Maria miteinander um die Vorherrschaft gekämpft haben müssen."

Mara zuckte die Achseln. „Ja, vermutlich schon. Eine Zeit lang war ich ziemlich durcheinander. Ich konnte es nicht begreifen, weil ich mich niemals von einem anderen Menschen auserwählt gefühlt hatte, darum fiel es mir anfangs sehr schwer zu glauben, dass Jesus mich tatsächlich liebt und auserwählt hat." Sie zupfte an einer Quaste des Sofakissens. „Aber ich fühle mich nicht wie etwas Besonderes", fuhr sie fort. „Maria hingegen war etwas Besonderes. Sie wurde für eine sehr wichtige Aufgabe auserwählt. Sie war begnadet – etwas, das ich von mir nicht gerade behaupten kann." Mara kaute an einem Fingernagel und begann die Nagelhaut an ihrem Daumen zurückzuschieben. Dann an ihrem Zeigefinger und nacheinander auch an allen anderen Fingern.

Katherine widmete sich erneut dem Text. „Das Wort ‚begnadet' ist wirklich interessant", meinte sie schließlich. „Es bedeutet auch ‚gesegnet sein'. Der Engel sagt hier also eigentlich: ‚Hab keine Angst, Maria, Gott hat beschlossen, seinen Segen über dir auszugießen.' Maria wurde auserwählt, ein Gefäß für den Segen Gottes zu sein. Genau wie Sie, Mara. Auch Sie sind gesegnet. Begnadet. Auserwählt. So, wie Sie es gerade selbst gesagt haben."

„Ja, aber ich habe so viele Fehler und bin eben nicht vollkommen."

„Richtig", erwiderte Katherine. „Das ist keiner von uns. Darum brauchen wir Gottes Gnade. Aber wie Maria haben Sie eine ganz bestimmte Berufung von Gott bekommen. Wie Maria wurden Sie auserwählt, die Wohnstätte des Allerhöchsten zu sein. Durch Gottes Gnade. Gottes Gunst. Und gerade im Moment nimmt Christus in Ihnen Gestalt an."

Mara wandte sich von ihren Nägeln ab und legte die Stirn in Falten. „Sie meinen, ich bin schwanger?" Sie begann zu kichern, und ihr Kichern weitete sich zu einem herzhaften Lachen aus, das ansteckend auf Katherine wirkte. „Oh, der ist gut! Ich stelle mir gerade vor, wie ich versuche, es Tom beizubringen. Schwanger mit dem Sohn Gottes. Der ist gut. Wirklich gut."

Mara konnte sich also auf die Geschichte einlassen. Wunderbar! „Sehen Sie, das klingt so, als würden Sie sich in Marias Geschichte hineindenken und fragen: ‚Wie kann das sein?'" Katherine vertiefte sich wieder in ihre Bibel. „Hören Sie mal, was in Vers 34 steht: ‚Da sprach Maria zu dem Engel: Wie soll das zugehen, da ich doch von keinem Manne weiß?'"

Mara unterbrach sie. Sie lachte noch immer. „Nur dass meine Frage lauten würde: Wie soll das zugehen, wo mein Leben doch ein solches Chaos ist?"

„Ja, genau!", rief Katherine. „Das ist eine hervorragende Verbindung, die Sie da gerade herstellen. Uns alle beschäftigt doch die Frage: ‚Wie kann das sein?', wenn Gott seinen Segen in unserem Leben ausgießen will. ‚Wie kann das sein, wo ich doch …?', und dann füllen wir die Leerstelle mit dem aus, von dem wir denken, dass es Gott dadurch unmöglich gemacht wird, das zu tun, was er in und für und durch uns tun will."

„Ja … nun …" Mara senkte den Blick auf ihre Füße. „Bei mir gibt es viele Dinge, mit denen ich die Leerstelle füllen könnte.

Eine ganz lange Liste mit Gründen, warum bestimmte Dinge für alle anderen gelten, nur nicht für mich, verstehen Sie? Warum fällt es mir immer noch so schwer zu glauben, dass Gott in einem Menschen wie mir leben möchte? Ein Teil von mir ist immer noch der Überzeugung, dass ich wegen all der Fehler, die ich gemacht habe, und dem Schlamassel, in den ich mich gebracht habe, eigentlich zurückgewiesen werden müsste."

Katherine nickte mitfühlend. „Es dauert lange, bis wir wirklich glauben können, dass Gott uns liebt, nicht wahr? Vor allem, wenn wir unser Leben lang mit Zurückweisung, Verurteilung, Scham und Lügen zu kämpfen gehabt haben."

„Ja. Sehr lange." Mara seufzte. „Mein Pastor sagt immer, die größte Entfernung auf der Welt seien die 18 Zentimeter von unserem Kopf bis zu unserem Herzen, und nur der Heilige Geist könne unser Wissen von hier nach da transportieren." Sie deutete zuerst auf ihren Kopf und dann auf ihre Brust.

„Genau", bestätigte Katherine. „Das geschieht nur durch die Kraft des Heiligen Geistes. Und genau darum geht es im nächsten Vers. Sie haben auf die Frage: ‚Wie kann das sein?', dieselbe Antwort gegeben wie der Engel. ‚Der Heilige Geist wird über dich kommen, und die Kraft des Höchsten wird dich überschatten; darum wird auch das Heilige, das geboren wird, Gottes Sohn genannt werden.'"

Mara beugte sich vor und deutete auf die Bibel. „Darf ich diesen Vers mal sehen?"

Katherine reichte ihr die Bibel.

„Meg hat einmal erzählt, dass Sie ihr einen Bibelvers mitgegeben haben – welcher genau es war, weiß ich nicht mehr –, und Sie haben gesagt, sie solle ihren Namen einsetzen. Dann wäre es so, als würde Gott direkt zu ihr sprechen. Und das hat ihr wirklich sehr geholfen." Mara blickte Katherine an. In ihren Augen lag ein kindliches Vertrauen. „Darf ich das vielleicht auch bei einem dieser Verse tun? Meinen Namen einsetzen? Zum Beispiel, wenn es heißt: ‚Fürchte dich nicht'?"

Danke, Herr. „Das ist eine wundervolle Art, mit diesem Bibeltext zu beten."

Mara blickte eine Zeit lang schweigend auf die Seite mit dem Bibeltext. „Ich glaube nicht, dass ich wie Maria einfach hätte Ja sagen können. Ich hätte garantiert mehrere Aber hinter mein Ja gesetzt. Als würde ich tief im Innern daran zweifeln, dass Gott nur Gutes für mich im Sinn hat. Verstehen Sie, was ich meine?"

Katherine nickte. Sie wusste genau, was Mara meinte. „Bleiben Sie doch einfach bei dem Teil, wo es heißt: ‚Fürchte dich nicht'", erwiderte Katherine. „Konzentrieren Sie sich darauf, dass Gott seinen Segen über Ihnen ausgegossen hat. Konzentrieren Sie sich darauf, dass er Sie auserwählt hat, um in Ihnen zu leben. Darauf, dass Sie schwanger sind mit dem Sohn Gottes. Das ist für den Augenblick erst einmal genug Stoff zum Nachdenken."

Mara schien tief in Gedanken versunken zu sein. „Auch ich würde gern sagen können: ‚Mir geschehe, wie du gesagt hast.' Vielleicht kann ich das ja eines Tages tatsächlich tun."

Als Mara zehn Minuten später ihr Büro verließ, zog Katherine ihre Schuhe aus und betete.

4

Charissa

Am Donnerstagnachmittag führte John den Gutachter durch das Haus, während Charissa in der Küche wartete. Ihr Vorschlag, ihn zu der Hausinspektion zu begleiten, war ihr Versöhnungsangebot an John gewesen, der noch immer enttäuscht darüber war, dass sie so wenig Begeisterung für das Haus gezeigt hatte. „Ich freue mich wirklich", hatte sie in den vergangenen 24 Stunden mehrmals beteuert. „Im Augenblick stehe ich ziemlich unter Druck. Es tut mir leid. Ich habe gerade so viel um die Ohren."

Unglaublich viel.

Sie warf der Maklerin ein nachsichtiges Lächeln zu, die fälschlicherweise annahm, Charissa sei offen für Small Talk. *Nein, sie habe nichts gegen den Schnee einzuwenden. Ja, sie freue sich darauf, aus ihrer kleinen Wohnung in ein eigenes Haus zu ziehen. Ja, sie sei hier in Kingsbury geboren worden. Nein, sie hätte nicht die Kingsbury High School besucht, sondern die Kingsbury Christian. Nein, sie kenne niemanden mit dem Namen Joel DeVries. Oder Caleb VanderWaal. Nein, John sei in Traverse City aufgewachsen und sie habe ihn am College kennengelernt. In Kingsbury, richtig. Nein, zu Weihnachten würde es keine große Familienfeier geben. Sie würden Johns Eltern besuchen. Ihre Eltern seien nach Florida gezogen. Nein, nicht in die Nähe von Disney World. Ja, das sei wirklich einen Besuch wert.*

Zum Glück hatte John nicht verraten, dass sie ihr erstes Kind erwarteten. Charissa konnte sich nämlich gut vorstellen, welche aufdringlichen Fragen diese Frau dann erst stellen würde.

Charissa warf einen Blick auf die Uhr.

Ja, die Zimmer seien schön geräumig. Sonnendurchflutet. Nein, sie brauche die Räume nicht auszumessen wegen der Möblierung. Oder wegen der Vorhänge.

Die Maklerin blickte auf Charissas Fuß. Sie hatte gar nicht gemerkt, dass sie ungeduldig mit dem Fuß klopfte.

John tauchte im Türrahmen auf. „Alles geregelt?“, fragte Charissa.

„Nein, das wird noch eine Weile dauern.“

Sie krümmte ihre Zehen zusammen.

„Willst du nicht schon mal fahren und mich dann später abholen?“

Eine großartige Idee. Charissa zögerte gerade lange genug, um den Eindruck zu erwecken, dass sie ihn nur ungern mit dieser Aufgabe allein lasse. „Bist du sicher?“, fragte sie schließlich.

„Ja. Ich melde mich.“

Mit einem Dankeschön und einem Abschiedskuss eilte Charissa zur Tür hinaus, bevor die Maklerin noch einen Grund finden konnte, weshalb sie doch noch bleiben müsse. In dieser Phase des Semesters war selbst eine Stunde in der Bibliothek besser als nichts.

~

Als Charissa anderthalb Stunden später zum Haus zurückkehrte, saß John auf der Veranda, die Hände in den Taschen vergraben und ins Gespräch mit dem Gutachter vertieft. Sein Gesichtsausdruck verhieß nichts Gutes. „Was ist los?“, fragte Charissa, nachdem er sich mit hängenden Schultern auf den Beifahrersitz hatte fallen lassen.

„Wo soll ich anfangen?"

John begann die Probleme aufzuzählen, während sie sich auf den Heimweg machten. Die Heizung. Das Dach. Risse im Fundament. Hinweise auf Termitenbefall.

„Und, um den Gutachter zu zitieren: ‚akuter Schimmelbefall'."

Charissa zog die Augenbrauen hoch. „Ich werde garantiert nicht in ein Haus ziehen, das von Schimmel befallen ist."

„Das weiß ich. Die Verkäufer müssen erst alles in Ordnung bringen."

„Ich ziehe auch nicht in ein Haus, in dem es einmal Schimmel gegeben hat, John."

„Okay. Ich sage ja nur, dass es die Verkäufer wären, die sich darum kümmern müssten. Wir könnten mit ihnen verhandeln."

„Nein. Ganz bestimmt nicht."

„Das ist doch kein Einzelfall. Die meisten Häuser müssen vor dem Verkauf erst einmal renoviert werden."

„Von mir aus können die Eigentümer es renovieren und an einen anderen Interessenten verkaufen. Was haben die sich eigentlich dabei gedacht? Wollten sie alles mit einem neuen Teppich und etwas frischer Farbe vertuschen?"

John drückte beide Handflächen an seine Stirn. „Ich hätte wissen müssen, dass die ganze Sache zu schön war, um wahr zu sein", seufzte er.

Charissa starrte auf die rote Ampel. Manche Dinge sollten wohl einfach nicht sein. „Wir finden ein anderes Haus", versuchte sie ihn zu trösten.

Er drehte sich zu ihr um. „Du bist nicht mal ein kleines bisschen enttäuscht, was?"

Sie warf einen Blick in den Rückspiegel und zuckte die Achseln. „Es sind doch noch mehr Häuser auf dem Markt, die wir uns ansehen können. Wir werden schon noch ein passendes Haus finden."

John verschränkte seine Arme vor der Brust und murmelte: „Ich hätte es wissen müssen."

Meg

In den letzten beiden Tagen war Meg vielleicht nicht gerade eine Expertin geworden, doch sie hatte eine gewisse Sicherheit im U-Bahn-Fahren gewonnen. Weil sie sich fest vorgenommen hatte, die Gelegenheit zu nutzen und Londons wichtigste Sehenswürdigkeiten anzuschauen, gelang es ihr auch recht gut, sich in dem U-Bahn-Netz zurechtzufinden. Sie schaute sich die Wachablösung am Buckingham-Palast an, besuchte eine Abendandacht in der beeindruckenden Westminster Abbey und verbrachte viele Stunden im Victoria and Albert Museum, wo sie die umfangreiche Kunstsammlung bestaunte. Am Freitagnachmittag, kurz nachdem Meg allein im Speisesaal des Hotels Tee getrunken hatte, klingelte ihr Mobiltelefon. „Hallo, Mama! Ein paar von uns wollen zum Eislaufen unterhalb des Tower of London gehen. Willst du nicht mitkommen?"

Meg hatte sich eigentlich darauf gefreut, den Abend allein mit Becca zu verbringen, nur sie beide. „Ach … ich weiß nicht …"

„Das wird toll! Und du wirst den Tower sehen. Ich habe gehört, dass er bei Nacht einfach atemberaubend sein soll."

Schließlich gab Meg nach. Wenn sie ihre Tochter sehen wollte, müsste sie lernen, flexibel zu sein. „Eigentlich ist es nicht schwer, dorthin zu kommen", erklärte Becca, „aber ich gebe dir Pippas Nummer, für den Fall, dass du mich erreichen musst. Ich habe mein Handy bei einer Freundin vergessen."

Als Meg später am Abend ihre Fahrkarte am Russell Square in das Drehkreuz steckte, wusste sie eins ganz sicher: Mit ihrer Enttäuschung umzugehen war eine viel größere Herausforderung, als sich in London zurechtzufinden.

Als sie am Tower of London eintraf, vergnügten sich Becca und ihre Freunde bereits auf der Eisfläche. Selbst in diesem geisterhaft bläulichen Licht konnte Meg die burschikose Pippa erkennen, die ihr zuwinkte, bevor sie das Gleichgewicht verlor und mit übertriebener Ungeschicklichkeit kichernd hinfiel. „Duncan, Hilfe!", rief Pippa mit ausgestreckter Hand. Ein schlanker junger Mann kam angefahren und zog sie auf die Beine. Vielleicht täuschte sie sich, aber Meg hatte den Eindruck, dass Pippa ganz bewusst auf wackligen Beinen über die Eisfläche schlitterte, um sich an ihm festklammern zu können.

Becca kam angefahren und nannte ihr die Namen einiger Freunde, die auf der Eisfläche ihre Runden drehten: Avery, Nicole, Amy. „Du kommst doch mit aufs Eis, nicht?"

Als Meg das letzte Mal auf Schlittschuhen gestanden hatte, war sie 16 gewesen. Sie hatte sich am Valentinstag mit Jim in der Eissporthalle von Kingsbury verabredet. Auf der Eisfläche hatte sie sich gefühlt wie ein Rehkitz, als sie sich unsicher und mit rudernden Armen vorwärtsbewegte. Aber Jim hatte viel Geduld und Humor gezeigt, und an seiner Hand war es Meg schließlich gelungen, sich auf den Beinen zu halten.

„Ich denke, ich schaue euch einfach ein bisschen zu", erwiderte Meg.

„Ach, komm schon", widersprach Becca. „Versuch es doch wenigstens mal!"

Widerwillig lieh sich Meg ein Paar Schlittschuhe aus und torkelte unsicher am Rand der Eisfläche entlang. Mit einer Hand hielt sie sich an der Balustrade fest und mit dem anderen Arm versuchte sie das Gleichgewicht zu halten. Gerade, als sie aufgeben wollte, kam Becca angefahren, um ihr zu helfen.

„Ist das nicht toll?", fragte Becca, während sie sich bei Meg unterhakte, um sie zu stützen. „Ich glaube, unter der Eisfläche befindet sich der alte Burggraben."

Meg blickte ganz kurz hoch. Es war ein malerischer Anblick: das weiße Licht, das sich auf der Eisfläche spiegelte, die mittelalterlichen Türme und die hell erleuchteten Wolkenkratzer, die über der Themse in die Höhe ragten. „Es ist wirklich wundervoll, Schatz." Was für eine Ironie, dass der düstere Tower, der einst als finsteres Verlies gedient hatte, inzwischen zu einem Ort umgestaltet worden war, an dem sich Menschen amüsierten. Anne Boleyn wäre geschockt!

Bewusst verdrängte Meg die schlimmen Ereignisse, die sich hier einmal abgespielt haben mussten, löste ihre Hand von der Balustrade und stützte sich auf Becca, während sie langsam ihre Runden drehten. „Ich wusste gar nicht, dass du so gut eislaufen kannst", bemerkte Meg.

„Das sollte man doch erwarten, nachdem Oma so viel Geld für den Schlittschuhunterricht ausgegeben hat."

„Deine Großmutter hat den Unterricht bezahlt?"

„Ja, hast du das etwa vergessen?"

Meg kramte in ihrer Erinnerung, konnte sich jedoch an keine Situation entsinnen, in der ihre Mutter angeboten hätte, irgendetwas zu bezahlen. Im Gegenteil: Sie hatte immer darauf geachtet, dass Meg ihren Lebensunterhalt selbst bestritt, und aus diesem Grund hatte Meg im Laufe der Jahre verschiedene Jobs ausgeübt. Sie hatte als Musiklehrerin und Integrationskraft in der Grundschule gearbeitet und dann als Putzfrau, Sekretärin und Klavierlehrerin, nachdem wieder einmal eine Stelle von der Schulverwaltung gestrichen worden war.

„Bist du sicher?", fragte Meg. „Ich erinnere mich wirklich nicht an Schlittschuhunterricht."

„Ja, in meinem ersten Jahr an der Highschool. Oma meinte, das würde mir neben dem Tanzunterricht bestimmt Spaß machen."

Spaß? Ihre Mutter wollte, dass jemandem etwas Spaß machte? Und sie hatte es sogar finanziert?

„Davon habe ich nichts gewusst."

Und auf einmal hörte sie in ihrem Kopf die Stimme ihrer älteren Schwester Rachel sagen: *Mütter wissen eben nicht alles.*

Das stimmt, dachte Meg. Aber Becca war sicher niemand, der Geheimnisse vor ihr hatte. Sie hatten immer über alles miteinander reden können. An wie vielen Abenden hatten sie im Schneidersitz auf Beccas Bett gesessen und über Chad Harris diskutiert, in den Becca in der dritten Klasse verliebt gewesen war? Wie oft hatte Becca wegen Josh Samuels in Megs Armen gelegen und geweint, weil er nur mit ihr zusammen gewesen war, um an ihre Freundin Lauren heranzukommen? Oder was war mit den ausgiebigen Gesprächen über ihre Freundinnen, die mit Alkohol und Sex herumexperimentierten und um die sich Becca so sehr sorgte?

Selbst als Becca ans College gegangen war und Rachel behauptete, auch sie würde dort bestimmt ihre Liebschaften haben, glaubte Meg ihr nicht. Während ihre Kommilitonen sich bei Partys betrinken würden oder Sex hätten, würde Becca garantiert in der Bibliothek sitzen oder im Tanzstudio trainieren. So war ihre Tochter nun mal.

Ist korrigierte sich Meg. So ist sie nun mal. Trotz des Nasenpiercings.

Becca rüttelte an Megs Arm. „Du kannst locker lassen, Mama. Vertrau mir! Ich lasse dich nicht fallen."

Vertrau mir. Diese beiden Worte ließen Meg ruhig werden, während sie auf dem Eis ihre Runden drehten.

Vertrau mir. Ich halte dich. Ich lasse dich nicht fallen.

Hannah

Am Freitagabend fuhr Mara zu Megs Haus, um Hannah dort zu besuchen. Sie brachte Pizza mit und wirkte sehr erschöpft. Trotzdem erklärte sie, die Woche sei ruhig verlaufen. „Die Jungen waren total aus dem Häuschen wegen ihres Jagdausflugs", sagte sie zu Hannah. „Mir gefällt es nicht, aber sie machen das jedes Jahr. Das hat Tom ihnen so versprochen. Ich kann sagen, was ich will. Auf mich hören sie einfach nicht."

Hannah, die ganz bewusst eine neue geistliche Disziplin ausprobieren wollte, fragte nicht nach und versuchte auch nicht, Mara beim Essen weitere Informationen über ihre aktuelle Situation zu entlocken. Stattdessen hörte sie ihr einfach zu, wie sie sich begeistert über ihr Vorhaben ausließ, Megs Haus zu schmücken. „Wenn wir hier fertig sind, wird das Haus einfach wundervoll aussehen! Und ich kann es nicht erwarten, endlich deinen Nathan kennenzulernen!"

Nathan hatte den kompletten Samstag für sie durchgeplant. Gemeinsam würden sie losziehen und einen Weihnachtsbaum aussuchen und abends würde er für sie kochen. Hannah freute sich auf den gemeinsamen Tag. „Feiern" und „Gemeinschaft": zwei Begriffe, die zunehmend an Bedeutung für sie gewannen.

Mara nahm sich ein weiteres Stück Pizza aus der Schachtel und setzte sich an den Tisch. „Ich muss dir etwas Wichtiges gestehen", erklärte sie und spielte dabei mit den bunten Perlen ihrer Kette.

Aha … jetzt kommt es!, dachte Hannah und stützte sich auf ihren Ellbogen ab. Sie würde sich darum kümmern, dass Mara an einem sicheren Ort Zuflucht fand. Vielleicht in Megs Haus – und natürlich nur vorübergehend, bis sie eine dauerhafte Lösung gefunden hätten.

Mara räusperte sich. „Ich bin schwanger", verkündete sie.

Hannah hatte in den vergangenen Jahren viel Zeit gehabt, um das perfekte Pokerface einzuüben und keine Miene zu verziehen, egal, was ihr Gegenüber ihr auch anvertraute. Doch in diesem Fall war sie sich absolut nicht sicher, ob sie ihren Gesichtsausdruck gerade wirklich unter Kontrolle hatte. Sie wartete einen Augenblick ab, bevor sie sagte: „Bist du sicher?"

„Ja. Ziemlich sicher."

„Und Tom –"

„Hab's ihm noch nicht erzählt."

„Aber bist du denn nicht –"

„50 und in den Wechseljahren? Ja. Das ist unmöglich, richtig?"

Oh Herr. Wie um alles in der Welt? Das würde alles nur noch komplizierter machen.

„Und es ist nicht Toms Baby." Mara trank einen Schluck Wasser. Mit Entsetzen bemerkte Hannah das Lächeln, das Maras Lippen umspielte. Wie um alles in der Welt konnte sie das witzig finden?

Hannah gab sich die größte Mühe, besorgt und nicht herablassend zu klingen. „Und … weißt du denn, von wem das Baby ist?"

„Ja." Mara hielt immer noch ihr Glas an die Lippen. „Katherine sagt, ich sei schwanger mit dem Sohn Gottes."

Schwanger mit …?

Als ihr aufging, was Mara meinte, atmete Hannah erleichtert aus und boxte Mara gegen die Schulter. Mara brach in schallendes Gelächter aus und auch Hannah konnte ihr Lachen nicht mehr unterdrücken. „Du hättest dein Gesicht sehen sollen, Frau Pastorin! Ich konnte förmlich hören, wie die Pastorenzahnräder in deinem Kopf geknirscht haben!"

„Sie haben wirklich geknirscht, das stimmt", erwiderte Hannah kopfschüttelnd. „Was für eine Erleichterung. Du hast mich wirklich an der Nase herumgeführt."

Mara ergriff ihre Hand. „Entschuldige bitte. Aber ich konnte einfach nicht widerstehen. Weißt du, wie schön es für mich ist, eine Freundin zu haben, mit der ich fröhlich sein und die ich necken kann? Mein ganzes Leben –", in ihren Augen schimmerten Tränen der Rührung, „mein ganzes Leben lang bin ich diejenige gewesen, die geneckt wurde. Diejenige, auf deren Kosten Witze gemacht wurden. Das Mädchen, das abseitsstand. Und dass ihr nun in mein Leben gekommen seid … das ist ganz toll für mich. Unglaublich toll. Danke. Ihr seid wirklich ein großes Geschenk für mich."

„Und du bist ein Geschenk für uns", sagte Hannah. „Und für mich." Sie hielt Maras Hand fest, als sie ergänzte: „Und jetzt erzähl mir, was es mit dieser Schwangerschaft auf sich hat."

~

Samstag, 6. Dezember, 7:00 Uhr

Mara schläft noch. Deshalb habe ich gerade etwas Zeit, um über einige Dinge nachzudenken und zu beten. Ich habe das Gefühl, dass der Heilige Geist versucht, meine Aufmerksamkeit zu gewinnen, indem er seinen Finger auf einige meiner Wunden legt. „Lerne, bei dem zu verweilen, was dich provoziert", sagt Nate oft. Das ist ziemlich anstrengend, aber es stimmt. Denn dort wartet der Heilige Geist.

Und los geht es:

Ich werde gerade andauernd mit dem Thema „Schwangerschaft" konfrontiert. Zuerst Charissa, und dann hat Mara gestern Abend von ihrem Gespräch mit Katherine erzählt. Momentan beschäftigt sie der Gedanke, was es bedeutet, auserwählt und gesegnet zu sein und wie Maria „den Sohn Gottes in sich zu tragen". Katherine hat ihr geraten, zu überlegen, was es bedeutet, Jesus in sich aufzunehmen. „Der Schoß, in dem Jesu geformt wird", hat Mara gesagt. „Nicht der Ort, an dem Jesus zur Welt kommen muss, weil es keinen anderen Raum gibt. Sondern der Ort, den Gott bewusst ausgewählt hat. So, als wäre ich dieser besondere Ort für Gott."

Das ist ein sehr tiefgründiges Bild, und ich bin froh, dass sie sich damit auseinandersetzt. Aber das Wort „Schoß“ hat gestern Abend eine tiefe Traurigkeit in mir hervorgerufen. Ich musste wieder an meine Totaloperation denken und an einige Verluste in meinem Leben, um die ich noch nicht richtig trauern konnte. Vor ein paar Monaten habe ich mit Katherine darüber gesprochen, dass ich mein ganzes Leben lang meine Gefühle in Schach gehalten habe. Und über die „verborgenen Blutungen“ in meinem Geist; über all das Gift, das noch beseitigt werden muss. Doch inzwischen befürchte ich, meine Trauer geht noch tiefer, als ich bisher angenommen habe.

Jahrelang habe ich meine Sehnsucht nach einer Beziehung und nach Kindern verdrängt. Ich konnte mich hinter meiner Rolle als Pastorin und hinter meinen vielfältigen Aufgaben verstecken. Aber nachdem ich nun tatsächlich eine Beziehung mit Nate eingegangen bin, werden diese tiefen Sehnsüchte langsam wieder wach. Ich weiß, ich darf sie nicht ignorieren, so schwer es mir auch fallen mag.

Ich höre deine Frage: „Wo bist du?“, Herr, und das ist meine Antwort.

Ich bin traurig und enttäuscht, dass ich niemals eine Schwangerschaft erleben werde. Es gibt in mir keinen Schoß, in dem der körperliche Ausdruck der Liebe eines Ehemannes heranwachsen könnte. Lange Zeit habe ich mich versteckt und behauptet, es mache mir nichts aus. Aber es macht mir etwas aus.

Das habe ich auf diesen Seiten schon einmal zum Ausdruck gebracht. Und nun wiederhole ich es noch einmal. Es tut weh, Herr.

Es tut sehr weh, und ich fühle mich leer.

Ich weiß, dass sich diese Wunde infizieren und ein Brutplatz für Bitterkeit, Selbstmitleid, Zorn und Enttäuschung werden wird, wenn ich sie nicht reinige, indem ich den Schmerz vor dir beim Namen nenne.

Vielleicht liegt die Heilung darin, dass ich dir gegenüber meine Gefühle ganz offen ausspreche. Das ist der Ort, an dem ich gerade stehe, Herr. Bitte, hol mich dort ab.

Mara

Mara hatte gerade die letzte dunkelrote Schleife an den Baum in Megs Wohnzimmer gehängt und trat nun einen Schritt zurück, um ihr Meisterwerk zu bewundern. „Zu schade, dass Meg nicht sehen kann, wie wir ihr Haus herausgeputzt haben."

„Das sieht wirklich toll aus!", sagte Nathan. „Ich mache gleich mal ein Foto." Er forderte Mara und Hannah auf, sich neben den Baum zu stellen, und hielt sein Mobiltelefon in die Höhe. „Und jetzt alle lächeln!"

Mara konnte sich nicht erinnern, wann sie das letzte Mal einen Tag so sehr genossen hatte wie diesen. Gemeinsam waren sie mit einem Pferdeschlitten durch den Wald zur Weihnachtsbaumfarm gefahren und hatten dort einen Baum ausgesucht. In der Scheune hatten sie heiße Schokolade getrunken und am Nachmittag gemeinsam das Haus dekoriert und den Baum geschmückt. Wenn doch nur Jeremy dabei gewesen wäre! Früh am Morgen hatte sie versucht, ihn auf seinem Mobiltelefon zu erreichen und ihn einzuladen, aber der Anruf war auf seiner Mailbox gelandet. Mara hatte daraufhin lange überlegt, ob sie es auf dem Festnetzanschluss versuchen sollte. Das tat sie nur ungern, weil Abby nicht wissen sollte, wie oft sie und Jeremy miteinander telefonierten. Aber die Aussicht auf ein paar fröhliche Stunden mit ihrem Sohn schien das Risiko wert zu sein.

Sie wählte also Jeremys Festnetznummer, was sie jedoch umgehend bereute, weil sie ihn mit ihrem Anruf aufweckte, und vermutlich auch Abby – ein weiterer, schwerwiegender Fauxpas in ihrem Schwiegermutter-Dasein! Außerdem war sie sich inzwischen unsicher darüber geworden, ob die Einladung überhaupt eine gute Idee gewesen war. Sollte sie wirklich ihren Sohn dazu einladen, den Tag mit seiner Mutter und ihren neuen Freunden zu verbringen, während seine hochschwangere Frau allein zu Hause saß? Natürlich hätte sie auch ihren Sohn *und* seine hochschwangere Frau dazu einladen können, das Haus einer Freundin zu schmücken, zu der beide jedoch keinerlei Bezug hatten. Sie entschuldigte sich also für die Störung und versuchte, sich irgendwie herauszureden. Sie habe ganz vergessen zu fragen, wie die Untersuchung beim Arzt gewesen wäre, und sie versprach, sich zu einem passenderen Zeitpunkt noch einmal zu melden.

Vielleicht würden sie ja nächstes Jahr einen Familienausflug zur Weihnachtsbaumfarm unternehmen können. Sie sah die Szene bereits vor sich, Jeremy mit ihrer Enkelin in einer Rückentrage. Mara würde anbieten, sie zu halten, während Jeremy den Baum fällte. Und dann würden sie alle gemeinsam in ihre Wohnung zurückkehren, und Mara würde ihnen den Christbaumschmuck überreichen, den Jeremy als kleiner Junge geschenkt bekommen hatte. Natürlich nicht alle Stücke, denn manche von ihnen waren mit solch wertvollen Erinnerungen verbunden, dass Mara sich noch nicht davon trennen konnte, zum Beispiel die kleinen Eisenbahnwaggons, die Jeremy in ihrem ersten Jahr in Kingsbury geschenkt bekommen hatte, als sie noch im Crossroads-Haus wohnten. Und sie hatte noch eine weitere Schachtel mit jenem Christbaumschmuck aufbewahrt, den sie im Laufe der Jahre miteinander gebastelt hatten: Papierschneeflocken, bemalte Zuckerstangen aus Salzteig und rot gepunktete Kränze aus Bastelpapier, die als Rahmen für die Fotos aus der Grundschule dienten. Schätze. Kostbare Schätze. Sie müsste die Papierkunstwerke unbedingt einmal laminieren.

Mara hängte ein paar Glöckchen und einen Kranz aus Tannenzweigen, Äpfeln und Zapfen an Megs Haustür und wandte ihre Aufmerksamkeit anschließend den Pflanzgefäßen zu. Sie hatte Hannah die Dekoration aus der Zeitschrift beschrieben, und Hannah hatte angeboten, die nötigen Accessoires zu besorgen. „Aber du musst das Gesteck machen", sagte Hannah. „Ich bin nicht wirklich geschickt in solchen Dingen."

Während Hannah und Nathan in der Küche Gemüse schnitten, legte Jake den Verandaboden mit Zeitungspapier aus und füllte die Pflanzgefäße mit Sand. Mara schnitt die Tannenzweige und Weidenäste zurecht, band Schleifen zusammen und dekorierte sie mit roten Beeren und vergoldeten Samenhülsen. „Du hast wirklich Talent!", sagte Nathan, als er gemeinsam mit Jake die fertigen Töpfe auf der Veranda zurechtrückte. „Stell dich mal daneben. Ich mache noch ein Foto!"

Nathan besaß die Gabe, anderen Menschen das Gefühl zu geben, sie seien etwas ganz Besonderes, indem er sehr aufmerksam zuhörte, wenn jemand mit ihm sprach, so, als wäre sein Gegenüber der einzige Mensch auf der Welt, dem es zuzuhören gelte. „Ich hoffe, dir ist bewusst, wie glücklich du dich schätzen kannst, solch einen Mann an deiner Seite zu haben", sagte Mara zu Hannah, als sie im Wohnzimmer saßen, nachdem Nathan und Jake nach Hause gefahren waren. Das Zimmer war jetzt, wo es dekoriert war, tatsächlich sehr gemütlich.

„Freut mich, dass du ihn magst", sagte Hannah.

„Dass ich ihn mag? Hör mal, du wärst wirklich verrückt, wenn du nicht irgendwann in absehbarer Zeit nach Kingsbury umziehen und diesen Mann heiraten würdest."

„Ach, ich weiß nicht. Wir sind doch erst seit ein paar Wochen zusammen. Es ist noch viel zu früh, um solche Pläne zu schmieden."

„Jetzt werd nicht komisch! Ihr beide seid füreinander bestimmt, das spüre ich. Außerdem ist es ja nicht so, als hättet ihr euch gerade erst kennengelernt. Euch verbindet doch schon eine gemeinsame Geschichte. Und er ist ganz verrückt nach dir. Das merke ich an der Art, wie er dich ansieht."

Selbst im gedämpften Licht konnte Mara erkennen, dass Hannah rot wurde, und sie rechnete fest damit, dass sie versuchen würde, das Thema zu wechseln. Doch Hannah meinte nur: „Wir haben noch einiges aufzuarbeiten, bevor wir eine langfristige Bindung eingehen können. Darum lassen wir es langsam angehen und warten ab, wohin die Reise führt."

„Ich für meinen Teil bin mir sicher, wo sie hinführen wird. Denk an meine Worte. Ihr drei seid doch beinah schon so etwas wie eine kleine Familie. Und Jake ist wirklich ein Schatz! Ganz anders als die meisten Jungs in seinem Alter, so viel ist sicher."

Das war an diesem Tag die einzige Herausforderung für Mara gewesen: den Konflikt auszuhalten zwischen ihrer Bewunderung für Nathans Sohn, der ein so rücksichtsvoller, engagierter und höflicher Junge war, und dem Neid, den sie dabei empfand. Aber wenigstens war ihr bewusst geworden, dass ihr dieses Thema zu schaffen machte. Das war doch schon mal ein Fortschritt, oder? Und wann immer Scham und Schuldgefühle aufgrund ihres Versagens bei der Erziehung ihrer Söhne in ihr hochkamen, wandte sie neuerdings eine Strategie an, zu der Dawn ihr erst kürzlich geraten hatte. „Wenn die Stimme des Anklägers Sie auf Ihre Unzulänglichkeiten hinweisen will, dann nutzen Sie die Gelegenheit, um sich daran zu erinnern, wie sehr Sie Jesus brauchen. Und dann wenden Sie sich im Gebet an ihn." In letzter Zeit hatte Mara tatsächlich sehr oft gebetet. Und das war auch gut so.

Ihr Telefon klingelte. „Das ist vermutlich Jeremy." Neckend zeigte sie mit dem Zeigefinger auf Hannah. „Glaub ja nicht, dass du dich vor diesem Gespräch drücken kannst." Sie nahm ihr Telefon aus der Hosentasche und blickte auf die Nummer. „Nein – es ist Charissa. Hallo, Charissa!"

„Mara?“, sagte Charissa, und Mara hörte ein untypisches Zittern in ihrer Stimme. „Ich habe Blutungen.“

Charissa

Ihre Ärztin hatte Charissa am Samstagabend zurückgerufen und ihr erklärt, dass minimale Blutungen während der ersten drei Monate nicht ungewöhnlich seien. Ob sie unter Krämpfen leide? *Nein.* Irgendwelche Schmerzen im Unterbauch? *Nein.* Wie viel Blut es denn gewesen sei? *Schwer zu sagen.* Sie empfahl ihr, sich keine Sorgen zu machen und sich auszuruhen. „Sollten Sie wirklich eine Fehlgeburt erlitten haben, können wir an diesem Punkt sowieso nichts mehr tun.“ Am Montagmorgen solle sie für einige Tests in der Praxis vorbeikommen, aber bis dahin könne sie nichts anderes tun, als abzuwarten. „Falls Sie starke Schmerzen bekommen, machen Sie sich sofort auf den Weg in die Notaufnahme.“

Charissa hatte Angst.

Während sie mit Mara telefonierte und sie darum bat, für sie zu beten, suchte John im Internet nach weiteren Informationen. „Das hilft mir auch nicht weiter!“, beschwerte sich Charissa, nachdem er ihr die Ergebnisse seiner Recherche vorgetragen hatte – irgendwas mit HCG-Wert, Herztonüberwachung des Fötus und Ultraschalluntersuchungen.

John glaubte sich zu erinnern, dass auch Tims Frau Jenn in den ersten drei Monaten ihrer Schwangerschaft Blutungen gehabt hätte. Ob Charissa sie einmal anrufen wolle? *Nein.* Er könne Tim auch eine SMS schicken, um nachzufragen. Ob er das tun solle? *Nein.* Am liebsten hätte Charissa in diesem Moment die Schränke ausgewischt und aufgeräumt und die Teppiche und Polstermöbel abgesaugt, um wenigstens irgendetwas unter Kontrolle zu haben.

Stattdessen scharwenzelte John um sie herum und erfragte den neusten Stand der Dinge, wann immer sie das Bad aufsuchte. Er bot ihr an, ihr etwas zu essen zu machen. Er flehte sie an, sich hinzulegen und auszuruhen. „Und du hast ganz sicher keine Schmerzen? Und das Blut tröpfelt nur? Denn darüber habe ich einiges im Internet gefunden. Deswegen braucht man sich keine Sorgen zu machen. Tim hat geschrieben. Jenn hatte wohl auch schwache Blutungen, als sie mit Zach schwanger waren, aber es war alles in Ordnung. Ich bin sicher, es ist nichts Schlimmes."

John redete wie ein Wasserfall, doch Charissa hörte ihm schon längst nicht mehr zu. Stattdessen dachte sie darüber nach, dass John gerade eben die Pluralform verwendet hatte, als er über Jenns Schwangerschaft gesprochen hatte. Als sie schwanger *waren*, hatte er gesagt. Normalerweise sprach Charissa immer von *ihrer* Schwangerschaft. Eine Schwangerschaft, die ihre sorgfältig entworfenen Lebenspläne durcheinanderbrachte. *Ihre* Pläne. Für *ihr* Leben.

Oh Gott.

Hatte sie diese Situation am Ende vielleicht sogar selbst verschuldet? Lag es an ihrem Gefühlschaos und ihrer Ichbezogenheit? Charissa hatte nie einen Gedanken daran verschwendet, dass sie eine Fehlgeburt erleiden könnte. Sosehr sie sich auch über den unpassenden Zeitpunkt ihrer Schwangerschaft beklagt hatte, sosehr sie auch ihre durchkreuzten Pläne betrauert hatte: Es war ihr nie in den Sinn gekommen, dass das alles plötzlich zu Ende sein könnte; dass sie in ihr altes Leben zurückkehren könnte. Erfüllte Gott vielleicht gerade das, was sie einmal für ihren sehnlichsten Wunsch gehalten hatte? Während sie noch darüber nachdachte, stellte sie entsetzt fest, dass sie in den vergangenen Wochen nicht ein einziges Mal für das Leben dieses Kindes, *ihres* Kindes, gebetet hatte. Selbst als sie Mara gebeten hatte, für sie zu beten, war dies eine selbstsüchtige Bitte gewesen: *Ich habe Blutungen. Bitte bete für mich, dass alles gut wird.*

Oh Gott. Und jetzt war das Leben, das gerade in ihr heranwuchs – ein Leben, das nicht ihr eigenes war, das seinen eigenen Herzschlag hatte und ein einzigartiges, von Gott gegebenes Wesen –, möglicherweise in Gefahr.

Nein. Bitte nicht!

Zwar hatte ihr die Ärztin erklärt, Charissa könne an diesem Punkt nichts mehr tun, um eine Fehlgeburt zu verhindern, aber plötzlich kam ihr doch noch etwas in den Sinn, das sie tun könnte. Und zwar gemeinsam mit John. Sie griff nach seiner Hand.

~

John spürte, dass Charissa Angst hatte, als sie Mara anrief, und ihre Stimme klang noch immer sehr zerbrechlich, als sie ihn fragte, ob er für sie beten würde. Für ihr Baby. In den vergangenen Wochen hatte er sich gefragt, ob es Babys bereits im Mutterleib spüren könnten, ob sie geliebt und gewollt waren. Denn jedes Mal, wenn sich Charissa über ihre Übelkeit beklagt und sich verärgert über „diese Schwangerschaft" geäußert hatte, die sie doch so sehr in ihrer Vorbereitung auf die Abschlussarbeiten und Präsentationen störte, hatte John insgeheim – und fast schon abergläubisch – versucht, ihre negative Haltung auszugleichen, indem er innerlich seine Freude über ihr Baby zum Ausdruck brachte.

Und jetzt? Was sollte er beten? Er kniff die Augen so fest zusammen, dass Lichtpunkte vor seinen Augen tanzten.

Komm schon, Baby. Bitte. Bitte, bitte, bitte. Ich liebe dich.

Bitte lebe.

Er versuchte laut zu beten, aber ihm fehlten die Worte. Was, wenn Gott bereits beschlossen hatte, ihr Baby sterben zu lassen?

Was, wenn das Baby bereits gestorben war? Was, wenn das der eigentliche Grund dafür war, weshalb sie das Haus nicht bekommen hatten? Weil sie am Ende gar kein Baby bekommen würden? Was, wenn das Baby sterben würde, weil seine Gebete zu schwach waren?

Er spürte seinen Herzschlag in seinem Hals, in seinen Ohren.

Was sollte er nur beten?

„Hilf uns, Gott", sagte er schließlich laut. „Bitte lass unser Baby leben." Etwas Besseres fiel ihm nicht ein. Vielleicht würde es ja reichen. Er öffnete die Augen.

Charissa starrte vor sich ins Leere. John konnte ihren Gesichtsausdruck nicht deuten. „Was, wenn das alles meine Schuld ist?"

„Im Internet habe ich gelesen –"

„Ich weiß, was du im Internet gelesen hast. Ich frage mich nur: ‚Was, wenn es meine Schuld ist?'"

John zögerte. „Ich glaube nicht –" Als er mitten im Satz abbrach, drehte Charissa sich zu ihm um und blickte ihn an. Ein Schatten lag über ihrem Gesicht.

Dieses Mal zog sie nicht die Augenbrauen hoch. Sie versteifte sich nicht. Ihr Tonfall war nicht eisig und anklagend, als sie sagte: „Wenn wir dieses Baby verlieren, wirst du mir die Schuld dafür geben. Und auch ich werde mir die Schuld dafür geben. Ich weiß nicht, wie ich damit umgehen soll." Sie stand auf und ging durch den Flur in ihr Schlafzimmer. John folgte ihr nicht.

Teil 2

Warten in der Dunkelheit

Wir wissen, dass die ganze Schöpfung bis jetzt noch stöhnt und in Wehen liegt wie eine Frau bei der Geburt. Aber auch wir selbst, die doch schon als Anfang des neuen Lebens – gleichsam als Anzahlung – den Heiligen Geist bekommen haben, stöhnen ebenso in unserem Innern. Denn wir warten sehnsüchtig auf die volle Verwirklichung dessen, was Gott uns als seinen Kindern zugedacht hat: dass unser Leib von der Vergänglichkeit erlöst wird. Wir sind gerettet, aber noch ist alles Hoffnung. Eine Hoffnung, die sich schon sichtbar erfüllt hat, ist keine Hoffnung. Ich kann nicht erhoffen, was ich vor Augen habe. Wenn wir aber auf etwas hoffen, das wir noch nicht sehen können, dann heißt das, dass wir beharrlich danach Ausschau halten.

Römer 8,22–25

5

Mara

Am Sonntagmorgen kam Mara in ihrem roten Bademantel in Megs Küche geschlurft. Hannah war bereits fertig angezogen für den Gottesdienst. Sie trug eine schwarze Hose und einen beigefarbenen Pullover. „Wie hast du geschlafen?", fragte Hannah.

„Schlecht." Mara verzog das Gesicht, als sie ihr Spiegelbild in der Backofentür entdeckte. Sie sah noch schlimmer aus, als sie sich fühlte. Mit den Fingern kämmte sie durch ihre wirr abstehenden Haare, um sie wenigstens einigermaßen in Form zu bringen. Es war zwecklos. „Ich musste immerzu an Charissa und John denken", sagte sie schließlich. „Es wäre schön gewesen, wenn wir gestern Abend zu ihr hätten fahren können, aber das wollte sie ja nicht. Ich fühle mich so hilflos, verstehst du? Ich habe versucht, für sie zu beten, aber ich glaube, mein Gebet war eher ein lautes Aussprechen meiner Sorgen. Ich hoffe nur, dass Gott es trotzdem erhört, denn mehr habe ich gerade nicht zu bieten." Sie nahm die Tasse Kaffee entgegen, die Hannah ihr eingeschenkt hatte, und gab etwas Kaffeesahne und viel zu viel Zucker hinein. „Und du? Wie hast du geschlafen?"

„Auch nicht gut." Hannah unterdrückte ein Gähnen und setzte sich an den Tisch. „Irgendwann habe ich dann Nate angerufen. Ich bin mir zwar nicht so sicher, wie es sich verhält mit den Grenzen zwischen einem Professor und seiner Studentin, aber ich dachte, es wäre besser, wenn noch jemand mitbetet. Und ich war mir sicher, dass er Bescheid wissen wollte."

„Es ist immer leichter, im Nachhinein um Vergebung zu bitten, als vorab um Erlaubnis. Ich weiß, wovon ich rede." Mara beäugte den trockenen Toast auf dem Tisch. „Soll das etwa dein Frühstück sein? Das wird niemals ausreichen, um dich durch den Tag zu bringen. Wie wäre es mit ein paar Eiern oder Haferflocken oder so etwas? Was hat Meg im Haus?"

„Nicht viel. Ich hätte daran denken sollen, etwas anderes als nur Cornflakes und Brot fürs Frühstück einzukaufen. Entschuldige bitte! Ich bin so daran gewöhnt, immer nur für mich selbst Essen zu machen."

„Und ich stehe ständig in der Küche, um für alle zu kochen. Und am Ende esse ich dann meistens doch allein", bemerkte Mara. „Für Tom und die Jungen zu kochen macht keinen Spaß. Sie sind undankbare Esser." Mara öffnete den Kühlschrank und fand ein paar Eier, deren Haltbarkeitsdatum noch nicht abgelaufen war, eine ungeöffnete Packung Käse, eine Paprika sowie einige Zwiebeln, die vom Abendessen übrig geblieben waren. „Voilà! Omeletts! Wir haben doch noch etwas Zeit vor dem Gottesdienst, oder?"

„Absolut", erwiderte Hannah. „Danke."

Mara suchte sich aus den Schränken und Schubladen zwei Pfannen, eine Rührschüssel und einen Schneebesen zusammen. Anschließend begann sie mit der Vorbereitung ihres Frühstücks. Sie war gerade damit beschäftigt, die Zwiebel zu schneiden, als Hannah sich räusperte. „Ich würde dich gerne etwas fragen", sagte sie, „aber du brauchst nicht zu antworten, wenn du nicht möchtest, okay?"

„Nur zu", erwiderte Mara. „Du weißt ja, dass ich mein Herz auf der Zunge trage."

„Also, bevor ich meine Frage stelle, möchte ich mich bei dir entschuldigen. Das hätte ich schon längst tun sollen."

Mara legte das Messer auf die Arbeitsplatte und drehte sich zu ihr um.

Hannah schob den Toast auf ihrem Teller herum. „Erinnerst du dich an den Tag, an dem wir das Picknick am See gemacht haben?", fragte sie.

„Ja, ich erinnere mich." Wie könnte Mara ihn je vergessen? Es war der Tag gewesen, an dem sie ihre Klappe nicht halten konnte und Hannah über ihr Liebesleben ausgefragt hatte. Sie wollte mit Gewalt eine Beziehung zu ihr aufbauen, um endlich zu einer Gruppe von Freundinnen zu gehören. Auf ihre neugierigen Fragen hin hatte Hannah erzählt, dass sie eine Totaloperation gehabt hatte. Um diesen Fehltritt wiedergutzumachen, hatte Mara etliche Details aus ihrer Vergangenheit preisgegeben, während Charissa mit hochgezogenen Augenbrauen und verächtlichem Schweigen zugehört hatte. Sie und Charissa hatten seither wirklich große Schritte aufeinander zu gemacht.

„An diesem Tag war ich wirklich sehr unfreundlich zu dir", gestand Hannah, „und das tut mir leid. Im Gegensatz zu dir trage ich mein Herz nämlich nicht gerade auf der Zunge, um es in deinen Worten zu sagen, und ich habe versucht, das Gespräch von mir und meinem Schmerz weg – und es stattdessen auf dich zu lenken. Das habe ich ganz bewusst getan, Mara. Und es war nicht richtig. Deswegen hast du gelitten. Bitte vergib mir."

Maras Augen füllten sich mit Tränen – und das lag nicht an den Zwiebeln, die sie gerade geschnitten hatte. „Ach, meine Liebe." Sie putzte ihre Hände an ihrem Bademantel ab und winkte Hannah zu sich herüber. „Komm her." Hannah erhob sich vom Tisch und Mara umarmte sie. „Natürlich vergebe ich dir. Und bitte vergib du auch mir. Manchmal fehlt mir einfach der Knopf zum Ausschalten. Ich weiß gar nicht, ob ich dich schon um Vergebung gebeten habe für all die neugierigen Fragen."

„Das hast du. Aber ich glaube, ich habe mal wieder so getan, als würde es mir nichts ausmachen. Das gehörte auch zu meiner Ablenkungs- und Manipulationstaktik. Danke, dass du mir vergibst. Ich vergebe dir auch."

„Gut", sagte Mara und zog ein Messer aus dem Messerblock. „Und jetzt mach dich nützlich, Frau Pastorin. Du kannst die Paprika schneiden."

Während die Butter in der Pfanne schmolz, klackten ihre Messer im gleichen Takt auf ihren Schneidebrettern.

„Nachdem wir das nun geklärt hätten", sagte Mara, „kannst du mir ja auch deine Frage stellen. Sag ganz offen, was du wissen willst, und ich sage dir ganz offen, wenn du zu neugierig bist."

Hannah holte tief Luft, als müsse sie Geburtstagskerzen auf einem Kuchen auspusten. „Als wir neulich Abend miteinander telefoniert haben, habe ich ja gehört, wie Tom im Hintergrund herumgebrüllt hat", begann sie zögerlich. „Und ich weiß, ich habe dich bereits danach gefragt, und du hast mir gesagt, dass du dich nicht körperlich bedroht fühlst."

Mara schlug mit einer Hand das erste Ei in die Rührschüssel. Es war nicht schwer zu erkennen, worauf Hannah hinauswollte.

„Ich will gar keine Einzelheiten wissen", fuhr Hannah fort. „Aber ich muss dich das einfach fragen: Verhält er sich dir gegenüber missbräuchlich?"

Kommt darauf an, wie man „missbräuchlich" definiert, dachte Mara. „Er ist ein Idiot – das steht schon mal fest."

„Hat er dich jemals körperlich angegriffen?"

„Nein. Er ist zwar ziemlich dumm, aber so dumm nun auch wieder nicht."

„Und psychische Gewalt? Schikaniert er dich?"

„Es gibt eine Menge Leute, die mich schikanieren." Sie schlug das letzte Ei auf, fügte etwas Milch hinzu und begann, die Eier mit aller Kraft zu verrühren. „Ich habe mich daran gewöhnt. Das war schon so, als ich noch ganz klein war. Wie ich gestern Abend schon sagte: Ich bin mein Leben lang zurückgewiesen und verspottet worden. Und keine Sorge – meine Therapeutin hat mir geholfen, das meiste von diesen unschönen Dingen aufzuarbeiten."

Vor allem, nachdem ein Teil dieses alten Schmerzes während des „Geistliche Reise"-Kurses wieder aufgewühlt worden war. Gott hatte ihn damals durch Charissa ans Licht gebracht und dadurch Maras Heilung ermöglicht. Arme Charissa! *Bitte hilf ihr, Herr. Bitte lass ihr Baby leben.*

„Ich mache mir Sorgen um dich", sagte Hannah. „Ich habe ja bereits gewusst, dass deine Ehe schwierig ist. Du hast gesagt, es sei eine Zweckgemeinschaft und du wollest warten, bis die Jungen die Highschool zu Ende gebracht hätten. Aber ich will ehrlich sein: Als ich neulich Toms Gebrüll gehört habe, wurde mir angst und bange. Ich befürchtete, dass ich vielleicht irgendwelche Anzeichen übersehen hätte." Sie hielt inne und fuhr etwas ruhiger fort: „Man braucht nämlich keine blauen Flecken als Beweis."

Mara wartete, bis die Butter geschmolzen war. Dann goss sie vorsichtig die Eiermasse in die Pfanne und fügte einen Teil des Gemüses hinzu. Beim Omelettbacken hing alles vom richtigen Timing ab. Und dann erst das Wenden! Sie hatte Jahre gebraucht, um den richtigen Schwung aus dem Handgelenk heraus zu lernen. Nicht dass Tom oder die Jungen die Schönheit eines professionell gewendeten Omeletts jemals zu schätzen gewusst hätten. „Ach – Mist! Ich habe den Käse vergessen!"

Hannah durchwühlte die Schubladen. „Ich kann die Reibe nicht finden. Soll ich den Käse dünn aufschneiden?"

„Ja, aber mach schnell!"

Hannah beeilte sich und legte die Käsescheiben auf die Eier. Mara ließ ihn ein wenig schmelzen, hielt die Pfanne über den Teller und lockerte vorsichtig das Omelett.

„Iss, solange es noch heiß ist", forderte Mara sie auf. „Ich brate gleich das zweite." Hannah setzte sich an den Tisch. Mara suchte nach der Käsereibe und fand sie schließlich ganz hinten in einer Schublade. Sie rieb ein Stück vom Käse in eine Schüssel. Käse ganz fein zu reiben war eines der unkomplizierten Vergnügungen im Leben. „Und, wie schmeckt es?", fragte sie.

„Köstlich. Danke."

Sie wischte einige Käsekrümel von der Arbeitsplatte. „Ich hätte Köchin werden sollen."

„Dafür ist es nie zu spät."

„Das stimmt. Ich sollte mir ein paar Leute suchen, die ein gutes Essen zu schätzen wissen. Vielleicht könnte ich an einigen Tagen im Crossroads-Haus beim Kochen helfen. Momentan fahre ich ein paarmal im Monat dorthin, um mit den Kindern zu spielen, aber ich würde gerne auch regelmäßig beim Kochen mithelfen – nicht nur zu Thanksgiving." Sie wandte sich Hannah zu. „Die Leute dort haben mir das Leben gerettet, weißt du? Aber das habe ich euch, glaube ich, schon mal erzählt."

„Das hast du."

Mara vergrub ihre Hände in den Taschen ihres Bademantels. „Meine Therapeutin hat mir übrigens dieselben Fragen gestellt wie du. Aber ich habe ihr das Gleiche gesagt wie dir. Er hat mich nie geschlagen. Sicher, er ist ein Meister darin, mich klein zu machen. Er behandelt mit respektlos und hat ständig etwas an mir zu kritisieren. In unserer Beziehung gibt es keine Liebe, so viel ist sicher. Und es ist auch noch nie anders gewesen. Aber er kommt für unseren Lebensunterhalt auf, ich habe ein Dach über dem Kopf, und im Gegenzug sorge ich dafür, dass der Haushalt funktioniert. Es gibt Tage, an denen ich denke, dass ich mir das alles selbst eingebrockt habe, und ich weiß, was du darauf antworten wirst. Ich weiß es. Danke, dass ich dir so wichtig bin, dass du diese Fragen stellst. Ich bin froh, dass es Menschen in meinem Leben gibt, denen ich etwas bedeute."

Hannah legte ihre Gabel aus der Hand. „Mara. Versprich mir bitte, dass du einen Koffer packst, für den Fall, dass du ihn einmal brauchen solltest. Es gibt Einrichtungen, an die du dich wenden kannst, und Menschen, die dir helfen können. Ich werde dir helfen. Meg wird dir helfen. Du brauchst nicht in einer Situation auszuharren, die alles andere als gut für dich ist."

Mara wandte ihre Aufmerksamkeit wieder der Pfanne zu. *Es gibt so viele Frauen, denen es sehr viel schlechter geht als mir*, dachte sie. Mara hatte sie im Crossroads-Haus kennengelernt. Vor fast 30 Jahren war auch sie eine von ihnen gewesen, als sie vor Jeremys Vater geflohen war, dessen Frau von seinem Verhältnis mit ihr Wind bekommen hatte. Mara hatte Ohio verlassen mit nichts als dem Geld für die Busfahrkarte, einer Beule am Hinterkopf und einer Verletzung an der Schulter, die sie sich zugezogen hatte, als Bruce sie im Streit gegen ein Bücherregal stieß.

Der dreijährige Jeremy hatte alles aus einer Ecke ihrer schäbigen Wohnung heraus beobachtet. Er hatte geschrien und Bruce angefleht, seine Mama nicht noch einmal zu schlagen. Als Bruce schließlich dazu angesetzt hatte, Jeremy zu schlagen, hatte sich Mara schützend vor ihren Sohn geworfen und gedroht, die Polizei zu rufen.

Daraufhin hatte Bruce mit einer Hand ihren Nacken umklammert, die andere bereits zur Faust geballt, und mit zusammengebissenen Zähnen eine Warnung hervorgestoßen: Sie solle aus der Stadt verschwinden, bevor ihr und ihrem Sohn etwas Schlimmes zustoße. Das war das letzte Mal gewesen, dass Mara ihn gesehen hatte. Anschließend war er aus der Wohnung gestürmt und hatte die Tür so fest zugeknallt, dass ein Spiegel von der Wand gefallen und in tausend Scherben zersprungen war. In aller Eile hatte Mara daraufhin ein paar Kleidungsstücke zum Wechseln in eine Mülltüte gestopft, war mit Jeremy im Schlepptau zum nächsten Busbahnhof gerannt und in den ersten Bus gestiegen, der zur Abfahrt bereitstand – es war der Bus Richtung Kingsbury gewesen.

Ein paar Jahre nach ihrer Hochzeit mit Tom war sie im Internet auf Bruces Todesanzeige gestoßen – und hatte vor Erleichterung geweint. Nachdem sie sich jahrelang gefragt hatte, ob er wohl in der Lage wäre, sie aufzuspüren, konnte sie nun endlich einen Schlussstrich unter dieses Kapitel ihres Lebens ziehen und Jeremy erklären, dass sein leiblicher Vater, an den er sich schon gar nicht mehr erinnern konnte, im Alter von nur 54 Jahren an einem Herzinfarkt gestorben war.

Mara schaute auf das Omelett, das in der Pfanne vor sich hin brutzelte. *Tess*. So hieß seine Witwe. Die Frau, die Wind von der Geliebten ihres Mannes, von dem Jungen und von der Wohnung bekommen und eines Abends an die Tür geklopft hatte in der Annahme, Bruce würde sie öffnen. Stattdessen hatte sie Mara und Jeremy angetroffen, und obwohl Mara versucht gewesen war, alles abzustreiten, hatte sie nicht leugnen können, dass der Junge mit der dunklen Haut ein Ebenbild seines Vaters gewesen war.

Mara nahm ihr Omelett aus der Pfanne und setzte sich zu Hannah an den Tisch.

„Alles in Ordnung?“, fragte Hannah.

„Ja.“ Sie steckte einen Bissen in den Mund und kaute langsam darauf herum. „Willst du noch eine Geschichte hören?“

Während Mara ihr von Bruce, Tess und Jeremy erzählte, hörte Hannah aufmerksam zu, ohne sie zu unterbrechen. In ihrem Gesichtsausdruck erkannte Mara dasselbe pastorale Mitgefühl, das ihr bereits aufgefallen war, als sie sich im vergangenen September im New Hope-Einkehrzentrum kennengelernt hatten. „Weißt du, wie es sich meine Therapeutin erklärt, dass ich mir so viel von Tom und den Jungen gefallen lasse?", fragte Mara.

Hannah wartete auf ihre Antwort.

„Das sei mein ‚Normalzustand', sagt sie. Ich wisse gar nicht, wie es sich anfühle, nicht schikaniert und kleingemacht zu werden, darum könne ich mir auch nicht vorstellen, dass es überhaupt anders gehe. Es sei, als würde ich seit Ewigkeiten in einer Höhle leben, die ich mir nach meinem Geschmack hergerichtet und in der ich es mir inzwischen gemütlich gemacht hätte. Verstehst du, was ich meine?"

„Ja", murmelte Hannah. „Ich verstehe."

Sie aßen schweigend weiter und es dauerte eine Weile, bis Hannah erneut das Wort ergriff. „Ich glaube, manchmal vergleichen wir – vergleiche ich – meinen Schmerz mit dem, was andere durchmachen, und sage mir dann: ‚Du hast doch eigentlich gar keinen Grund, dich schlecht zu fühlen. Anderen geht es noch viel schlechter als dir.' Vielleicht tue ich das, weil ich denke, dass es ein guter und von Gott gewollter Umgang mit Leid ist. Aber im Prinzip versuche ich doch nur, meinen Schmerz kleinzureden. Ich versuche, ihn auf eine Größe zu schrumpfen, mit der ich umgehen kann. Ich versuche, ihn zu kontrollieren oder zu leugnen, und verschließe ihn dadurch in meinem Innern. Aber am Ende vergifte ich mich damit nur selbst."

Hannah spielte mit dem Kreuz aus zwei Nägeln, das an einem einfachen schwarzen Band um ihren Hals hing. Mara hatte sie noch nie ohne dieses Kreuz gesehen. „Im Augenblick bin ich damit beschäftigt, auf diese Weise einiges durchzuarbeiten", erklärte Hannah. „Ich lerne, Gott in aller Aufrichtigkeit zu sagen, wo es wehtut. Das fällt mir sehr schwer. Aber ich erkenne auch, dass jeder Schritt heraus aus der Gegenwart Gottes ein Schritt in die falsche Richtung ist. Meine Trauer, mein Schmerz, meine Sünde – all das soll ein Opfer für ihn sein. All das gehört ans Kreuz genagelt. Man sollte meinen, ich hätte das bereits verinnerlicht. Ich bin schon so lange Pastorin. Aber manchmal erkennen wir bestimmte Dinge bei anderen Menschen viel besser als bei uns selbst."

Mara stieß einen Pfiff aus. „Amen, meine Freundin. Wem sagst du das!"

Hannah

Nathan legte den Arm um Hannahs Schulter, als sie gemeinsam den Gottesdienstraum verließen. „Darf ich dich meinem Pastor vorstellen?", fragte er.

Hannah zögerte.

Ein paarmal hatte sie mit Meg zusammen den Gottesdienst in ihrer Gemeinde besucht, aber heute begleitete sie zum ersten Mal Nathan und Jake in ihre Gemeinde. Vom ersten Moment an, als sie sich neben ihn in die Bank gesetzt hatte, hatte sie die neugierigen und abschätzigen Blicke der anderen Gottesdienstbesucher gespürt. Nicht dass irgendjemand etwas gesagt hätte, als Nathan sie einigen von ihnen vorstellte. Wahrscheinlich war sie sogar die Einzige, die ein gewisses Unbehagen verspürte. Was war nur los mit ihr? Warum konnte sie im Beisein von anderen Menschen nicht ganz entspannt dazu stehen, dass sie jetzt in einer Beziehung war?

Nathan strich ihr über den Rücken. „Es ist nicht schlimm, wenn dir nicht danach ist. Aber ich wollte dich wenigstens fragen."

„Nein. Ich würde ihn sehr gern kennenlernen. Danke."

Nachdem Jake mit ein paar Freunden verschwunden war, warteten Hannah und Nathan im Foyer, bis der Pastor, den Hannah auf Anfang 50 schätzte, seine anderen Gespräche beendet hatte. „Nathan!", sagte er und schüttelte ihm herzlich die Hand. „Wie schön, dich zu sehen!"

„Danke, Neil. Ich wollte dir eine alte Freundin von mir vorstellen, Hannah Shepley."

Nate war sehr einfühlsam. Er wusste, dass ihr diese Bezeichnung besser gefallen würde, als wenn er auf ihre Liebesbeziehung angespielt hätte. Sie spürte, wie sie entspannte, als sie Neil die Hand reichte.

„Schön, Sie kennenzulernen, Hannah. Ich freue mich, dass Sie hier sind."

„Danke! Ich freue mich auch, Sie kennenzulernen. Und danke für die tolle Predigt heute Morgen." Eigentlich war es Hannah seit langer Zeit zum ersten Mal gelungen, an einem Gottesdienst teilzunehmen, ohne jedes Wort auf die Goldwaage zu legen. Eindeutig das Wirken des Heiligen Geistes.

„Hannah und ich haben vor Jahren gemeinsam am Seminar studiert und uns dann irgendwie aus den Augen verloren", erklärte Nathan. „Ihre Gemeinde in Chicago hat ihr eine Sabbatzeit verordnet, und so haben wir uns nach all den Jahren wiedergetroffen. Gottes Wege sind unergründlich." Er drückte ihre Schulter. „Ich bin jedenfalls sehr froh darüber, dass wir uns wiedergetroffen haben."

Hannah spürte, wie sie errötete.

„Ist Gott nicht wunderbar?", bemerkte Neil lächelnd. „Wie lange dauert Ihre Sabbatzeit, Hannah?"

„Noch sechs Monate."

Neil riss verblüfft die Augen auf.

„Ich weiß", erwiderte Hannah. „Ziemlich ungewöhnlich, nicht? Es ist eine extrem großzügige Gemeinde."

„Nun, falls Sie nach einer Gelegenheit suchen, sich nützlich zu machen, werden wir sicher etwas für Sie finden."

Nathan lachte. „Oh, nein, auf keinen Fall, Neil! Diese Frau hat die strikte Anweisung, sich auszuruhen. Und zu spielen. Sie ist auf eine Freizeit-Diät gesetzt worden – zum Wohle ihrer Seele."

„Ich verstehe", erwiderte Neil. „Davon könnten wir alle ein wenig gebrauchen."

Sie plauderten noch ein paar Minuten miteinander, bevor Neil sich schließlich verabschiedete. „Entschuldige bitte", sagte Nathan, als sie die Kirche verließen. „Ich hätte nicht für dich sprechen sollen. Aber ich möchte, dass du diese freie Zeit so gut wie möglich nutzt, damit du, wenn du deinen Dienst wieder aufnimmst, gut ausgeruht bist und wieder aus dem Vollen schöpfen kannst. Und Neil meint es ernst. Er würde dich sofort mit Arbeit überhäufen."

„Ich weiß. Danke." Hannah ergriff seine Hand. „Sicher ist es gut, dass er gleich von Anfang an Bescheid weiß, damit er mich nicht in einem meiner schwachen Momente in Versuchung führt."

„Nun, ich habe auf jeden Fall vor, dich mit einem Angebot in Versuchung zu führen", erklärte Nathan. „Ich muss noch ein paar Geschenke für Jake besorgen. Er wünscht sich ein bestimmtes Spiel zu Weihnachten, und ich fände es schön, wenn du mich auf einen Ausflug in den Spielzeugladen und anschließend zum Mittagessen begleiten würdest."

„Ich bin seit Jahren nicht mehr in einem Spielzeugladen gewesen", sagte Hannah. „Das scheint mir doch der geeignete Ort zu sein, um das Spielen einzuüben."

~

Hannah hätte wissen müssen, dass ihr im Spielzeuggeschäft jede Menge schwangere Frauen über den Weg laufen würden. Und Mütter mit Kinderwagen. Und Mütter, die für ihre Kleinkinder einkauften. Und Mütter, die mit ihren Sprösslingen stritten, die von allem das Neuste und Größte haben wollten. Es hatte schon seinen Grund, dass sie für ihre Nichten immer nur im Internet einkaufte.

Sie verließ den Gang mit Babyspielzeug und verzog sich in die Sportabteilung. Bei Fußbällen und Eishockey-Zubehör würde sie ihre Sehnsüchte besser in Schach halten können. „Ich dachte schon, ich hätte dich verloren!", sagte Nathan, als er mit seinem Einkaufswagen um die Ecke bog. „Brauchst du einen Football-Helm?"

Hannah lachte. „Nein."

„Wie wäre es mit diesem heißen, pinkfarbenen Tennisschläger?" Er nahm einen Schläger vom Haken und tat so, als würde er einen Volley schlagen.

„Nein, danke."

„Ach … ich würde dir gern etwas zum Spielen schenken. Womit hast du denn als kleines Mädchen gern gespielt?"

Diese Frage war leicht zu beantworten. „Mit meinem Braunbär. Er hieß – du wirst es nicht glauben – Braunbär. Er war mein bester Freund und mein Vertrauter. Hat mir bei all unseren Umzügen zur Seite gestanden. Und zu Hause haben wir jede Menge Brettspiele gespielt. Mama war sehr gut im Scrabble."

„Wie die Mutter, so die Tochter", bemerkte Nathan. „Was sonst noch?"

Hannah dachte kurz nach. Die Erinnerung, die hochkam, verblüffte sie. Papa war von einer seiner Geschäftsreisen nach Hause gekommen, und sein Koffer lag aufgeklappt auf dem Bett. In Papas Koffer fand sich auch immer etwas für Hannah. Und er schwindelte sie immer an und sagte, er habe ihr Socken mitgebracht. Oder eine Krawatte. Sie wartete geduldig, während er seinen Koffer auspackte. Als er seine letzte Hose in den Schrank gehängt hatte, spähte Hannah in den Koffer. Er war leer.

Papa drehte sich um und blickte sie an. „Nichts drin für meine kleine Hannah?", fragte er.

Sie schüttelte langsam den Kopf. Es war in Ordnung, dass er vergessen hatte, ihr etwas mitzubringen.

„Nun … hm …" Er klopfte das Innenfutter des Koffers ab, sah in den Taschen nach und hob den Koffer vom Bett. Nichts. „Schau mal unter dem Bett nach", schlug er vor. „Vielleicht ist was runtergefallen." Sie schaute unter dem Bett nach. Auch nichts.

Als sie wieder aufstand, hielt er etwas hinter seinem Rücken verborgen. „Du glaubst doch nicht wirklich, ich hätte dich vergessen, oder?", fragte er. „Wie könnte ich denn mein Lieblingsmädchen vergessen?" Er reichte ihr ein Windrad, ein wunderschönes, zauberhaftes Windrad, das in Regenbogenfarben schimmerte, wenn der Wind hineinfuhr. Wie sehr sie dieses Windrad geliebt hatte!

Und noch immer hatte Hannah den Duft seines Rasierwassers in der Nase.

Vielleicht hätte sie über Weihnachten doch zu ihrer Familie nach New York fliegen sollen. Vielleicht war es selbstsüchtig von ihr, dass sie hier in Kingsbury bei Nate bleiben wollte.

„Alles in Ordnung?", fragte er.

Sie nickte zögernd und erzählte ihm von dem Windrad. Und von dem Gedanken, der ihr dabei gekommen war.

„In deinem ganzen Leben hast du immer nur überlegt, was andere Leute wollen und brauchen", erwiderte Nathan leise. „Es ist in Ordnung, wenn du lernst, herauszufinden, was du im Augenblick willst und brauchst. Dein Pastor und deine Heimatgemeinde haben darauf bestanden, dass du das lernst, schon vergessen? Sie haben viel in dich investiert und dir die Möglichkeit dafür geboten. Und wenn ich Hinweise darauf erkennen sollte, dass du anfängst, dich nur noch um dich selbst zu drehen, dann werde ich es dir sagen, in Ordnung?"

„Versprochen?“

„Versprochen. Du kennst mich doch. Ich bin niemand, der mit der Wahrheit hinterm Berg hält.“

Hannah lachte. Das stimmte. Und manchmal konnte es ziemlich unangenehm sein.

„Los, komm“, sagte er und griff nach ihrer Hand. „Jetzt habe ich eine Mission zu erfüllen. Hier muss es doch irgendwo Windräder geben.“

Nach verständnislosen Blicken von einigen jungen Verkäuferinnen („Ist das nicht ein Sommerspielzeug für den Garten?“) fand Nathan schließlich in der hintersten Ecke des Ladens einen kleinen Behälter mit schimmernden Windrädern. „Sieh nur!“, rief er. „Ein ganzer Blumenstrauß nur für dich!“

Nate hatte recht. Als sie das Geschenk ihres Vaters beschrieben hatte, hatte Hannah die Verbindung nicht hergestellt, aber die Metallfolien der Windräder waren geformt wie bunte, glänzende Blütenblätter.

„Wie wäre es mit einem Dutzend?“, fragte er und holte gleich mehrere Windräder aus dem Behälter.

„Wie wäre es denn mit einem?“, erwiderte sie und nahm ihm lächelnd ein dunkelrotes aus der Hand. Er schien ihr widersprechen zu wollen, doch sie sagte: „Ich will mich nicht gegen dein großzügiges Geschenk wehren, aber in diesem Fall ist weniger mehr, okay?“

„Sicher?“

„Ganz sicher. Danke.“

Mit ihrem Geschenk in der Hand gingen Hannah und Nathan zur Kasse. Als mehrere Minuten vergangen waren, ohne dass Bewegung in die Schlange gekommen wäre, explodierte Nate schließlich. „Sicher, Neil hat in seiner Predigt heute Morgen über die adventliche Disziplin des Wartens gesprochen“, sagte er, „aber das hier ist einfach lächerlich!“

Die Kassiererin schaltete die Leuchte ein, die signalisierte, dass es bei einem ihrer Kunden Probleme gab. „Ach, nun mach schon", murmelte er. „Ich hätte die andere Kasse wählen sollen. Sieh nur. Der Mann in dem grünen Hemd wäre genau vor mir gewesen. Wir könnten jetzt schon fast durch sein. Entschuldige bitte. Das ist immer so. Ich wähle an der Kasse immer die falsche Schlange. Darauf kann ich mich verlassen." Er trommelte mit den Fingern auf dem Einkaufswagen herum. „Diese Schlange dort drüben scheint voranzukommen. Sollen wir wechseln?"

Hannah schüttelte den Kopf. „Nein."

„Warum nicht?"

„Weil das hier die passende geistliche Disziplin für dich zu sein scheint."

Nathan schnaubte.

Sie zupfte ihn am Ärmel und grinste. „Sieh dir doch nur mal all die Menschen an, für die du während der Wartezeit beten könntest."

Er stützte die Ellbogen auf dem Einkaufswagen ab. „Okay. Ab jetzt werde ich mich ganz bewusst für die längste Schlange entscheiden. Aber nur im Advent."

„Und ich werde mich bis zum Heiligabend der Weihnachtsmusik enthalten", sagte Hannah.

„Oh nein, bitte nicht."

„Wieso nicht?"

„Du gehörst doch nicht etwa zu den Leuten, die sich schon ab Oktober Weihnachtslieder anhören, oder?"

„Nein, ich warte immer bis nach Thanksgiving."

„Dann praktizierst du ja bereits eine gewisse Art von verzögerter Genugtuung. Und du sollst dich für den Heiligen Geist öffnen, indem du feierst, anstatt dich zu enthalten. Wenn die Weihnachtsmusik für dich eine Quelle der Freude ist, Shep, dann feiere."

Die Signalleuchte erlosch, und sie rückten ein Stück vor. „Also gut, prima", sagte sie. „Ich werde einen Kompromiss eingehen. Ich werde mich diese Woche der Musik enthalten. Und stattdessen werde ich den Text der Weihnachtslieder lesen und damit beten." Das könnte doch eine bereichernde Erfahrung sein und eine Möglichkeit, vertraute Worte wieder lebendig werden zu lassen.

„Wenn wir bei mir zu Hause sind, gebe ich dir ein Gesangbuch mit", bot Nathan an. „*Falls* wir jemals dort ankommen."

~

Sonntag, 7. Dezember, 16:20 Uhr

Eigentlich wollte ich heute Abend zu Nancys Hütte am See zurückfahren, aber ich habe beschlossen, wenigstens noch bis morgen in Megs Haus zu bleiben. Nancy rief mich vor einer Weile an und wollte hören, wie es mir geht. Ich glaube, sie macht sich Sorgen, dass ich einsam sein könnte. Ich habe ihr erzählt, ich hätte neue Beziehungen geknüpft und würde meine Auszeit sehr genießen. Die Sache mit Nate habe ich ihr bisher allerdings verschwiegen. Ich möchte nicht, dass in Chicago über Pastorin Hannah und ihren neuen Freund geredet wird. Aber ich habe ihr erzählt, dass ich mich für eine Reise ins Heilige Land im kommenden Mai angemeldet habe, und sie war begeistert. Sie meinte, es würde sich so anhören, als hätte ich Frieden gefunden und als entwickle sich die Sabbatzeit so, wie sie es gehofft hätten. Was für ein Geschenk.

Als sie mir erzählte, was gerade alles in der Gemeinde passiert, wurde mir bewusst, wie sehr ich mich innerlich von meinem Leben in Chicago entfernt habe. Aber ich empfinde das nicht als negativ, es ist nur eine Bestätigung dafür, dass ich in meinem „neuen" Leben wirklich angekommen bin. Noch vor ein paar Monaten hätte ich das nicht für möglich gehalten. Natürlich habe ich es in erster Linie Nate zu verdanken, dass ich mich hier schon wie zu

Hause fühle. Manchmal denke ich darüber nach, was wohl im kommenden Juni sein wird, wenn meine Sabbatzeit zu Ende geht. Dann rufe ich mir aber gleich wieder ins Gedächtnis, dass ich mir selbst nicht vorauseilen darf und einen Schritt nach dem anderen gehen muss. Aber Maras Bemerkung gestern Abend, dass Nate, Jake und ich auf sie bereits den Eindruck einer kleinen Familie machen würden, hat mich tief getroffen. Vielleicht, weil ich meine Trauer darüber, dass ich keine Kinder bekommen kann, gerade im Gebet vor Gott bringe. Doch eins ist sicher: Es ist noch zu früh, um Voraussagen über unsere Zukunft zu machen. Viel zu früh!

Ich hatte überlegt, Nate heute nach dem Mittagessen von meiner Totaloperation und den damit verbundenen unterschiedlichen Schichten des Schmerzes zu erzählen, die in dieser Woche ans Licht gekommen sind. Doch dann habe ich es mir anders überlegt. Wie hätte ich es formulieren sollen? „Du musst wissen, dass meine Beziehung zu dir bereits die Sehnsucht nach einer Familie in mir geweckt hat, und ich weiß, wir haben noch gar nicht darüber gesprochen und es ist auch noch viel zu früh, aber ich denke, du solltest wissen, dass ich keine Kinder bekommen kann." Das kann ich nicht. Dies ist noch nicht der richtige Zeitpunkt.

Aber je länger ich mit ihm zusammen bin, desto mehr öffnet sich mein Herz für ihn. Er möchte mir beibringen zu spielen und zu feiern. Das ist sein fester Entschluss. Und dafür bin ich dankbar. Er tut mir so gut. Während ich hier sitze und schreibe, fällt mein Blick immer wieder auf mein Windrad. Dieses Bild ist so passend für mich. Ein Windrad dient keinem praktischen Zweck. Es ist weder nützlich noch produktiv. Es wartet ganz geduldig auf den Wind. Ein Bild für Empfänglichkeit. Und Spaß. Launenhaftes Vergnügen und Zeitverschwendung. Was für eine Herausforderung für mich! Und die Verbindung zu dem Bild der Blume ist einfach perfekt. Danke, Herr. Die Blumen sind für mich. Das Geschenk des Liebenden an die Geliebte.

Ich habe den Besuch des Gottesdienstes mit Nate und Jake heute Morgen sehr genossen. Nates Pastor hat eine ausgezeichnete Predigt über Römer 5, die Verse 1 bis 5, gehalten:

„Nachdem wir nun aufgrund des Glaubens bei Gott angenommen sind, haben wir Frieden mit Gott. Das verdanken wir Jesus Christus, unserem Herrn. Er öffnete uns den Weg des Vertrauens und damit den Zugang zur Gnade Gottes, in der wir jetzt festen Stand gewonnen haben. Nun haben wir Grund, uns zu rühmen, weil wir die gewisse Hoffnung haben, dass Gott uns an seiner Herrlichkeit teilnehmen lässt. Mehr noch: Wir rühmen uns sogar der Leiden, die wir für Christus auf uns nehmen müssen. Denn wir wissen: Durch Leiden lernen wir Geduld, durch Geduld kommt es zur Bewährung, durch Bewährung festigt sich die Hoffnung. Unsere Hoffnung aber wird uns nicht enttäuschen. Denn dass Gott uns liebt, ist uns unumstößlich gewiss. Seine Liebe ist ja in unsere Herzen ausgegossen durch den Heiligen Geist, den er uns geschenkt hat."

„Unsere Hoffnung wird uns nicht enttäuschen, denn ..." Das hat mich angesprochen. Über viele Jahre hinweg habe ich mich geweigert, zu hoffen, weil ich Angst davor hatte, am Ende enttäuscht zu werden. Von anderen und von Gott. Ich habe mich geweigert, meine Hoffnung aufrechtzuerhalten, weil meine Angst vor Enttäuschung so groß war. Wenn man seine Hoffnung von vorneherein herunterschraubt, dann kann man ja nur positiv überrascht werden. Das ist vermutlich einer Verhärtung des eigenen Herzens gleichzusetzen. Durch eine solche Einstellung verweigern wir uns der Liebe Gottes, die er durch den Heiligen Geist so großzügig ausgegossen hat. Ausgegossen. Nicht mit Teelöffeln abgemessen, sondern ausgegossen. Im Überfluss.

Ich saß also im Gottesdienst und dachte darüber nach, was das Leiden in meinem Leben bewirkt hat. Auf jeden Fall hat es nicht zu Geduld, Bewährung und Hoffnung geführt. Vielmehr hat das

Leid – mein eigenes und das von anderen – ein Gefühl von Resignation in mir hervorgerufen, das meine Hoffnung langsam aber sicher ausgehöhlt hat.

Es war also eine gute und wichtige Predigt für mich, zumal ich das Gefühl habe, dass Gott noch einige andere Wunden in mir heilen möchte. Hilf mir, meine Hoffnung in dir, Herr, zu verankern. Nicht in einem bestimmten Ergebnis, das ich mir wünsche, sondern in dir. In deiner Liebe.

Ich musste heute auch oft an Charissa und John denken und daran, wie schwer ihnen das Warten gerade fallen muss. Ich habe Charissa in einer E-Mail geschrieben, dass ich an sie denke. Mara hat sie angerufen und angeboten, zu ihr zu kommen, damit sie gemeinsam beten können, aber sie meinte, ihr sei nicht danach. Ich weiß nicht, was wir sonst noch tun können. Vermutlich nichts anderes, als gemeinsam mit ihnen zu warten. Und weiter zu beten.

Ich sitze heute Abend mit meinem Windrad und Nates Gesangbuch hier im Wohnzimmer und denke darüber nach, dass Gott seine Liebe ausgegossen hat. Danke, Herr. Bitte erfülle uns alle mit Hoffnung, während wir auf dich warten.

Meg

Die Stimmen der Chorsänger erfüllten die majestätische Kuppel der St Paul's Cathedral. Wie konnten so kleine Jungen – einige von ihnen wohl kaum älter als sieben oder acht Jahre – mit solch faszinierender Präzision singen? Bei ihrem Gesang fiel es Meg nicht schwer, sich die Engel vorzustellen, die für die Hirten auf dem Feld gesungen hatten. Ehre sei Gott in der Höhe und Friede auf Erden und den Menschen ein Wohlgefallen.

Wenn nur der Platz neben ihr nicht leer wäre.

Sie hatte gehofft, Becca würde gemeinsam mit ihr den Gottesdienst besuchen, aber sie hatte ganz deutlich gesagt, dass sie kein

Interesse daran habe. „Ich möchte ausschlafen. Aber du solltest trotzdem hingehen und es genießen."

„Wie wäre es denn, wenn wir uns zum Mittagessen treffen würden? Du könntest mich von der Kathedrale abholen, und dann könnten wir vielleicht einen Spaziergang machen, ein Museum besuchen oder etwas anderes unternehmen."

Aber Becca hatte wieder einmal einen Lernmarathon eingeplant. „Wie wäre es mit Abendessen?", schlug sie vor. „Ich könnte ins Hotel kommen, sobald wir fertig sind."

Also gut, dann eben Abendessen.

Meg sollte eigentlich dankbar für die Zeit sein, die sie allein gestalten konnte, während sich Becca auf ihre Prüfungen vorbereitete. Außerdem wäre das Semester ja in wenigen Tagen zu Ende, und dann bliebe ihnen noch ausreichend Zeit, um die Sehenswürdigkeiten Londons gemeinsam zu erkunden. Und dann würde Meg auch mit ihr über Jim reden und über die Dinge, die sie über sich selbst herausgefunden hatte.

Während die Chorknaben ein Gebet vortrugen, wanderten Megs Gedanken zurück zu einem bestimmten Tag, der ihr noch lebhaft und schmerzlich in Erinnerung war. An jenem Tag hatte Becca versucht, etwas über ihren Vater in Erfahrung zu bringen. Meg sah das sechsjährige Mädchen noch ganz deutlich vor sich, wie es an ihrem Esszimmertisch gesessen hatte. Seine lockigen braunen Haare waren zu einem Bob geschnitten und seine Beine noch zu kurz, um den Boden zu berühren. Meg hörte Beccas zitternde Stimme, als hätte sie die Frage gerade erst gestellt.

„Hatte mein Papa eigentlich einen Schnurrbart?", hatte Becca sie aus heiterem Himmel heraus gefragt.

Mutter hielt den Blick auf ihre Ofenkartoffel gerichtet. Meg schnitt ihr Fleisch.

„Ich habe gefragt, ob mein Papa einen Bart hatte."

„Einen Schnurrbart?", wiederholte Meg.

„Ja, einen Bart, du weißt schon." Becca strich mit ihrem Zeigefinger unter ihrer Nase her, als wisse Meg nicht, was das Wort bedeuten würde.

„Nein … er hatte keinen Schnurrbart."

„Rebecca", unterbrach Mutter, „iss dein Abendessen."

„Darf ich *bitte* ein Foto von ihm sehen?"

„Irgendwann einmal", erwiderte Meg leise.

„Wann?"

„Nicht jetzt." Megs Lippe begann zu zittern. Sie legte ihr Besteck aus der Hand.

„Warum nicht?"

„Weil ich das sage", erwiderte Mutter, „und was ich in diesem Haus sage, das wird auch gemacht."

„Aber ich möchte ihn doch nur einmal sehen!"

„Es reicht, Becca", sagte Meg. „Schluss damit!"

„Laurens Papa hat einen Schnurrbart. Und Lauren sagt, dass er mich zum Papa-Tochter-Tanz in der Schule mitnimmt." Meg barg ihr Gesicht in ihrer Serviette und stand vom Tisch auf.

„Jetzt sieh nur, was du angerichtet hast!", schimpfte Mutter, als Meg den Raum verließ.

Danach hatte Becca nie wieder nach Fotos gefragt, und Meg hatte ihr auch niemals angeboten, sie mit ihr anzuschauen. Was für ein Feigling sie doch gewesen war.

Herr, hilf mir.

Die ganze Woche hatte Meg Jims Karte in ihrer Tasche mit sich herumgetragen und auf die passende Gelegenheit gewartet, sie Becca zu zeigen und ihr zu sagen, wie leid es ihr tue, dass sie in den vergangenen Jahren nicht offen mit ihr gesprochen hatte. Vielleicht würde sie ja beim Abendessen Gelegenheit dazu haben. Das hoffte sie zumindest.

Um 18 Uhr klingelte ihr Telefon. „Hallo, Mama … äh … Pippa hat ziemlich große Panik vor den Prüfungen in dieser Woche, und ich habe ihr angeboten, länger zu bleiben und noch weiter mit ihr zu lernen. Ich werde es wohl nicht schaffen, dich heute Abend zu treffen. Können wir unser Essen auf ein andermal verschieben?“

Nein, erwiderte Meg im Stillen, nein. Wir können es nicht verschieben.

„Mama?“

„Becca, ich …“ Dieses Mal würde sie mutig sein. Sie würde sagen, dass sie enttäuscht war. „Becca, ich habe mich sehr darauf gefreut, heute Abend mit dir zusammen zu sein.“

„Ich weiß, aber –“

„Ich weiß, dass du im Augenblick viel um die Ohren hast. Die Prüfungen, deine Freunde. Als ich diese Reise gebucht habe, wusste ich, dass du nicht viel Zeit haben würdest, aber –“

„Jetzt rede mir nicht noch Schuldgefühle ein, damit ich heute Abend doch noch komme, okay?“

„Ich will dir doch gar keine –“

„Doch, genau das willst du, und das kann ich gerade wirklich nicht gebrauchen!“ Ihre Stimme klang zunehmend schriller.

„Becca –“

„Ich muss jetzt Schluss machen.“

„Becca?“ Aber sie hatte bereits aufgelegt.

So viel zu dem Thema, mutig zu sein und ihre Gefühle zu äußern.

Meg hätte sie nicht drängen dürfen, nicht, wo Becca immer noch so viel Stress mit dem Studium hatte. Das war selbstsüchtig von ihr gewesen. Es war selbstsüchtig, in einer stressigen Phase wie dieser Beccas Zeit und Aufmerksamkeit einzufordern. *Es tut mir leid, Herr. Ich habe es vermasselt.* Sie wählte Beccas Nummer, um sich zu entschuldigen, aber Becca ging nicht ans Telefon.

Es musste doch einen Weg geben, sie zu erreichen. Es gab nämlich so etwas wie eine alte Regel zwischen ihnen. Etwas, das sie schon immer so gehalten hatten, seit Becca ein kleines Mädchen gewesen war, und Meg hatte nicht vor, diese Regel nun zu brechen: Gehe niemals schlafen, solange du noch zornig bist. Sie und Jim hatten nach derselben Regel gelebt, so schwer es ihnen auch manchmal gefallen war.

Wenn sie wüsste, wo Becca sich zum Lernen mit den anderen getroffen hatte, könnte sie hingefahren und die Angelegenheit bereinigen. Aber sie wusste nicht, wo sie sich gerade aufhielten, und sie würde auch keines der anderen Mädchen erreichen können.

Denk nach.

Denk nach.

Nein. Warte.

Sie konnte ja doch eine von ihnen erreichen! Sie suchte in ihrer Tasche nach dem Zettel, auf dem sie Pippas Telefonnummer notiert hatte, und wählte die Nummer.

„Hallo?", meldete sich eine Stimme.

„Pippa?"

„Ja?"

„Hier spricht Mrs Crane. Beccas Mutter."

„Oh, hallo!" Sie klang nicht sonderlich gestresst.

„Könnte ich bitte kurz mit Becca sprechen? Unsere Verbindung wurde unterbrochen."

„Äh … Becca ist nicht hier."

„Oh. Ich dachte, ihr würdet miteinander lernen."

„Nein, heute nicht. Wir treffen uns erst am Dienstag wieder."

Irgendetwas stimmte nicht. Ganz und gar nicht. „Oh, das habe ich wohl missverstanden. Hast du eine Ahnung, wo sie sein könnte?"

„Ich habe sie heute Morgen mit Simon gesehen", erwiderte Pippa. „Ich glaube, sie wollte den Tag mit ihm verbringen."

Simon? Wer um alles in der Welt war Simon?

Meg grub ihre Fingernägel so fest in ihre linke Handfläche, dass kleine Halbmonde zurückblieben, nachdem sie die Finger wieder gelöst hatte. Hatte sie Simon auf der Eisbahn kennengelernt? Sie konnte sich nur an einen gewissen Avery erinnern. Und an Duncan.

Denk nach.

Denk nach.

„Sagen Sie jetzt nicht, dass Becks Sie noch nicht miteinander bekannt gemacht hat!"

„Ich … nun, sie hat im Augenblick so viel um die Ohren, wir hatten noch keine Gelegenheit –"

„Ja, sie ist ziemlich besessen von ihm. Kein Wunder, dass sie kaum Zeit für andere Dinge hat!"

Meg strich über ihre Stirn. „Ich fürchte, der Jetlag hat mein Gedächtnis ein wenig in Mitleidenschaft gezogen. War er vielleicht auf der Eisbahn?"

„Simon? Nein! Warten Sie – Sie wissen noch gar nichts von Simon? Verflixt! Becks wird mich umbringen!"

Megs Magen krampfte sich zusammen. „Oh, nein, ist schon okay. Alles ist gut. Wenn du sie siehst … äh … könntest du ihr bitte ausrichten, dass sie mich zurückrufen soll?"

„Soll ich ihr eine SMS schicken?"

„Nein, nein. Ist schon gut. Nur wenn du sie siehst …"

Ich habe es dir doch gesagt, ertönte Rachels spöttische Stimme in Megs Kopf, als sie auflegte. *Du bist so lächerlich naiv.*

Aber warum sollte Becca ihr verschweigen, dass sie einen Freund hatte? Becca hatte ihr doch immer von ihren Liebschaften erzählt. Immer. Warum tat sie es jetzt nicht?

Wer war Simon?

Becca hätte doch nur sagen müssen: „Mama, ich habe einen Freund und ich möchte wirklich sehr gern mit ihm zusammen sein", und Meg hätte es verstanden, nicht? Natürlich wäre sie ein wenig enttäuscht gewesen. Aber sie hätte Beccas Begeisterung über diese neue Beziehung verstehen können, da war sie sich sicher.

Woher weißt du überhaupt, dass es eine neue Beziehung ist?, hörte Meg Rachels Stimme fragen. *Vielleicht hat sie ihn schon die ganze Zeit über vor dir geheim gehalten.*

Aber warum hätte sie mich dann hierher einladen sollen?, entgegnete ihr Meg gedanklich.

Du hast dich doch selbst eingeladen. Du warst es doch, die unbedingt nach London kommen wollte, um Becca von ihrem Vater zu erzählen. Ziemlich egoistisch, wenn du mich fragst. Das hast du jetzt davon!

Das war nicht egoistisch von ihr gewesen! Becca ihren Vater all die Jahre vorzuenthalten – das war egoistisch gewesen. Bei dieser Reise ging es jedoch um Liebe. Um die vollkommene Liebe, die die Angst vertreibt. Es ging darum, um Vergebung zu bitten. Ihre Beziehung zu vertiefen. Die Wahrheit zu sagen. Darum ging es Meg bei dieser Reise.

Schau nur, wohin dich deine Hoffnung letztendlich gebracht hat. Du bist eine Närrin, Meg. Eine richtige Närrin. Setz endlich alle Teile zusammen und betrachte das Bild als das, was es wirklich ist.

Das hatte Meg bereits getan. Sie hatte versucht, sich einzureden, es sei nur ihre rege Fantasie, aber vielleicht war es doch ihre mütterliche Intuition gewesen, die Alarm geschlagen hatte.

Einatmen: *Oh Gott.*

Ausatmen: *Hilf mir.*

~

Beccas Telefon piepte und zeigte damit an, dass sie eine SMS bekommen hatte. Sie griff nach ihrem Telefon auf Simons Nachttisch. „Lass es doch liegen", murmelte Simon. „Vermutlich ist das nur wieder deine nervige Mutter."

„Meine Mutter kann keine SMS verschicken." Sie las die Worte auf dem Display und wurde leichenblass: Deine Mutter weiß von der Sache mit Simon. Bitte entschuldige! Ruf mich an!

Simon nahm ihr sanft das Telefon aus der Hand, legte es auf seine Seite des Bettes und begann erneut, ihren Nacken zu küssen. Wie um alles in der Welt hatte ihre Mutter von Simon erfahren? „Ich muss Pippa anrufen."

„Pippa kann warten."

Becca löste sich aus Simons Umarmung und setzte sich auf die Bettkante. „Es dauert nur ein paar Sekunden."

„Wie du meinst", sagte Simon, bevor er im Bad verschwand.

Becca wählte Pippas Nummer. Ihr Magen krampfte sich zusammen. „Pip?"

„Becks! Es tut mir so leid. Ich habe es vermasselt. Ich wusste nicht, dass du deiner Mutter immer noch nichts von Simon erzählt hast!"

„Aber wie …?"

Pippa erzählte, ihre Mutter habe sie angerufen, weil sie Becca telefonisch nicht erreichen konnte. Sie habe gedacht, sie würden zusammen lernen, und Pippa habe ihr gesagt, sie würden sich erst am Dienstag wieder zum Lernen treffen. „Und dann habe ich ihr gesagt, dass du vermutlich mit Simon zusammen bist."

Becca fluchte leise.

„Es tut mir so leid!", entschuldigte sich Pippa. „Du hast mir zwar eingebläut, dass ich mich beim Essen im Restaurant nicht verplappern sollte, aber ich bin davon ausgegangen, dass du ihr inzwischen von ihm erzählt hast. Ich konnte ja nicht ahnen, dass du die ganze Sache immer noch vor ihr geheim hältst. Es wäre nicht schlecht gewesen, wenn du mir das gesagt hättest."

„Ich weiß, das hätte ich tun sollen. Es ist nicht deine Schuld."

„Soll ich sie vielleicht zurückrufen und ihr sagen, wir beide hätten miteinander gesprochen und ich hätte da wohl etwas durcheinandergebracht und ganz vergessen, dass du heute mit einer anderen Kommilitonin lernen würdest?"

Obwohl dieses Angebot verlockend war, würde es Becca nicht weiterhelfen. Sie hatte ihrer Mutter vorgelogen, dass sie heute Abend Pippa helfen wolle. Toll. Und was nun?

„Nein, lass ruhig", erwiderte Becca. „Ich kümmere mich darum. Danke, dass du mir Bescheid gesagt hast."

Sie legte auf und suchte ihre Unterwäsche zusammen, die überall auf dem Boden verstreut lag. Dann zog sie ihren Minirock an.

„Willst du schon gehen?" Simon kam aus dem Bad. Seine grau melierten Haare waren noch immer ganz zerzaust.

„Ich komme wieder. Ich muss nur schnell etwas regeln." So ungern sie ihn jetzt auch allein ließ, sie musste die Sache mit ihrer Mutter in Ordnung bringen. Und zwar sofort.

Während der U-Bahn-Fahrt von Notting Hill zum Russell Square legte Becca sich eine Verteidigungsstrategie zurecht.

Zuerst einmal wollte sie ihrer Mutter vorschlagen, einen Kaffee trinken zu gehen, um nicht in der Abgeschiedenheit des Hotelzimmers mit ihr reden zu müssen. In einem öffentlichen Lokal würde sie vielleicht nicht so leicht die Beherrschung verlieren.

Sobald sie im Lokal wären, würde Becca zugeben, dass sie sich mit jemandem treffe und, ja, dass sie es vor ihr geheim gehalten habe, weil sie nicht wollte, dass sich ihre Mutter unnötig Sorgen machte. Sie würde es so darstellen, als ob sie es ihr aus reiner Rücksichtnahme vorenthalten habe.

Dann würde sie sich entschuldigen, weil sie wegen Pippa und der Lerngruppe gelogen hatte, und den Schaden weiter begrenzen, indem sie behauptete, sie habe das wirklich nur dieses eine Mal als Ausrede benutzt. Sie habe nur deshalb gelogen, weil sie die ganze Woche noch keine Gelegenheit gehabt hatte, sich mit

Simon zu treffen, weil sie so sehr mit den Prüfungsvorbereitungen beschäftigt gewesen war und sich außerdem noch Zeit für ihre Mutter hatte nehmen müssen.

Und dann konnte Becca nur noch hoffen, dass ihre vertrauensselige Mutter sie nicht durchschauen würde.

~

Meg spähte durch das Guckloch in den Hotelflur und schloss die Tür auf. „Kann ich hereinkommen?", fragte Becca.

Meg trat wortlos zur Seite. Becca betrat das Zimmer und setzte sich auf die Bettkante. Meg setzte sich in den Sessel am Fenster. Becca starrte zu Boden. Meg schwieg. Becca behielt ihre Lederjacke an.

„Hör zu, Mama, was geschehen ist, tut mir leid, die Sache mit Pippa und alles."

Meg brachte keinen Ton heraus.

„Ich hätte dich nicht anlügen dürfen. Es tut mir leid."

Meg brachte immer noch keinen Ton heraus.

„Möchtest du … äh … sollen wir einen Kaffee trinken gehen?"

„Mir ist nicht nach Ausgehen zumute." War das gerade ihre Stimme gewesen? Meg war sich nicht sicher.

Becca räusperte sich. „Also gut … dann …"

Die Hitze kroch an Megs Hals hoch. Sie legte ihre eiskalte Hand darauf.

„Mama … ich …"

Nun ergriff Meg das Wort. „Bitte erklär mir, warum du es für nötig gehalten hast, mich im Hinblick auf deinen Freund anzulügen." Ihre Stimme klang nicht wütend oder verzweifelt, sondern fest. War das wirklich ihre Stimme?

„Ich –"

Becca sah genauso aus wie damals, als herausgekommen war, dass sie nach der Schule noch mit Lauren ins Einkaufszentrum gegangen war, obwohl sie eigentlich hätte nach Hause kommen sollen. Es war einfach zu gefährlich für zwei Drittklässlerinnen gewesen, alleine im Einkaufszentrum herumzulungern.

„Also gut, ich hätte es dir einfach sagen sollen." Becca spielte mit ihren Jackenärmeln und verschränkte dann trotzig die Arme vor der Brust. Wie sie da so vor ihr saß, erinnerte sie Meg an Rachel. „Vor drei Wochen habe ich jemanden kennengelernt. Er heißt Simon, und ich wollte dir das nicht sagen, weil ich wusste, dass du diese Beziehung nicht billigen würdest, okay?"

„Warum?"

„Weil er anders ist."

„Inwiefern?"

„Anders halt, älter."

Meg legte die Stirn in Falten. „Wie alt?"

„42."

„Becca, du bist doch erst zwan–"

Becca hob die Hände. „Siehst du? Genau aus diesem Grund habe ich es dir verschwiegen, okay? Weil du ihn – weil du uns – bereits verurteilst, nur, weil er älter ist."

Atme, befahl die Stimme in Megs Kopf. *Atme.*

Einatmen.

Ausatmen.

„Ich verurteile niemanden", sagte Meg und ihre Stimme klang seltsam distanziert. „Ich frage mich nur, wie es kommt, dass du dich eingelassen hast mit –"

„Mit wem? Mit einem Mann, der so alt ist, dass er mein Vater sein könnte? Ist es das, was du denkst? Nun, wir fühlen uns wohl miteinander. Er sagt, ich würde ihn inspirieren. Und er möchte mit mir zusammen sein, okay? Was wir gerade erleben, ist etwas ganz Besonderes, und ich werde das nicht aufgeben, nur weil es dir nicht passt! Ich bin jetzt schon fast 21, und ich kann tun, was ich will. Ich brauche keine Erlaubnis von dir. Und damit du gar nicht erst zu fragen brauchst, weil es dich so brennend interessiert: Ja, wir schlafen miteinander, okay? So, jetzt kennst du die Wahrheit.“

Atme.

Oh Gott.

Atme.

6

Charissa

Um fünf Uhr stand Charissa ganz leise aus dem Bett auf, um John nicht aufzuwecken. Doch als sie aus dem Bad zurückkam, lag er bereits auf seinen Ellbogen gestützt im Bett. „Hat die Blutung nachgelassen?" Das hatte sie nicht. „Ist sie noch genauso stark wie gestern?" Charissa war sich nicht sicher. Als die Arztpraxis um sieben Uhr öffnete, rief sie sofort dort an und fragte, was sie tun solle. „Was haben sie gesagt?"

„Ich soll zu einem Ultraschall kommen."

„Sofort?"

„Nachdem ich einen Liter Wasser getrunken habe." Charissa maß das Wasser ab, während John seine Chefin anrief, um sich den Vormittag freizunehmen.

„Susan hat gesagt, ich solle mir so viel Zeit nehmen, wie wir brauchen. Wenn nötig, auch den ganzen Tag. Sie meinte, ich könne dafür am Donnerstag und Freitag etwas früher kommen und die Zeit herausarbeiten."

Eine Stunde später gingen sie schweigend an dem Geschäft mit Umstandsmode vorbei. Charissa schaute ganz bewusst in eine andere Richtung, denn sie wollte die schwangeren Schaufensterpuppen einfach nicht sehen. John biss die Zähne zusammen, als er einer schwangeren Frau auf dem Weg in die Arztpraxis die Tür aufhielt.

Die vergangenen 36 Stunden hatten sie zermürbt und an ihren Nerven gezehrt – und es schien kein Ende zu nehmen.

Charissa hatte versucht, sich mit der Überarbeitung ihres Milton-Referats abzulenken, aber es war zwecklos gewesen. Sie konnte sich nicht konzentrieren. Darum nutzte sie den Sonntag, um die Schubladen und Schränke im Bad auszuräumen und neu zu organisieren. Sie musste etwas tun, bei dem sie nicht nachzudenken brauchte. Die Teppiche und Polster wollte sie nicht absaugen, da diese Arbeit zu anstrengend gewesen wäre, denn sie sollte sich ja schonen. Da kam ihr das Aufräumen der Badartikel gerade recht.

John hatte derweil am Computer gesessen, den Immobilienmarkt durchforstet und sich mit einem Computerspiel abgelenkt, bei dem er irgendwelche Gegenstände in die Luft jagen musste. Sie hatten den Gottesdienst geschwänzt und auch den Anruf von Charissas Eltern nicht entgegengenommen. Stattdessen hatte sie ihnen eine SMS geschickt, in der sie ihnen erklärte, dass sie zum Semesterende in Arbeit versinken und sich deshalb gegen Ende der Woche melden würde, wenn sie ihr Referat hinter sich gebracht habe. Auf keinen Fall wollte sie mit ihnen über die Blutungen und die Gefahr einer Fehlgeburt sprechen. Ihre Reaktion konnte sie sich nämlich schon vorstellen: *Nun, vielleicht will Gott dadurch ja alles zum Besten wirken.*

„Alles geschieht aus einem bestimmten Grund", pflegte ihre Mutter zu sagen.

Nach der Hausbesichtigung mit dem Gutachter hatte Charissa dasselbe zu John gesagt. Während er sich ihr gemeinsames Leben in diesem Haus bereits in allen Einzelheiten ausgemalt hatte – wie sie gemeinsam vor dem Kamin saßen oder im Garten Verstecken spielten –, hatte sie mit ihrem Kommentar: „Wir finden ein anderes Haus", seine Enttäuschung vollkommen übergangen. Doch für John war es nicht nur „irgendein Haus" gewesen.

Bestimmt gab es unsensible Menschen, die nach einer Fehlgeburt ähnlich dumme Kommentare abgeben würden: *Du bist doch noch so jung. Du wirst schon noch ein Kind bekommen.*

Aber das hier war nicht „irgendeine Schwangerschaft".

Sie wollte *dieses* Kind.

Bitte.

Sie griff nach Johns Hand und drückte sie fest. „Es tut mir leid", murmelte sie. Seine Augen waren feucht. Er küsste ihre Hand und ließ sie nicht mehr los.

~

Als sie beide endlich ins Untersuchungszimmer gerufen wurden, waren Charissas Beine schwer wie Blei. Die Arzthelferin legte ihr die Manschette des Blutdruckmessgerätes um den Arm. „Ihre Blase ist gefüllt?", fragte sie.

Was für eine Untertreibung! Sie hoffte nur, dass sie noch eine halbe Stunde durchhalten könnte, ohne auf die Toilette gehen zu müssen.

John redete munter drauflos und bombardierte zuerst die Arzthelferin mit Fragen und anschließend auch Dr. Newton, nachdem diese den Untersuchungsraum betreten hatte. *Ob sie sofort ein Ergebnis bekommen würden? Ob sie den Herzschlag hören würden? Wie lange die Untersuchung denn dauern würde?*

Dr. Newton setzte sich vor den Monitor und beantwortete geduldig all seine Fragen. Charissa lag auf der Untersuchungsliege neben dem Ultraschallgerät, das offenbaren würde, ob das neue Leben in ihr immer noch heranwuchs. „Ziehen Sie doch bitte Ihre Bluse ein Stück hoch – genau, so ist es gut", sagte Dr. Newton, „und Ihre Hose ein Stück herunter. Stecken Sie dieses Tuch in Ihren Hosenbund – prima." Sie griff nach einer Tube. „Ich trage jetzt etwas Gel auf Ihren Bauch auf, bevor ich mit der Sonde Ihre Haut berühre. Das wird dann etwas kalt."

Charissa beobachtete, wie Dr. Newton das blaue Gel aus der Tube drückte, die Sonde aus der Halterung nahm und sich die Schnur um den Unterarm wickelte. „Okay, jetzt kann's losgehen." Mit ihrer linken Hand drückte sie einige Tasten auf dem Computer. Der Bildschirm wurde hell, während sie mit der rechten Hand die Sonde über Charissas Bauch wandern ließ.

„Alles in Ordnung?", fragte John. Er saß auf dem Stuhl auf der anderen Seite der Liege. Sein Blick klebte an dem Monitor. Charissa nickte und drehte den Kopf ebenfalls zum Monitor hin. Ohne eine Erklärung der Ärztin war es unmöglich zu erkennen, was auf dem Bildschirm zu sehen war. Sie sah nur blaues Licht, körnige Linien und Schatten, die sich bewegten.

Die Sonde wanderte hin und her, während die Ärztin verschiedene Tasten auf dem Bildschirm drückte und sich auf den Monitor konzentrierte. Charissa spürte, wie John ihre Hand ergriff, aber sie konnte sich ihm einfach nicht zuwenden.

Klick, klick. Piep. Stille. Klick. Piep. Klick.

In der Mitte des Monitors war ein schwarzer Bereich zu sehen, der die Form eines Auges hatte, und darin – war das etwa das Baby? John war inzwischen verstummt, als habe er Angst, die Frage zu stellen, die ihm so sehr unter den Nägeln brannte. Charissa traute ihrer Stimme nicht. Sie würde bestimmt sofort in Tränen ausbrechen, und das wollte sie auf keinen Fall. *Bitte.*

Und dann, gerade als Charissa dachte, sie könne die Stille keinen Augenblick länger ertragen, zeigte Dr. Newton auf eine Stelle auf dem Monitor. „Sehen Sie das hier?" Charissa spürte, wie Johns Griff fester wurde. Sie spürte seinen Pulsschlag. Vielleicht war es ja auch ihrer. „Das hier ist Ihre Blase." Sie umkreiste den Bereich mit ihrem Finger. „Und das ist Ihre Gebärmutter." Sie zeigte auch ihre Umrisse an. „Und hier ist das Baby …"

Oh Gott. Bitte. Sie konnte den Kopf und den Körper erkennen, aber eine Bewegung war nicht zu sehen. Überhaupt nicht.

Klick. Klick. Piep.

„Und da ist der Herzschlag."

Oh Gott. Charissa hatte gar nicht gemerkt, dass sie den Atem angehalten hatte, bis sie ihn mit einem Rasseln wieder entweichen ließ.

John beugte sich über die Liege, um das Bild besser erkennen zu können. „Das Herz schlägt also?"

„Genau hier. Sehen Sie dieses Pulsieren?"

John sprang auf, beide Hände auf seinen Kopf gelegt. „Dem Baby geht es also gut?"

„Ich werde noch einige Messungen durchführen, aber bisher gibt es keine Anzeichen dafür, dass es ihm nicht gut geht." Sie bewegte die Sonde weiter hin und her. „Hier. Hören Sie mal." Sie drückte einige Knöpfe und plötzlich war ein schnelles *Pa-rum-pa-rum-pa-rum-pa-rum* zu hören.

„Das ist der Herzschlag?", fragte Charissa leise. Es klang so beharrlich, so entschlossen, so widerstandsfähig.

„Richtig, das ist der Herzschlag."

„Aber das Herz schlägt so schnell – ist das normal?", fragte John.

„Ja, alles in bester Ordnung. Ihr Kleines sendet ein kräftiges Signal aus."

John drehte sich im Kreis und sank schließlich in sich zusammen. „Danke, Gott", seufzte er. „Danke, Gott, danke, danke."

Dr. Newton lächelte und drückte weiter auf den Knöpfen herum.

„Heißt das, es ist alles in Ordnung?", fragte Charissa. „Die Blutung hat also nichts Schlimmes zu bedeuten?"

„Natürlich gibt es keine Garantie, aber dass wir einen kräftigen Herzschlag haben, ist ein gutes Zeichen."

Charissas Kehle war wie zugeschnürt. Im Augenblick ging es dem winzigen Menschlein in ihr also sehr gut.

„Alle Ergebnisse liegen im Normbereich", meinte die Ärztin. „Ende neunte Woche. Wir sehen uns noch ein paar Dinge an, und dann werde ich Ihrer Blase eine Pause gönnen."

Im Augenblick gab es nichts, was Charissa weniger interessiert hätte als ihre Blase. Sie wollte das Bild auf dem Monitor sehen, sie wollte sehen, wie das Herz ihres Kindes schlug, wie es vor Leben nur so pulsierte.

Voller Leben.

Ein Schluchzen, das sie nicht kontrollieren konnte, stieg in ihr hoch. Sofort war John an ihrer Seite und drückte ihren Kopf zärtlich an seine Brust, wo sie den Schlag seines Herzens spürte, das ebenso vor Leben pulsierte. Sie durchnässte sein Hemd mit ihren Tränen, mit Tränen der Erleichterung, der Reue, der Dankbarkeit, des Staunens; mit Tränen, die all das ausdrückten, was sie selbst noch nicht in Worte fassen konnte. Wie viel Gnade war zu viel Gnade? *Danke, Jesus. Es tut mir so leid. Danke.*

„Alles gut?", fragte John.

Sie wartete, bis sie sich wieder einigermaßen gefasst hatte, und schniefte laut. „Nur erleichtert. Unglaublich erleichtert."

John strich über ihre Wangen und gab ihr einen Kuss auf die Stirn. Nachdem die Ärztin die Untersuchung abgeschlossen und das Gel abgewischt hatte, drückte er seine Lippen auf ihren Bauch. „Ich liebe dich, Baby. Hörst du mich? Dein Papa liebt dich."

Charissa presste das Ultraschallfoto an ihre Brust, als sie die Praxis verließen, und sie erhob auch keine Einwände, als John vorschlug, ein ganz besonderes Geschenk für ihr Baby zu kaufen, um das Leben und die Liebe zu feiern.

Meg

Ein lautes Klopfen weckte Meg auf, und anfangs dachte sie noch, Becca sei zurückgekommen, um ihr zu sagen, dass das alles nur ein schreckliches Missverständnis gewesen sei.

„Hier ist das Zimmermädchen!"

Meg schaute auf ihren Wecker: schon zehn Uhr!

„Einen Augenblick bitte!" In aller Eile warf sie ihren Bademantel über und ging zur Tür. Durch das Guckloch konnte sie ein Mädchen in Beccas Alter erkennen, das mit einem Reinigungswagen vor der Tür stand. Meg öffnete sie einen Spalt. „Es tut mir leid, ich habe verschlafen."

„Das macht doch nichts! Ich komme etwas später noch einmal wieder, in Ordnung?"

„Ich denke, Sie brauchen mein Zimmer heute nicht sauber zu machen. Mir geht es nicht so gut."

„Oh, das tut mir leid! Natürlich. Wenn Sie Ihre Meinung doch noch ändern, sagen Sie einfach an der Rezeption Bescheid. Soll ich wenigstens Ihre Handtücher wechseln?"

„Das wäre nett. Danke." Meg holte die Handtücher aus dem Bad und reichte sie dem Mädchen, das sie mitfühlend anblickte. Beinah hätte Meg die Fassung verloren.

„Soll ich Ihnen eine Tasse Tee bringen?"

„Oh, danke, aber –"

„Das ist keine Mühe", wiegelte sie ab. „Es scheint Ihnen wirklich nicht gut zu gehen. Bei mir hilft dann immer eine Tasse Tee."

Eine Viertelstunde später kehrte das Mädchen mit einem Tablett zurück – nicht nur mit Tee, Milch und Zucker, sondern auch mit vier Scheiben gebuttertem Toast, Erdbeermarmelade und einer kleinen Vase mit Stiefmütterchen. „Ich dachte, die Blumen würden Sie vielleicht ein wenig aufheitern."

In Megs Augen glitzerten Tränen. „Das tun sie wirklich. Vielen Dank." Der Anblick dieser zarten Blumen, die sie so unerwartet bekommen hatte, weckte Erinnerungen an ein Gespräch mit Hannah. Es ging um Blumen im Winter und darum, dass man sichtbare Zeichen der Liebe, Fürsorge und Treue Gottes brauchte, wenn das Leben trostlos und dunkel war. *Danke, Herr. Danke für dieses sichtbare Zeichen deiner Liebe.*

„Stellen Sie das Tablett einfach in den Flur, wenn Sie fertig sind. Ich hole es später ab. Kann ich sonst noch etwas für Sie tun?"

„Sie haben schon mehr getan, als Ihnen bewusst ist. Vielen Dank."

„Ich heiße übrigens Claire. Wenn Sie etwas brauchen, fragen Sie einfach nach mir."

„Das werde ich. Vielen Dank, Claire."

Meg stellte die Blumen auf den Tisch am Fenster und blickte gedankenverloren hinaus in den Park, während sie an ihrem Tee nippte. Rachel würde jetzt wahrscheinlich sagen, dass sie wieder einmal alles dramatisiere, doch Meg war sich sicher, dass der Moment, in dem Becca wutschnaubend ihr Hotelzimmer verlassen hatte, für immer zu den schlimmsten Momenten in Megs Leben gehören würde. Nichts von all dem, was sie gesagt hatte, hatte Becca erreicht. Im Gegenteil: Megs Protest hatte ihren Zorn und ihre Entschlossenheit nur weiter angefacht.

„Das ist mein Leben!", hatte Becca betont, und ihre Stimme hatte in diesem Augenblick ganz ähnlich wie die von Rachel in jungen Jahren geklungen. Wie oft hatte Meg im Laufe der Jahre die vielen Streitereien zwischen Rachel und ihrer Mutter miterlebt. Beccas Verhalten machte ihr Angst. Sie erkannte ihre eigene Tochter nicht wieder. Becca war zwar schon immer ein Freigeist und sehr unabhängig gewesen. *Eigenwillig*, wie ihre Mutter zu sagen pflegte. Aber gestern Abend hatte Meg einen kämpferischen Trotz bei ihrer Tochter wahrgenommen, den sie nur Simons Einfluss zuschreiben konnte.

Herr, hilf mir.

Und was hatte es mit dieser Lügerei auf sich? Becca behauptete, sie sei erst seit einigen Wochen mit ihm zusammen, sie hätten sich in einem Pub kennengelernt und er sei geschieden. Früher hätte er an der Universität unterrichtet, doch im Augenblick arbeite er für einen Verlag. „Und das ist alles, okay? Mehr gibt es nicht zu wissen!" Aber die Grundlage ihrer Beziehung, alles, was sie sich im Laufe der Jahre aufgebaut hatten, lag nun in Scherben. Wie sollte sie ihrer Tochter jemals wieder vertrauen?

Wenn ich ihr nicht all die Jahre ihren Vater vorenthalten hätte, dann wäre das alles nie passiert.

Oh Gott.

Vielleicht war das alles ja wirklich ihre Schuld. Man brauchte kein Psychologe zu sein, um zu erkennen, warum sich Becca zu einem älteren Mann hingezogen fühlte. Sie hatte viel zu lange damit gewartet, Jim mit ihrer Tochter zu teilen, und jetzt war es zu spät. Jetzt würde Becca zweifellos jedes Gespräch über ihren Vater als Versuch werten, sie zu manipulieren, zu analysieren und ihr Schuldgefühle einzureden.

Das alles war ganz fürchterlich schiefgegangen!

Einatmen: *Ich kann nicht.*

Ausatmen: *Ich kann nicht.*

Meg schob den Toast beiseite, kroch wieder in ihr Bett und zog sich die Decke über den Kopf.

~

„Nein, du bist kein schlechter Mensch. Sieh mich an!" Pippa hob Beccas Gesicht mit beiden Händen an. Sie saßen an einem Tisch im Cat and Mouse Pub. „Du hast es nicht in der Hand, ob deine Mutter wegen dieser blöden Geschichte durchdreht oder nicht. Es ist doch verrückt: Wenn ich einen so gebildeten Mann wie Simon mit nach Hause bringen würde, wäre meine Mutter garantiert außer sich vor Freude!"

„Du warst nicht dabei, Pip. Du hast ihren Gesichtsausdruck nicht gesehen."

„Sie wird darüber hinwegkommen."

„Du kennst meine Mutter nicht." Becca trank einen Schluck von ihrem Bier.

„Und was sagt Simon dazu?"

„Er hat seine Witze darüber gemacht und gesagt, ich solle ins Hotel gehen und ihr Sartre oder irgendein Gedicht vorlesen."

„Ja, das hilft ihr bestimmt." Pippa gab noch etwas Salz auf ihre Fish and Chips. „Hier, nimm ruhig. Das ist mir zu viel."

„Danke." Becca schob ein paar Pommes frites auf ihren Teller. „Ich weiß nicht, wie ich die nächsten Wochen überleben soll. Sie will bis nach Neujahr hierbleiben. Und jetzt wird sie jedes Mal, wenn ich ihr sage, dass ich keine Zeit für sie habe, annehmen, dass ich mit Simon zusammen bin. Und sie wird versuchen, mir Schuldgefühle einzureden und uns auseinanderzubringen. Du hättest sie mal hören sollen. Sie war wirklich außer sich und hat mich angefleht, mit ihm Schluss zu machen."

Pippa verdrehte die Augen. „Aber du wirst ihn doch nicht aufgeben, nur weil deine Mutter gegen die Beziehung ist, oder?"

„Nein! Natürlich nicht! Es ist nur so: Als sie mich im Oktober angerufen und gesagt hat, sie wolle mich besuchen, da fand ich die Idee toll und habe mich sehr gefreut."

„Tja, die Dinge ändern sich eben. Damals kanntest du Simon noch nicht."

„Genau. Vielleicht hätte ich mit ihr reden und ihr ganz ehrlich sagen sollen, was Sache ist."

„Ja, aber du hast es ihr nicht gesagt, weil du wusstest, wie sie reagieren würde. Und du hattest recht mit deiner Vermutung."

Becca strich mit dem Zeigefinger über die Einkerbungen im Tisch. „Weißt du, in meinem Alter war sie bereits verheiratet. Und mich behandelt sie, als sei ich noch ein kleines Mädchen."

„Ein hübsches kleines Mädchen."

Beim Klang von Simons Stimme wirbelte Becca herum. „Hey, ich dachte, du könntest nicht vor 18 Uhr hier sein!" Sie rutschte zur Seite, um Platz für ihn zu machen.

„Ich habe früher Feierabend gemacht." Er zog seinen Mantel aus, hängte ihn an einen Haken und gab Becca einen Kuss.

„Simon, sag ihr, dass sie kein schlechter Mensch ist!"

„Wer behauptet denn, dass sie ein schlechter Mensch ist?" Er bedeutete Pippa, ihm die Flasche mit dem Essig zu reichen, und tröpfelte ein wenig davon auf Beccas Pommes frites, bevor er sich einige in den Mund steckte.

„Ich habe Pippa gerade von dem Gespräch mit meiner Mutter erzählt."

Simon lachte. „Ich hatte dir ja angeboten, ins Hotel zu gehen und die Sache zu klären."

„Es gibt nichts zu klären. Ich weiß nicht, was ich tun soll."

„Wie wäre es", schlug Pippa vor, „wenn du deine Mutter bitten würdest, wieder nach Hause zu fliegen, da eure Meinungsverschiedenheiten ja offensichtlich so groß wären?"

„Ja, genau. Und dann ist sie mir mein Leben lang böse."

„Ich habe es dir doch gestern Abend schon gesagt, Rebecca", erklärte Simon. „Du musst dich für das entscheiden, was dich glücklich macht. Alles andere ist unwichtig."

„Du machst mich glücklich." Becca legte den Kopf an Simons Schulter und umarmte ihn. „Ich entscheide mich für dich."

~

Liebster Jim,

es gibt einen Schmerz, der so groß ist, dass einem nicht einmal die Tränen kommen. Das war die Art von Schmerz, den ich empfunden habe an dem Tag, an dem du gestorben bist. Du bist von mir gegangen, bevor ich die Gelegenheit hatte, dir noch einmal zu sagen, dass ich dich liebe. Du bist von mir gegangen, ohne dass ich mich von dir verabschieden konnte. Und als ich im Krankenhaus an der Bahre stand und eine Hand streichelte, die meine Finger nie wieder umschließen würde, hatte ich einfach keine Tränen, um zu weinen. Da war nur der Schock. Als würde ich neben mir stehen. Und später, als die Tränen dann zu fließen begannen, befürchtete ich, darin zu ertrinken. Und so habe ich dich begraben, nicht nur tief in der Erde, sondern auch in den Tiefen meines Herzens. Ich habe dich begraben, damit ich den Schmerz nicht länger ertragen musste. Und auch wenn ich keine Worte dafür finde, wie sehr es schmerzt, dich nun wieder so sehr zu vermissen, so ist dieser Schmerz vielleicht der erste Schritt zur Heilung. Viele Jahre war ich wie betäubt, mein Liebling. Jetzt kann ich wieder fühlen – und es tut weh.

Und heute Abend erlebe ich wieder diesen großen Schmerz. Vielleicht bin ich sogar wieder im Schockzustand. Aber dieses Mal möchte ich es in Worte fassen, und wenn ich es dir gegenüber tun kann, dann finde ich vielleicht auch die nötigen Worte, um zu beten.

Ich habe versagt, Jim. Du warst fest davon überzeugt, dass ich eine wundervolle Mutter für unser Baby sein würde. Aber ich habe versagt, indem ich mich geweigert habe, die Erinnerung an dich in unserem Heim leben und atmen zu lassen, und dadurch habe ich mehr Schaden angerichtet, als ich mir je hätte vorstellen können. Ich war so selbstsüchtig. Darüber bin ich unendlich traurig.

Gerade rief Becca an, um mir mitzuteilen, dass es für uns beide wohl das Beste sei, wenn ich nach Hause zurückkehren würde. Sie könne meine Missbilligung nicht ertragen, und wenn ich bliebe, würde ich mich am Ende nur vernachlässigt und gekränkt fühlen. Ich habe ihr daraufhin gesagt, dass ich sie liebe und auch immer lieben werde, dass meine Liebe aber nicht automatisch bedeuten würde, dass ich ihre Entscheidungen stillschweigend hinnehmen müsse. Sie meinte, sie brauche meine Zustimmung nicht, und damit hat sie natürlich recht. Aber mein Herz tut so weh wegen unserem Mädchen, Jim. Es tut so weh.

Klingt es zu dramatisch, wenn ich sage, dass ich das Gefühl habe, unsere Tochter sei gestorben? Als wäre ein Teil von mir gestorben? Sie findet meine Reaktion überzogen. Vielleicht hat sie recht. Ich weiß es nicht.

Als ich die Reise nach London gebucht habe, war ich davon überzeugt, das Richtige zu tun. Ich habe es als einen Liebesbeweis gewertet, und ich war mir sicher, dass es Gottes Willen entsprach. Aber ich habe mich wohl geirrt. Es war falsch. Ich hätte nicht kommen sollen.

Gott, bitte hilf uns. Ich weiß nicht, was ich sonst beten soll.

~

Mara

„Was soll das heißen, sie überlegt zurückzukommen? Was ist passiert?“ Mara klemmte das Telefon unter ihr Kinn und hängte eine Zuckerstange, die Kevin in der ersten Klasse aus Ton geformt hatte, an ihren künstlichen Weihnachtsbaum. Das Schmücken ihres eigenen Hauses machte ihr dabei nicht annähernd so viel Spaß wie das Schmücken von Megs Haus.

„Sie hat nur geschrieben, dass die Dinge mit Becca nicht so gelaufen sind, wie sie es sich erhofft hatte. Und sie hat uns gebeten, für sie zu beten“, erwiderte Hannah. „Anscheinend hat es einen Streit gegeben und Becca hat ihr gesagt, es sei wohl das Beste, wenn sie nach Hause zurückkehren würde.“

„Na, das ist ja ein Ding! Und nur, weil Meg versucht hat, mit ihr über ihren Vater zu reden?“

„Nein, Meg sagte, sie habe noch gar keine Gelegenheit gehabt, mit ihr über Jim zu reden.“

„Sie hat noch nicht mit ihr darüber gesprochen? Das war doch einer der Hauptgründe für ihre Reise nach London."

„Ja, ich weiß. Sie schrieb, sie würde sich noch ein wenig Zeit nehmen und überlegen, was sie nun machen solle. Ich schätze, sie versucht herauszufinden, was das Beste ist."

Mara packte einen kleinen Anhänger aus, den Brian im Kindergarten gebastelt hatte. Er war nicht besonders gelungen, denn Brian hatte nie gern gebastelt. Sie hängte ihn an einen der hinteren Zweige. „Also, sie ist auf jeden Fall ein besserer Mensch als ich. Ich würde sagen: ‚Was soll's! Ich tue, was ich mir vorgenommen habe, ob es Becca nun gefällt oder nicht!'"

„Ja, das ist echt verzwickt."

Mara setzte sich auf die Couch und begutachtete den zur Hälfte geschmückten Baum. Arme Meg! „Das sollte doch eigentlich eine tolle Zeit für sie beide werden. Sie hatte sich so darauf gefreut." Mara holte den nächsten Baumanhänger aus der Kiste. „Manchmal ist das Leben echt beschissen, nicht?"

„Da kann ich dir nur zustimmen."

Das Garagentor ging auf und eine Autotür wurde zugeschlagen. „Oh Mann! Tom und die Jungs sind gerade heimgekommen." Sie hatte beim Baumschmücken die Zeit vergessen und noch keinen Gedanken an das Abendessen verschwendet. Mist.

„Alles okay mit den Jungs?", fragte Hannah mit spürbarer Sorge in der Stimme.

„Ja. Sie waren ziemlich müde, als sie gestern Abend von ihrem Ausflug nach Hause gekommen sind. Tom ist früh schlafen gegangen, und die Jungen haben sich sogar ohne das übliche Gemecker an ihre Hausaufgaben gemacht. Gott sei Dank für kleine Wunder wie dieses."

„Das freut mich", sagte Hannah. „Ich bete weiter. Danke, dass du mir wegen Charissa und John Bescheid gesagt hast. Ich bin froh, dass mit dem Baby alles in Ordnung ist. Und ich werde auch für ihre Haussuche beten und Gott bitten, dass er ihnen ein passendes Haus zeigt."

„Ja. Sie hoffen, bald etwas Passendes zu finden." Die Küchentür ging auf und die Jungen kamen herein. Sie stritten miteinander. „Halte mich wegen Meg auf dem Laufenden, okay?", bat Mara. „Falls sie beschließt, früher nach Hause zu kommen, werde ich sie mit Luftballons oder Blumen oder einem großen Willkommensschild am Flughafen in Empfang nehmen."

„Tolle Idee. Ich rufe dich an, sobald ich mehr weiß."

„Danke, Hannah! Bis dann!" Mara legte auf und schloss den Deckel der roten Plastikkiste. Den Baum würde sie später fertig schmücken. „Hey!", rief sie, als Kevin an ihr vorbeischlurfte. Er drückte einen Eisbeutel an seine Nase und blieb stehen, jedoch ohne sich umzudrehen. „Was ist passiert?"

Brian ließ seinen Rucksack auf den Boden fallen und antwortete: „Nach dem Spiel hat er sich mit einem anderen Jungen geprügelt."

„Derek hat angefangen!", erklärte Kevin.

„Ja klar. Du hast den Ball aber auch wirklich ständig an dich gerissen!"

„Ich hab ihn nicht an mich gerissen! Und Derek war ja nicht einmal frei, als ich geschossen habe!"

„Lass mal sehen", sagte Mara und packte ihn an den Schultern. Widerwillig nahm Kevin die Eispackung herunter. Zum Vorschein kamen eine geschwollene, blutige Nase und ein geschwollenes Auge. „Ist sie gebrochen?", fragte sie Tom.

„Vielleicht. Kann man erst sagen, wenn die Schwellung abgeklungen ist."

„Wäre es nicht besser, mit ihm ins Krankenhaus zu fahren?"

„Hat keinen Sinn. Dort können sie im Moment auch nichts für ihn tun." Tom zog seinen Mantel aus und warf ihn über eine Stuhllehne.

„Coach Conrad hat ihn suspendiert und ihm zehn Sozialstunden aufgebrummt", berichtete Brian schadenfroh.

Mara stemmte die Hände in die Hüften. „Hattest du nicht gesagt, Derek habe angefangen?"

„Conrad ist ein Mistkerl", sagte Tom. „Ich habe das Spiel gesehen. Kevin hat niemanden gefoult. Derek ist ein kleiner Jammerlappen." Er hielt Kevin die Hand hin, der ohne große Begeisterung einschlug. „Ich bin stolz auf dich, Junge. Du hast heute auf dem Spielfeld richtig aggressiv gespielt."

„Moment mal!", rief Mara. „Wieso gratulierst du ihm? Er ist gerade wegen einer Schlägerei suspendiert worden!"

„Ja, und diese Suspendierung ist idiotisch und nicht gerechtfertigt. Das wird der Coach noch bereuen. Keiner schießt derart gute Bälle wie Kev."

Kevin wollte sich nach oben verdrücken. Mara rief hinter ihm her. „Warte eine Minute, Kevin! Wir sind noch nicht fertig."

Tom packte sie an der Schulter. „Oh doch. *Du* bist fertig."

Mit bebenden Nasenflügeln wirbelte Mara herum. „Du hast recht. Ich bin fertig." Sie riss ihren Arm los. „Seht zu, woher ihr euer Abendessen bekommt!"

Brian gab eine höhnische Bemerkung von sich und Tom schnaubte. Sie wollte den beiden gerade die Meinung sagen, doch dann überlegte sie es sich anders. In einer Auseinandersetzung mit den beiden konnte sie nur verlieren und am Ende würde die Situation vielleicht sogar eskalieren. Sie stürmte die Treppe hinauf, vorbei an Kevin, der auf dem Treppenabsatz stehen geblieben war, und schloss sich im Schlafzimmer ein. Dort ließ sie sich in ihren Schaukelstuhl fallen und wickelte sich in ihre Lieblingsdecke ein – ein orangefarbenes, gehäkeltes Relikt aus Jeremys Kindheit, das schon ziemlich zerschlissen war. *Gott, ich kann nicht mehr. Ich weiß, Pastor Jeff sagt, ich solle auf das sehen, was an einem Ort wie diesem geboren werden kann. Aber meine Familie – mein ganzes Leben – ist ein stinkender Misthaufen.*

Sie nahm ihre Bibel in die Hand, schloss die Augen und schlug sie an einer beliebigen Stelle auf in der Hoffnung, irgendein Vers würde sie in großen Buchstaben anspringen; ein Zuspruch von Gott, der sagte: HIER, MARA, LIES DAS!

Als sie die Augen öffnete, las sie den ersten Satz, auf den ihr Blick fiel. Jona. „Menschen und Vieh sollen den Sack anlegen und laut zu Gott rufen. Alle sollen von ihrem bösen Weg umkehren und aufhören, Unrecht zu tun. Vielleicht lässt Gott sich umstimmen. Vielleicht können wir seinen schweren Zorn besänftigen und er lässt uns am Leben."[4]

Wie abergläubisch und dumm es doch war, auf diese Weise einen passenden Text zu suchen!

Sie klappte die Bibel zu und versuchte es noch einmal.

2. Könige. „Einmal kam ein Mann aus Baal-Schalischa …"[5]

Entschlossen legte Mara die Bibel zur Seite.

Vielleicht sollte sie sich noch einmal in Hagars Geschichte vertiefen und den Gedanken wieder aufleben lassen, dass Gott der Gott war, der sie sah und der mit einem aufmerksamen, liebevollen Blick über ihrem Leben wachte, auch wenn sie gerade das Gefühl hatte, vollkommen allein in einer trostlosen Wüste zu leben.

Oder sie könnte sich gleich mit der Bibelstelle beschäftigen, über die sie und Katherine in der vergangenen Woche gesprochen hatten. Sie schlug also das 1. Kapitel im Lukasevangelium auf und las den Vers, bei dem sie schon einmal hängen geblieben war und mit dem sie doch eigentlich die ganze Woche hatte beten wollen. Das hatte sie ganz vergessen. „Hab keine Angst, du hast Gnade bei Gott gefunden!"

Na klar! Wer war Mara eigentlich, dass sie glaubte, ihren Namen in einen solchen Segenszuspruch einfügen zu können?

Sie hatte ganz bestimmt nicht das Gefühl, Gnade gefunden zu haben. Schwanger und erfüllt mit dem Leben Christi? Das sollte wohl ein Witz sein!

Es klopfte an der Tür. „Mama?"

Sie ließ die Bibel in ihren Schoß sinken. „Komm rein." Es war Kevin, der noch immer die Eispackung an sein Gesicht drückte.

„Meinst du, wir sollten nicht doch mal ins Krankenhaus fahren oder so etwas?", fragte er mit leiser Stimme. Wie er da im Türrahmen stand, war er beinah wieder der kleine Junge, der sich über und über mit SpongeBob-Pflaster beklebt hatte, und nicht der missmutige, dickköpfige Teenager, gegen den Mara in den vergangenen Jahren so sehr angekämpft hatte.

„Komm her. Lass mich noch mal sehen." Er setzte sich auf ihre Bettkante und hielt ihr das Gesicht hin. Er war übel zugerichtet. „Hat dir dein Vater schon etwas gegen die Schmerzen gegeben?" Kevin schüttelte vorsichtig den Kopf. *Hätte ich mir eigentlich denken können.* „Okay – leg dich hin. Ich bin gleich wieder da."

Mara ging ins Bad, füllte ein Glas mit Wasser und nahm zwei Tabletten aus dem Medizinschrank. „Danke", murmelte er, als Mara ihm die Tabletten reichte.

Sie setzte sich ans Fußende des Bettes und überlegte, was sie tun sollte. *Du solltest sie nicht so verhätscheln!*, mahnte Toms Stimme in ihrem Kopf. Die beiden gerieten wegen ihrer sehr unterschiedlichen Ansichten zum Thema „Erziehung" regelmäßig aneinander. Vor Jahren hatte Mara sich einmal mit Tom gestritten, weil sie der Ansicht gewesen war, dass Brian nach einem Sturz mit dem Fahrrad genäht werden müsse, während Tom meinte, das sei nicht nötig. Sie hatte in der Auseinandersetzung den Kürzeren gezogen und jetzt prangte eine gezackte Narbe auf Brians Stirn. Für Tom war das ein Ehrenabzeichen. Vermutlich würde er dasselbe über eine krumme Nase sagen.

Kevin lag mit geschlossenen Augen ganz ruhig da und drückte die Eispackung an sein Gesicht. Gerade als sie dachte, er sei eingeschlafen, sah sie, wie Tränen über seine Wangen liefen. „Ich kann nicht richtig atmen."

Sie nahm ihm die Eispackung ab. „So, damit wäre es entschieden. Wir fahren jetzt ins Krankenhaus."

„Aber Papa hat doch gesagt –"

„Ich weiß, was dein Vater gesagt hat. Aber ich bringe dich jetzt ins Krankenhaus und lasse deine Nase untersuchen."

Kevin trottete hinter ihr die Treppe hinunter in die Küche. Keine Spur von Brian und Tom, und der Mantel, den Tom über den Stuhl geworfen hatte, war auch verschwunden. „Wo ist dein Vater?"

„Sie sind losgefahren, um Pizza zu holen."

Sie schnappte sich ihre Schlüssel und nahm ihren Mantel aus dem Schrank. „Schick ihm eine SMS und sag ihm, dass wir ins Krankenhaus fahren." Mara glaubte, Skepsis in seinem Blick zu entdecken. „Sag ihm, ich hätte dir keine Wahl gelassen." Er nahm sein Telefon aus der Tasche und tippte die Nachricht.

~

Nachdem sie anderthalb Stunden in der Notaufnahme gewartet hatten, schickte der Arzt sie nach Hause mit der Anweisung, weiter mit Eis zu kühlen, etwas gegen die Schmerzen einzunehmen und darauf zu warten, dass die Schwellung abklingen würde. „In einer Woche sollten Sie mit ihm einen Hals-Nasen-Ohren-Arzt aufsuchen", riet er. „Und falls Sie ein aktuelles Foto von ihm haben, nehmen Sie es mit, damit der Arzt die Form der Nase vergleichen kann."

„Und wieso bekommt er so schlecht Luft?", fragte Mara.

Der Arzt zuckte mit den Achseln. „Das liegt vermutlich an der Schwellung in seiner Nase. Atme durch den Mund."

„Papa wird ausflippen", sagte Kevin, als sie im Wagen saßen. „Ich hätte auf ihn hören sollen."

„Mach dir keine Gedanken. Ich regle das mit ihm." Sie achtete darauf, dass ihre Stimme mutiger klang, als sie sich fühlte. Kevin hatte recht. Tom würde außer sich sein, nicht nur, weil sie seine Autorität untergraben hatte, sondern auch wegen der Kosten für den unnötigen Krankenhausbesuch. Sie fluchte, allerdings nur still für sich. Noch wochenlang würde sie das unter die Nase gerieben bekommen. „Ich habe es doch gleich gesagt!", würde Tom schimpfen. Und außerdem hatte Kevin nun einen Grund mehr, seinem Vater mehr zu vertrauen als ihr. Sie fluchte erneut, dieses Mal allerdings laut.

Aus den Augenwinkeln konnte sie sehen, dass Kevin sie anschaute.

„Entschuldige", sagte sie.

Das Leben schien sich immer wieder aufs Neue gegen sie zu verschwören. Wenn Kevin die Schlägerei gar nicht erst angezettelt hätte, müsste sie sich jetzt nicht mit diesem ganzen Mist abgeben. Und wenn Tom seine Söhne nicht zu einem derart aggressiven Verhalten und überzogenen Ehrgeiz angestachelt hätte, wäre das vermutlich gar nicht erst passiert. Immer war sie es, die es am Ende ausbaden musste. Immer traf sie die ganze Wucht von anderer Leute –

„Mama?"

„Hm?"

„Auf dem Jagdausflug hat Papa mir etwas erzählt, und ich wollte nur wissen, ob es wirklich stimmt."

Mara blickte über ihre Schulter zurück und wechselte die Spur. „Was hat er dir denn erzählt?", fragte sie so beiläufig wie möglich.

Kevin starrte aus dem Fenster. „Dass du mich nicht gewollt hast. Dass er dich geheiratet hat, weil er Angst hatte, du würdest mich sonst abtreiben lassen."

So ein Mistkerl!

Sie riss sich zusammen, bevor ein Schwall an Schimpfwörtern über ihre Lippen kommen konnte. *Beherrsch dich.* Ihre Hände umklammerten das Lenkrad wie ein Schraubstock, während sie innerlich bis zehn zählte. Eins, zwei, drei, vier …

Wie hatte Tom es wagen können –

Fünf, sechs, sieben …

Sie hielt den Blick fest auf die Straße gerichtet. Das war eine regelrechte Tretmine!

Acht, neun ...

Aber vielleicht musste sie jetzt da durch.

Zehn.

Hilf mir, Herr.

Sie blies die Wangen auf und ließ die Luft langsam wieder entweichen. „Es stimmt, dass ich mit dir schwanger geworden bin, bevor wir verheiratet waren", erklärte sie vorsichtig. „Und es stimmt, dass dein Vater Angst hatte, ich würde drastische Maßnahmen ergreifen, weil ich mich damals in einer ziemlich verzweifelten Situation befunden habe." Kevin hatte sich ihr leicht zugewandt. Selbst in der Dunkelheit konnte sie sein schmerzverzerrtes Gesicht erkennen. „Aber das hatte absolut nichts mit dir zu tun, Kevin. Es ging nur um mich."

Er wandte sich wieder von ihr ab. *Jesus. Hilf mir. Bitte.*

Sie kamen an eine Kreuzung in der Nähe eines Einkaufszentrums. Anstatt geradeaus zu fahren, bog Mara nach links auf den Parkplatz des Einkaufszentrums ab und parkte vor einem Schnellimbiss. Mit laufendem Motor löste sie ihren Sicherheitsgurt, um sich Kevin zuwenden zu können. „Kevin, schau mich an." Sie berührte sanft sein Kinn. Er drehte sich zu ihr um. „Ich habe in meinem Leben viel Mist gebaut und vieles getan, was ich bereue. Dinge, für die ich mich schäme. Aber du gehörst definitiv nicht dazu. Okay? Das meine ich ernst."

Er hielt den Blick gesenkt und schwieg.

Moment mal.

„Hast du deshalb heute den Streit angezettelt? Wegen dem, was dein Vater gesagt hat?“

Er zuckte die Achseln. „Weiß nicht.“

So gern sie mehr gewusst hätte, sie hielt sich zurück. Wenn sie ihn zu stark drängte, würde er nur dicht machen.

„Es tut mir leid, Kev. Sehr leid. Es wäre besser gewesen, wenn dein Vater es dir nicht erzählt hätte.“

„Aber verrate ihm bloß nicht, dass ich mit dir darüber gesprochen habe, okay?“

Als er den Blick hob und sie ansah, entdeckte Mara Angst darin. Seit Jahren hatte sie diesen Ausdruck in Kevins Augen nicht mehr gesehen. Nicht mehr, seitdem Tom auf den Gürtel verzichtet hatte, um Kevin zu bestrafen. Den hatte er früher nämlich immer benutzt, wenn Kevin etwas angestellt hatte. „Auch ich habe als Kind den Gürtel zu spüren bekommen. Und es hat mir nicht geschadet“, hatte Tom dann immer betont. „In diesem Haus werden keine Weicheier großgezogen!“

Das alles hatte Mara ganz vergessen. Oder vermutlich hatte sie es aus ihrer Erinnerung verdrängt. Einmal war Tom auch auf Jeremy losgegangen, aber Jeremy hatte sich das nicht gefallen lassen und sich gewehrt. Beim bloßen Gedanken an diese Szene stieg Übelkeit in Mara hoch. An jenem Abend hätte sie beinah die Polizei gerufen. „Ich behalte das für mich“, versprach sie. „Du brauchst keine Angst zu haben.“

Sie schnallte sich wieder an und setzte rückwärts aus der Parklücke.

„Papa hat noch etwas gesagt.“

Das kann ich mir vorstellen.

„Er sagte, er habe einen neuen Job.“

Sie trat auf die Bremse. „Was?“

„Er ist wohl befördert worden."

„Was? Wann?"

„Ich weiß es nicht. Er hat es mir gestern erzählt. Er soll wohl nach Cleveland versetzt werden."

„Nach Cleveland!" Dort war der Hauptsitz der Firma angesiedelt, das konnte also gut möglich sein. *Was um alles in der Welt* –

„Und er hat mir verboten, dir davon zu erzählen."

Ein Autofahrer hupte. Sie hupte zurück, gleich zweimal hintereinander.

„Ich will nicht nach Cleveland ziehen", sagte Kevin. „Alle meine Freunde sind hier."

Bleib ruhig, ermahnte sie sich, während sie vom Parkplatz herunterfuhr. *Bleib ganz ruhig.* „Hat er auch gesagt, wann es so weit sein soll?"

„Irgendwann nach Weihnachten."

Das konnte er nicht tun. Tom konnte nicht einfach auf eigene Faust eine solche Entscheidung treffen und die komplette Familie nach Cleveland schleppen. Das würde sie nicht zulassen.

„Weiß Brian auch davon?"

„Ich glaube nicht. Brian kann Geheimnisse nicht für sich behalten. Papa hat es mir auf der Heimfahrt anvertraut, als Brian geschlafen hat."

Mara brauchte alle Kraft, um Ruhe zu bewahren. „Es tut mir leid, Kev. Dein Vater hätte dich niemals in eine solche Situation bringen dürfen. Ich werde mit ihm reden und das regeln."

„Aber dann erfährt er doch, dass ich es dir verraten habe!"

„Okay. Richtig. Mach dir keine Sorgen. Ich überlege mir was. Versprochen."

Als sie nach Hause kamen, waren Tom und Brian glücklicherweise so vertieft in irgendeinen „monumentalen" Boxkampf auf dem Sportkanal, dass Tom ihnen kaum ein Wort gönnte, außer dass es zum Glück immer noch richtige Männer auf der Welt gebe, die keine Angst davor hätten, auch mal kräftig zuzuschlagen. Kevin verzog sich mit einigen übrig gebliebenen Pizzastücken nach oben. Mara wärmte sich ein Tiefkühlgericht auf und zog sich in ihr Zimmer zurück, um Hannah anzurufen und sie um Rat zu fragen. *Gott, zeige mir, was ich tun soll. Bitte.*

Hannah

„Alles in Ordnung, Shep?“, fragte Nathan. „Das war sicher ein sehr anstrengender Tag für dich. Erst die Sache mit Charissa und Meg, und jetzt auch noch Mara.“

„Ja, es war eine anstrengende Woche“, erwiderte Hannah. Eine Woche, in der sie ständig an ihre Arbeit in der Westminster Church erinnert wurde, als eine Krise die nächste gejagt hatte. So war es schon immer gewesen. In der Weihnachtszeit schien es besonders häufig zu Situationen zu kommen, in denen die Hilfe eines Pastors benötigt wurde, vielleicht wegen der Hektik oder weil die Leute in dieser Zeit des Jahres alles besonders intensiv zu erleben schienen – die Höhen wie die Tiefen.

Sie streichelte den Kopf des Golden Retrievers, der sich an ihr Knie drückte.

„Verschwinde, Chaucer!“ Nathan deutete zum angrenzenden Wohnzimmer. „Geh und leg dich dorthin.“ Er griff in ein Gefäß auf dem Küchentisch und warf dem Hund einen Kauknochen zu. Chaucer fing ihn geschickt auf und verzog sich ins Wohnzimmer. Hannah klopfte ein paar Hundehaare von ihrer schwarzen Jeans. „Möchtest du einen Kaffee?“, fragte er.

„Nein, danke.“

„Tee?“

„Nein, gar nichts, danke.“

Er setzte sich zu ihr an den Tisch und ergriff ihre Hände. „Gibt es irgendetwas, das ich für dich tun kann?“

Hannah schüttelte den Kopf. „Erinnere mich noch einmal daran, dass ich nicht als Pastorin hier bin. Weder für Mara noch für Meg."

Nathan drückte ihre Hand.

„Wenn du an meiner Stelle wärst, welchen Rat würdest du Mara geben? Als Freund, meine ich?"

„Nun, als Erstes würde ich dazu raten, ihr gar keinen Rat zu geben. Du kennst nun mal nicht alle Einzelheiten der Geschichte."

Richtig. Diese Antwort hätte sie voraussehen können. „Also gut, wie würdest du ihr zur Seite stehen, wenn du an meiner Stelle wärst? Was würdest du tun?"

Er zuckte die Achseln. „Beten. Zuhören. Sie ermutigen, darauf zu achten, wie Gott in alldem bei ihr ist." Er hielt inne. „Ihr dabei helfen, wachsam zu sein."

„Du klingst genau wie Katherine."

„Ich schätze, ihre Art hat im Laufe der Jahre auf mich abgefärbt."

Hannah lehnte sich auf dem Stuhl zurück. „Maras Beziehung zu Tom ist so belastet. Wer weiß, was daraus noch werden wird." Sie klemmte ihre Haare hinter die Ohren. Wie Mara fragte auch sie sich, wie lange Tom das alles bereits geplant hatte. Vielleicht war er deswegen in der vergangenen Woche in der Stadt geblieben. Weil er die Sachen in seinem Büro in Kingsbury ordnen wollte.

Nathan bedeutete ihr, sitzen zu bleiben, während er ins Wohnzimmer verschwand. Als er zurückkam, blätterte er in einer zerschlissenen Lederbibel. „Heute Morgen habe ich mit dem ersten Kapitel des Johannesevangeliums gebetet", sagte er, als er sich wieder an den Tisch setzte. „Diesen Advent konzentriere ich mich nämlich auf die ersten Verse des Kapitels und versuche, das Wunder zu begreifen." Er schwieg und las vor.

Hannah hatte schon viele Bibelstunden über die Einleitungsverse des Johannesevangeliums gehalten und im Laufe der 15 Jahre ihres Dienstes in der Westminster Church mehrmals darüber gepredigt. Obwohl sie sich schon häufig mit der theologischen Tiefe dieser Zeilen beschäftigt hatte, hatte sie sich noch nie hingesetzt und im Gebet darüber nachgedacht.

„Beim Gottesdienst an Heiligabend habe ich diese Verse häufig auswendig aufgesagt", erzählte Nathan. „Am Ende des Gottesdienstes wurden alle Lichter im Raum gelöscht und dann kam ich mit einer Kerze nach vorn und trug sie vor. Für viele Besucher war dies der Höhepunkt des Weihnachtsgottesdienstes."

Nachdenklich fuhr Nathan fort: „Beim ersten Mal meinte ich es noch ernst. Als ich in der dunklen Kirche diese Worte sprach, konnte ich den Heiligen Geist spüren. Doch nach jenem ersten Jahr verkam es mehr und mehr zu einer Darbietung. Ich war bemüht, die Verse richtig zu betonen, um die Gottesdienstbesucher emotional zu berühren. Und ich wollte sie beeindrucken. Als ich in einem Jahr einmal aussetzte, gab es einen regelrechten Aufruhr – so, als hätte jemand das komplette Weihnachtsfest abgesagt."

Hannah lachte. Sie wusste, dass viele Gemeinden an bestimmten Praktiken und Traditionen hingen. Solche Konflikte kannte sie auch aus der Westminster Church. Und vermutlich würde es sie auch in diesem Advent wieder geben. *Herr, segne die Gemeinde. Segne die Mitarbeiter. Segne dein Volk.*

Nathan hatte die Hand auf eine Seite der Bibel gelegt und schaute Hannah an. „Danach habe ich diese Zeilen lange Zeit nicht mehr gelesen", gestand er. „In meiner Erinnerung waren sie ganz eng mit meinem Pastorenamt verbunden. Also mit jener Zeit, in der ich meine Seele verloren hatte, weil ich allen gerecht werden wollte und meine eigene Beziehung zu Gott dabei vernachlässigt habe. Es waren jene Worte gewesen, die ich vor Menschen aufgesagt hatte; Worte, mit denen ich sie beeindrucken und unterhalten wollte. Aber vor Kurzem hat Katherine vorgeschlagen, ich solle diese Verse noch einmal lesen. Seitdem denke ich jeden Tag über ein paar Worte oder Sätze nach und bitte Gott, die Reste meines Egos zu entfernen, die ihnen noch anhaften. Und weißt du, was mir heute aufgefallen ist?" Er blickte auf die Seite. „Ich lese die Verse 6 bis 9: ‚Es trat einer auf, den Gott gesandt hatte; er hieß Johannes. Er sollte Zeuge sein für das Licht und alle darauf hinweisen, damit sie es erkennen und annehmen. Er selbst war nicht das Licht; er sollte nur auf das Licht hinweisen. Das wahre Licht, das in die Welt gekommen ist und nun allen Menschen leuchtet, ist Er, der das Wort ist.'" Er legte beide Hände auf die Seite und drückte fest darauf. „Wenn ich mir das, was Johannes der Täufer vorgelebt hat, wirklich zu Herzen genommen hätte, dann wäre meine Zeit als Pastor vielleicht ganz anders verlaufen. Vielleicht hätte ich dann weniger Zeit darauf verwendet, selbst das Licht sein zu wollen, und stattdessen versucht, die Menschen auf das Licht hinzuweisen. Sie darauf aufmerksam zu machen, wie es in der Dunkelheit aufleuchtet. Ich hätte ihnen vielleicht Mut gemacht, darauf zu vertrauen, dass es ganz sicher eines Tages kommen wird." Er hielt inne. „Ich glaube, das ist die Art, wie ich Meg und Mara begleiten würde, wenn ich du wäre."

Hannah nickte langsam. Das war gut. Sehr gut. Vielleicht sollte auch sie diese Passage noch einmal genauer unter die Lupe nehmen, in der so viel Wertvolles steckte.

Jake erschien in der Küchentür. Er hielt ein Schulbuch in der Hand. „Papa?"

Nathan drehte sich um. „Ja, Kumpel?"

„Kennst du dich mit quadratischen Gleichungen aus?"

„Ich komme gleich hoch."

„Aber –“

„Gleich, Jake.“ Sein Tonfall war schärfer, als Hannah es je zuvor von ihm gehört hatte, und das erstaunte sie.

Mit hängendem Kopf verließ Jake den Raum und trollte sich nach oben.

„Ich sollte jetzt gehen. Er braucht dich.“

„Er kommt schon klar.“

„Nate, wirklich. Es war sehr großzügig, dass du dir heute Abend Zeit für mich genommen hast. Und dann auch noch so kurzfristig.“ Sie stand auf. „Wirklich. Ich muss jetzt sowieso los. Es ist schon spät.“

„Bleib doch noch“, sagte er. „Bitte. Ich gehe hoch und helfe ihm ein bisschen, und dann –“

Hannah legte ihren Zeigefinger auf seine Lippen. „Er braucht seinen Vater.“

Chaucer steckte seinen Kopf durch die Tür. Ein labbriges Reststück seines Kauknochens hing ihm aus dem Maul. Er legte den Leckerbissen vor Nathan ab und wedelte erwartungsvoll mit dem Schwanz.

Hannah rief Jake, der mit seinem Mathebuch auf dem Treppenabsatz erschien, einen Abschiedsgruß zu. „Danke, dass du deinen Vater mit mir geteilt hast.“

„Gern geschehen.“

„Und danke für das Abendessen“, sagte sie an Nathan gewandt. „Und für das Gespräch. Du gibst mir immer gute Anregungen zum Nachdenken mit. Keine einfachen, aber gute. Danke.“

„Sehr gern. Und das nächste Mal essen wir etwas Aufregenderes als Spaghetti.“ Er holte ihren Mantel aus dem Schrank im Flur und half ihr hinein. „Ich werde für dich beten, Hannah. Für euch alle. Sag Bescheid, wenn ich euch helfen kann.“ Er gab ihr einen Kuss auf die Wange. „Ich bin für dich da. Vergiss das nicht. Wir können gemeinsam nach dem Licht Ausschau halten.“

Auf dem Heimweg betete sie, Nathan möge auch für Jake da sein. Sie hatte das Gefühl, dass das Licht bald noch heller scheinen würde – für beide von ihnen. Und zwar so hell, dass es ihnen vielleicht in den Augen wehtäte.

~

Montag, 8. Dezember, 23 Uhr

In der vergangenen Stunde habe ich das 1. Kapitel des Johannesevangeliums gelesen, und nun bin ich erstaunt über die Erkenntnisse, die ich daraus gewonnen habe. Nate erwähnte die Verse 6 bis 9, in denen es darum geht, dass Johannes der Täufer zwar Zeugnis für das Licht abgelegt hat, dass er selbst aber nicht das Licht war. Was für eine treffende Beschreibung für das, was meinen Dienst als Pastorin 15 Jahre lang so ungesund gemacht hat. Mit meinen Worten habe ich zwar verkündet, dass Jesus das Licht ist, aber gelebt habe ich so, als sei ich selbst das Licht. Kein Wunder, dass ich mich dermaßen aufgerieben habe. Ich habe nicht gelebt wie ein von Gott geliebter Mensch; ich wollte ihn ersetzen. Herr, vergib mir.

Ich habe eine Weile über diese Verse nachgedacht und dann bis Vers 20 weitergelesen. Und die beiden letzten Verse haben mich richtig gepackt: „Die führenden Männer aus Jerusalem schickten Priester und Leviten zu Johannes. Die sollten ihn fragen: ‚Wer bist du?' Da machte Johannes seine Zeugenaussage; er wich der Antwort nicht aus, sondern bezeugte mit aller Deutlichkeit: ‚Ich bin nicht der versprochene Retter.'"

Ich bin nicht der versprochene Retter.

Worte, die jeder von uns verinnerlichen sollte. Und eine gute Ergänzung für meine Erkenntnisse aus Jesaja, Kapitel 9, wo es heißt, dass die Herrschaft auf SEINEN Schultern ruht, nicht auf meinen.

Und als Übung, um mein ausgeprägtes Verantwortungsgefühl, mein Bedürfnis, gebraucht zu werden, meine Selbstgefälligkeit und meinen Stolz abzulegen, gebe ich das alles mit diesem Brief an dich ab, Herr.

Hiermit trete ich offiziell als deine Gesandte zurück. Durch diesen Rücktritt erkläre ich, dass du mich erstens nicht dazu ermächtigt hast, an deiner Stelle als Schöpfer des Universums zu handeln. Zweitens, dass ich nicht deine Stellvertreterin bin und nicht die Macht habe zu handeln, wenn du nicht anwesend zu sein scheinst, und drittens, dass ich nicht so wichtig für dein künftiges Reich bin, wie ich es mir lange Zeit eingebildet habe.

Vergib mir. Statt es zu leugnen, bekenne ich hiermit ganz offen und ehrlich, dass ich nicht der versprochene Retter bin.

Ich stehe immer in der Versuchung, einzugreifen und deine Welt in Ordnung bringen zu wollen, wenn ich nicht darauf vertraue, dass du im Leben deiner Geschöpfe wirkst, um deinen guten Plan für sie zu verwirklichen. Vergib mir.

Ich versuche, deinen Platz einzunehmen, wenn ich andere leiden sehe und nicht weiß, wie ich ihnen beistehen soll. Wenn ich nicht mehr glauben kann, dass du auch anderen ein guter und liebevoller Gott sein willst, bin ich versucht, einzuspringen und sie zu retten, und damit meiner Sucht, gebraucht zu werden, nachzugeben. Tief in meinem Innern möchte ich selbst der Gott sein, der Schmerzen lindert. Eines Tages, hast du gesagt. Eines Tages wirst du alles gutmachen. Bitte hilf mir, auch in der Zwischenzeit nicht zu vergessen, dass du deine Geschöpfe und die Last, die jedes von ihnen im Augenblick trägt, im Blick hast.

Hilf mir, auf das Licht hinzuweisen, Herr, und nicht zu versuchen, selbst das Licht für andere zu sein. Bitte sei du der, der du bist. Für Meg. Für Mara. Für die Menschen, die sie lieben und nach denen sie sich sehnen. Und hilf mir, die guten und gnädigen Grenzen, die du mir als ihrer Freundin und Schwester in Christus gesetzt hast, nicht zu überschreiten. Lehre mich. Befreie mich. Hilf mir, sie auf eine gute Weise zu lieben.

Und da ist auch noch ein anderer Raum, der mir so fremd erscheint und in dem das Leben für mich so ungewohnt ist: der Alltag mit Nate. Es ist eine Sache, seine Gastfreundschaft zu Thanksgiving in Anspruch zu nehmen oder einen schönen Tag mit ihm zu verbringen. Aber wenn ich ungeplant an einem gewöhnlichen Schultag zum Essen zu ihm und Jake komme, empfinde ich mich als Eindringling. Ich werde die Sorge nicht los, dass ich sie aus dem Tritt bringe; egal, wie sehr Nate auch betont, dass es nicht so ist. Zwei Jahre leben die beiden nun schon allein, und ich möchte nicht, dass Jake eifersüchtig oder ärgerlich wird, weil sein Vater so viel Zeit mit mir verbringt.

Ich liebe Nates Leidenschaft, Hingabe und Zielstrebigkeit, aber es war auch die Zielstrebigkeit gegenüber seiner Arbeit als Pastor, die einen Großteil zum Scheitern seiner Ehe beigetragen hat. Er sagte einmal, er sei dankbar, dass Jake ihn nur als liebevollen und aufmerksamen Vater in Erinnerung habe. Mir wird allmählich klar, dass seine Hingabe mir gegenüber leicht in Konkurrenz treten kann zu der Aufmerksamkeit, die er Jake widmet.

Hilf mir, Herr. Das ist schwer für mich, denn ich muss gestehen, dass ich sehr gern mit Nate zusammen bin. Ich weiß nicht, wie ich mich verhalten soll. Zeige mir bitte, wie ich in diesem Raum leben kann, Herr.

7

Meg

Am Dienstagmorgen wachte Meg früh auf und machte sich auf den Weg zum Frühstücksraum des Hotels. Dort wurde sie von Claire begrüßt, nachdem sie sich an einem Ecktisch in der Nähe des Kamins niedergelassen hatte. „Guten Morgen. Geht es Ihnen wieder besser?"

„Ein wenig." Meg hoffte, dass ihre geröteten Augen nicht zu viel verraten würden.

„Heute ein richtiges Frühstück mit allem Drum und Dran?"

„Nur Tee und Toast, bitte."

Im Frühstücksraum herrschte mehr Betrieb als gewöhnlich, denn eine Gruppe amerikanischer Touristen bevölkerte den Saal. Meg schnappte einige Wortfetzen darüber auf, was sie für diesen Tag geplant hatten: eine Sightseeingtour durch die Stadt, um die historischen Sehenswürdigkeiten kennenzulernen, eine Besichtigung von Churchills Einsatzzentralen, eine Show im West End. „Ich muss mir unbedingt geeignetere Schuhe kaufen", bemerkte eine Frau. „Ich habe Blasen vom vielen Laufen gestern."

Ein Spaziergang.

Vielleicht würde Meg dadurch den Kopf freibekommen, um zu beten und herauszufinden, was sie nun tun sollte. Ein Umgebungswechsel würde ihr bestimmt guttun. Als Claire ihr

Frühstück brachte, nutzte Meg die Gelegenheit und fragte sie, ob sie ihr ein lohnendes Ziel empfehlen könne.

„Der Russell Square ist wunderschön. Oder wenn Sie noch nicht in Kensington oder dem Hyde Park gewesen sind, sollten Sie unbedingt einmal dorthin gehen." Sie goss Milch in Megs Tasse und füllte sie mit Tee auf. „Vielleicht haben Sie ja auch Lust auf eine Stadtführung. Im Hotelfoyer liegen einige Flyer aus. Besonders empfehlenswert sind die Touren, die man zu Fuß zurücklegt. Sie können zwischen unterschiedlichen Routen wählen."

Das klang gut. Meg brauchte sich gar nicht sofort zu entscheiden. Stattdessen könnte sie ihre Laufschuhe anziehen und die Stadt zu Fuß erkunden. „Ich glaube, ich habe meine Meinung geändert. Ich nehme nun doch ein richtiges Frühstück mit allem Drum und Dran."

Claire lächelte. „Sehr gerne."

~

„Der Reiz Londons liegt darin", sagte der Stadtführer, „dass Sie an der Oberfläche kratzen können. Wenn Sie einen Blick in die verborgenen Höfe und schmalen Gässchen werfen, werden Sie feststellen, dass die Stimmen der Vergangenheit noch immer zu denen sprechen, die bereit sind, zuzuhören."

Meg war bereit, zuzuhören, und bei dieser Stadtführung entdeckte sie schließlich das London, das zu finden sie gehofft hatte. Sie wünschte nur, Becca wäre bei ihr gewesen und hätte miterlebt, wie der Stadtführer in der Nähe des Gatehouse in Lincoln's Inn ganze Paragrafen aus Charles Dickens' Werken zitierte oder vor dem Nachbau des Globe Theatre Zeilen aus Shakespeares Werken vortrug. Das hätte ihr bestimmt gefallen. Oder zumindest glaubte Meg, dass es ihr gefallen hätte. Sie überquerten einige der moderneren Straßen, um schließlich in die schmalen

Gässchen vergangener Zeitalter einzutauchen, die dank der mitreißenden Erzählweise des Stadtführers plötzlich wieder lebendig zu werden schienen. Obwohl sie es eigentlich nicht geplant hatte, nahm Meg sowohl morgens als auch nachmittags an einer Städtetour teil, sodass sie gerade noch rechtzeitig zum Nachmittagstee im Hotel eintraf.

Und dort sah sie plötzlich Becca im Foyer sitzen. Sie war in heller Aufregung. „Du hast meine Anrufe nicht angenommen", sagte sie mit unverhohlenem Vorwurf in der Stimme.

Meg griff in ihre Handtasche. Kein Telefon. „Das tut mir leid. Ich habe es wohl in meinem Zimmer vergessen." Die Stadtführungen hatten sie so sehr gefesselt, dass sie es nicht einmal bemerkt hatte.

„Ich habe den ganzen Tag versucht, dich zu erreichen. Wo hast du gesteckt?"

„Ich war spazieren."

„Spazieren? Wo denn?"

„In der ganzen Stadt. Ich habe zwei geführte Touren mitgemacht."

„Und ich dachte schon, es sei etwas passiert. Das nächste Mal nimmst du bitte dein Telefon mit!"

Meg biss sich auf die Zunge, um keine unüberlegte Bemerkung von sich zu geben. Vielleicht war es ja ein positives Zeichen, dass Becca mit ihr reden wollte und sich so große Sorgen gemacht hatte, dass sie ins Hotel gekommen war. Aber vielleicht wollte sie sich auch nur davon überzeugen, dass Meg ihren Heimflug bereits gebucht hatte. „Ich wollte gerade einen Tee trinken", sagte Meg. „Möchtest du mir Gesellschaft leisten?"

Becca erhob sich vom Sofa. Ihre Hände waren unruhig. „Ich will mit Simon zu Abend essen."

Meg legte Mantel und Schal ab. „Okay." Auch wenn es noch so armselig klang, ihr fiel nichts Besseres ein.

Auch Becca schien nicht zu wissen, was sie sagen sollte. „Aber ein bisschen Zeit habe ich noch."

Da Becca jedes Anzeichen von Freude ihrerseits als Manipulationsversuch hätte deuten können, sagte Meg nur: „Okay", und folgte ihr in den Speiseraum. Becca wählte denselben Tisch, an dem Meg bereits ihr Frühstück eingenommen hatte, ganz in der Nähe des Kamins.

Claire räumte gerade den Nachbartisch ab und begrüßte Meg mit einem strahlenden Lächeln. „Ist das Ihre Tochter?" Meg nickte. „Das habe ich sofort gesehen. Sie haben die gleichen Augen." Claire reichte beiden eine Speisekarte und legte Servietten und Besteck auf den Tisch. „Und, haben Sie eine Stadtführung mitgemacht?"

„Zwei sogar. Vielen Dank für die Empfehlung! Es war einfach toll. Die beste Art, den Tag zu verbringen!"

„Ich freue mich, dass es Ihnen wieder besser geht. Ich habe mir Sorgen gemacht, als ich Sie gestern gesehen habe. Es schien Ihnen wirklich nicht gut zu gehen." Meg beobachtete, wie Becca den Mund verzog.

„Sehr nett von Ihnen", bedankte sich Meg.

„Das ist doch selbstverständlich. Sagen Sie einfach Bescheid, wenn Sie etwas ausgesucht haben."

„Weißt du schon, was du möchtest?", fragte Meg, nachdem Claire in der Küche verschwunden war.

Becca hatte sich hinter der Speisekarte verschanzt. „Earl Grey, denke ich."

„Ist es in Ordnung, wenn wir uns eine Kanne teilen?", fragte Meg, auch wenn ihr die Frage in diesem Moment ziemlich lächerlich vorkam.

„Von mir aus."

Einatmen. *Hilf mir, Herr.*

Ausatmen. *Bitte.*

Meg schaute den fröhlich flackernden Flammen der Adventskerzen bei ihrem Tanz zu. „Und … wie war dein Tag?“ Sie wusste nicht, was sie sonst sagen sollte.

„Du meinst, abgesehen davon, dass ich mir Sorgen um dich gemacht habe?“ Becca wich noch immer ihrem Blick aus.

„Das tut mir leid. Ich habe gar nicht darüber nachgedacht, dass du versuchen könntest, mich zu erreichen.“

„Nett. Danke für die Schuldgefühle.“

„Becca. Bitte. Ich wollte damit nur sagen, dass ich nach unserem Gespräch von vorgestern Abend nicht damit gerechnet habe, heute von dir zu hören.“

„Ja … wegen vorgestern …“ Sie legte ihre Speisekarte aus der Hand. „Können wir vielleicht darüber reden, ohne dass es gleich wieder unschön wird?“

„Gern. Sehr gern sogar.“

Hilf mir, Herr.

Hilf uns.

Becca stützte ihre Ellbogen auf den Tisch auf. „Ich habe den ganzen Tag darüber nachgedacht. Du hast mir doch immer gesagt, du würdest dir wünschen, dass ich meine Flügel ausbreite, nicht?“

Meg nickte. Das stimmte, denn sie hatte nie gewollt, dass Becca einmal durch dieselben Ängste eingeengt werden würde, unter denen sie zu leiden hatte. Stattdessen hatte Meg sich gewünscht, dass Becca vollkommen frei wäre.

„Tja, also, du kannst nicht erst so etwas sagen und dann bestimmen wollen, wohin meine Flügel mich tragen. Ich muss mein eigenes Leben führen, meine eigenen Entscheidungen treffen. Es tut mir leid, wenn du mit diesen Entscheidungen nicht einverstanden bist, aber ich bin nun mal kein kleines Mädchen mehr.“

„Nein, das bist du nicht.“

„Ich wünsche mir eine gute Beziehung zu dir, Mama. Wirklich." Becca streckte die Hand aus und legte sie auf Megs. Meg versuchte, ihre Tränen wegzublinzeln. „Es tut mir wirklich leid, dass ich dich angelogen habe. Aber ich muss dazu in der Lage sein, mein Leben zu leben, ohne mir ständig Gedanken darüber machen zu müssen, ob du meine Art zu leben nun billigst oder nicht. Simon ist ein Teil meines Lebens und ich will und werde mich seiner nicht schämen. Es gibt nichts, weswegen ich mich schämen müsste. Ich bin sehr glücklich!"

Becca schob ihr Kinn vor, um ihre feste Entschlossenheit zu signalisieren – genau, wie es Jim immer getan hatte. „Im Augenblick siehst du genauso aus wie dein Vater." Die Worte waren über Megs Lippen gekommen, bevor sie darüber hatte nachdenken können.

„Ist das denn schlimm?", fragte Becca ohne Schärfe in der Stimme.

„Nein, das ist nicht schlimm. Aber es zeigt mir, dass du deine Meinung nicht ändern wirst. Dein Vater hatte diesen Gesichtsausdruck immer dann, wenn er eine Entscheidung getroffen hatte. Und in dem Moment wusste ich, dass es keinen Sinn mehr hatte, mit ihm darüber zu diskutieren."

Das war der Augenblick, auf den Meg gewartet hatte.

Immanuel.

Du bist bei mir.

„In den vergangenen Monaten habe ich übrigens viel über deinen Vater nachgedacht", begann Meg. „Das war sehr schwer für mich. Aber auch heilsam. Ich wollte dir noch sagen –", Meg brach ab, als Claire an den Tisch trat, um ihre Bestellung aufzunehmen.

„Wissen Sie schon, was Sie haben möchten?", fragte Claire.

„Nur Scones und eine Kanne Earl Grey, bitte."

„Keine Sandwiches?"

„Heute nicht, danke.“ Meg nahm die weiße Leinenserviette vom Tisch und breitete sie auf ihrem Schoß aus. Ihre Hände hatten leicht zu zittern begonnen. Sie wartete, bis Claire wieder weggegangen war, bevor sie sich räusperte.

Immanuel.

Du bist bei mir.

„Es tut mir sehr leid, Becca. Es war selbstsüchtig von mir, dir deinen Vater vorzuenthalten. Bitte verzeih mir.“

Ohne Meg anzuschauen, faltete auch Becca ihre Serviette auf. „Dafür brauchst du dich nicht zu entschuldigen.“

„Aber es ist mir ein Bedürfnis“, erwiderte Meg. „Ich wünschte, du wärst mit Geschichten von ihm aufgewachsen und hättest erfahren, wie sehr er dich geliebt hat, noch bevor du überhaupt geboren worden warst. Ich hätte dir von ihm erzählen sollen. Ich hätte ihn mit dir teilen sollen.“

Becca seufzte frustriert. „Wenn du jetzt versuchst, eine Verbindung zwischen meiner Beziehung zu Simon und der Tatsache herzustellen, dass ich ohne Vater aufgewachsen bin, dann werde ich nicht hier sitzen bleiben und –“

„Nein, Schatz. Nein. Das ist nicht der Grund, warum ich es angesprochen habe.“ *Herr. Hilf mir. Bitte.* „Du musst mir glauben! Im vergangenen Oktober ist mir klar geworden, dass ich schon längst mit dir darüber hätte sprechen sollen. Und es ist einer der Gründe, weshalb ich hergekommen bin. Das ist alles.“

Becca starrte auf ihre Hände. „Also gut. Danke.“

Meg griff in ihre Tasche, nahm Jims Karte heraus und reichte sie ihr.

„Was ist das?“, fragte Becca.

„Eine Karte, die dein Vater mir an dem Tag gegeben hat, an dem wir dich zum ersten Mal auf dem Ultraschall gesehen haben.“

Becca betrachtete die Schrift auf dem Umschlag, öffnete ihn aber nicht. „Mama, ich –“

„Nur zu, mach ihn auf." Meg nickte ihr ermutigend zu. „Das sind die letzten Zeilen, die er mir geschrieben hat, und darin geht es ausschließlich um dich."

Becca legte den Umschlag auf den Tisch. „Ich kenne die Karte."

„Was?"

„Ich kenne sie."

„Das kann gar nicht sein! Ich habe sie erst vor ein paar Monaten vom Dachboden geholt, zusammen mit einigen anderen Sachen, die ich nach seinem Tod weggeräumt hatte."

Beccas Blick hing noch immer an der Karte. „Mama, ich habe sie schon gelesen, als ich vor langer Zeit deine Kiste auf dem Dachboden gefunden habe. Ich habe alle seine Briefe gelesen."

„Aber –"

„Es tut mir leid. Das hätte ich vielleicht nicht tun sollen."

Hatte Becca wirklich alle Briefe von Jim gelesen? Auch die Liebesbriefe, die er ihr in der zehnten Klasse geschrieben hatte? Die Karten, die er ihr zur Ermutigung zugesteckt hatte? Und die Briefe, mit denen er sich nach einem Streit bei ihr entschuldigt hatte? Wirklich alle?

„Wann war das?", fragte Meg.

„Ich weiß es nicht mehr genau. Irgendwann, als ich noch in der Grundschule war, wenn ich mich richtig erinnere. Ich habe mich heimlich mit einer Taschenlampe auf den Dachboden geschlichen, als du schon im Bett lagst, und dann habe ich die Kisten durchstöbert. Anschließend habe ich alles wieder so eingeräumt, wie ich es vorgefunden hatte." Kleinlaut blickte sie Meg an. „Bist du jetzt sauer?"

Sauer?, dachte Meg. Nein. Nicht sauer. Das war nicht das passende Wort, um ihre Gefühle zu beschreiben. Sie fand kein passendes Wort. Ihre Gefühle waren zu kompliziert, als dass man sie mit einem Wort hätte beschreiben können.

„Ich bin nicht sauer“, erwiderte Meg leise. „Ich hätte sie dir nur gern selbst gezeigt und deinen Vater auf diese Weise mit dir geteilt. Es tut mir leid, dass ich so lange gebraucht habe. Sehr leid.“

„Ist schon in Ordnung“, erwiderte Becca. „Mach dir keine Sorgen deswegen.“

Mach dir keine Sorgen deswegen?

Das war alles? Sie sollte sich deswegen keine Sorgen machen?

Fast zwei Monate lang hatte sich Meg diesen Augenblick ausgemalt. In ihrer Fantasie hatte sie diese Szene zu einem Höhepunkt in ihrer Mutter-Tochter-Beziehung hochstilisiert; zu einem Augenblick des Bekenntnisses, der eine noch tiefere Verbindung und Intimität zwischen ihnen bewirken würde. Aber nichts hatte sich so entwickelt, wie sie es geplant hatte.

Gar nichts.

Sie wollte den Umschlag gerade wieder in ihre Tasche stecken, als Becca darauf deutete und sagte: „Darf ich ihn vielleicht doch mal sehen? Es ist schon ein paar Jahre her.“

Meg reichte ihr den Umschlag und beobachtete Becca dabei, wie sie die Karte zusammen mit dem Ultraschallbild herauszog.

Während Becca die Karte las, ließ ihr Gesichtsausdruck keinerlei Rückschlüsse auf ihre Gefühle zu. Als sie fertig gelesen hatte, sagte sie nur: „Einer von Papas Wünschen ist ja tatsächlich in Erfüllung gegangen, nicht? Ich habe deine Augen geerbt.“

Ja, dachte Meg, *das war der eine Wunsch gewesen, der in Erfüllung gegangen war.*

Claire brachte ihren Tee und schenkte ihn ein. Während sie Marmelade und dicke Sahne auf ihre Scones schmierten, musste Meg erneut an den Abend denken, als Becca sie gefragt hatte, ob ihr Papa einen Schnurrbart getragen habe. Wenn sie doch nur Fotos mitgebracht hätte! Auf dem Dachboden lagen ganze Alben mit Bildern, die ihr gemeinsames Leben dokumentierten, aber auch Schachteln voller Fotos, die sie nie eingeklebt hatte. Das würde sie machen, sobald sie nach Hause zurückkam. Sie würde alle Fotos vom Dachboden holen und ihnen die Aufmerksamkeit schenken, die sie verdient hatten. Vielleicht würde sie einige von ihnen sogar einrahmen und im Haus verteilen. Ihre Mutter hätte bestimmt etwas dagegen gehabt. „Altäre" hätte sie sie genannt. Aber ihre Mutter war nicht mehr da und konnte damit auch keinen Einspruch erheben.

„Ich bin ein großer Feigling gewesen, Becca. Ein sehr großer Feigling. Nach dem Tod deines Vaters hatte ich solche Angst vor meiner Trauer und davor, in eine tiefe Depression abzugleiten, und deshalb habe ich ihn weggeschlossen, damit ich überhaupt weiterleben konnte. Deine Großmutter sagte immer, ich dürfe mir den Luxus der Trauer nicht gönnen. Sie sagte, ich müsse mich zusammenreißen, mich wie eine Erwachsene benehmen und weitermachen."

Becca setzte ein schiefes Lächeln auf. „Das stimmt. So hätte sich Oma wahrscheinlich ausgedrückt." Sie gab Meg die Karte zurück. „Sie war nicht besonders einfühlsam, oder?"

„Nein." Meg erwiderte Beccas schiefes Lächeln. „Alles andere als einfühlsam. Sie hatte ihre eigene Art, mit schwierigen Dingen umzugehen. Oder eben *nicht* damit umzugehen. Und ich glaube nicht, dass ihr überhaupt bewusst war, wie schlimm das alles für mich gewesen ist."

Meg drückte die Karte an ihre Brust.

Immanuel.

Du bist bei mir.

„Ich möchte, dass du eins weißt", sagte Meg, die die Karte immer noch umklammert hielt. „Ich habe deinen Vater mehr geliebt, als Worte es jemals ausdrücken könnten. Er war der hellste Stern in meinem Leben, mein bester Freund, und wir haben zehn unglaublich glückliche Jahre miteinander verbracht. In dieser Zeit haben wir uns nichts sehnlicher gewünscht, als eines Tages ein Kind zu bekommen, mit dem wir unsere Liebe teilen könnten. Und als ich dann wirklich mit dir schwanger wurde –", sie schluckte, „– waren wir überglücklich! Dein Vater hat viel Zeit damit verbracht, ein Zimmer in unserem kleinen Häuschen für dich umzubauen, und oft saß er dort bis spät in die Nacht und träumte davon, wie es wohl sein würde, wenn du endlich da wärst. Wir wussten nicht, ob du ein Junge oder ein Mädchen werden würdest – wir wollten uns überraschen lassen. Aber wenn ich gewusst hätte, dass –"

Megs Kehle schnürte sich zusammen, während Beccas Blick förmlich an ihr klebte.

„Wenn ich gewusst hätte, dass er dich nie in seinen Armen halten würde … ich …" Meg schluckte, um die Tränen zurückzudrängen, die ihr in die Augen steigen wollten. „Nun … es gibt so vieles, das ich heute anders machen würde, Becca. So vieles. Es tut mir schrecklich leid!"

Becca beugte sich vor, ergriff ihre Hand und drückte sie tröstend. „Du hast das gut gemacht, Mama", sagte sie. „Es ist doch nichts passiert, okay? Ich denke, Papa wäre stolz auf dich." Ein Piepen zeigte an, dass Becca eine SMS bekommen hatte. Sie holte ihr Handy aus der Tasche und las die Nachricht. „Ich muss gleich los", sagte sie und richtete sich auf. „Simon ist schon auf dem Weg zum Pub."

Meg traute ihrer Stimme nicht und knetete deshalb stumm an ihrer Serviette herum.

„Hör zu", sagte Becca, „ich habe dir zwar gesagt, dass es meiner Meinung nach das Beste für uns beide wäre, wenn du nach Hause fliegen würdest. Aber du kannst auch gerne hierbleiben, solange du daran arbeitest, meine Beziehung mit Simon zu akzeptieren."

Ihre Beziehung zu akzeptieren? Was genau sollte das heißen? Sollte Meg sie etwa gutheißen? Sich darüber freuen? Sollte sie sich zurücklehnen und zusehen, wie Becca sich ihm vollkommen auslieferte? Wie sollte das denn bitte schön funktionieren?

Sie knetete weiter die Serviette auf ihrem Schoß, bis sie den Eindruck hatte, die Kontrolle über ihre Stimme zurückgewonnen zu haben. „Danke", sagte sie leise. „Ich werde darüber nachdenken, was das Beste ist. Für uns beide."

Becca nahm ihren Mantel. „Das liegt an dir. Sag mir nur Bescheid."

Meg erhob sich vom Tisch und umarmte sie. „Danke, dass du mir ein wenig Gesellschaft geleistet hast."

Becca gab ihr einen Kuss auf die Wange. „Ich hab dich lieb, Mama. Das weißt du, nicht?"

Meg nickte und ließ ihren Tränen nun endlich freien Lauf.

„Danke, dass du die Karte mitgebracht hast. Und für deine Bereitschaft, Papa mit mir zu teilen."

Es gab noch so vieles, das Meg gern gesagt hätte, aber jetzt war nicht der richtige Zeitpunkt dafür. „Ich hab dich lieb, Becca", sagte sie. Vielleicht reichte das für den Augenblick.

~

9. Dezember

Ich bin jetzt seit einer Woche hier. Eigentlich wollte ich jeden Abend das Gebet der liebenden Aufmerksamkeit sprechen und meinen Tag mit Jesus überdenken, aber die ganze Sache mit Becca hat mich so sehr mitgenommen, dass ich es ganz vergessen habe. Es waren vielmehr Tage, an denen ich mich hinsetzen und Gott sagen musste, wie schwer ich mich mit meiner Situation tue. Und ganz besonders jetzt, wo ich nicht weiß, was ich tun soll. Ich kann nicht erkennen, wie Gott in all dem Chaos bei mir ist. Herr, bitte zeige mir, was ich nach deinem Willen sehen soll.

Wie ist mir in den vergangenen Tagen deine Liebe und Fürsorge bewusst geworden?

Ich denke zuallererst an Claire. Sie war freundlich zu mir, als ich es am dringendsten brauchte. Sie war für mich wie eine Botschafterin, die du mir geschickt hast. Danke, Herr. Danke für die Freundlichkeit, die du mir durch eine fremde Frau erwiesen hast.

Die Stadtführungen durch London heute waren ein Geschenk. Ich hatte das Gefühl, als würdest du an meiner Seite gehen und dich mit mir zusammen daran erfreuen. Vielleicht war es aber auch nur meine Fantasie. Doch ich weiß, dass du bei mir bist, wo immer ich auch hingehe, und mir gefällt die Vorstellung, dass du heute meine Freude geteilt hast.

Ich bin nur so traurig wegen Becca. So unglaublich traurig. Es ist schön, dass sie ihre Meinung geändert und gesagt hat, sie würde sich freuen, wenn ich bleibe. Aber wie soll ich hierbleiben, ohne Bitterkeit und Ärger zu empfinden? Simon stiehlt etwas von ihr. Er stiehlt etwas von mir. Von uns. Und das gefällt mir nicht. Es fällt mir schwer, in alldem deine Hand zu erkennen. Sehr schwer.

Aber wenigstens habe ich sie um Vergebung bitten können. Sie hat so getan, als wäre es keine große Sache, weil sie Jims Briefe bereits gelesen hatte. Auch deswegen bin ich traurig. Ich stelle mir vor, wie sie als kleines Mädchen allein auf den Dachboden geschlichen ist und in aller Heimlichkeit in meinen Sachen herumgestöbert hat, während ich geschlafen habe. Das macht mich sehr traurig. Was für ein einsames Leben für ein kleines Mädchen.

Oh Herr.

Ich erkenne es.

Ich erinnere mich.

Wie alt bin ich? Sechs? Oder sieben? Ich spiele mit meiner Freundin Adrienne im Haus Verstecken. Ich gehe auf den Dachboden, denn ich weiß, dass sie mich dort niemals finden wird. Ich verstecke mich in der Ecke hinter einigen Kisten. Bei einer Kiste fehlt der Deckel und ich schaue hinein. Sie ist voll mit alten Fotos. Ich sehe meinen Papa und fange an zu weinen. Mutter hört mich weinen. Sie klettert die Leiter hinauf und schimpft mich aus, weil ich auf dem Dachboden bin. Dann schickt sie Adrienne zur Strafe nach Hause.

Erst nach Jims Tod habe ich den Dachboden wieder betreten, als ich die Fotos und Briefe wegpacken wollte. Für mich war es nämlich immer verbotenes Terrain gewesen, und ich habe es nicht gewagt, mich Mutter zu widersetzen und zu riskieren, erneut bestraft zu werden.

Ein einsames kleines Mädchen auf einem Dachboden, das voller Trauer war. Das galt nicht nur für Becca, sondern auch für mich.

Hätte ich sie ausgeschimpft, wenn ich sie dort oben gefunden hätte? Hätte ich ihr klargemacht, dass sie dort nichts zu suchen hatte? Vielleicht ist es gut, dass ich es nicht wusste. Keine Ahnung. Ich wünschte, wir könnten jetzt gemeinsam dort sitzen und die Kisten durchsehen. Ich würde ihr von unseren Erlebnissen erzählen; von Dingen, die ich über Jahre hinweg verdrängt hatte. Vielleicht würde sie das gar nicht interessieren. Ich weiß es nicht. Ich weiß vieles nicht. Ich bin so verwirrt.

Als ich herkam, hatte ich nur eins im Sinn. Ich wollte mit ihr über Jim reden. Ob ich mit ihr über meinen Vater und die Familiengeheimnisse reden würde, die erst kürzlich ans Licht gekommen sind, hatte ich zu diesem Zeitpunkt noch nicht entschieden. Jetzt weiß ich gar nichts mehr. Ich dachte, wenn das Semester zu Ende ist, hätten wir unbegrenzt Zeit füreinander. Wenn ich hierbleibe, muss ich Becca mit Simon teilen. Ich weiß nicht, was ich tun soll, Herr. Und ich weiß nicht, ob ich deine Stimme erkennen kann, denn die Stimmen in meinem Kopf sind so schrecklich laut.

Bitte hilf mir, deine Stimme zu hören. Hilf mir, all meine Hoffnung auf dich zu setzen. Egal, was passiert. Hilf mir, dir zu vertrauen. Und bitte lass mich nicht fallen.

Mara

Da Tom schon seit Langem auf der Gästecouch im Keller schlief, hatte Mara in dieser Nacht viel Zeit zu überlegen, wie sie sich Informationen über den geplanten Umzug beschaffen konnte, ohne Kevin zu verraten.

Dass Kevin sich an sie gewandt hatte, war ein großer Vertrauensbeweis gewesen. Auf keinen Fall wollte sie ihn nun enttäuschen. *Hilf mir, Gott. Bitte zeig mir, was ich tun soll.*

Um drei Uhr morgens fiel ihr eine ganz einfache Lösung ein: Sie würde Weihnachtskekse backen und sie in Toms Büro bringen. Die Sekretärin, eine schwatzhafte Wichtigtuerin, die das Pensionsalter schon weit überschritten hatte, arbeitete schon lange Zeit am Empfangstresen und wusste absolut alles über jeden. Mara hatte im Laufe der Jahre ganz bewusst eine herzliche Beziehung zu ihr aufgebaut, um nicht selbst einmal Opfer ihrer Tratscherei zu werden. Ihr Plan war einfach perfekt. Selbst wenn sich Toms Beförderung noch nicht herumgesprochen hatte, wüsste Ilene bestimmt darüber Bescheid. Hatte Jesus nicht einmal gesagt, man solle klug sein „wie Schlangen, und doch frei von Hinterlist wie Tauben"?[6] Also gut, heute müsste sie wohl doch Hinterlist anwenden, um die Wahrheit ans Licht zu bringen. An den Ort, wo sie hingehörte.

Noch bevor die anderen Bewohner des Hauses aufgestanden waren und sie hätten stören können, holte Mara den Ordner mit ihren Lieblingsrezepten hervor. Auch wenn es nicht zu ihren größten Begabungen zählte, das Haus für Feiertage jeglicher Art herzurichten – beim Backen konnte ihr so schnell keiner was vormachen. Und Weihnachten war *die* Gelegenheit, ihr Können unter Beweis zu stellen, sowohl in der Schule als auch in Toms Büro. Ihre köstlichen Kekse und Kuchen dienten Jahr für Jahr als Friedensangebot und Wiedergutmachung für den Stress, den ihre Söhne den Lehrern und ihr Mann seinen Arbeitskollegen bereitet hatten. Toms Kollegen freuten sich immer, wenn Mara zu Weihnachten im Büro auftauchte. Dieses Jahr würden sie ihre Geschenke eben schon etwas früher bekommen.

Sie schrieb eine Liste mit den absoluten Rennern und inspizierte ihre Vorräte. Lebensmittelfarbe und Zuckerstreusel in allen Farben waren noch ausreichend da, aber Backnatron und Weinstein für die Zimtplätzchen musste sie kaufen. Das war ihre geheime Kombination, die den Plätzchen ihren besonderen Geschmack verlieh und sie so knusprig machte. Jedes Jahr betonte Ilene aufs Neue, ihre eigenen Zimtplätzchen würden mehr wie Zuckerkekse mit Zimt schmecken, nur um Mara dann zu fragen, was sie denn nun falsch mache. Mara zuckte dann immer die Achseln und spielte die Verschämte. Backen war eines ihrer wenigen Talente, und sie würde sich hüten, ihre Geheimnisse preiszugeben. Es sei denn, diese Geheimnisse könnten als Lockmittel dienen.

Um 14 Uhr füllte Mara drei Aluminiumschalen mit den frisch gebackenen Weihnachtskeksen. Noch nie zuvor hatte sie sich in einen solchen Backmarathon gestürzt. Sie hoffte nur, dass er sich auszahlen würde.

„Ho, ho, ho!“, rief Mara, als sie das Bürogebäude betrat und das erste ihrer Bestechungsgeschenke auf Ilenes Schreibtisch abstellte.

Ilene begrüßte sie mit einem strahlenden Lächeln. „Ist der Weihnachtsmann dieses Jahr schon früher gekommen?“, zwitscherte sie. Sie nahm den Deckel herunter und schnupperte an den Keksen.

„Ich habe noch zwei weitere Schalen im Auto!“ Mara hatte ganz bewusst mehrere Gänge zum Auto geplant, um ihre Großzügigkeit zu verdeutlichen.

Ilene schnappte sich ein Zimtplätzchen, biss hinein und schüttelte lächelnd den Kopf. „Ich weiß, dass diese Kekse eine bestimmte Geheimzutat haben", sagte sie und wackelte mit dem Zeigefinger. „Und Sie haben mir Ihr Geheimnis bis heute noch nicht verraten."

Mara beugte sich vor und zwinkerte ihr verschwörerisch zu. „Vielleicht lasse ich mich ja zu einem Informationsaustausch überreden."

Ilene lachte. „Dann muss ich mal überlegen, was ich da anzubieten hätte. Die aufregendsten Neuigkeiten hier drehen sich ja um Sie."

Mara hielt den Atem an. Würde es wirklich so leicht sein?

Ilene wartete nicht auf eine Antwort. „Werden Sie uns denn auch von Cleveland aus Ihre Kekse schicken?"

Mara wäre beinahe rückwärts umgefallen. *Danke, Herr, danke, danke, danke!* Und dann: *Hilf mir, hilf mir, hilf mir!* Sie hatte im Vorfeld nicht weiter gedacht, als an die benötigten Informationen heranzukommen, und jetzt wusste sie nicht, was sie nun tun sollte. „Tja, das werden wir sehen", erwiderte sie so beiläufig wie möglich. „Ich hole eben noch die anderen Schalen – bin gleich wieder da!"

Mit weichen Knien schlurfte sie durch die Automatiktüren zu ihrem Wagen. *Komm schon. Denk nach. Denk nach. Denk nach.* Ilene hatte sich nicht so verhalten, als wäre Toms Beförderung ein Geheimnis. Sie hatte ihr diese Information nicht hinter vorgehaltener Hand weitergesagt, sondern so, als wäre es schon allgemein bekannt. Wie lange wusste Tom wohl schon davon? Still für sich bedachte Mara ihn mit einigen Schimpfwörtern, während sie die anderen Schachteln aus dem Auto holte.

Gerade als sie mit der Hüfte die Autotür zuschlug, kam ein langjähriger Kollege von Tom vorbei. „Warten Sie, ich helfe Ihnen", bot ihr Frank an.

„Danke!" Sie reichte ihm die Schalen und schloss den Wagen ab.

„Weihnachten ist dieses Jahr aber früh, nicht?" Er hob eine Ecke der Folie an und spähte in die Aluschale.

Sie beschloss, zu pokern. „Na ja, Sie wissen schon, bei allem, was gerade los ist …"

„Ich habe schon davon gehört! Aber die Makler, die mit der Firma zusammenarbeiten, sind sehr gut. Das habe ich Tom auch schon gesagt. Sie organisieren sogar den kompletten Umzug. Sie brauchen sich um nichts zu kümmern."

Dieser Huren–

Die Wut wollte schon wieder überhandnehmen, doch Mara riss sich zusammen und bemühte sich um einen entspannten Gesichtsausdruck, als sie gemeinsam das Gebäude betraten. Ein halbes Dutzend Leute hatte sich bereits an Ilenes Schreibtisch eingefunden, bediente sich an den Keksen und schwärmte, wie gut sie doch seien. Kaum hatte Frank die anderen Schalen abgestellt, wurden auch schon die restlichen Plätzchen begutachtet. „Dieses Jahr haben Sie sich wirklich selbst übertroffen!", lobte Ilene und alle anderen stimmten ihr zu.

„Tja, ich wollte Ihnen allen herzlich danken, Sie wissen schon, für all die Jahre, in denen Sie es mit Tom ausgehalten haben."

Ilene verzog das Gesicht. „Liebes, Sie werden wahrscheinlich niemals gutmachen können, was er mir im Laufe der Jahre alles zugemutet hat. Obwohl ich aber auch sagen muss, dass ich den alten Miesepeter irgendwie auch vermissen werde. Schon seltsam, was?"

„Wenn man vom Teufel spricht!", rief Frank, als Tom den Flur entlangkam. Als der erste Schock überwunden war, wurde sein Gesicht hochrot vor Zorn. Mara war froh, gerade von einer Schar neuer Verbündeter umgeben zu sein.

„Kommen Sie, Tom, nehmen Sie ein Zimtplätzchen!", rief Ilene ihm zu. Er winkte ab. „Ach, nun machen Sie schon. Seien Sie doch kein Spielverderber." Ohne eine Antwort zu geben, stapfte Tom zu ihrem Schreibtisch. Sein Blick bohrte sich in Mara hinein. Sie hielt ihm jedoch stand und ließ sich nicht einschüchtern. Und dann wurde sie sogar richtig mutig – was sie selbst am meisten erstaunte.

Sie grinste Tom an.

Seine Gesichtsfarbe, die sich bereits in ein Dunkelrot verfärbt hatte, wechselte erneut. Er wurde leichenblass.

„Wir haben gerade davon gesprochen, wie sehr wir die Kekse Ihrer Frau vermissen werden, wenn Sie nach Cleveland ziehen", sagte Ilene.

In all den Jahren, die Mara ihn schon kannte, hatte sie nie erlebt, dass Tom um eine Antwort verlegen gewesen wäre. Sie lächelte weiter und reichte ihm eine Makrone. „Deine Lieblingskekse", säuselte sie. Seine verstohlenen Blicke entgingen ihr nicht. Sie klopfte ihre Hände ab. „So", sagte sie, „der Weihnachtsmann muss noch weitere Kekse ausliefern. Frohe Weihnachten, alle miteinander!"

Die Gruppe äußerte kollektiv ihren Dank und gute Wünsche. Maras Knie wurden erst weich, als sie bei ihrem Auto angekommen war.

~

„Woher kommen denn all die Kekse?", fragte Brian. In der Küche sah es aus, als sei ein Tornado hindurchgefegt. Überall war Mehl verstreut. Im Spülbecken türmten sich schmutzige Schüsseln, Tassen und Teelöffel, die Mara zum Abmessen benutzt hatte. Und auf dem Gitterrost lagen noch einige Dutzend Zimtplätzchen zum Abkühlen, wo Mara sie in ihrer Eile zurückgelassen hatte.

„Ich habe Weihnachtskekse ins Büro eures Vaters gebracht", erklärte sie. Kevins fragender Blick entging ihr nicht. „Das sind die Reste. Bedient euch."

Brian schnappte sich eine Handvoll und verschwand im Keller. Kevin zog langsam seine Jacke aus und hängte sie an den Haken. Sein Gesicht leuchtete in allen Farben des Regenbogens. Es wäre ein echtes Wunder, wenn seine Nase nicht gebrochen war.

Kevin setzte sich auf einen Hocker an der Theke. „Möchtest du Milch und Kekse?", fragte sie.

„Gerne."

Sie schenkte ihm ein Glas Milch ein und legte einige Kekse auf einen Teller. Wie lange war es wohl her gewesen, seit Kevin zum letzten Mal hier gesessen und einen Imbiss verzehrt hatte, den Mara für ihn zubereitet hatte? Normalerweise nahmen sich die Jungen ihr Essen mit in ihre Zimmer oder ins Wohnzimmer.

„Danke", sagte er.

„Bitte."

Mara stand am Spülbecken und ließ heißes Wasser einlaufen. Die Rührschüsseln von den Teigresten zu säubern hatte etwas seltsam Befriedigendes an sich. Kevin erinnerte sich vermutlich gar nicht mehr daran, dass er ihr, als er noch klein gewesen war, immer so gerne geholfen hatte, die Zutaten zu verrühren oder die Rührlöffel und Schüsseln auszuschlecken, in denen sie ihm regelmäßig etwas Teig übrig gelassen hatte. Heutzutage würde man aus Angst vor Salmonellen wohl eher darauf verzichten und seine Kinder keinen Teig mehr schlecken lassen.

Sie öffnete den Geschirrspüler und stellte das schmutzige Geschirr hinein. „Alles okay, Kev. Ich habe die Informationen bekommen, die ich brauchte. Wir werden das klären."

„Weiß Papa, dass du es schon herausgefunden hast?"

„Eine der Sekretärinnen hat in unserem Beisein davon gesprochen. Also ja, er weiß es."

Aus dem Keller dröhnten Pistolenschüsse eines Videospiels. Gut. Wenigstens einmal im Leben war Mara dankbar für *Call of Duty* – oder welches Spiel auch immer Brian da gerade spielte.

„Bei dir alles in Ordnung?“, fragte sie.

Kevin zuckte die Achseln. „Müssen wir dann umziehen?“

„Ich kann nicht sagen, was passieren wird.“

„Ich will nicht umziehen.“

„Ich weiß.“ Nachdem inzwischen der Adrenalinschub des Sieges in Mara abgeklungen war, stiegen nun wieder Zorn und Hass gegenüber Tom wie bittere Galle in ihr auf. Vielleicht sollte sie Dawn anrufen und fragen, ob sie gleich noch zu ihr kommen könne. Oder sie würde Hannah bitten, für sie zu beten. Sie wollte gerade nach dem Telefon greifen, als sie das Garagentor hörte. Kevin schien nicht genau zu wissen, ob er sitzen bleiben oder sich in sein Zimmer verziehen sollte. Doch bevor er eine Entscheidung treffen konnte, kam Tom hereingestürmt.

„Na, zufrieden?“, fuhr er Mara an. „Wie kannst du es wagen, in mein Büro zu kommen und mich zum Narren zu machen?“

„Wie ich es wagen kann? Wie kannst DU es wagen? Ich habe deinen Kollegen lediglich Weihnachtskekse vorbeigebracht – wie jedes Jahr.“

„Ja, genau.“ Er deutete in Kevins Richtung. „Was für eine heimelige Szene, du kleine Petze, wie du hier mit Milch und Keksen bei deiner Mami sitzt! Vermutlich hast du die ganze Sache mit ihr zusammen ausgeheckt, was?“

„Lass bitte Kevin aus dem Spiel. Du bist derjenige, der sich entschuldigen sollte! Wann wolltest du mir das mit Cleveland eigentlich mitteilen?“

„Kurz bevor der Umzugswagen vor der Tür gestanden hätte.“ Seine Stimme triefte regelrecht vor Sarkasmus.

„Wenn du denkst, du könntest ohne Rücksicht auf die Jungen und mich eine solche Entscheidung treffen –“

Der Piepton seines Telefons signalisierte, dass er eine SMS bekommen hatte. „Ich werde Rücksicht auf die Jungen nehmen“, erwiderte er, während er eine Antwort tippte.

Mara begann im Stillen bis zehn zu zählen. *Eins, zwei, drei, vier, fünf.* „Kevin", sagte sie und bemühte sich um Beherrschung, „vielleicht könntest du nach unten gehen, während dein Vater und ich uns unterhalten." Kevin wirkte erleichtert, sich endlich verdrücken zu können. Er nahm schnell noch einen Schluck Milch und verschwand mit seinem Teller Kekse in den Keller.

Tom wartete nicht einmal ab, bis sich die Kellertür geschlossen hatte. „Es gibt nichts zu besprechen. Nachdem ich jahrelang wie ein Tier geschuftet habe, hat man mir nun endlich meinen Traumjob als Vertriebsleiter angeboten. Ich fange im Januar in der Zentrale in Cleveland an. Das ist beschlossene Sache." Mit verschränkten Armen hatte er sich vor ihr aufgebaut. „Ach, und noch eins." Er schnappte sich ein Zimtplätzchen vom Gitterrost. „Da wir gerade von beschlossenen Sachen sprechen: Das mit uns ist vorbei. Den Rest wird mein Anwalt mit dir klären." Er steckte das Zimtplätzchen in den Mund. „Frohe Weihnachten!"

Hannah

Dienstag, 9. Dezember, 22 Uhr

Herr, erbarme dich.

Ich glaube, das war zu erwarten. Eine Ehe, die so verkorkst ist wie die von Mara, konnte nur ein solches Ende finden. Aber ich bitte dich, Herr, erbarme dich. Bitte. Als sie mir am Telefon davon erzählt hat, habe ich ihr angeboten, zu ihr zu kommen. Ich dachte, es wäre vielleicht gut, wenn Tom sehen würde, dass Mara Freundinnen hat, die ihr in dieser Situation beistehen. Aber sie wollte mich nicht in ihre Auseinandersetzung hineinziehen. Und darum haben wir fast eine Stunde lang miteinander telefoniert. Sie meinte, Tom sei ja nicht dumm, und er freue sich viel zu sehr über diese Beförderung, als dass er sie jetzt noch durch unüberlegtes

Handeln in Gefahr bringen würde. Ich hoffe nur, sie hat recht. Bitte, Herr, beschütze und verteidige sie.

Während unseres Gesprächs hat sich Mara alles von der Seele geredet und ihren Zorn herausgeschrien. Ich habe ihr einfach nur zugehört. Wie die Sache ausgehen wird, ist nicht vorherzusehen. Aber Mara rechnet fest damit, dass Tom versuchen wird, ihr alles wegzunehmen, auch die Jungs. Ich bin mir da nicht so sicher. Aus dem wenigen, das sie früher über ihn erzählt hat, habe ich den Eindruck gewonnen, dass er durch und durch egoistisch ist. Ich vermute, dass dieser Egoismus größer ist als jeder Wunsch nach Rache, der in ihm schlummern könnte. Vermutlich wird er gelegentlich an den Wochenenden auftauchen und den Vater mimen, mit dem man immer nur Spaß hat. So, wie Mara sagte, hat er sich seit der Geburt der Jungen nie anders verhalten. Sie hat sogar den Verdacht, dass in Cleveland vielleicht schon eine andere Frau auf ihn wartet, und sie sagte, sie hoffe sehr, dass diese Frau ihn unglücklich machen werde.

Ich schlug vor, sie solle im Crossroads-Haus oder in ihrer Gemeinde nachfragen, ob dort Kontakte zu einem Rechtsbeistand bestehen. Doch Mara hatte sich bereits vor unserem Telefonat im Internet informiert, und sie sagte, bevor eine Scheidung vollzogen werden könne, müsse eine sechsmonatige Trennungszeit eingehalten werden. Ich weiß, dass Gott verschiedene Gründe hatte, mich hierher nach Michigan zu schicken, und ich bin froh, dass Mara einer davon ist. Ich werde sie durch die Zeit der Trennung begleiten können und für dieses Vorrecht bin ich dankbar. Wenn ich im Juni nach Chicago zurückkehre, wird die Trennungszeit gerade vorbei sein.

Ich habe mit Mara gebetet und ihr die Verse aus dem 1. Kapitel des Johannesevangeliums vorgelesen, in denen von dem Licht die Rede ist, das in die Dunkelheit scheint, und dass die Dunkelheit es nicht auslöschen kann. Eigentlich bin ich sogar sehr erleichtert, dass Tom weggeht, aber das habe ich ihr natürlich nicht gesagt. Ich hoffe nur, dass sie irgendwann an den Punkt kommen wird, an dem sie ihm vergeben kann, und ich bete, dass Gott ihr Kraft schenken und durch dies alles in ihr wirken möge. Aber mal ganz ehrlich: In der vergangenen Woche habe ich mir große Sorgen um sie gemacht. Sie hat mir einmal anvertraut, sie würde nie von sich aus die Scheidung einreichen, denn sie habe Gott bereits genug verärgert. Ich wünsche mir so sehr, dass sie deine Liebe erkennt, Herr. Deine Liebe und deine liebevolle Fürsorge für sie. Bitte lass nicht zu, dass sie sich von Zorn und Bitterkeit gefangen nehmen lässt. Es liegt noch so ein langer Weg vor ihr. Hilf mir, ihr in dem Prozess des Trauerns und Vergebens beizustehen. Ich bin froh, dass Katherine und ihre Therapeutin ebenfalls für sie da sein werden.

Am Telefon meinte sie noch, dass sie vermutlich wieder im Crossroads-Haus enden würde, denn die Hypothek für das Haus könne sie keinesfalls alleine aufbringen, selbst wenn Tom sie dort wohnen ließe. Ich habe ihr gesagt, sie solle keine voreiligen Schlüsse ziehen und abwarten, was Tom mit seinem Anwalt ausheckt. Und ich habe sie daran erinnert, dass sie Freundinnen hat, die ihr beistehen, die sich um sie kümmern und sie in dieser Situation begleiten werden, egal, was passiert – ob sie nun im Haus wohnen bleiben kann, sich eine Arbeit suchen muss oder was auch immer. Daraufhin begann sie zu weinen, weil sie so vieles in ihrem bisherigen Leben allein hatte durchstehen müssen. Danke, dass du vor ihr hergehst, Herr, und dass du den Weg für diese Gemeinschaft bereitet hast. Sie wird sie brauchen.

In der vergangenen Woche hat Mara mir anvertraut, dass sie Jesus darum gebeten hat, in all dem Chaos zur Welt zu kommen. Das erscheint mir heute Abend das perfekte Gebet für sie zu sein. Und darum, komm, Herr Jesus, komm in all unserem Chaos und unserer Unordnung zur Welt. Auch in einer Situation wie dieser.

8

Charissa

Charissa schloss gerade ihre Haustür auf, als Mrs Veenstra, ihre neugierige Nachbarin, mit zwei Paketen aus ihrer Wohnung herauskam. „Ich habe gesehen, wie der Postbote die Pakete vor Ihrer Tür abgestellt hat", sagte sie. „Die Pakete sollten eigentlich im Postamt gelagert werden, aber nein! Immer muss der Postbote sie im Flur abstellen, wo jeder darüber stolpert. Darum habe ich sie mitgenommen." Sie reichte Charissa die beiden Pakete. „In letzter Zeit bekommen Sie aber viele Pakete."

Ja, das stimmte.

Obwohl Charissa John immer wieder an ihre Vereinbarung erinnerte, nicht zu viel Geld für Weihnachtsgeschenke oder Sachen für das Baby auszugeben, kamen beinah täglich Pakete bei ihnen an. Und wenn er nun schon wieder ihre Kreditkarte belastet hatte, würde sie ausrasten. Nach ihrer Hochzeit hatte Charissa nämlich herausgefunden, dass John noch immer die Kredite aus seiner Studienzeit abbezahlte. Nicht dass sie Grund zur Klage gehabt hätte. Er kam für ihren Lebensunterhalt auf und zahlte die Schulden gewissenhaft ab, während sie nichts zu ihrem gemeinsamen Einkommen beitrug. Außerdem hatten seine Eltern angeboten, ihnen beim Hauskauf finanziell unter die Arme zu greifen. Trotzdem sollte Charissa ihre Finanzen vielleicht besser im Auge behalten. Auch wenn sie das Geld für eine Anzahlung des Hauses geschenkt bekamen, war ihr Budget trotzdem knapp bemessen. Sie konnten nicht ständig ihr Konto überziehen. Vermutlich musste sie John noch mal ins Gewissen reden.

Ihr Mobiltelefon klingelte, wodurch sie eine gute Entschuldigung hatte, den neugierigen Fragen ihrer Nachbarin zu entkommen. „Hallo, Mama." Sie gab der Tür einen Schubs mit der Hüfte, sodass sie ins Schloss fiel, und stellte die Pakete auf ihrem Esstisch ab.

„Hallo! Bist du in der Bibliothek?"

„Nein, ich bin gerade nach Hause gekommen." Charissa zog ihren Mantel aus und hängte ihn in den Schrank. „Ich werde mich wohl noch kurz hinlegen, bevor ich John von der Arbeit abhole."

„Warum? Bist du krank?"

„Nein, nur total erledigt. Ich habe heute Nacht nicht so gut geschlafen. Mir war die ganze Zeit übel und jetzt bin ich ziemlich fertig."

„Das gehört zu einer Schwangerschaft nun mal dazu", erwiderte ihre Mutter ohne einen Hauch von Mitgefühl. „Mach dir einen Joghurt-Smoothie. Und vergiss deine Eisentabletten nicht. Du musst bei Kräften bleiben."

Ein Joghurt-Smoothie klang tatsächlich sehr verlockend. Zu schade, dass keine Bananen im Haus waren, denn urplötzlich hatte Charissa Heißhunger auf Bananen. Sie ging zum Schrank und nahm den Mixer heraus.

„Wann musst du dein Referat halten?", fragte ihre Mutter.

„Morgen früh. Ich bin froh, wenn ich es endlich hinter mir habe."

„Bist du gut vorbereitet?"

„So gut es eben geht. Ich habe ein gutes Gefühl. Ein sehr gutes Gefühl sogar. Ich hoffe nur, dass mir die Übelkeit mal eine Pause gönnt.“ John hatte gescherzt, sie solle doch einen Eimer mit auf das Podium nehmen, um sich des Mitgefühls ihrer Professoren und Kommilitonen zu versichern. Doch Charissa hatte das gar nicht lustig gefunden.

„Du wirst deine Sache gut machen“, erklärte ihre Mutter. „Du wirst alle übertrumpfen, wie immer.“

In den vergangenen Tagen hatte Charissa die Referate ihrer Mitstudenten und die anschließenden Fragerunden sehr kritisch verfolgt. Da nun nur noch drei Präsentationen ausstanden, war sie ziemlich sicher, dass sie wie üblich großes Lob bekommen würde. Solange ihr Körper mitspielte.

Im Hintergrund hörte sie die Stimme ihres Vaters.

„Dein Vater sagt, du sollst ihn stolz machen. Und er will wissen, ob ihr bereits andere Häuser gefunden habt, die ihr euch anschauen wollt.“

„Noch nicht. Aber ich habe auch noch nicht viel Zeit gehabt, mich damit zu beschäftigen. John sucht nach wie vor im Internet nach einem geeigneten Objekt, aber bisher hat er noch keins gefunden, das ihm so gut gefallen hätte wie das andere.“

„Ihr werdet schon etwas finden“, erwiderte sie.

Ja.

Charissa hörte erneut die Stimme ihres Vaters. „Dein Vater sagt, ich soll jetzt Schluss machen. Du weißt ja, wie er ist, wenn eine Flugreise ansteht.“

Die Reise. Das hatte Charissa ja ganz vergessen. Ihre Eltern würden nach Griechenland fliegen, um dort ihren 30. Hochzeitstag zu feiern und einige Verwandte ihrer Mutter zu besuchen. „Grüß Papa von mir. Ich wünsche euch eine schöne Zeit.“

„Danke. Ich melde mich, wenn wir angekommen sind. Viel Erfolg für morgen, Liebes. Du wirst das toll machen.“

Charissa legte ihr Handy weg. Um ehrlich zu sein, war sie ein wenig neidisch auf ihre Eltern. Seit ihrer Highschool-Zeit war sie nicht mehr in Griechenland gewesen. Nicht dass sie im Augenblick überhaupt hätte reisen können oder den Geruch von Knoblauch, Dill und anderen mediterranen Gewürzen hätte ertragen können, die sie eigentlich so sehr liebte. Im Augenblick war es ihr sogar zu viel Aufwand, sich einen Smoothie zuzubereiten. Charissa tauschte ihre Jeans gegen eine Jogginghose, ließ die Rollläden herunter, um das Schlafzimmer zu verdunkeln, und stellte den Wecker auf 40 Minuten ein.

~

John versuchte mehrmals hintereinander, Charissa auf ihrem Handy zu erreichen, aber es meldete sich immer nur ihre Mailbox. „Vermutlich ist sie in der Bibliothek", meinte er zu Tim, der im Büro vorbeigekommen war, um ihm Holzmuster für Küchenschränke zu zeigen. Jenn und er hatten nämlich vor, ihre Küche zu renovieren.

„Wie wäre es, wenn wir einen Happen essen gehen?", fragte Tim. „Anschließend könnten wir noch in den Baumarkt fahren. Ich möchte dir die Beleuchtung und die Eisenteile zeigen, von denen ich gesprochen habe."

„Klingt gut." John schrieb Charissa in einer SMS, dass sie ihn nicht abzuholen brauche, und ging mit Tim zu seinem Wagen.

„Und bei dem Ultraschall war alles in Ordnung?", fragte Tim.

„Ja, die Ärztin meinte, es sei alles normal. Aber Charissa geht es wirklich nicht gut. Ich wünschte, ich könnte ihr irgendwie helfen, aber ich kann nicht viel tun. Abgesehen davon, dass ich versuche, ihr nicht noch zusätzlichen Stress zu machen."

„Wann ist das Semester zu Ende?"

„Bald. Morgen muss sie ein wichtiges Referat halten und nächste Woche sind noch einige Hausarbeiten fällig, soweit ich weiß. Ich kann mir gar nicht alles merken. Ich bin nur froh, wenn die Weihnachtsferien beginnen. Vielleicht kann sie dann ein wenig entspannen und das Leben genießen. Und wir können uns wieder auf Haussuche machen."

Tim schloss den Wagen auf. „Ich kenne sie nun fast schon so lange wie du", sagte er. „Nimm es mir nicht übel, Kumpel, aber ich glaube nicht, dass das Wort ‚entspannen' im Wortschatz deiner Frau überhaupt existiert."

Als er John einige Stunden später zu Hause absetzte, war die Wohnung dunkel, und Charissa schlief so fest, dass sie sogar schnarchte. Gut. Es würde ihr bestimmt guttun, wenn sie wenigstens mal eine Nacht durchschlief. Da er sie nicht wecken wollte, zog er sich im Dunkeln aus und legte sich auf die Couch.

~

Charissa rollte sich im Bett herum und schaute auf den Wecker. 8:45 Uhr! ACHT UHR FÜNFUNDVIERZIG! Oh nein! Sie hatte den Wecker gar nicht gehört. Im Schlafzimmer war es dunkel und von John keine Spur. Vielleicht war er im Büro geblieben, als sie nicht aufgetaucht war, und machte Überstunden. Warum hatte er nicht angerufen? Sie tastete nach ihrem Telefon auf dem Nachttisch und stellte fest, dass sie es abgestellt hatte. Sie wählte seine Nummer. „Entschuldige bitte", sagte sie, als er sich meldete. „Mein Wecker scheint kaputt zu sein. Bist du im Büro?"

„Ja, ist doch nicht schlimm. Tim und ich waren noch im Baumarkt und anschließend hat er mich nach Hause gebracht."

„Er hat was?"

„Er hat mich nach Hause gebracht. Du hast so laut geschnarcht, dass ich auf der Couch geschlafen habe."

„Was?"

„Ich sagte, du hast geschnarcht und ich wollte dich nicht aufwecken, darum habe ich auf der Couch geschlafen."

Charissa fuhr hoch und sah noch einmal auf die Uhr. Nein. Bitte, bitte nicht! „Wie viel Uhr ist es?"

„Äh ... 8:47 Uhr."

Nein, nein, nein, nein, nein. Das durfte nicht wahr sein! Es war schon *Morgen*. 8:47 Uhr morgens! Sie warf die Bettdecke zurück und sprang aus dem Bett. „Warum hast du mich nicht geweckt?"

„Ich sagte, du hast so fest geschlafen, dass –"

„Nein! Ich meinte, warum hast du mich *heute Morgen* nicht geweckt? Ich hätte doch mein Referat halten müssen, John! Um acht Uhr!" Sie legte die Hand in den Nacken und lief voller Panik im Kreis herum. Das konnte nicht wahr sein. Das war ein Albtraum. Sie erlebte ihren schlimmsten Albtraum – allerdings im wirklichen Leben. „Ich kann nicht glauben, dass du mich nicht geweckt hast!"

„Hey, Moment mal!", hielt John dagegen. „Warum schreist du mich an? Ich kenne deinen Stundenplan doch nicht. Ich dachte, du hättest deinen Wecker gestellt."

In all den Jahren, die sie nun schon studierte, hatte Charissa noch nie einen Abgabetermin versäumt. Noch nie. Und selbstverständlich hatte sie nie verschlafen und den Unterricht versäumt, geschweige denn ein Referat mit anschließender Beurteilung durch die Fakultätsleitung. Ihr wurde übel, und zwar so sehr, dass sie sich am liebsten übergeben hätte – und dieses Mal ausnahmsweise nicht wegen des Babys.

„Und dann bist du heute Morgen aus dem Haus gegangen, ohne auch nur mal nach mir zu sehen? Du wusstest doch, dass heute meine Präsentation ansteht!"

„Ich bin früher zur Arbeit gegangen, Charissa, weil ich die versäumte Arbeitszeit nachholen muss, schon vergessen? Wir haben doch darüber gesprochen. Ich habe mir sogar ein Taxi genommen, damit du mit dem Auto fahren kannst."

Charissa war erledigt. Das war das Ende. Ihr Herz raste. *Oh Gott, hilf mir.*

„Es tut mir wirklich leid, Riss. Ich wusste nicht, dass deine Präsentation für acht Uhr angesetzt war. Ich wusste nur, dass du heute irgendwann dein Referat halten solltest. Sie werden bestimmt Verständnis dafür haben. Kannst du nicht irgendjemanden anrufen?“

Selbst wenn sie die Dusche ausfallen ließe, würde sie keinesfalls rechtzeitig auf dem Campus eintreffen. Vielleicht könnte sie darum bitten, ihre Präsentation ausnahmsweise zu einem späteren Zeitpunkt nachholen zu dürfen. Das letzte Referat für diesen Morgen war für 8:40 Uhr angesetzt gewesen. Charissa sah die Szene bildlich vor sich: Ihre Kommilitonen und Professoren blickten sich verständnislos an, suchten schließlich ihre Papiere zusammen und fragten sich, warum Charissa Sinclair zu ihrem wichtigsten Termin im Semester, und vermutlich sogar in ihrer akademischen Laufbahn, nicht erschienen war.

Sie war erledigt. Vollkommen erledigt.

Ihr Kopf brummte. Das Zimmer begann sich um sie zu drehen.

„Riss?“

Hilfe.

„Riss? Alles in Ordnung? Leg dich hin, okay?“

Sie legte sich wieder aufs Bett und starrte zur Decke. Heiße Tränen liefen über ihre Wangen.

„Charissa? Bist du noch dran?“

„Ja.“

„Du hattest in dieser Woche so viel um die Ohren. So etwas kann doch mal vorkommen.“

„Nein, John – so etwas kann nicht vorkommen, nein.“

„Was kann denn schlimmstenfalls passieren? Du bekommst eine schlechte Note für das Referat. Sie werden dich schon nicht gleich rausschmeißen oder dir das Stipendium entziehen.“

„Woher willst du das wissen? Du hast keine Ahnung, wie groß der Konkurrenzkampf ist. Absolut keine Ahnung.“

„Nun, ich bin mir aber sicher, dass sie in diesem Fall eine Ausnahme machen werden. Es ist ja nicht so, dass du geschwänzt hättest. Du hast doch eine gute Entschuldigung."

„Das spielt gar keine Rolle! Du verstehst es einfach nicht, oder? Du verstehst gar nichts."

„Doch, ich verstehe, dass du verschlafen hast", sagte er, und das Mitgefühl war mittlerweile aus seiner Stimme verschwunden. „Und auch, dass du so tust, als sei das das Ende der Welt –"

„John, hör einfach –"

„Was?"

„Hör einfach auf. Das hilft mir nicht weiter. Ich rufe dich noch mal an, wenn ich mir überlegt habe, was ich tun werde."

Charissa legte auf und hielt sich ein Kissen vors Gesicht. Sie hatte die Szene mehr als deutlich vor Augen: die hochgezogenen Augenbrauen und das spekulative Flüstern, als der Platz auf dem Podium leer geblieben war. Und Amber Dykstra, die nach ihr an der Reihe gewesen wäre, hatte vermutlich angeboten, ihre Präsentation vorzuziehen. Natürlich mit einem triumphierenden Grinsen im Gesicht, denn jahrelang – eigentlich schon seit Beginn ihres Studiums – hatte Amber auf eine Gelegenheit wie diese gewartet; auf die Gelegenheit, Charissa zu übertrumpfen. Und jetzt hatte sie die Gelegenheit dazu bekommen. Zweifellos hatte sie ihre Chance genutzt, und ganz bestimmt schwelgte sie gerade im Moment in selbstgefälliger Genugtuung.

Charissa schlug mit der Faust auf das Kissen.

Wieso hatte sie nicht mitbekommen, wie John duschte, sich anzog, frühstückte und zur Arbeit ging?

Und wieso hatte er sie nicht geweckt? Seit Wochen war es um nichts anderes als um dieses Referat gegangen. Hatte er es denn nicht seltsam gefunden, dass sie ihn am Abend zuvor nicht von der Arbeit abgeholt hatte? Oder dass sie immer noch am Schlafen war, als er heute Morgen die Wohnung verlassen hatte?

Wusste er denn nicht, dass sie normalerweise bei einer wichtigen Präsentation wie dieser bis spät in die Nacht aufgeblieben und bereits früh am Morgen wieder aufgestanden wäre? Kannte er sie wirklich so schlecht?

Wie um alles in der Welt hatte das passieren können?

Von einer solchen Demütigung würde Charissa sich niemals wieder erholen können. Niemals. Ihre bisherige Leistungsbilanz, die vielen Jahre harter Arbeit – nichts davon wäre dann noch von Bedeutung. Alles, was von der Studentin Charissa Sinclair dann in Erinnerung bleiben würde, wäre ihr unentschuldigtes Fernbleiben einer prüfungsrelevanten Präsentation. Vielleicht würde die Fakultätsleitung sogar in Erwägung ziehen, sie vom Doktorandenprogramm auszuschließen. Und dieses Gespräch fand vermutlich gerade in diesem Augenblick statt.

Sie nahm ihr Telefon zur Hand und scrollte durch ihre SMS.

8:02 Uhr. Eine Nachricht von einer Kommilitonin. Drei einfache Worte:

„Wo steckst du?"

~

Je mehr Charissa über ihr weiteres Vorgehen nachdachte, desto mehr gelangte sie zu der Überzeugung, dass die von John im Scherz erwähnte Mitleidsmasche vermutlich gar keine schlechte Idee war.

Sie würde die Dusche ausfallen lassen und auch kein Makeup auflegen. Aus der untersten Schublade kramte sie eine Jogginghose hervor und band ihre Haare zu einem unordentlichen Pferdeschwanz zusammen. Anschließend betrachtete sie sich im Badezimmerspiegel, denn sie wollte bei diesem Gespräch angemessen mitgenommen wirken.

In aller Eile verließ Charissa die Wohnung, fuhr zum Campus und parkte den Wagen in der Nähe der Bradley Hall, wo die englische Fakultät und die Professoren ihre Büros hatten. Mit ein wenig Glück könnte sie Dr. Gardiner abfangen, ohne im Flur ihren Kommilitonen über den Weg zu laufen. Sie zog ihre Mütze tief ins Gesicht und wickelte den Schal so um ihren Hals, dass er ihr Gesicht teilweise verdeckte. Mit gesenktem Kopf eilte sie durch den Flur, in dem reger Betrieb herrschte, und traf prompt auf drei Kommilitonen, die vor Dr. Gardiners Büro zusammenstanden.

Charissa zog die Lippen kraus und straffte die Schultern.

„Hey! Da bist du ja!", rief Trevor. „Was um alles in der Welt war los?"

„Alles in Ordnung?", fragte Amber mit zuckersüßer Stimme. „Wir haben uns Sorgen gemacht."

Ja, genau. Ganz bestimmt. „Lange Geschichte", erwiderte Charissa. Sie hob die Hand, um an die Bürotür zu klopfen.

„Sie ist nicht da", teilte Amber ihr mit. „Sie sitzt mit Dr. Allen zusammen."

Großartig. Zweifellos war Charissa Gegenstand dieses Gesprächs.

Kimber, die Kommilitonin, die ihr die SMS geschickt hatte, schien als Einzige aufrichtig besorgt zu sein. „Nimm es mir nicht übel", sagte sie und legte ihre Hand leicht auf Charissas Arm, „aber du siehst übel aus. Geht es dir nicht gut?"

„Ich bin die ganze Woche krank gewesen." Das stimmte. „Und heute Morgen bin ich einfach nicht aus dem Bett gekommen." Auch das stimmte. In gewisser Weise zumindest. Mehr brauchten sie nicht zu wissen.

„Das tut mir leid. Wie übel", bedauerte Amber sie, aber ihre Worte passten nicht zu dem Funkeln in ihren Augen. „Ein denkbar schlechter Zeitpunkt, um krank zu werden."

„Der schlimmste überhaupt", stimmte Kimber zu. „Ich weiß, wie viel Zeit und Mühe du in dein Referat investiert hast. Aber bestimmt kannst du mit Dr. Gardiner reden. Sie ist eigentlich ganz fair."

Und genau darauf würde Charissa setzen. Während die Gaffer so taten, als würden sie bereits über ein anderes Thema reden, setzte sie sich auf eine Bank, barg ihr Gesicht in den Händen und wartete auf Dr. Gardiner.

~

20 Minuten später verfeuerte Charissa in der Abgeschiedenheit von Dr. Gardiners Büro ihre gesamte Munition. *Es würde ihr so unendlich leidtun. Noch nie in ihrer gesamten akademischen Laufbahn sei so etwas vorgekommen. Sie sei noch nie zu spät zu einem Termin erschienen. Nie. Aber sie sei schwanger. Sie habe eine Fehlgeburt befürchtet und litte unter ständiger Übelkeit. Gestern Nachmittag habe sie sich hingelegt, um sich kurz auszuruhen, weil die Übelkeit ihr so sehr zugesetzt habe. Der Wecker habe nicht geklingelt. Es tue ihr so leid und sie wolle die Präsentation gern nachholen. Irgendwie. Bitte.*

„Ich habe tiefes Mitgefühl mit Ihnen", sagte Dr. Gardiner, als Charissa fertig war mit ihrer Litanei. „Glauben Sie mir. Ich weiß, wie schwer es ist, alles unter einen Hut zu bekommen. Ich selbst habe noch an meiner Dissertation gearbeitet, als meine Zwillinge bereits geboren worden waren. Und das mit heute Morgen tut mir aufrichtig leid. Aber ich sehe wirklich keinen Weg für Sie, diese Präsentation nachzuholen. Das Semester ist vorbei."

„Ich weiß, aber vielleicht könnte ich das Referat vor den Mitgliedern der Fakultätsleitung halten? Nur um zu zeigen, dass ich die Arbeit geschrieben habe? Ich habe das ganze Semester auf diesen Tag hingearbeitet, Dr. Gardiner. Sie können sich nicht vorstellen, wie viel Mühe ich mir mit diesem Referat gegeben habe. Ich hätte wirklich gern die Gelegenheit, meine Ausarbeitung zu präsentieren."

„Ich kenne die Qualität Ihrer Arbeit, Charissa. Sie können mir Ihre schriftliche Ausarbeitung gerne einreichen, und ich werde sie auch bewerten, allerdings mit einigen Punkten Abzug. Ich denke, das ist fair."

„Aber wenn ich sie doch präsentieren könnte – vielleicht vor einigen Fakultätsmitgliedern? Wenn ich ein paar Leute zusammentrommeln würde, die irgendwann in der nächsten Woche Zeit hätten?"

„Sie werden noch viele Gelegenheiten dazu haben, Referate zu halten. Aber diese eine ist vorbei."

„Bitte, Dr. Gardiner. Ich finde, man könnte mir durchaus mildernde Umstände zugestehen."

„Und ich berücksichtige Ihre Umstände ja auch, indem ich Ihnen gestatte, die Arbeit schriftlich einzureichen." Sie schlug ihr Notizbuch an einer bestimmten Stelle auf und strich mit dem Finger über eine Zeile. „Keine Sorge. Selbst mit einigen Punkten Abzug werden Sie nicht durchfallen."

DURCHFALLEN! Wer hatte denn je davon gesprochen, dass Charissa durchfallen würde? Hier ging es darum, ihre Ehre und ihren Ruf zu retten. Es ging um Respekt. Bewunderung. Die Möglichkeit, einen dummen Fehler in ihrer ansonsten makellosen Leistungsbilanz auszumerzen. Und obwohl es eigentlich nicht von Bedeutung sein sollte – obwohl sie sich kindisch vorkam, weil sie sich überhaupt Gedanken darüber machte –, blutete ihr das Herz beim Gedanken an einen Punkteabzug. In den vergangenen Jahren hatte Charissa für ihre Arbeiten nämlich immer die höchste Punktzahl bekommen – seit ihrem allerersten Zeugnis in der vierten Klasse, das ihr Streben nach Vollkommenheit überhaupt erst ausgelöst hatte. Sie hatte doch so viel investiert. So viel.

Charissa bemühte sich um einen gemäßigten Tonfall. „Bitte. Das wäre ein Makel in meinem Zeugnis. Wenn es irgendeinen Weg gibt, wie ich –"

Dr. Gardiner klappte ihr Buch zu und lehnte sich auf ihrem Stuhl zurück. „Es tut mir leid, Charissa. Ich habe Ihnen meine Antwort bereits mitgeteilt."

„Aber –"

Dr. Gardiner griff nach ihrem Mantel und zog ihn an. Das Gespräch war beendet.

Charissa dankte ihr, dass sie sich Zeit für sie genommen hatte, und ging mit hängenden Schultern durch den Flur zu ihrem Wagen. Sie war erledigt.

Vollkommen und abgrundtief erledigt.

Mara

„Ich hasse ihn." Jeremy knallte die offiziellen Scheidungspapiere auf den Couchtisch. „Ich kann nur sagen: Sein Glück, dass er nicht hier ist. Sein Glück."

Mara lehnte sich auf dem Sofa zurück und starrte auf die weißen Lichter am Weihnachtsbaum. In den vergangenen Tagen war sie ständig in Alarmbereitschaft gewesen, hatte jeden Augenblick mit dem Eintreffen der Scheidungspapiere gerechnet. Sie wäre nicht erstaunt gewesen, wenn Tom sie ihr in aller Öffentlichkeit überreicht hätte, um sie dadurch noch mehr zu demütigen. Als es am Freitag schließlich an der Tür geklingelt hatte, war sie beinah erleichtert gewesen.

„Einige Formulierungen verstehe ich nicht", sagte Mara.

„Du brauchst einen Anwalt, Mama."

„Ich habe kein Geld für einen Anwalt."

„Tja, du wirst aber nicht drum herumkommen, dir einen zu suchen. Und zwar einen richtig guten. Ich könnte mich ja mal im Büro umhören, ob jemand einen kennt."

„Nein, tu das nicht. Mir wird schon was einfallen. Keine Sorge."

„Ich mache mir aber Sorgen um dich, und das schon seit Jahren. Ich habe immer gehofft, Tom würde einfach verschwinden. Aber dieser Wunsch wird wohl nicht in Erfüllung gehen. Er scheint entschlossen zu sein, dich ordentlich bluten zu lassen."

„Das hätte ich dir schon sagen können, bevor ich die Papiere gesehen habe."

Jeremy murmelte etwas vor sich hin und legte seine Füße hoch. „Wissen Kevin und Brian schon Bescheid?"

„Tom ist mit ihnen Eis essen gegangen. Was genau er ihnen gesagt hat, weiß ich nicht. Aber als Brian nach Hause kam, wütete er herum, dass er nicht hier bei mir bleiben wolle, und Kevin meinte nur, er sei froh, nicht nach Cleveland ziehen zu müssen. Tom ist nicht dumm. Er weiß, dass er sich unter der Woche nicht um die Jungs kümmern kann, zumal er sich ja erst in seinen neuen Aufgabenbereich einarbeiten muss. Er will garantiert nur an den Wochenenden kommen und den Vater spielen, mit dem man immerzu Spaß hat. Ich habe das Gefühl, dass Brian alles daransetzen wird, mir das Leben zur Hölle zu machen. Ich wette, ich habe noch nicht einmal ansatzweise erlebt, wozu er fähig ist."

„Wie der Vater, so der Sohn", meinte Jeremy. „Es tut mir wirklich leid. Du weißt, dass ich alles tun würde, um dir zu helfen. Und Abby auch."

Mara drückte ihre Hand auf ihr Herz. „Ich weiß. Danke, dass du auf meiner Seite bist." Sie griff nach seinem Becher. „Möchtest du noch Kaffee?"

Er schüttelte den Kopf und streckte sich. „Ich muss los. Ich habe Abby versprochen, nicht allzu lange zu bleiben. Sie hat regelrecht Panik davor, dass ihre Fruchtblase gerade dann platzen könnte, wenn ich nicht zu Hause bin."

„Sag ihr doch, dass ich mich gerne in Rufbereitschaft halte, wenn sie irgendetwas braucht. Das meine ich ernst." Sie standen gemeinsam auf und gingen in die Küche. Jeremy zog seine Jacke an und umarmte sie fest.

„Kommst du klar?“, fragte er. „Hast du Angst, dass Tom an diesem Wochenende irgendetwas unternehmen wird?“

„Nee, ich glaube nicht. Seine Firma hat ihm ein möbliertes Apartment in Cleveland zur Verfügung gestellt und er wird die meiste Zeit dort verbringen. Am Sonntag, wenn er mit den Jungen vom Skifahren zurückkommt, will er einen Teil seiner Sachen mitnehmen. Einige meiner Freundinnen werden dann hier sein. Ich komme also klar – so gut das im Augenblick möglich ist.“ Sie gab ihm einen Kuss auf die Wange. „Danke, Schatz. Danke, dass du vorbeigekommen bist.“

„Hab dich lieb, Mama.“

„Hab dich auch lieb. Ruf mich an, sobald es das geringste Anzeichen dafür gibt, dass meine Enkelin ihren großen Auftritt plant, okay? Ich wette, sie kommt früher zur Welt.“

„Das hofft Abby. Sie kann es kaum erwarten.“

„Ich kann mich noch gut an dieses Gefühl erinnern.“

Während sie Jeremys Wagen hinterhersah, dachte Mara darüber nach, dass es ihr im Augenblick eigentlich ganz ähnlich ging. Auch sie konnte es kaum erwarten. Aber die Auseinandersetzung mit Tom hatte gerade erst begonnen, und sie war sich nicht sicher, wie viel Kampfgeist noch in ihr steckte.

Sie goss sich noch eine Tasse Kaffee ein und setzte sich an den Küchentisch, um die Scheidungspapiere noch einmal durchzulesen: „Die eheliche Beziehung ist derart zerrüttet, dass es keine Gemeinsamkeiten mehr zwischen den Ehepartnern gibt, weshalb die Wahrscheinlichkeit, dass die Ehe erhalten werden kann, äußerst gering ist.“

Nun, dem würde wohl keiner widersprechen, oder?

War ihre Beziehung überhaupt jemals eine Ehe gewesen, um deren Erhalt es sich zu kämpfen gelohnt hätte?

Mara und Dawn hatten am Nachmittag in ihrer Praxis miteinander gesprochen, kurz nachdem die Scheidungspapiere eingetroffen waren.

„Vielleicht bin ich ja selbst daran schuld", hatte Mara überlegt. „Erst letzte Woche habe ich Katherine gesagt, wie sehr ich ihn hasse und dass ich mir manchmal wünsche, er würde einfach verschwinden. Und nun geht mein Wunsch in Erfüllung – abgesehen davon, dass ich gerade schmerzhaft erkenne, wie hoch der Preis für mich sein wird. Warum habe ich ihn überhaupt geheiratet?"

„Ja, warum eigentlich?"

„Weil ich verzweifelt war."

„Wie verzweifelt?"

„So verzweifelt, dass ich getan habe, was nötig war, damit es Jeremy gut ging."

„Sie haben es also aus Liebe zu Ihrem Sohn getan."

„Ich liebe ihn nun mal mehr als alles in der Welt."

Wenn Mara sich noch einmal entscheiden müsste, würde sie wieder genauso handeln. Sie hatten damals von Toms finanzieller Situation profitiert, das ließ sich nicht leugnen. Ein gutes Einkommen, ein hübsches Haus in einem erstklassigen Wohnviertel, eine gute Schule für Jeremy.

„Ich habe Tom nie geliebt. Das wissen Sie. Ich erinnere mich nicht mehr an das Eheversprechen, das ich vor dem Standesbeamten abgelegt habe, aber falls irgendetwas mit Liebe darin vorkam, dann war es eine große, fette Lüge. Das mag vielleicht schrecklich klingen, aber es ist die Wahrheit. Ich habe ihn nicht geliebt. Und er hat mich nicht geliebt. Wir haben niemals wie ein Ehepaar gelebt, so viel ist sicher. Wir haben uns die ganze Zeit gegenseitig ausgenutzt. Und jetzt ist das Spiel vorbei. Er wird gewinnen."

„Was wird Tom gewinnen?", fragte Dawn.

„Alles. Er wird sich jetzt ein schönes neues Haus kaufen von seiner dicken Gehaltserhöhung und sich alle Annehmlichkeiten leisten können, die damit einhergehen. Dann kann er die Jungen noch mehr beeindrucken, wenn er denn mal vorbeikommt, um den Heldenvater zu spielen."

Dawn lehnte sich auf ihrem Stuhl zurück und legte den Kopf nachdenklich zur Seite. „Armer Tom. Das klingt so, als wäre sein Leben ziemlich leer."

Armer Tom!

Also ehrlich. Manchmal gab Dawn wirklich die seltsamsten Dinge von sich.

Hannah

Freitag, 12. Dezember, 17:30 Uhr

So viel zu meinem Vorhaben, jeden Tag etwas in mein Tagebuch zu schreiben. Ich bin so beschäftigt gewesen mit dem, was gerade bei Mara und Meg passiert, dass ich einfach nicht dazu gekommen bin. Mara wird mich heute Abend zu einer Aufführung von Händels Messias *begleiten, die Nate mit dem Studentenchor der Fakultät vorbereitet hat. Es ist Jahre her, seit ich dieses Werk zum letzten Mal selbst gesungen habe. Vermutlich im Seminar, als Nate und ich beide im Chor mitgesungen haben.*

Gestern habe ich mit Mama und Papa gesprochen. Mama klang sehr erschöpft. Ich glaube, auch wenn sie sich sehr auf das Zusammensein mit ihren Verwandten gefreut hat, ist es doch sehr anstrengend für sie. Sie wünschte, ich wäre über Weihnachten bei ihnen, hat sie gesagt. Dabei hat sie es zwar nicht direkt angesprochen, aber ich weiß, dass sie sich fragt, warum ich die Festtage lieber hier verbringe, wo ich doch zum ersten Mal seit Jahren über Weihnachten nicht arbeiten muss. Ich habe meinen Eltern allerdings noch nichts von Nate erzählt. Dazu bin ich einfach noch nicht bereit. Ich habe gesagt, wie schön es wäre, wenn sie und Papa im Januar oder Februar zu Besuch kommen würden, aber sie meinte nur, für die nächsten Jahre wären sie genug herumgereist. Sie hoffe, dass ich für ein paar Wochen zu Besuch käme.

Nate sagt, um zu erkennen, was richtig ist, solle man im Glauben den nächsten Schritt tun und sich dabei von der Liebe leiten lassen. Also, was erwartet die Liebe von mir? Ich weiß es nicht, Herr. Aber du bist die Liebe, und ich möchte deine Stimme hören.

Ich dachte gerade an etwas, das Gott mir vor Jahren deutlich gemacht hat. Ich war damals so erpicht darauf gewesen, seinen Willen zu erkennen, so begierig darauf, seinen Willen zu tun. Ich hatte Angst, vielleicht nicht richtig zuzuhören. Und dann wurde mir etwas klar. Ich vertraute auf MEINE Fähigkeit, Gott zu hören, anstatt auf SEINEN Wunsch, so mit mir zu reden, dass ich ihn verstehen konnte. Das war eigentlich keine große Sache, aber diese Erkenntnis hat mein Leben verändert. Ein entscheidender Perspektivenwechsel. Als wäre eine große Last von mir genommen worden, konnte ich mich endlich ein wenig entspannen. Wenn ich auf meine eigenen Fähigkeiten vertraue, Gott zu hören, liegt die Last der Verantwortung auf mir. Aber er kennt mich gut genug und weiß, wie er meine Aufmerksamkeit erregen kann. Darum hilf mir, in dir zu ruhen, Herr.

Meg schrieb, sie habe beschlossen, vorerst in England zu bleiben. Ich weiß immer noch nicht genau, was eigentlich vorgefallen ist, aber sie meinte, sie wolle Becca zeigen, dass sie sie bedingungslos liebt. Ich finde es gut, dass sie bleibt. Sie scheint zu versuchen, im Glauben einen Schritt nach dem anderen zu tun. Gib ihr die Kraft dazu, Herr. Und hilf uns allen, dass wir uns von der Liebe leiten lassen, nicht von Pflichtgefühl, Schuldgefühlen oder Angst.

Charissa

„Noch nie in meinem Leben habe ich mich so gedemütigt gefühlt", sagte Charissa zu John, nachdem Tim ihn am Freitagabend bei ihrer Wohnung abgesetzt hatte. „Das war der schlimmste Tag in meinem Leben."

John zog die Augenbrauen hoch.

„Was ist?", fragte sie.

„Nichts." Er inspizierte den Inhalt des Kühlschranks.

„Das ist eine große Sache, John. Eine sehr große Sache."

„Ich habe nie behauptet, dass es das nicht ist. Ich habe nur gesagt, dass es nicht das Ende der Welt ist. Und das stimmt ja auch."

„Aber wenn ich dadurch mein Stipendium verliere, ist es das schon."

„Hey!" John warf ihr einen Blick über die Schulter zu. „Wer hat denn was davon gesagt, dass du dein Stipendium verlieren wirst?"

Sie knallte ihren Laptop zu und stützte ihre Ellbogen auf den Tisch auf. „Wart's nur ab", sagte sie. „Du hast keine Ahnung, wie groß der Konkurrenzkampf ist. Du hättest mal Amber Dykstra sehen sollen, wie sie mir ihr Mitgefühl vorgeheuchelt hat: ‚Oh! Das tut mir ja so leid. Das ist bestimmt schwer. Wirklich schlechtes Timing zum Krankwerden, bla, bla, bla.' Wie gerne hätte ich ihr das dumme Grinsen aus dem Gesicht gewischt."

John schloss die Kühlschranktür und ging in die Speisekammer. „Du wirst dein Stipendium nicht verlieren, nur weil du eine Präsentation verpasst hast."

„Das werden wir noch sehen."

Er schien noch etwas sagen zu wollen, doch er schluckte es hinunter.

„Was ist?"

„Nichts."

„Nein – du wolltet doch etwas sagen. Raus damit!“

Er schüttelte langsam den Kopf. „Ich liebe dich, Riss. Wirklich. Und was dir wichtig ist, ist auch mir wichtig. Aber ganz ehrlich, im Augenblick passieren wichtigere Dinge in der Welt als das hier.“

„Nicht in meiner Welt. Nein.“

Er zeigte mit dem Zeigefinger auf sie. „Genau das meine ich.“

„Vielen Dank für deine Unterstützung. Das weiß ich sehr zu schätzen.“

„Ich versuche doch, dich zu unterstützen. Aber du siehst die Dinge immer nur so, wie du sie sehen willst. Das nervt langsam.“

Na toll. Nun ritt er also wieder auf ihrem Egoismus herum. Auf keinen Fall würde Charissa ihn in dieser Situation in seiner Meinung bestätigen, indem sie zornig aus dem Zimmer stürmte. Sie beschloss also, das Thema zu wechseln. „Gestern sind wieder neue Pakete angekommen“, sagte sie bewusst in einem anklagenden Tonfall.

„Ich habe sie gesehen. Danke.“ Er schloss die Tür zur Vorratskammer und nahm einen Apfel aus dem Obstkorb auf der Arbeitsplatte.

„Wir haben uns doch darauf geeinigt, im Augenblick nicht so viel Geld für Weihnachten oder das Baby auszugeben, richtig?“

„Ja, das stimmt. Das sind Geschenke für meine Eltern. Ein kleines Dankeschön für ihr Angebot, uns das Geld für die Anzahlung zu geben.“ Nun klang auch John verärgert. „Deine Unterschrift auf der Dankeschön-Karte habe ich gefälscht.“

Charissa zog scharf die Luft ein. Sie hatte wirklich vergessen, sich bei ihren Schwiegereltern zu bedanken. Wie war das möglich gewesen? Sie hatte nicht einmal eine E-Mail geschrieben. Na toll. Gerade im Moment hatte sie damit Johns Vorwurf bestätigt. Und ganz bestimmt hatten auch ihre Schwiegereltern diesen Eindruck gewonnen. Toll. Einfach toll.

Sie klappte ihren Laptop wieder auf. „Ich schreibe ihnen gleich eine E-Mail. Was hast du ihnen denn gesagt?“

„Dass du im Stress seist wegen des Semesterendes und dass es dir gar nicht gut gehe.“

„Sie haben bestimmt ein ganz schlechtes Bild von mir.“

Er biss in den Apfel und antwortete nicht.

Das hatte Charissa verdient. So viel zu dem Fortschritt, den sie in ihrem geistlichen Leben gemacht zu haben glaubte. John hatte recht. Sie schaute immer nur auf sich selbst. Eigentlich hätte sie Dr. Allen gleich mitteilen können, dass es für sie unmöglich war, eine Arbeit über ihre geistliche Entwicklung zu schreiben, die der Wahrheit entsprach, denn es war alles vollkommen oberflächlich.

„Welche Veränderungen in Christus erleben Sie gerade?“, fragte Dr. Allen häufig.

Gar keine, dachte Charissa, als sie das E-Mail-Programm öffnete.

„Wie fördern Sie Christi Leben in sich?“, würde Dr. Allen anschließend fragen.

Gar nicht, antwortete sie gedanklich.

Die Frage, die ihr als Nächstes in den Sinn kam, ließ sie zusammenzucken. *„Wäre sein Herzschlag zu finden, wenn ein Ultraschall von Ihrer Seele gemacht würde?“*

Tränen brannten in Charissas Augen.

Vielleicht hatte sie ja tatsächlich eine Fehlgeburt erlitten.

Teil 3

An einem Ort wie diesem

~

Gott ist unsere sichere Zuflucht, ein bewährter Helfer in aller Not. Darum haben wir keine Angst, auch wenn die Erde bebt und die Berge ins Meer versinken, wenn die Fluten toben und tosen und die Berge davon erzittern: Der Herr der Welt ist bei uns, der Gott Jakobs ist unser Schutz! Frisches Wasser strömt durch die Gottesstadt, in der die heilige Wohnung des Höchsten ist. Gott selbst ist in ihren Mauern, nichts kann sie erschüttern. Er bringt ihr Hilfe, bevor der Morgen graut.

Psalm 46,2–6

9

Mara

Mara war sich nicht sicher, ob sie sich darauf verlassen konnte, dass Kevin ihr eine Nachricht schicken und ihr mitteilen würde, wann genau sie von ihrem Ski-Wochenende zurückkämen. Aber am Sonntag gegen Mittag, nachdem sie gerade aus dem Gottesdienst gekommen war, erreichte sie Kevins Nachricht, in der er ihr mitteilte, dass sie bereits auf dem Heimweg seien. Sofort rief Mara Hannah an. „Sie werden gegen 14 Uhr hier sein."

„Wir sind in einer halben Stunde bei dir und bringen Mittagessen mit."

Mara glaubte zwar nicht, dass sie überhaupt einen Bissen herunterbringen würde, aber es war dennoch ein nettes Angebot. „Prima. Dann bis gleich."

Sie setzte sich an den Tisch und versuchte sich abzulenken. Sie spielte die unterschiedlichsten Szenarien durch: Es könnte durchaus sein, dass es Tom ärgerte, wenn Hannah und Nathan da wären, aber vielleicht würde ihre Anwesenheit ihn auch dazu veranlassen, sich zu beherrschen. Hannah hatte ihr erklärt, es sei gut, wenn er sähe, dass sie Freunde habe, die sie unterstützten. *Hilf mir, Gott. Bitte.* Wenigstens war es ihr gelungen, Jeremy davon zu überzeugen, dass seine Anwesenheit alles nur noch komplizierter machen würde. „Ist gut, Mama", hatte er gesagt und ihrem Bitten nachgegeben. „Aber ich werde dir den ganzen

Nachmittag über SMS schicken, damit ich weiß, dass alles in Ordnung ist."

In einem Punkt hatten Dawn und Hannah recht: Mara war nicht allein. Und das war ein unglaubliches Geschenk. „Denken Sie bitte weiter darüber nach, was es bedeutet, von Gott geliebt und auserwählt zu sein", hatte Dawn ihr aufgetragen. „Bei allem, was im Augenblick geschieht, ist es sehr wichtig, dass Sie sich als Geliebte sehen, nicht als Zurückgewiesene. Stellen Sie sich jeden Morgen vor den Spiegel und sagen Sie sich: ‚Jesus liebt mich. Er hat mich erwählt und will mich bei sich haben. Er wird mich niemals zurückweisen.' Mir ist egal, wie albern Sie sich dabei auch vorkommen mögen; tun Sie es einfach. Sprechen Sie es jedes Mal laut aus, wenn Sie vor dem Spiegel stehen. Machen Sie es sich zur Gewohnheit. Bitten Sie Ihre Freunde, Sie immer wieder daran zu erinnern."

Pastor Jeff hatte heute Morgen in seiner Predigt über das 1. Kapitel des Johannesevangeliums ein ähnliches Thema gehabt. Er hatte der Gemeinde in Erinnerung gerufen, dass Jesus in eine Welt hineingeboren worden war, die ihn abgelehnt hatte. „Hört zu", sagte er. „Jesus kam zu seinem Volk, und das Volk hat gesagt: ‚Nein, danke. Wir wollen dich nicht.' Aber diejenigen, die Ja zu ihm sagten, bevollmächtige er. Wozu? Hört genau hin: ‚Aber allen, die ihn aufnahmen und ihm Glauben schenkten, verlieh er das Recht, Kinder Gottes zu werden.'[7] Vergesst also bloß nicht, wer ihr seid!"

Besonders gut gefallen hatte Mara der Auszug aus dem Johannesevangelium, den Pastor Jeff im Mitteilungsblatt abgedruckt hatte. Während sie auf Hannah und Nathan wartete, holte sie ihre Predigtnotizen aus der Tasche und las sich den Abschnitt noch einmal durch: „Das wahre Licht, das in die Welt gekommen ist und nun allen Menschen leuchtet, ist Er, der das Wort ist. Er, das Wort, war schon immer in der Welt, die Welt ist durch ihn geschaffen worden, und doch erkannte sie ihn nicht. Er kam in seine eigene Schöpfung, doch seine Geschöpfe, die Menschen, wiesen ihn ab. Aber allen, die ihn aufnahmen und ihm Glauben schenkten, verlieh er das Recht, Kinder Gottes zu werden. – Das werden sie nicht durch natürliche Geburt oder menschliches Wollen und Machen, sondern weil Gott ihnen ein neues Leben gibt. Er, das Wort, wurde ein Mensch, ein wirklicher Mensch von Fleisch und Blut. Er lebte unter uns, und wir sahen seine Macht und Hoheit, die göttliche Hoheit, die ihm der Vater gegeben hat, ihm, seinem einzigen Sohn. Gottes ganze Güte und Treue ist uns in ihm begegnet."[8]

Weil *Gott* ihnen neues Leben gibt. Nicht durch menschliches Wollen, sondern durch Gottes Willen. Das wäre etwas, worüber man ein ganzes Leben lang nachdenken könnte. *Hilf mir, das zu glauben, Jesus. Lass mich meine wahre Identität als Kind Gottes erkennen. Danke, dass du in unsere Welt gekommen bist und dich um all unseren Mist kümmerst. Hilf mir, deine einzigartige Herrlichkeit zu erkennen, selbst im Chaos meines Lebens.*

Durchs Fenster konnte Mara Alexis Hardings hell erleuchtetes Haus auf der gegenüberliegenden Straßenseite sehen. Alexis hätte vermutlich nichts dagegen, wenn die Garrisons endlich wegziehen würden. Wahrscheinlich würde sich die ganze Straße freuen, ein Verkaufsschild in ihrem Vorgarten zu sehen.

Sie bedachte Tom mit einigen Schimpfwörtern und legte ihre Predigtnotizen zur Seite.

~

„Danke, dass ihr gekommen seid", sagte Mara, als sie Hannah und Nathan mit einer Umarmung an der Tür begrüßte.

„Sehr gern." Hannah überreichte ihr einen bunten Blumenstrauß. „Wir haben Suppe und frisches Brot mitgebracht."

Nathan hielt gleich mehrere Tüten in der Hand. „Wir wussten nicht so genau, was du magst, darum haben wir einfach verschiedene Sorten mitgebracht." Er folgte ihr in die Küche und stellte die Tüten auf die Arbeitsplatte. „Hühner-Gemüse-Suppe, Tomatensuppe mit Basilikum, Kürbissuppe und die gute alte Hühnerbrühe mit Nudeln."

„Das wäre wirklich nicht nötig gewesen."

„Haben wir gern für dich gemacht." Er begann den Inhalt auszupacken. „Setz dich hin und lass dich von uns bedienen."

„Sag mir noch schnell, wo deine Vasen stehen", bat Hannah, „dann stelle ich den Blumenstrauß ins Wasser." Mara deutete auf den Schrank neben der Mikrowelle. Hannah füllte eine Vase mit Wasser, schnitt die Blumenstängel an und stellte den Strauß vor Mara auf den Tisch.

„Ich kann mich nicht erinnern, jemals einen Blumenstrauß geschenkt bekommen zu haben."

„Dann werden wir dafür sorgen, dass du ab sofort regelmäßig Blumen geschenkt bekommst", erklärte Hannah. „Als Erinnerung an die Liebe und Fürsorge Gottes."

Nathan stellte das Brot und die Suppenschalen auf den Tisch und nahm Platz. „Nimm dir, was du magst", forderte er Mara auf. Sie entschied sich für die Gemüsesuppe mit Hühnerfleisch, Hannah wählte die Kürbissuppe. Nathan nahm die Tomaten-Basilikum-Suppe und griff nach ihren Händen. „Lasst uns beten."

Hannah

Als 45 Minuten später das Garagentor geöffnet wurde, beobachtete Hannah, wie Mara, die am Spülbecken stand, sich versteifte.

Nathan nahm seine Brille ab, hauchte sie an und polierte die Gläser mit dem Saum seiner burgunderroten Strickjacke. „Wir sind bei dir, Mara", sagte er. „Wir werden beten, solange sich

Tom in diesem Haus aufhält. Und wir werden erst gehen, wenn er wieder weg ist." Hannah und er nahmen am Küchentisch Platz, während Mara Kaffeebecher aus dem Schrank holte.

Zuerst kam Kevin herein. Er hatte sich seine Tasche über die Schulter geworfen. Seine Nase sah immer noch übel aus. „Hallo Kev!", begrüßte ihn Mara mit unnatürlich fröhlicher Stimme. „Wie war's beim Skilaufen?" Er zuckte die Achseln, ohne eine Antwort zu geben, und sah zu Hannah und Nathan hinüber. „Das ist mein Sohn Kevin", sagte Mara. „Kevin, das sind meine Freunde, Dr. Allen und Miss Shepley." Er nickte kurz.

Brian und Tom – beide mit einem militärischen Kurzhaarschnitt – folgten unmittelbar hinter ihm und diskutierten über ihre liebste Footballmannschaft und darüber, welche Auswirkungen die Verletzung eines bestimmten Spielers auf den Ausgang der Playoffs haben würde. Tom brach mitten im Satz ab, und sein Mund verzog sich entweder vor Überraschung oder vor Ärger, als er die beiden Fremden in seiner Küche sitzen sah. Mara schien unsicher zu sein, ob sie die vier miteinander bekannt machen sollte oder nicht. Nathan erhob sich und stellte sich vor. Hannah tat es ihm gleich.

Tom ignorierte Nathans ausgestreckte Hand. „Zu welcher Sekte gehören Sie denn? Zu den Zeugen Jehovas oder so etwas?"

„Nein, wir sind Maras Freunde", erwiderte Nathan ruhig, ohne den Blickkontakt mit Tom zu unterbrechen. „Wir sind hier, um ihr beizustehen."

Tom, der die Statur eines Rugbyspielers hatte, ließ seine Muskeln unter seinem langärmeligen Hemd spielen, pflanzte seine Beine wie Baumstämme auf den braunen Fliesenboden und verschränkte die Arme vor der Brust. Nathan, der mehrere Zentimeter kleiner und gut 20 Kilo leichter war als er, blieb ebenfalls stehen. „Ist das so?", fragte Tom, den Mund spöttisch verzogen und seinen Blick auf Maras Hinterkopf gerichtet.

Mara verschüttete beim Eingießen etwas Kaffee auf die Arbeitsplatte. „Das ist so", sagte sie, ohne sich umzudrehen. „Du willst doch packen und die beiden wollen mir in dieser Zeit Gesellschaft leisten. Du solltest jetzt besser damit anfangen."

Brian funkelte sie an. „Wir wollten uns eigentlich ein Football-Spiel anschauen."

„Nicht jetzt, nein", erwiderte Mara. „Ihr seid das ganze Wochenende weg gewesen, und jetzt ist es höchste Zeit, deine Taschen auszupacken und mit den Hausaufgaben anzufangen."

Hannah rechnete fest damit, dass Brian jeden Augenblick handgreiflich werden würde. Sein Gesicht war rot vor Zorn und er schien kurz vorm Explodieren zu sein. Doch er begnügte sich damit, seine Tasche auf den Boden fallen zu lassen. Bei dem dumpfen Knall zuckte Mara zusammen. „Wie du meinst", brummte er.

Nathan biss die Zähne zusammen, und Hannah konnte sich gut vorstellen, was ihm gerade durch den Kopf ging.

Mara stand immer noch mit dem Rücken zu ihnen. „Nimm deine Tasche mit in dein Zimmer und räum deine Sachen weg. Und dann machst du deine Hausaufgaben." Brian warf seinem Vater einen fragenden Blick zu. Er nickte ihm kaum merklich zu. Brian stürmte mit seiner Tasche aus der Küche. Tom folgte ihm. Nathan warf Hannah einen bedeutungsvollen Blick zu, bevor er wieder am Tisch Platz nahm. Hannah ließ langsam die Luft entweichen und versuchte, sich zu beruhigen.

„Alles in Ordnung?", fragte Nathan leise, als Mara den Kaffeebecher vorsichtig vor ihm abstellte.

„Alles gut", erwiderte sie.

Während der nächsten Stunde marschierte Tom immer wieder mit seinen Kisten durch die Küche. Er gab kein einziges Wort von sich und Mara stellte keine Frage zum Inhalt der Kisten. Vermutlich waren es Kleidung und persönliche Gegenstände.

Hoffentlich. Nathan hielt die Unterhaltung am Tisch aufrecht und erzählte von seinem Leben am College und von witzigen Begebenheiten aus seinem Unterricht. Er versuchte ganz offensichtlich, die Situation zu entspannen, indem er seine Anekdoten fröhlich plaudernd zum Besten gab und dadurch gleichzeitig auch ihre Vertrautheit untereinander verdeutlichte. Er machte das einfach großartig, fand Hannah. Sie konnte sich bildlich vorstellen, wie Nathan vor vielen Jahren als Pastor in seinem Gemeindebüro schwierige Situationen genauso souverän entschärft hatte wie ein ausgebildeter Bombenspezialist beim Militär.

Nachdem Tom seine letzte Kiste im Auto verstaut hatte, rief er die Jungen zu sich. „Ich werde am Freitag wieder in der Stadt sein", teilte er ihnen so laut mit, dass alle es mitbekamen, „und dann dürft ihr zwei das Wochenende bei mir im Hotel verbringen. Dort gibt es niemanden, der euch vorschreibt, was ihr zu tun und zu lassen habt." Mara schien eine Erwiderung auf der Zunge zu liegen, doch sie behielt sie für sich. „Und denkt an das, was ich euch gesagt habe", fuhr Tom fort, während er sich von den beiden verabschiedete. Hannah fragte sich, welche Anweisungen er ihnen wohl gegeben hatte. Aber die Jungen verschwanden, sobald Tom das Haus verlassen hatte.

„Und ich dachte, meine Scheidung wäre bereits unschön gewesen", sagte Nathan, als er und Hannah eine Stunde später im Auto saßen. „Gott möge ihr beistehen."

~

Sonntag, 14. Dezember, 21 Uhr

Ich bin erschöpft. Nachdem wir Maras Haus verlassen hatten, fühlte ich mich vollkommen ausgelaugt. Dort sind dunkle und sehr ungute Mächte am Werk. Nate und ich haben später noch darüber gesprochen. Tom passt genau in das Bild eines Missbrauchtäters, und dass er Mara noch keine körperliche Gewalt angetan hat, ist ein großes Wunder. Als er das Haus betrat, spürte ich, wie sich etwas in meinem Geist veränderte, und ich habe die ganze Zeit, die wir dort saßen, gebetet und Gott um seinen Schutz und seine Kraft gebeten. Ich weiß, dass auch Nate gebetet hat, während er gleichzeitig das Gespräch führte. Es ist gut, dass wir heute bei Mara sein konnten. Dadurch haben wir beide eine bessere Vorstellung davon bekommen, wie wir für Mara beten können. Aber nicht nur für Mara, sondern auch für Tom und die Jungen und dafür, dass Gott sie aus dem Griff des Bösen befreien und sie aus der Gefangenschaft ihrer Sünde herausholen möge. Bitte, Herr. Binde die Kräfte des Feindes und zerstöre die Macht des Bösen. Lass dein Reich kommen. Rette Tom, rette Kevin, rette Brian. Bitte.

Brian ist das Ebenbild seines Vaters, und ich mache mir ernsthafte Sorgen darüber, was er wohl tun wird, wenn sein Vater weg ist. Herr, bitte beschütze Mara und gib ihr Mut. Danke für das Vorrecht, für sie beten zu dürfen. Gib, dass ich nicht vergesse, für sie zu beten. Zeige mir, wie ich Mara beistehen kann. Dein Licht scheint in der Dunkelheit und die Dunkelheit kann es nicht auslöschen. Lass uns sehen, wie dein Reich kommt und wie dein Wille hier auf Erden geschieht, genauso wie im Himmel. Sorge dafür, dass sich dein Reich in ihrer Familie ausbreiten kann. Bitte.

Nates Pastor hat heute Morgen eine wundervolle Predigt über Jesaja 11 und Markus 13 gehalten. Es ging um das Reich Gottes und um Christi zweite Wiederkunft. Während wir darauf warten, dass er sein vollkommenes Reich errichten wird, stöhnen und kämpfen und weinen und sehnen wir uns nach seiner Wiederkunft, nicht nur für uns, sondern für die ganze Welt. Da sind so viele Tränen, Herr. Danke, dass du mit uns weinst.

Als wir God Rest Ye Merry Gentlemen *gesungen haben, musste ich an Meg und Mara denken. Durch meine geistliche Übung, mit*

Weihnachtsliedern zu beten, habe ich es noch einmal ganz neu hören können. Was für ein Geschenk. Heute Morgen ist mir dann die Erkenntnis gekommen: Dieser Text fordert uns dazu auf, in Freude auszuruhen, uns an Christi Kommen zu erinnern und uns durch nichts entmutigen zu lassen, weil unser Erlöser uns bereits aus den Händen des Feindes gerettet und uns von der Sünde befreit hat. Es ist ein Lied der Hoffnung und des Trostes, und es vermittelt eine gute Botschaft, obwohl es in Moll geschrieben ist. Wir dürfen uns freuen und uns trösten lassen in unserem Leid. Lass mich das nicht vergessen, Herr. Mit dem Text dieses Liedes werde ich heute Abend für Meg und Mara beten.

Während ich der Predigt über das kommende Reich zugehört habe, musste ich daran denken, wie wir am Freitagabend Händels großes Halleluja *gesungen haben. „Das Königreich der Welt ist fortan das Königreich des Herrn und seines Christ; und er regiert auf immer und ewig: Herr der Herrn, der Welten Gott. Halleluja!" Ja, Herr. Lass dies unser Lied sein, während wir darauf warten, dass dein Reich kommt. Egal, wie es von hier unten aus auch aussehen mag: Du wirst siegen, Herr. Du wirst siegen.*

Halleluja! Amen.

Meg

Meg saß ganz allein im Computerraum des Hotels. Aus dem Foyer drangen Weihnachtslieder von Bing Crosby zu ihr herein. In ihrer letzten E-Mail hatte Hannah von Mara und den neusten Ereignissen berichtet und sie gebeten, für Mara zu beten. Außerdem hatte sie ihr einige Bibelverse zur Ermutigung geschickt und ein wenig von Charissa und John erzählt. „Ich habe länger nicht mit Charissa gesprochen", hatte Hannah geschrieben, „darum weiß ich keine Einzelheiten. Nur, dass ihre Angst vor einer Fehlgeburt unbegründet war. Dem Baby geht es gut, aber aus dem Kauf des Hauses, das sie sich ursprünglich ausgesucht hatten, wird wohl nichts."

Obwohl es bereits 25 Jahre zurücklag, konnte sich Meg noch gut an die Aufregung – und den Frust – bei ihrer eigenen Haussuche erinnern. Gerade frisch verheiratet, hatten Jim und sie gleich mehrere Häuser an andere Interessenten verloren, die einen höheren Kaufpreis geboten hatten. Doch dann hatten sie schließlich ein kleines Haus gefunden, das zu mieten war. Und die Miete lag tatsächlich im Rahmen dessen, was sie sich leisten konnten. Sechs Monate später hatte der Hausbesitzer ihnen dieses Haus dann zum Kauf angeboten. „Siehst du?", hatte Jim sich gefreut und Meg in die Arme genommen. „Ich habe dir doch gesagt, dass Gott einen Plan hat."

Sie schloss ihr E-Mail-Programm und öffnete die Seite einer Immobilienfirma in Kingsbury. Da war es: *1020 Evergreen Road*. Es stand noch immer zum Verkauf. Kurz vor Thanksgiving hatte Meg, nachdem sie jahrelang diese Straße gemieden hatte, endlich den Mut aufgebracht, an dem Haus vorbeizufahren, in dem sie und Jim einst so glücklich miteinander gewesen waren. Als sie gesehen hatte, dass das Haus zum Verkauf stand, wurde eine tiefe und unerwartete Sehnsucht in ihr geweckt, und sie hatte daraufhin überlegt, ob sie an der öffentlichen Hausbesichtigung teilnehmen solle, um noch einmal hindurchzulaufen und sich endgültig zu verabschieden.

Charmantes Haus mit Charakter aus dem Jahr 1924, das ein wenig Pflege und Zuneigung braucht.

Wie passend, dachte Meg. Wie passend, dass ihr früheres Zuhause, das sie einst so sehr geliebt hatte, nun ein wenig Pflege und Zuneigung gebrauchen konnte.

Meg wusste nichts über die Leute, die das Haus nach Jims Tod gekauft hatten. Mutter hatte sich damals um den Verkauf gekümmert. Da es keine Fotos vom Hausinneren gab, klickte

Meg durch die Außenansichten: das Zimmer nach vorne, das Beccas Zimmer werden sollte, das hintere Fenster über der Spüle in der Küche, wo sie und Jim immer gemeinsam das Geschirr gespült hatten, die Hausseite mit ihrem Schlafzimmerfenster. Nur die Schaukel im Vorgarten war nicht mehr da. Vermutlich hatte sie jemand bei einem Umzug mitgenommen. Jim und sie hatten oft auf dieser Schaukel gesessen und über ihre Träume für die Zukunft gesprochen, sie hatten sich gegenseitig um Vergebung gebeten, gemeinsam die Stille genossen und den Liedern der Laubfrösche und Grillen gelauscht.

Beim Anblick des Verkaufsschilds kam Meg plötzlich eine Idee: Vielleicht sollte sie das Haus ihrer Mutter verkaufen und sich in Kingsbury ein anderes Haus suchen, in dem sie noch einmal ganz neu anfangen könnte. Und für einen kurzen Moment dachte sie sogar darüber nach, in das Haus zurückzukehren, in dem sie einmal so glücklich gewesen war. Aber es gab kein Zurück mehr, das wusste sie. Stattdessen musste sie voller Hoffnung vorwärtsgehen, denn nur dort würde es Erlösung für sie geben. Und Heilung. Und einen Schlussstrich. Und anschließend noch tiefere Ebenen der Heilung.

Vielleicht …

Nur vielleicht …

Sie kopierte den Link zu dem Haus in eine E-Mail an Charissa und schickte sie zusammen mit einem Gebet für sie, John und ihr Baby ab.

~

Von: Meg Crane
An: Hannah Shepley
Datum: Montag, 15. Dezember, 11:03 Uhr
Betreff: Re: Ich bete für dich.

Liebe Hannah, vielen Dank für deine E-Mail und deine Predigtnotizen. Ich möchte mit Jesaja, Kapitel 11, beten und über die Sehnsucht nach Gottes Reich nachdenken, nicht nur um meinetwillen, sondern um der Welt willen, die Gott so sehr liebt. Das hilft mir dabei, von meinen eigenen Problemen wegzusehen und mich vor den Sorgen anderer nicht zu verschließen. Leid und Enttäuschung können nämlich bewirken, dass man nur noch sich selbst sieht, aber das will ich nicht. Danke, dass du mir von Mara erzählt hast. Mein Herz blutet, wenn ich an sie denke, und ich werde sie und ihre Familie ganz sicher in mein Gebet einschließen. Ich habe ihr gerade schon eine E-Mail geschickt und ihr versichert, dass ich in Gedanken bei ihr bin. Bitte lass mich wissen, wenn es irgendetwas gibt, was ich für sie tun kann. Ich habe ihr angeboten, dass sie jederzeit in mein Haus kommen kann. Solange ich darin lebe, soll es auch ein Segen für andere sein. Und ich bin so froh, dass du dort bist! Ich habe Charissa eben den Link zu unserem früheren Haus geschickt, das gerade zum Verkauf steht. Vielleicht kommt es für sie gar nicht erst infrage – es ist sehr klein und scheint ziemlich reparaturbedürftig zu sein –, aber ich wollte sie trotzdem darauf hinweisen. Ich weiß nicht, wer dort in den vergangenen 20 Jahren alles gelebt hat, aber es würde mich sehr glücklich machen, wenn eine junge Familie dort einziehen würde.

Becca und ich haben ein schönes Wochenende miteinander verbracht und dafür bin ich dankbar. Wir hatten die Gelegenheit, mehrere Stadtführungen zu machen und einige Museen miteinander anzuschauen. Und wir hatten Karten für Les Misérables. *Oh Hannah. Was für eine eindrucksvolle Geschichte über Liebe,*

Vergebung und Gnade! Ich habe die ganze Zeit über geweint. Becca mochte zwar die Musik und die Aufführung an sich, aber ich bin nicht sicher, ob sie den Inhalt der Geschichte wirklich verstanden hat. Ich habe versucht, mit ihr darüber zu sprechen, aber ich bin nicht weit gekommen. Sie scheint kein Interesse an einem Gespräch über den Glauben zu haben und ich weiß nicht, wie ich ihr begreiflich machen kann, was Gott in den vergangenen Monaten für mich getan hat. Bitte bete für mich.

Morgen erwartet mich eine außerordentlich schwierige Situation. Lass mich es dir in aller Kürze erklären: Becca ist eine Beziehung mit einem älteren, geschiedenen Mann namens Simon eingegangen und das bricht mir das Herz. Morgen will sie mit einigen Freunden im London Eye das Ende des Semesters feiern, und sie hat mich eingeladen, mich ihnen anzuschließen. Zuerst habe ich mich sehr über die Einladung gefreut. Doch dann hat sie ganz beiläufig erwähnt, dass auch Simon dabei sein wird. Ich habe beschlossen, trotzdem hinzugehen und ihn kennenzulernen. Aber ich bin immer noch böse auf ihn wegen allem, was er meiner Tochter weggenommen hat. Becca ist so blind und betont immer wieder, wie glücklich sie ist. Bitte bete für mich, Hannah. Für uns. Du kannst auch gerne Nathan einweihen.

Danke, dass du mir die Liedtexte geschickt hast. Ich bitte Gott, dass seine gute Botschaft des Trostes und der Freude mich wirklich erreicht. Du hast erwähnt, dass ihr Händels Messias *anhören wollt. Daraufhin habe auch ich eine große Sehnsucht verspürt, dieses Werk noch einmal anzuhören. Ich habe also im Internet nachgeschaut und bin dabei auf das Händel-Haus hier in London gestoßen, das heute ein Museum ist. In diesem Haus hat er den größten Teil seiner Werke komponiert und dort finden unterhalb der Woche auch Konzerte und Proben statt. Als ich die Informationen auf der Webseite durchlas, musste ich grinsen. „Zu Ihrer eigenen Sicherheit sollten Sie festes Schuhwerk tragen, wenn Sie das Museum besichtigen, denn die Fußböden stammen aus dem 18. Jahrhundert und sind stellenweise recht uneben." Du kannst darauf wetten, dass ich festes Schuhwerk tragen werde, wenn ich das Museum besichtige. Und ich habe tatsächlich eine Aufführung des* Messias *in einer Londoner Kirche gefunden. Wenn ich sie besuche, werde ich an dich denken und Gott dafür danken, dass er dich in mein Leben geschickt hat.*

In Liebe,
Meg

Nathan

„Du siehst müde aus", sagte Katherine.

Nathan hielt den Blick gedankenverloren auf die flackernde Kerze gerichtet, die auf dem Couchtisch in Katherines Büro stand. „Das bin ich auch."

„Der übliche Stress am Ende des Semesters?"

„Das auch, aber es gibt noch mehr. In den vergangenen Tagen sind einige Dinge passiert, die mich ziemlich aufgewühlt haben. Unsere Verabredung kommt wirklich zum richtigen Zeitpunkt. Ich weiß nur nicht so genau, wo ich anfangen soll."

„Wie wäre es, wenn wir uns zuerst ein paar Minuten der Stille nehmen würden?", schlug Katherine vor.

Ja, dachte Nathan. Das wäre der richtige Anfang. In der vergangenen Woche hatte er herzlich wenig Zeit für Stille gehabt. „Danke", sagte er.

Er öffnete seine Hände, lehnte sich zurück und dachte an das hebräische Wort, das im Advent zu seinem kontemplativen Gebet gehörte: *hineni*. Wann immer ihn irgendetwas von der Gegenwart Gottes ablenken wollte, sprach er dieses einfache Gebet und fand so in die Stille zurück. *Hineni. Hier bin ich.*

Nachdem sie eine Weile geschwiegen hatten, atmete Nathan tief durch und öffnete die Augen. „Danke", sagte er noch einmal. „Man sollte meinen, dass ich nach all den Jahren, die ich nun schon zur Supervision zu dir komme, ein Gespür dafür entwickelt hätte, wie dringend ich diese regelmäßigen Zeiten der Stille doch brauche."

„Wir alle müssen immer wieder neu daran erinnert werden", erwiderte Katherine.

Nathan atmete tief ein und aus. Die Unruhe, die er bei seiner Ankunft in sich gespürt hatte, löste sich nun langsam auf. *Danke, Herr.*

„Ich hatte gerade ein sehr anstrengendes Gespräch mit einer meiner Studentinnen, das ich gerne mit dir durchsprechen würde", begann er. „Aber ich weiß nicht so genau, wie ich in diesem Fall die Vertraulichkeit wahren soll, weil du sie aus deinem ‚Geistliche Reise'-Kurs kennst."

„Das ist kein Problem", erwiderte Katherine. „Ich werde mich auf das konzentrieren, was dich beschäftigt, und nicht auf Einzelheiten aus ihrem Leben."

„Danke." Nathan verspürte den dringenden Wunsch, offen auszusprechen, was ihn gerade bewegte, und Katherine gab ihm nun die Gelegenheit dazu. *Leite meine Worte und Gedanken, Herr. Hilf mir, dich nicht aus dem Blick zu verlieren, wenn ich über das rede, was mich gerade beschäftigt.*

Er lehnte sich auf dem Sofa zurück. „Als sie mein Büro betrat, war mir bereits klar, dass mir ein äußerst schwieriges Gespräch bevorstehen würde. Sie ist wütend über eine Entscheidung, die eine ihrer Professorinnen in Bezug auf ein Referat von ihr getroffen hat. Übrigens eine sehr faire Entscheidung, wie ich finde. Und jetzt ist sie enttäuscht, weil ich meiner Kollegin recht gebe. Ich kenne diese Studentin schon seit einigen Jahren und habe eng mit ihr zusammengearbeitet. Darum habe ich mich sehr gefreut, als ich im Laufe des Semesters feststellte, dass in ihrem Leben ganz viel in Bewegung gekommen ist – in erster Linie deshalb, weil sie sich ziemlich über einige Dinge aufgeregt hat, die du in deinem Kurs gemacht hast."

Katherine lächelte.

„Doch bei diesem Gespräch habe ich gleich erkannt, dass sie immer noch nach Kontrolle, Lob und Anerkennung strebt. Mir macht es zu schaffen, dass ich in ihr mein altes Ich wiedererkenne. Manchmal werden meine Geduld und mein Mitgefühl wirklich auf eine harte Probe gestellt!"

„Ihr gegenüber oder dir selbst gegenüber?"

Ah, interessant. „Ihr gegenüber, meinte ich. Aber bestimmt auch mir selbst gegenüber. Der Perfektionist in mir ist nur schwer totzubekommen."

Nathan berichtete Katherine weiter von dem Gespräch mit Charissa, die große Scham empfinde, weil sie ihre Präsentation verschlafen habe. Er sei versucht gewesen, ihr durch gezielte Fragen zu der Erkenntnis zu verhelfen, dass Gott sie vielleicht gerade durch das, was geschehen war, frei machen wolle. Doch sie hatte nur Trost in seiner Zusicherung finden können, dass ihr Stipendium und ihr akademisches Ansehen durch eine einzige versäumte Präsentation ganz sicher nicht in Gefahr seien.

„Ganz ehrlich, ich war bei diesem Gespräch nicht in bester Verfassung. Vermutlich bin ich deswegen so aufgewühlt. Ich fürchte, dass die Erinnerung an frühere Zeiten meine Fähigkeit eingeschränkt hat, mich ganz auf sie zu konzentrieren."

„Es fällt uns schwer, das eigene Ich in den Hintergrund zu stellen", erwiderte Katherine, „besonders dann, wenn unser Gegenüber unsere wunden Punkte trifft."

„Genau das ist heute während meines Gesprächs mit Charissa passiert. Da schwinge ich große Reden darüber, dass Gott die Dinge, die uns provozieren, gebrauchen will, um uns zum

Guten zu verändern, und dass wir uns darum bemühen sollen, unsere Beziehung zu Christus zu vertiefen. Ich habe ihr auch den Rat gegeben, wachsam zu bleiben und ein Ja zum Leben in Christus zu finden, auch wenn sich alles in ihr dagegen wehrt, weil sie bereit sein muss, Wege zu gehen, die sie eigentlich gar nicht gehen will. Und während ich so mit ihr rede, wird mir plötzlich klar, dass Gott in diesem Moment auch mich anspricht und mich auf meinen eigenen Widerstand hinweist; auf meinen Zorn darüber, dass er mich auf Wegen führt, die ich nicht gehen will." Nathan schüttelte langsam den Kopf. „Ich habe heute eine E-Mail von meiner Ex-Frau bekommen, die mich aus der Bahn geworfen hat." Katherine zog die Augenbrauen hoch. „Laura ist schwanger. Und sie wird nach Michigan zurückkehren."

Katherines Augenbrauen hoben sich noch ein Stück höher. „Oh."

„Ja, genau. Oh." Er atmete noch einmal tief durch.

„Das ist eine Menge Stoff zu verarbeiten", sagte Katherine.

„Das stimmt." Nathan hatte die E-Mail bestimmt ein halbes Dutzend Mal gelesen und jedes Mal war sein Zorn heftiger geworden.

„Hast du es Jake erzählt?"

„Noch nicht. Ich werde heute Abend mit ihm reden."

Wie sehr sich Nathan doch vor diesem Gespräch fürchtete!

„Er hat sie schon einige Jahre nicht mehr gesehen", fuhr er fort. „Sie war lange Zeit mit ihrem neuen Mann in Europa und Asien unterwegs und jetzt hat er einen Job in der Nähe von Detroit angenommen." Er nahm eine andere Sitzposition ein und strich mit den Fingern durch seine Haare. „Jake und ich haben uns inzwischen so gut arrangiert mit unserem Leben. In den letzten Jahren hat es nur ihn und mich gegeben und wir haben unseren eigenen Weg gefunden. Und auf einmal will sie zurückkommen und wieder an Jakes Leben teilhaben. In ihrer E-Mail hat sie betont, wie wichtig es für Jake sei, sein Geschwisterchen kennenzulernen und eine Beziehung zu ihnen drei aufzubauen."

„Das wird letzten Endes wohl Jake selbst entscheiden müssen", erwiderte Katherine.

„Das stimmt. Ich habe mich inzwischen an ein Leben gewöhnt, in dem sie nicht vorkommt. Und es hat mir sogar gut gefallen. Sie hat nichts, absolut nichts getan, um die Beziehung zu Jake aufrechtzuerhalten, abgesehen von gelegentlichen E-Mails, einem Anruf hier und da oder Geschenken zum Geburtstag und zu Weihnachten. Und jetzt kommt sie zurück, und ich kann nicht einschätzen, wie er darauf reagieren wird. Wie *ich* darauf reagieren werde." Er hielt inne. „Mir gefallen die Gefühle ganz und gar nicht, die da heute an die Oberfläche gekommen sind. Ich frage mich, ob der Zorn, den ich bereits besiegt zu haben glaubte, in Wirklichkeit nur vor sich hin geschlummert hat und nun darauf lauert, endlich wieder zum Vorschein zu kommen. Du bist diesen Weg doch gemeinsam mit mir gegangen, Katherine. Du weißt doch, wie verbittert ich war. Ich will das nicht noch einmal erleben."

Katherines Blick war voller Mitgefühl. „Gottes Wirken ist beständiger, als du denkst", erwiderte sie schließlich. „Und dies ist eine neue Gelegenheit für ihn, seine Herrlichkeit in dir und durch dich zu offenbaren. Du hast mir doch gerade davon erzählt, wie du deiner Studentin Mut gemacht hast, weiterhin offen für Jesu Wirken in ihrem Leben zu sein. Und glaube mir: Jesus ist in dieser Sache ziemlich beharrlich."

Nathan schloss die Augen und Katherine teilte die Stille mit ihm. Es vergingen einige Minuten, bevor er sie wieder öffnete.

„Was ist dein Gebet?", fragte sie sanft.

„Hineni", sagte er. „Hier bin ich, Herr."

Sie lächelte. „Was für ein wunderschönes und kostbares Gebet. Darin ist wirklich alles enthalten."

Nathan nickte langsam. „Seit ich vor einigen Wochen damit begonnen habe, dieses Gebet zu sprechen, entdecke ich immer neue Facetten. Und ich möchte es beten können mit einem offenen, aufrichtigen und vertrauensvollen Herzen. Aber das wird ganz bestimmt nicht leicht werden."

„Nein, bestimmt nicht", erwiderte Katherine. „Auch Abraham ist es sicher nicht leichtgefallen, das zu sagen. Und Mose auch nicht. Doch Gott nimmt es dennoch an und freut sich darüber. Für ihn ist es ein kostbares Geschenk."

Ein verrückter Gedanke durchfuhr Nathan, und er dachte erst eine Weile darüber nach, bevor er ihn laut aussprach. Er beugte sich vor und rollte seine linke Socke herunter. „Ich glaube, ich weiß, was ich mir dieses Jahr zu Weihnachten schenke", sagte er. „Ein Tattoo. An der Stelle, wo ich es immer dann sehen kann, wenn ich barfuß gehe." Er deutete auf eine Stelle oberhalb seines Knöchels und sagte: „Hineni."

Charissa

„Dr. Allen hat sich nicht umstimmen lassen", berichtete Charissa, als John sie am Montag nach der Arbeit von der Uni abholte. „Dabei ist er doch mein akademischer Berater und ich hatte gehofft, er würde bei Dr. Gardiner vielleicht ein gutes Wort für mich einlegen und sich dafür einsetzen, dass ich mein Referat doch noch zu einem anderen Zeitpunkt halten könnte. Aber nein! Er ist ganz ihrer Meinung und findet sogar, es sei ein großes Entgegenkommen von ihr, dass sie meine schriftliche Arbeit bewerten wolle. Und damit ist meine glatte Eins dahin. Die beste Note, die ich für dieses Seminar erwarten kann, ist eine Zwei plus, aber nur, wenn sie meine Arbeit sehr großzügig bewertet. Und bitte belehre mich jetzt nicht. Ich weiß, dass mir das eigentlich egal sein sollte. Ich weiß, dass das im Großen und Ganzen nicht wichtig ist. Und trotzdem ärgert es mich. Ich bin wütend auf mich, weil ich verschlafen habe und weil ich das alles so ernst nehme. Schrecklich wütend."

John legte seine Hand auf ihre Schulter. „Das tut mir leid, Riss. Wirklich." In seiner Stimme lag nicht der geringste vorwurfsvolle Unterton.

„Danke." In den vergangenen Stunden war es Charissa gelungen, von glühendem Zorn in einen ruhigeren Zustand der Resignation überzugehen. Nicht Akzeptanz, aber Resignation. Vielleicht war das ja bereits ein Fortschritt.

„Und was ist mit dieser Zusatzaufgabe?", fragte John. „Lässt Dr. Allen dich stattdessen eine längere Literaturanalyse schreiben?"

„Nein. Auch in diesem Punkt hat er nicht mit sich reden lassen." Sie schnallte sich an. „Er schlug vor, ich solle meine Notizen von dem ‚Geistliche Reise'-Kurs durchgehen und überlegen, was Gott in den vergangenen Monaten in mir getan hat. Und er hat mir eine Verlängerung der Abgabefrist angeboten. Er meinte, wenn ich wirklich der Meinung sei, bis Freitag keine glaubwürdige Arbeit über Gottes Wirken in mir schreiben zu können, dürfe ich die Hausarbeit auch noch im Januar nachreichen."

Während John losfuhr, starrte Charissa zum Fenster hinaus und spielte das Gespräch mit Dr. Allen gedanklich immer und immer wieder durch. *„Wie könnte Gott das Geschehene denn vielleicht gebrauchen, um Sie zu verändern und von der Scham zu befreien?"*, hatte er gefragt. Immer musste er solche ärgerlichen, provokativen Fragen stellen!

„Vielleicht hat er ja recht", sagte John, als sie diesen Teil des Gesprächs noch einmal wiederholt hatte. „Nimm es mir nicht übel, aber dein Streben nach Perfektion hat ziemlich große Macht über dich."

Charissa unterdrückte den Impuls, ihm zu widersprechen und sich zu verteidigen, und sagte stattdessen: „Ich weiß. Dr. Allen hat immer wieder versucht, mir deutlich zu machen, dass all das eigentlich ein Geschenk der Gnade in meinem Leben ist und dass ich das Positive daran sehen muss, aber ich war einfach nur wütend. Nicht auf ihn, sondern auf mich. Ich verstehe selbst nicht, warum mir das so wichtig ist, aber ich kann mich einfach nicht dagegen wehren. Mir geht ständig der Augenblick durch den Kopf, als mir klar wurde, dass ich verschlafen hatte. Und dann wird mir übel. Und ich kann nichts dagegen tun. Warum kann ich nicht einfach loslassen?"

Charissa seufzte und trommelte mit den Fingern gegen die Fensterscheibe. „Ich habe das Gefühl, auf der Stelle zu treten", fuhr sie fort. „Immer wieder werde ich mit denselben Themen konfrontiert. Und ich weiß genau, was Dr. Allen sagen würde: dass geistliches Wachstum nicht schnell vonstattengehen oder linear verlaufen würde, wie ich mir das vielleicht wünsche; dass ich keinen Einfluss darauf hätte und mich nicht selbst zu einem besseren Menschen machen könne, indem ich mir noch mehr Mühe gebe. Er meinte sogar, der Kampf, den ich gerade ausfechten müsse, sei ein Hinweis auf Weiterentwicklung. Das hat er immer wieder betont. Aber ich bin einfach nur frustriert."

„Wenn wir an unserer eigenen Rechtschaffenheit verzweifeln, sind wir dem Reich Gottes viel näher, als wenn wir stolz darauf sind", hatte Dr. Allen gesagt. „Gott stellt Sie gerade auf die Probe und macht Sie dadurch empfänglich für seine Gnade. Das ist vergleichbar mit Wehen: Sie verursachen schreckliche Schmerzen, aber gleichzeitig sind sie auch nötig, um die Geburt voranzutreiben. Gott will etwas Neues in Ihnen schaffen, Charissa. Und Sie müssen darauf vertrauen, dass er gerade dabei ist, Sie zu formen, egal, was auch geschehen mag. Lassen Sie den Mut nicht sinken. Der Herr ist nahe."

Charissa wandte sich John zu. „Es tut mir leid, John. Ich weiß, dass das Zusammenleben mit mir nicht leicht ist. Ich bin der egoistischste Mensch, den ich kenne."

Er lachte.

„Worüber lachst du?"

„Sag das noch einmal. Das war lustig."

„Ich weiß, dass das Zusammenleben mit mir nicht leicht ist."

„Nein. Den nächsten Satz."

„Was? Dass ich der egoistischste Mensch –"

Mist.

Sie war sogar egoistisch in Bezug auf ihren eigenen Egoismus! John hatte recht. Das war fast schon lustig.

Charissa lächelte und boxte ihn sanft gegen die Schulter. „Mir geht es gerade wie Mara. Ich habe das Gefühl, mich immer nur im Kreis zu drehen und keinen Schritt voranzukommen. Es ist, als würde ich zwei Schritte vorwärtsgehen und dann wieder genauso viele Schritte zurück machen. Als wäre das irgendein komischer Tanz."

John legte eine Hand an ihren Hinterkopf, während er mit der anderen lenkte. „Ich bin froh, dass du meine Tanzpartnerin bist", sagte er. „Und wenn wir stolpern und uns gegenseitig auf die Füße treten, dann …"

„Ja", sagte sie, „aber eins musst du wissen: Wenn du mit mir tanzen willst, dann solltest du deine Schuhe anbehalten. Und am besten trägst du Schuhe mit Stahlkappen."

John lachte und verwuschelte ihre Haare. „Ich habe eine verrückte Idee", sagte er.

„Welche denn?"

„Lass uns feiern."

„Und was genau sollen wir feiern?"

„Wie wäre es mit unserer Unvollkommenheit?"

Sie zog die Augenbrauen hoch.

„Komm schon", drängte er. „Wie wäre es mit einem Eisbecher zum Abendessen?"

Sie dachte einen Augenblick nach und willigte schließlich ein.

„Wirklich?"

„Klar. Warum nicht?" Sie schob ihren Sitz etwas zurück. „Ich habe gerade eine unglaubliche Lust auf Karamelleis mit Cashewkernen."

~

Während John und Charissa ihr Eis löffelten, klingelte Charissas Mobiltelefon. „Es ist Mama", sagte sie und starrte auf das Display.

John zuckte die Achseln. „Es liegt an dir", meinte er.

Sie legte den Löffel aus der Hand. „Hallo Mama!"

„Hallo Liebes. Entschuldige bitte, dass ich mich jetzt erst melde. Hier ist so viel los. Aber wir genießen unseren Urlaub in vollen Zügen! Hast du das Semester schon hinter dich gebracht?"

„Fast."

„Und, wie läuft es?"

An Johns Gesichtsausdruck konnte Charissa erkennen, dass er genau mitbekam, was ihre Mutter sagte. Sehr genau sogar.

„Äh … ganz gut."

„Wie war dein Referat?"

„Ach … weißt du …" Sie drehte sich etwas zur Seite, damit sie John nicht weiter anzuschauen brauchte.

„Es gibt nicht zufällig eine Aufzeichnung davon, oder?"

„Äh … nein … Keine Aufzeichnung." Nur die Aufzeichnung, die sich in ihr Gehirn eingebrannt hatte. Und in die Köpfe ihrer Kommilitonen.

„Auch gut", erwiderte ihre Mutter. „Vielleicht beim nächsten Mal. Ich bin sicher, dass du fantastisch warst. Was ist mit der Übelkeit? Isst du genug?"

Sie starrte auf ihren halb aufgegessenen Eisbecher. „Ein wenig."

„Achte auf jeden Fall darauf, dass du deine Vitamine nimmst und ausreichend Ruhe bekommst. Du brauchst Kraft, um das Semester zu Ende zu bringen."

„Ich weiß."

Während ihre Mutter ihr von Cousinen und Cousins erzählte, die sie gar nicht kannte, stocherte sie mit ihrem Löffel lustlos in der Karamellsauce herum. *„Sie ist Klassenbeste"*, hatte ihr Vater immer den Nachbarn, seinen Klienten und jedem erzählt, der zuhörte. *„Jahrgangsbeste. Summa cum laude. Meine Tochter, die Doktorandin. Sie wird einmal Großes bewirken. Ja, ich bin sehr stolz auf sie. Sehr stolz."*

„Willst du ihnen nicht sagen, was passiert ist?", fragte John, nachdem sie das Telefonat beendet hatte.

Sie zuckte die Achseln. „Warum? Ich sollte doch keine große Sache daraus machen, oder? Aber wenn ich es ihnen erzähle, dann wird eine ganz große Sache daraus. Du kennst sie doch. Sie werden es fürchterlich aufbauschen."

Eine ganz große Sache. Solange Charissa denken konnte, hatten ihre Eltern aus ihren hervorragenden Leistungen immer eine ganz große Sache gemacht.

Angewidert schob sie ihren Eisbecher zur Seite. Ihr war der Appetit vergangen.

Hannah

Am Dienstagmorgen ließ sich Mara auf den Beifahrersitz in Hannahs Auto fallen und starrte durch die Windschutzscheibe, auf der sich Schnee gesammelt hatte. „Ich werde das Haus verlieren."

Hannah drehte die Heizung hoch und legte ihre Hand auf Maras Schulter. „Nun zieh doch keine voreiligen Schlüsse,

Mara", mahnte sie ihre Freundin. „Ich weiß, wie schwierig es ist, einen Schritt nach dem anderen zu machen. Aber immerhin hast du jetzt einen Rechtsanwalt, der sich für dich einsetzen wird." Die letzten anderthalb Stunden hatten sie in der Kanzlei eines Anwalts verbracht, den Mara aus ihrer Gemeinde kannte. Er war bemüht gewesen, sie zu beruhigen, und er hatte ihr versichert, dass Tom dazu verpflichtet sei, ihr ein finanzielles Auskommen zu ermöglichen.

„Du hast doch gehört, was er gesagt hat", jammerte Mara. „Selbst wenn ich alles bekomme, was mir zusteht, werde ich vermutlich trotzdem nicht in der Lage sein, die Zinsen für die Hypothek aufzubringen. Es sei denn, ich finde einen richtig guten Job. Aber wer stellt schon eine 50-jährige Frau ohne Ausbildung ein? Ich bin am Ende."

Hannah schaltete die Scheibenwischer ein und setzte rückwärts aus der Parklücke.

Mara verschränkte ihre Arme vor der Brust. „Mir bleibt nichts anderes übrig, als Tom begreiflich zu machen, dass die Jungen am Ende die Leidtragenden wären, wenn wir in ein heruntergekommenes Viertel ziehen müssten. Vielleicht könnte ich Kevin dazu bringen, sich auf meine Seite zu schlagen, wenn ich ihm sage, dass er vermutlich die Schule wechseln muss, weil sein Vater nicht genügend Unterhalt zahlt. Das würde ihn so richtig wütend machen."

Hannah hörte schweigend zu und betete, während sich Mara abreagierte und überlegte, wie sie Tom am besten in die Pfanne hauen könne. Im Augenblick wäre es zwecklos, beruhigend auf Mara einzureden, denn sie musste erst mal Dampf ablassen. Wenn sie sich schließlich ein wenig beruhigt hätte, wäre sie vielleicht in der Lage, ihren Zorn und ihre Ängste im Gebet vor Gott zu bringen. *Herr, zeige mir, wie ich ihr beistehen kann, wie ich sie auf das Licht hinweisen kann, ohne selbst das Licht sein zu wollen.*

„Weißt du, was meine Therapeutin in der vergangenen Woche gesagt hat?“, fragte Mara. Ihre Arme waren immer noch vor der Brust verschränkt. „‚Der arme Tom.‘ Armer Tom! Armer Tom, du meine Güte!“

Hannah wartete einen Augenblick, bevor sie fragte: „Und was hat sie deiner Meinung nach damit gemeint?“

„Keine Ahnung. Und weißt du, welchen Vorschlag sie mir gemacht hat? Ich solle mich vor einen Spiegel stellen und zu mir sagen: ‚Ich bin die Frau, die Jesus liebt. Er hat mich erwählt.‘ Stell dir das mal vor. So ein Blödsinn, oder?“

„Ich finde das gar nicht so blöd“, erwiderte Hannah. Früher einmal hatte sie in einem Kurs eine ähnliche Übung vorgeschlagen. „Bei allem, was im Augenblick passiert, halte ich das sogar für eine großartige Idee. Es scheint mir nämlich eine gute und einfache Möglichkeit zu sein, wie du dir in Erinnerung rufen kannst, dass du geliebt und erwählt bist und dass Gott dich niemals im Stich lassen wird – egal, was auch passiert.“

„Ja, sicher … Aber eins kann ich dir sagen: Es ist ziemlich schwer, zu glauben, dass man geliebt und erwählt ist, wenn das Leben gerade so mies zu einem ist.“

Hilf ihr zu glauben, Herr. Lass sie inmitten ihrer Angst und Einsamkeit deine Liebe spüren.

„Und ich sage dir noch etwas, das mistig ist.“ Mara drehte das Gebläse herunter. „Jeremy hat mir heute Morgen erzählt, dass Abbys Mutter plant, im Januar, wenn das Baby auf der Welt ist, für ein paar Wochen aus Ohio zu kommen. Ich wette, sie wird sogar bei ihnen wohnen und auf der Couch schlafen. Dann kann sie Abby mitten in der Nacht mit dem Baby helfen und eine Beziehung zu ihm aufbauen. Sie wird mich ausstechen. Sie hat das nötige Geld, um dem Baby alles zu kaufen. Und was habe ich zu bieten?“

Zeit. Aufmerksamkeit. Liebe.

Hannah beschloss, das für sich zu behalten. Zumindest für den Augenblick.

~

Dienstag, 16. Dezember, 11:30 Uhr

Gerade habe ich Mara bei ihrem Haus abgesetzt und jetzt sitze ich im Studentenzentrum und warte auf Nate. Er meinte, er müsse mit mir über etwas Wichtiges sprechen und er wolle nicht, dass Jake dabei wäre. Darum haben wir uns zum Mittagessen verabredet. Heute ist es hier viel ruhiger als vor zwei Wochen. Vermutlich haben viele Studenten ihre Abschlussprüfungen bereits hinter sich gebracht und sind für die Weihnachtsferien nach Hause gefahren. Ich weiß gar nicht, ob Charissa schon fertig ist. Ich hoffe nur, dass es ihr gut geht.

Gestern Abend ist etwas passiert, das ich noch nicht verarbeitet habe. Bei meiner Abreise aus Chicago hatte ich mein Facebook-Konto deaktiviert. Die Versuchung, mit den Leuten aus der Gemeinde in Kontakt zu bleiben, wäre zu groß für mich gewesen. Aber gestern Abend habe ich mich eingeloggt, um einfach nur mal zu schauen, was gerade so los ist. Das hätte ich besser gelassen. Heather hatte Fotos von sich gepostet und ihr strahlendes Lächeln vor meinem weihnachtlich geschmückten Haus hat mich ziemlich aufgewühlt. Es ist verrückt, denn eigentlich bin ich ja dankbar, dass sie während meiner Sabbatzeit in meinem Haus wohnt. Und die vielen Kommentare auf ihrer Seite, in denen ihr gedankt wird für ihre herausragende Arbeit als Praktikantin in der Gemeinde, haben mir dann noch den Rest gegeben. Als ich sie durchgelesen habe, ist eine schier unbändige Wut in mir hochgestiegen. So glücklich ich hier im Augenblick auch sein mag – ich habe dennoch damit zu kämpfen, dass ich offenbar so leicht zu ersetzen bin. Warum kann ich nicht einfach dankbar dafür sein, dass Heather eine so gute Arbeit in unserer Gemeinde tut? Hilf mir, Herr.

Daraufhin habe ich mein Facebook-Konto gleich wieder deaktiviert. Ich hoffe nur, niemand kann sehen, dass ich zeitweise online war. Und ich hoffe, dass ich nie wieder in Versuchung geraten werde, mich einzuloggen. Das ist im Augenblick ganz eindeutig nicht gut für mich.

Als ich eben mit Mara im Auto saß, zählte sie auf, was ihr bereits alles weggenommen worden ist – und ich habe sogar Verständnis für sie. Ich kann mir gar nicht richtig vorstellen, wie groß ihre Existenzangst wirklich sein muss. Das ist ein gravierender Einschnitt in ihrem Leben. Aber während ich zuhörte, wie sie sich darüber ausließ, was Tom alles bekommen werde, und darüber, wie eifersüchtig sie auf Abbys Mutter sei, wurde mir klar, wie schnell auch ich das Gefühl habe, zu kurz zu kommen. Als gäbe es nur ein bestimmtes Maß an Liebe und Zuneigung, um das ich mit anderen konkurrieren müsse. Und am Ende läuft man dann Gefahr, diese Vorstellung auch auf Gott zu übertragen. So, als wäre seine Liebe ein Kuchen, und wir müssten aufpassen, dass die Stücke auch alle gleich groß sind.

In diesem Zusammenhang hat einmal jemand gesagt, man solle Gottes Liebe nicht mit einem Kuchen vergleichen, der aufgeteilt wird, sondern mit einem warmen, sonnigen Tag am Strand. Denn dann nehme ich niemandem etwas weg, wenn ich die Sonne genieße. Und wenn andere sie genießen, nehmen sie mir nichts weg. Gottes Liebe ist nicht begrenzt, sondern unendlich. Wann werde ich das endlich begreifen?

Ich glaube, es war Augustin, der gesagt hat, dass Gott jeden von uns so liebt, als wäre er der einzige Mensch, den es zu lieben gilt. Wir alle sind geliebt – und zwar unendlich, verschwenderisch und bedingungslos geliebt! Herr, du hältst für jeden von uns Blumen bereit. Hilf mir, die Blumen, die du mir geschenkt hast, zu feiern und mich darüber zu freuen, ohne mir Sorgen zu machen, dass jemand anderes dadurch vielleicht zu wenig bekommen könnte.

Und hilf mir, auch die Blumen zu feiern, die du anderen schenkst, ohne dabei Eifersucht und Verärgerung zu empfinden. Lass mich deine Fülle sehen, Herr. Davon zu sprechen ist leicht. Danach zu leben fällt mir jedoch viel schwerer.

~

Hannah beobachtete, wie Nathan von einigen Studenten im Vorbeigehen gegrüßt wurde, ohne ihren Gruß zu erwidern. Als er an ihren Tisch trat, drückte er ihr einen flüchtigen Kuss auf die Wange und sagte: „Macht es dir was aus, wenn wir woanders hingehen? Hier können wir bestimmt nicht ungestört reden und im Augenblick kann ich keine Störungen gebrauchen."

„Natürlich. Ist was passiert?"

„Lass uns spazieren gehen."

Offensichtlich war *nicht* alles in Ordnung. Hannah packte ihre Bibel und ihr Tagebuch ein und zog ihren Mantel an. Nathan half ihr nicht in den Mantel und hielt ihr auf dem Weg nach draußen auch nicht die Tür auf. Nachdem sie das Gebäude verlassen hatten, schlug er den Weg um den See herum ein. Er ging so schnell, dass sie kaum mit ihm Schritt halten konnte. „Warte mal, Nate. Bitte." Sie packte ihn am Arm. „Was ist los?"

Er drehte sich zu ihr um und sein Atem bildete in der kalten Luft kleine Wolken vor seinem Mund. „Ich habe gerade einen Anruf bekommen, der mich so wütend macht, dass ich – ich weiß nicht einmal, was ich gerade am liebsten tun würde." Er trat gegen einen Eisklumpen, der ein gutes Stück über die Eisfläche schlitterte.

„Ist mit Jake alles in Ordnung?"

„Oh – dafür werde ich sorgen, darauf kannst du dich verlassen."

Nathan bückte sich, formte einen Schneeball und schleuderte ihn mit einer solchen Wucht auf den Teich, dass Hannah erschreckt zusammenzuckte. Als er sich bückte, um einen zweiten zu formen, legte Hannah ihre Hand auf seine Schulter. „Nathan." Er hockte sich hin und starrte auf den Teich. Sie wartete.

„Gestern habe ich eine E-Mail von Laura bekommen."

Hannah schnappte nach Luft.

„Sie ist schwanger."

Ein Fausthieb in den Magen.

„Sie zieht gemeinsam mit ihrem Mann wieder nach Michigan zurück."

Ein Pfeifen in ihren Ohren.

„Sie möchte jetzt ihr Besuchsrecht in Anspruch nehmen. Und gerade hat sie angerufen und mir mitgeteilt, dass sie wieder vor Gericht ziehen wird, falls ich ihre Beziehung zu Jake nicht unterstütze." Er formte einen neuen Schneeball und schleuderte ihn mit voller Wucht gegen einen Baum, sodass der Schnee in alle Richtungen spritzte. Ein aufgescheuchtes Eichhörnchen suchte eilends Deckung.

Hannah starrte auf den Baumstamm. „Könnte sie das wirklich machen?", fragte sie leise.

„Ja, könnte sie. Wenn sie es auf die harte Tour durchziehen will. Unsere Besuchsvereinbarungen sind ziemlich schwammig gehalten, weil sie ins Ausland gezogen ist. Und jetzt will sie plötzlich wieder eine Rolle in Jakes Leben spielen und unseren Alltag, in den wir endlich hineingefunden haben, durcheinanderbringen. Sie hat sogar die Frechheit besessen, mir zu sagen, sie wolle herfliegen und ihn an Weihnachten besuchen. Aber daraus wird nichts. Das kann sie ihm nicht antun. Und schon gar nicht so kurzfristig." Er wandte sich Hannah zu. „Entschuldige bitte. Ich habe das Gespräch gerade erst beendet, darum bin ich so aufgebracht. Für den Fall, dass du es noch nicht bemerkt hast." Er trat erneut in den Schnee, dieses Mal nicht ganz so kräftig.

Hannah wickelte ihren Schal etwas fester um den Hals und streifte ihre Handschuhe über.

„Das tut mir leid, Nate.“ Das stimmte wirklich. Aus vielen verschiedenen Gründen.

Er griff nach ihrer Hand. „Gestern Abend habe ich Jake darüber informiert, dass Laura im Februar nach Detroit ziehen wird und dass sie wieder ein Teil seines Leben sein möchte. Und ich habe ihm auch gesagt, dass er sie erst treffen müsse, wenn er wirklich dazu bereit wäre. Und Laura habe ich geantwortet, ich wisse nicht genau, wie Jake sich entscheiden würde. Wir müssten abwarten und sehen, wie es Jake damit ginge. Und sie müsse Geduld haben. Deshalb hat sie mich eben angerufen, um auf ihre Rechte zu pochen.“

Hannah und Nathan setzten sich in Bewegung und liefen den Weg entlang. „Und was hast du ihr geantwortet?“

„Dass wir uns gerne treffen und miteinander reden könnten, wenn sie hierher umgezogen wären. Dass sie auf keinen Fall Jake anrufen und ihn deswegen unter Druck setzen solle. Und dass der Kontakt zu ihm ausschließlich über mich laufen müsse. Ich hoffe nur, dass sie mitmacht und wir gemeinsam einen Weg finden. Einen Weg, der für uns alle gut ist.“

„Es tut mir leid“, wiederholte Hannah. „Es tut mir leid, dass ihr das Ganze jetzt noch einmal durchmachen müsst.“

Nathan schüttelte den Kopf. „Sieh mich doch an, Shep. Sieh nur, wie wütend mich dieser eine Anruf bereits gemacht hat. Wie wird es erst sein, wenn sie wieder ganz in der Nähe wohnt? Gestern habe ich zu Katherine gesagt, ich hätte Angst davor, wieder durch meinen Zorn vergiftet zu werden. An diesen dunklen Ort will ich auf keinen Fall zurückkehren. Deshalb versuche ich, mich an dem festzuhalten, was ich anderen immer predige: dass das Werk des Heiligen Geistes ziemlich widerstandsfähig ist, dass wir uns wirklich verändern und Christus ähnlicher werden können. Und dass ich das alles nicht erreichen werde, indem ich noch härter daran arbeite, sondern indem ich mich Christus vollkommen hingebe. Ich weiß das, Shep. Ich weiß das alles."

„Das ist wirklich schwer", stimmte Hannah zu. Unendlich schwer.

Sie spazierten eine Dreiviertelstunde lang um den See herum und Nathan machte seinem Ärger Luft. Ganz allmählich regte er sich wieder ab, und der Friede, der ihn normalerweise erfüllte, wurde wieder spürbar. Hannah behielt ihren eigenen Kummer für sich und versuchte, sich ganz auf ihn zu konzentrieren.

„Danke, dass ich eben mal so richtig Dampf ablassen konnte", sagte er, als sie in die Cafeteria zurückkehrten. „Es geht mir jetzt deutlich besser. Die ganze Sache gefällt mir zwar immer noch nicht, aber ich weiß, dass Gott auch diese Situation zu meinem Besten gebrauchen wird."

Er legte die Arme um Hannah und zog sie zu sich. Hannah hatte Sorge, von seinen Studenten beobachtet zu werden. Sie gab sich deshalb nur kurz seiner Umarmung hin, bevor sie sich wieder von ihm löste.

„Wie wäre es, wenn ich dich zum Mittagessen einlade?", fragte er. Er nahm eine lose Haarsträhne und steckte sie hinter ihr linkes Ohr. „Hast du Hunger?"

Hannah steckte auch die Haare auf der anderen Seite hinters Ohr und hoffte nur, dass er das Knurren ihres Magens während des Spaziergangs nicht bemerkt hatte. „Nein … aber vielen Dank. Ich möchte zum See zurückfahren und sollte mich jetzt auf den Weg machen."

„Wir können auch hier in der Cafeteria einen Happen essen, wenn du möchtest."

„Das verschieben wir auf ein anderes Mal, okay? Ich muss mich jetzt wirklich auf den Weg machen. Es soll noch mehr

Schnee geben." Wenn der Schneefall erst mal eingesetzt hatte, würde die Fahrt durch die eingeschränkte Sicht und die Straßenverhältnisse sicher sehr anstrengend werden.

„Hannah –" Nathan nahm ihr Gesicht in seine Hände. „Ich habe das Gefühl, dass du dich vor mir verschließt."

„Nein, alles in Ordnung. Ich komme am Freitag wieder. Und ich werde für dich beten. Und für Jake."

Und das tat sie auch. Voller Leidenschaft. Auf dem Weg zu Megs Haus, wo sie ihre Kleider einpackte, und auch auf dem Weg zurück zum See, wo der Himmel den ganzen Nachmittag über klar geblieben war.

Mara

„Der Trainer besteht darauf, dass ich zehn Sozialstunden ableisten muss", berichtete Kevin Mara, als sie nach ihrem Termin beim Hals-Nasen-Ohren-Arzt nach Hause fuhren. Zum Glück war seine Nase nicht gebrochen.

„Hat er auch gesagt, wo du sie machen sollst?"

„Nee. Papa meint, die ganze Sache wäre ohnehin blödsinnig, aber der Trainer lässt mich nicht spielen, wenn ich es nicht mache."

Tom hatte nie die Notwendigkeit gesehen, für einen anderen als sich selbst etwas zu tun. Oder für die Jungen.

Plötzlich kam Mara eine Idee. „Du könntest die Stunden doch im Crossroads-Haus ableisten. Dort werden immer Leute gesucht, die beim Austeilen des Essens helfen."

Kevin ließ sich die Sache durch den Kopf gehen. „Meinst du dort, wo du an Thanksgiving geholfen hast? Wo die obdachlosen Menschen wohnen?"

„Ja. Und ich spiele einmal in der Woche mit den Kindern, die dort leben. Soll ich mal für dich nachfragen?"

Er zuckte die Achseln. „Wann gehst du denn wieder hin?"

„Irgendwann nächste Woche. Ich habe noch keinen Termin ausgemacht."

Kevin schwieg eine Weile. Schließlich fragte er: „Könnte ich denn mal mitkommen?"

Mara wartete bewusst ein paar Sekunden ab, bevor sie ihm antwortete, damit sie ihn mit ihrer Begeisterung nicht verschreckte. Gott sei Dank für eine beinah gebrochene Nase und einen Trainer, der Sozialstunden verordnete! „Na klar. Ich sehe in meinem Kalender nach, wann es passt."

Dass er auf dem restlichen Heimweg kein einziges Wort mehr mit ihr sprach, kümmerte Meg nicht. Dieser Sieg war genug für einen Tag.

Meg

„Huhu, Mrs Crane!" Pippa, die bereits am vereinbarten Treffpunkt in der Nähe des London Eye wartete, wedelte mit den Armen und winkte Meg zu. Das Riesenrad war viel größer, als es von der anderen Seite des Flusses gewirkt hatte. „Becks ist noch nicht da", erklärte Pippa. „Sie hat gerade eine Nachricht geschickt, dass sie unterwegs sind."

Sie. Sobald „sie" einträfen, würde Meg Simon kennenlernen. In diesem Moment wurde ihr bewusst, dass sie nicht einmal seinen Nachnamen kannte. *Hilf mir, Herr.* Sie begrüßte einige von Beccas Freunden, die sie bereits auf der Eisbahn kennengelernt hatte, und beobachtete die Glaskabinen, die sich langsam drehten und in denen die Leute den Ausblick genossen. Wie gut, dass sie eine Tablette gegen Reiseübelkeit eingenommen hatte. „Bist du schon mal damit gefahren?", fragte Meg.

Pippa lachte. „Nein! Ich habe hier noch kein Touristenprogramm absolviert. Aber Becks wollte es unbedingt und dann machen wir halt mit. Es wird bestimmt lustig." Sie blickte an Meg vorbei. „Da sind sie ja!"

Meg wirbelte herum. Simon hatte den Arm um Beccas Taille gelegt, in der anderen Hand hielt er eine Zigarette. Das erklärte auch, warum ihre Haare nach Rauch gerochen hatten.

Simon entsprach ganz und gar nicht dem Bild, das Meg sich im Vorfeld von ihm gemacht hatte. Sie hatte sich vorgestellt, dass er groß und dunkelhaarig wäre, eine ältere und schneidige Ausgabe von Beccas früheren Jugendschwärmereien. Er hingegen war relativ klein, trug einen Tweed-Mantel und einen Filzhut auf seinen grauen Haaren. Vielleicht war es ja sein Intellekt, der Becca so sehr verzauberte.

Er trat seine Zigarette aus, beugte sich vor und flüsterte Becca etwas ins Ohr. Sie lachte und stieß ihn mit der Schulter an. Vom Alter her hätte er wirklich ihr Vater sein können.

Hilf mir, Herr.

Vielleicht wirkte die Tablette ja auch gegen Übelkeit, die nicht durch Reisen verursacht wurde.

„Simon, das ist meine Mutter." Becca klang ganz anders als sonst.

Alles in Meg sträubte sich.

„Mrs Crane, welch eine Freude, Sie endlich kennenzulernen."

Simons Lächeln war kühl, sein Händedruck schlaff, seine Baritonstimme theatralisch und sein Tonfall herablassend. Oder eher spöttisch? Zum Glück hatte Meg einen Schal umgebunden. Vielleicht würde er dadurch nicht bemerken, dass sich ihr Gesicht rötete. Auf keinen Fall sollte er merken, was in ihr vorging. Ihre Gefühle würde sie für sich behalten. Sie zwang sich, höflich zu lächeln, schwieg aber. Sie würde nicht lügen und sagen, dass sie sich auch freue, ihn kennenzulernen.

Becca reichte ihr eine Eintrittskarte. „Ich wollte mir eigentlich gerade selbst –", protestierte Meg.

„Simon lädt uns ein", erklärte Becca.

Das war ein kluger Schachzug. „Oh, nein – bitte." Sie griff in ihre Tasche und holte ihre Geldbörse heraus.

„Mama. Nicht. Simon hat bereits alles geregelt."

In dieser Situation hatte es keinen Zweck, deswegen eine Szene zu machen. Sie riss sich zusammen, blickte ihn an und sagte: „Vielen Dank."

„Gern geschehen."

Das spöttische Funkeln in seinen Augen gefiel ihr nicht. Ganz und gar nicht.

~

Meg versuchte sich abzulenken und den Ausblick zu genießen: das beleuchtete Parlamentsgebäude, das sich im Flusswasser spiegelte, die Lichter der Stadt, die winzig kleinen Autos auf den Brücken. Es war ein atemberaubender Anblick, wie auf einer Postkarte.

Aber leider bewegte sich die Kabine extrem langsam und Simons Hände waren nahezu überall auf Beccas Körper, als sie eng umschlungen vor der Glasscheibe standen. Überall.

„Sieh nur, Mama", rief Becca. „Da ist die St Paul's Cathedral." Megs Blick folgte ihrem Finger und es schien ihr, als könne sie wieder die engelsgleichen Stimmen des Knabenchors hören. Wie klein das alles nun schien. „Meine Mutter hat sich dort ein Konzert angehört", erklärte Becca Simon. „Und es hat dir gut gefallen, nicht wahr, Mama?"

„Sehr gut", bestätigte Meg.

„Mama ist nämlich selbst Musikerin", sagte Becca.

Meg versteifte sich.

Simon warf ihr einen Blick über die Schulter zu. „Ach, tatsächlich?"

„Nein – eigentlich bin ich keine richtige –"

„Sie ist Musiklehrerin", unterbrach Becca sie. „Zumindest war sie das, als ich noch klein war. Aber sie gibt immer noch Klavierunterricht."

Simon flüsterte Becca etwas ins Ohr, während seine Hände noch immer ihren Körper erforschten.

In Meg stieg Galle hoch.

Was wollte er ihr denn beweisen? Bereitete es ihm etwa eine Art perverses Vergnügen, Meg seine Macht über ihre Tochter zu demonstrieren, oder war er einfach nur ein herzloser Narzisst?

„Simon arbeitet gerade an einem Roman", erzählte Becca. „Erzähl ihr davon, Simon."

Simon antwortete nicht – zumindest nicht so, dass Meg es hätte hören können.

„Der Roman spielt in Paris", fuhr Becca fort. „Und es geht um eine Gruppe von Philosophen. Und um einen ungelösten Mordfall, richtig?"

„Verrate nicht all meine Geheimnisse, Rebecca", wurde sie von Simon ermahnt, dessen Tonfall vor Sarkasmus nur so triefte.

Mit dem Riesenrad hatten sie inzwischen den höchsten Punkt überschritten, und nun ging es wieder abwärts.

Nach unten, immer weiter nach unten.

~

16. Dezember

Gebet der liebenden Aufmerksamkeit:

Herr, bitte gib mir den Mut, den heutigen Tag gemeinsam mit dir Revue passieren zu lassen. Bitte.

Ich fange mit dem Positiven an. Wann war ich mir deiner Gegenwart bewusst?

Du hast mir die Kraft gegeben, eine halbe Stunde mit Simon zu überstehen – eingeschlossen auf engstem Raum. Ich bin nicht in Tränen ausgebrochen. Ich habe mich nicht zum Narren gemacht.

Ich habe nichts gesagt, was ich anschließend bereut hätte. Du hast mir zur Seite gestanden. Danke dafür. Wenigstens hat Becca mich nicht dazu gedrängt, sie anschließend noch in den Pub zu begleiten. Ich habe mich herausgeredet und gesagt, ich würde mich nicht so gut fühlen. Sie hat mir versprochen, morgen anzurufen. Dann könnten wir gemeinsam überlegen, was wir unternehmen wollen.

Ich hoffe nur, sie geht nicht davon aus, dass ich mit Simon zusammen die Stadt erkunden möchte. Ich bin fertig mit ihm. Ich habe meinen Teil getan. Ich war bereit, ihn kennenzulernen. Aber ich will nichts mehr mit ihm zu tun haben. Niemals. Alles an ihm scheint von Grund auf falsch zu sein. Und wenn Becca mit ihm zusammen ist, ist auch sie falsch. Er hat einen schlechten Einfluss auf sie, Herr. Einen unglaublich schlechten Einfluss. Bitte wecke sie auf und ziehe sie zu dir. Bitte tu etwas. Rette sie! Und bitte zeige mir, was ich dazu beitragen kann. Hilf mir. Ich habe das Gefühl zu versinken.

Vielleicht sollte ich noch einmal mit Vorstellungskraft beten, wie Katherine es uns beigebracht hat. Vielleicht könnte das helfen. Heute Morgen habe ich das 11. Kapitel aus Jesaja gelesen. Darin sind so viele wunderschöne, friedliche Bilder enthalten. Vielleicht versuche ich noch einmal, damit zu beten. Leite meine Vorstellungskraft, Herr, und hilf mir zu erkennen, dass du gerade dabei bist, an deinem Reich zu bauen. Bitte.

~

Meg klappte ihr Tagebuch zu, schlug die Bibel auf und las Jesaja, Kapitel 11, die Verse 1 bis 9, mehrmals hintereinander durch:

Ein Spross wächst aus dem Baumstumpf Isai, ein neuer Trieb schießt hervor aus seinen Wurzeln. Ihn wird der Herr mit seinem Geist erfüllen, dem Geist, der Weisheit und Einsicht gibt, der sich zeigt in kluger Planung und in Stärke, in Erkenntnis und Ehrfurcht vor dem Herrn. Gott zu gehorchen ist ihm eine Freude. Er urteilt nicht nach dem Augenschein und verlässt sich nicht aufs Hörensagen. Den Entrechteten verhilft er zum Recht, für die Armen im Land setzt er sich ein. Seine Befehle halten das Land in Zucht, sein Urteilsspruch tötet die Schuldigen. Gerechtigkeit und Treue umgeben ihn wie der Gürtel, der seine Hüften umschließt. Dann wird der Wolf beim Lamm zu Gast sein, der Panther neben dem Ziegenböckchen liegen; gemeinsam wachsen Kalb und Löwenjunges auf, ein kleiner Junge kann sie hüten. Die Kuh wird neben dem Bären weiden und ihre Jungen werden beieinanderliegen; der Löwe frisst dann Häcksel wie das Rind. Der Säugling spielt beim Schlupfloch der Schlange, das Kleinkind steckt die Hand in die Höhle der Otter. Niemand wird Böses tun und Unheil stiften auf dem Zion, Gottes heiligem Berg. So wie das Meer voll Wasser ist, wird das Land erfüllt sein von Erkenntnis des Herrn.

Sich ein kleines Lamm vorzustellen fiel Meg nicht schwer. Sie hatte sich selbst schon einmal als verlorenes, einsames, verängstigtes und erschöpftes Lamm gesehen, das nach seiner Mutter blökte, während die Wölfe heulend auf der Lauer lagen. Dann war plötzlich der Hirte aus der Dunkelheit aufgetaucht, hatte das Lamm in seine Arme genommen und ihm Worte des Trostes zugesprochen. Worte, die Meg beruhigt hatten. Sie war in Sicherheit. Sie gehörte zu ihm. Er war bei ihr. *Hab keine Angst. Du gehörst zu mir.*

Dieses Mal stellte sie sich ein kleines Lamm auf einem Berg vor. Es wurde von einem Wolf umkreist, dem die Spucke bereits von den Lefzen heruntertropfte. Meg schaute nach rechts, wo der Hirte mit geschlossenen Augen und der Sonne zugewandt im Gras lag. Er schien den Wolf nicht zu bemerken. Das Lamm drehte sich um, und Meg verschlug es schier den Atem, als sie Beccas Gesicht auf seinem flauschigen Körper erkannte. Meg versuchte alles, um die Aufmerksamkeit des Hirten auf sich zu lenken, doch er rührte sich nicht. Schließlich schnappte sie sich seinen Hirtenstab, der neben ihm lag, sprang auf und rannte, den Stock schwingend, auf den Wolf zu. Der Wolf duckte sich und fletschte die Zähne. Meg schlug ihm auf den Kopf und er rannte jaulend davon. Als sie sich umdrehte, war das Lamm verschwunden. Stattdessen krabbelte nun ein Kleinkind durch das Gras und streckte die Hand nach einer schwarzen Schlange aus, die aus einem Loch im Boden gekrochen kam. „NEIN!", schrie Meg. Erneut nahm sie den Stock, schlug nach der Schlange und schnappte sich das Kind, das fröhlich glucksend in die Hände klatschte, als sei das alles nur ein lustiges Spiel. Meg warf dem Hirten, der sich mittlerweile aufgerichtet hatte und sie beobachtete, einen flehenden Blick zu.

„Töte sie!", rief Meg ihm zu, denn die Schlange hatte sich aufgestellt und würde jeden Moment zubeißen. Sie hatte Simons Gesicht. „Töte sie!", rief Meg noch einmal. „Bitte!" Sie weinte, während sie nun gleich von mehreren Raubtieren umkreist wurde, die langsam auf sie zukamen. „Jesus! Bitte! Tu etwas! Hilf mir!"

Der Hirte streckte seine von Schwielen und Narben übersäte Hand aus. „Mein liebes Kind", sagte er sanft. „Leg den Stock aus der Hand und vertrau mir."

10

Hannah

Am Mittwochmorgen saß Hannah mit angezogenen Knien und in eine flauschige Decke eingekuschelt vor dem Panoramafenster und ließ ihren Blick über den See schweifen. Die Wellen schwappten leise ans Ufer, der Himmel war blau, und die Möwen zogen beständig ihre Kreise am Himmel, während das golden schimmernde Seegras auf den schneebedeckten Dünen sanft im Wind wehte.

Sie atmete tief durch. Sie würde ihren Tee austrinken, einen Spaziergang am See machen und sich auf Nathans Besuch vorbereiten, der um 13 Uhr vorbeikommen wollte.

Hannah hatte ihn gestern Abend noch einmal angerufen, um sich für ihren plötzlichen Aufbruch zu entschuldigen. Sie hatte ihm gesagt, dass sie nicht so überstürzt hätte wegfahren dürfen. Stattdessen hätte sie ihm gegenüber zugeben sollen, dass sie aufgewühlt war und ein wenig Zeit brauchte, um die Sache zu verarbeiten. Das wäre besser gewesen, als in alte Muster zu verfallen und die Flucht zu ergreifen. Aber das Notfallventil in ihr saß einfach zu fest.

Er wisse das, hatte Nathan erwidert. Aber er sei davon ausgegangen, dass sie ihre Maske inzwischen abgelegt habe und ihm derart vertrauen würde, dass sie ihm gegenüber ganz offen und ehrlich sein könne.

Sie vertraue ihm, hatte Hannah daraufhin beteuert. Das tue sie wirklich. Doch sie traue sich selbst nicht über den Weg und wisse nicht, was sie in solch aufgewühltem Zustand von sich geben würde. Aber wenigstens das hätte sie zugeben müssen. Es tue ihr leid. Sehr leid. „Bitte verzeih mir."

„Natürlich verzeihe ich dir, Hannah. Und bitte verzeih du auch mir. Verzeih mir, dass ich nur an mich gedacht und meinen ganzen Frust an dir ausgelassen habe, ohne darüber nachzudenken, wie es dir dabei gehen würde. Es tut mir schrecklich leid. Ich wünsche mir, dass wir das gemeinsam durchstehen. Wir *müssen* das einfach gemeinsam durchstehen, Hannah. Ich …"

Seine Stimme verstummte und es folgte eine bedeutungsvolle Stille.

„Was?", fragte sie.

„Ich bin so froh, dass du da bist. So froh, dass du deine Sabbatzeit hier verbringst." Er hielt inne und fuhr schließlich fort: „Wäre es in Ordnung, wenn ich dich morgen am See besuchen komme?"

Hannah hatte Ja gesagt. Und nun musste sie überlegen, was sie ihm gegenüber alles preisgeben wollte, wenn er kam. Sie packte sich warm ein, nahm ihr Windrad mit zum Strand und beobachtete, wie sich die einzelnen Blütenblätter für den Wind öffneten.

~

„Die Blume ist für dich", sagte Nathan, als Hannah ihn an der Tür begrüßte. In der Hand hielt er eine kleine Schachtel, auf der das Bild einer roten Blume prangte. „Eine Amaryllis", erklärte er. „Man hat mir versichert, dass man keinen grünen Daumen braucht, um sie zum Blühen zu bringen."

„Danke!" Hannah spähte in die Schachtel, in der eine einzelne große Blumenzwiebel mit strubbeligen Wurzelhaaren lag. Jedes Jahr im Herbst steckte sie in ihrem Garten in Chicago

Osterglocken- und Tulpenzwiebeln in die Erde – für sie hatte es nämlich etwas Hoffnungsvolles und beinah schon Trotziges, vermeintlich „tote“ Blumenzwiebeln in der Erde zu vergraben und dann darauf zu hoffen, dass im Frühling zarte Keimlinge und schließlich Blumen daraus hervorwachsen würden. Jahr für Jahr aufs Neue. Jahr für Jahr ein sichtbares Zeichen der Auferstehung. „Ich habe noch nie eine Amaryllis gezogen“, sagte sie.

„Die Pflegehinweise und alles, was du sonst noch brauchst, findest du in der Schachtel. Du hast mir einmal von einem Gespräch mit Meg erzählt, in dem es um Blumen ging, die im Winter blühen. Und diese Knolle passt doch hervorragend dazu. Darum habe ich auch für mich eine besorgt. Als Erinnerung.“ Aus seiner Manteltasche nahm er ein handbeschriebenes Blatt Papier heraus. „Und das ist der Text eines passenden Weihnachtsliedes dazu.“ Er räusperte sich theatralisch, während er mit dem Blatt herumfuchtelte. „Soll ich es wie ein Gedicht vortragen oder doch lieber in Liedform?“

Hannah lachte und nahm ihm seinen Mantel ab. „Komm doch erst mal rein. Und dann kannst du gerne für mich singen.“

Sie setzte sich hin, und er sang mit seiner wunderschönen Tenorstimme die erste Strophe. „Es ist ein Ros entsprungen aus einer Wurzel zart, wie uns die Alten sungen, von Jesse kam die Art und hat ein Blümlein bracht, mitten im kalten Winter, wohl zu der halben Nacht.“

„Das ist zwar keine Rose“, meinte er schließlich und deutete auf die Schachtel, die auf ihrem Schoß lag. „Aber ich dachte, es wäre trotzdem ein gutes Bild. Und vielleicht magst du deine Sammlung der Lieder, mit denen du betest, um diesen Text ergänzen.“

„Das mache ich. Vielen Dank. Das ist übrigens eine ausgezeichnete geistliche Disziplin für mich.“ Sie faltete das Blatt zusammen und legte es auf den Couchtisch.

Nathan setzte sich auf das Sofa, schlug die Beine übereinander und schaute sie an. „Danke, dass ich herkommen durfte."

„Ich bin froh, dass du angeboten hast, herzukommen. Und das mit gestern tut mir wirklich sehr leid."

„Wir haben uns doch schon entschuldigt", sagte er. „Und wir haben uns bereits vergeben. Schon vergessen? Wir brauchen das nicht noch einmal aufzuwärmen. Du kennst mich doch, Hannah. Ich platze immer gleich mit allem heraus. Wenn du allerdings noch nicht bereit bist, über deine Gefühle in Bezug auf Laura zu sprechen, dann brauchen wir das nicht zu tun. Ich will dich auf keinen Fall drängen. Ich möchte dir nur ein offenes Ohr anbieten. So, wie du gestern ein offenes Ohr für mich hattest."

„Danke", erwiderte Hannah. „Ich weiß das zu schätzen. Ich glaube, ich habe mich vor allem deshalb noch nicht zu Lauras Rückkehr geäußert, weil ich weiß, wie schwierig es ohnehin schon für dich und Jake werden wird. Und deshalb möchte ich meinen Ballast nicht noch zusätzlich auf euch abladen." Sie hielt inne. „Und ich schleppe jede Menge Ballast mit mir herum, Nate."

Er griff nach ihrer Hand. „Gestern hast du mir geholfen, meinen Ballast zu tragen. In all seiner Hässlichkeit. Und nun lass mich dir helfen, deinen zu tragen."

~

Mittwoch, 17. Dezember, 15:30 Uhr

Vor einer Stunde ist Nate Richtung Kingsbury aufgebrochen, damit er zu Hause ist, wenn Jake aus der Schule kommt. Wir hatten ein sehr offenes Gespräch. Ich habe ihm erzählt, dass ich vor einigen Wochen das Gefühl hatte, der Heilige Geist würde einige meiner unverheilten Wunden berühren, indem er mich immer wieder mit dem Thema „Schwangerschaft" in Berührung gebracht hat – zuerst durch Charissa und dann durch Mara. Und als

Nathan mir dann auch noch von Lauras Rückkehr und von ihrer Schwangerschaft berichtet hat, ist tief in meinem Innern eine Tür ins Schloss gefallen. Er konnte es verstehen. Und dann habe ich ihm von meiner Totaloperation erzählt und meinen Tränen freien Lauf gelassen, während er mich im Arm gehalten hat. Ich hatte nicht damit gerechnet, dass ich weinen würde. Aber er strich nur über meine Haare und flüsterte: „Ich bin hier, Hannah. Ich bin bei dir."

Vielleicht waren es reinigende Tränen. Ich weiß es nicht. Ich fühle mich erschöpft und ausgelaugt, aber im positiven Sinne. Wir haben nicht darüber gesprochen, was das alles für uns und unseren gemeinsamen Weg bedeuten könnte. Ich glaube, wir beide wissen, dass wir für dieses Gespräch noch nicht bereit sind. Aber wir gehen diesen Weg auf jeden Fall gemeinsam. Wie Mara schon am Flughafen sagte: Manchmal fühlt es sich an, als ginge man zwei Schritte vorwärts und dann wieder einen Schritt zurück. Oder sogar zwei Schritte nach vorn und drei zurück. Aber das ist vollkommen in Ordnung. Es tut gut zu wissen, dass es für uns beide nicht leicht ist. Wir können die Sache mit Gott gemeinsam durchstehen. Und ich möchte Nathan zur Seite stehen und ihn ermutigen, wenn Laura zurückkommt. Er soll wissen, dass ich für ihn da bin, so, wie er auch für mich da ist.

Bevor Nate gegangen ist, hat er mir noch von seiner Idee erzählt, sich „hineni" oberhalb seines Knöchels tätowieren zu lassen – als sichtbares Zeichen für die Sehnsucht in ihm, sein Leben vollkommen in Gottes Hände zu legen. Das ist garantiert nichts, was ihm leichtfällt; erst recht nicht nach der Sache mit Laura. Halb im Scherz hat er mich dann noch gefragt, ob ich mir nicht ein Blumen-Tattoo stechen lassen wolle oder vielleicht das Wort „geliebt". Ich möchte mir nicht gleich ein Tattoo stechen lassen, aber ich überlege mir schon, wie ich die Veränderung, die Gott in den vergangenen Monaten in mir bewirkt hat, auch nach außen hin sichtbar machen kann. Ich meine die Veränderung dahin gehend, dass ich mich jetzt nicht mehr nur als Dienerin sehe, sondern als eine Frau, die von Gott geliebt wird. Nate hat recht. All das, was Gott tut, um mich zu heilen, zu befreien und umzugestalten, ist es wert, in irgendeiner Form festgehalten zu werden. Ich werde darüber nachdenken.

Seit Nathan weg ist, sitze ich hier und genieße die Stille. Das Wort „hineni" lässt mich einfach nicht los. Es ist ein so tiefer Ausdruck der Hingabe und des Vertrauens. Hier bin ich. Schau mich an. Siehe, ich bin da. „Siehe" – was für ein großartiges, altertümliches Wort! Dabei muss ich gleich an Marias Hingabe in Lukas, Kapitel 1, denken: „Siehe, ich bin des Herrn Magd; mir geschehe, wie du gesagt hast."[9]

Bin auch ich bereit dazu, ohne Vorbehalte zu Gott zu sagen: „Ich gehöre dir, Herr, ich bin bereit"? Irgendetwas in mir wehrt sich noch dagegen. Selbst nach allem, was Gott bereits für mich getan hat. Ich wünschte, es wäre anders, aber es ist wirklich so. Die Sache mit Laura hat es mir noch einmal deutlich vor Augen geführt. Ich empfinde jede Menge Zorn und Neid ihr gegenüber, denn diese Frau hat sich in eine Affäre gestürzt, ihre Familie aufgegeben und ist schließlich mit ihrem neuen Mann nach Europa gegangen. Und jetzt bekommt sie „zur Belohnung" auch noch ein Kind geschenkt! Ich empfinde das wirklich als ungerecht! Und ja, ich weiß es, Herr, ich weiß es. Eigentlich geht es hier nicht um Gerechtigkeit, sondern um Gnade. Ich behaupte von mir, dass ich in deiner Fülle leben und die Liebe feiern möchte, die du ausgießt, und gleichzeitig gönne ich einem anderen Menschen deine Großzügigkeit nicht. Stattdessen will ich selbst entscheiden, wer Blumen von dir bekommt und wer nicht. Das tut mir leid. Bitte vergib mir.

Nate scheint besser mit der Situation umgehen zu können als ich. Er sagte, der Zorn komme in Wellen, und er sei nicht sicher, wie er reagieren würde, wenn er ihr in einigen Monaten tatsächlich gegenüberstehe. Ich habe ihn beruhigt und ihm versichert, ich könne definitiv das Wirken des Heiligen Geistes in ihm erkennen – er könne schließlich seinen Zorn vor Gott bringen und brauche nicht darin zu versinken. Er ist in dieser Hinsicht definitiv geübter, als ich es bin. Und er vertraut darauf, dass Gott uns durch alles, was wir erleben, Christus ähnlicher machen möchte. Lehre mich, Herr, dir noch mehr zu vertrauen.

Ich werde bis Freitagvormittag hier am See bleiben und mich ausruhen und dann zu meinem Termin mit Katherine nach Kingsbury aufbrechen. Wirklich gutes Timing, denn es gibt vieles, worüber ich mit ihr reden muss.

Danke, Herr, für das Geschenk der Blumen, die im Winter blühen, und für das Licht, das in der Dunkelheit scheint. Und für deine Geduld mit mir. Dafür bin ich sehr dankbar.

Mara

„Wir sind gerade auf dem Weg ins Krankenhaus, Mama. Abbys Fruchtblase ist geplatzt und die Wehen kommen jetzt in ziemlich kurzen Abständen. Sieht so aus, als hättest du recht gehabt. Das Baby wird definitiv früher kommen!"

Mara klemmte sich das Telefon unter das Kinn und sah auf die Uhr. Es war kurz vor 16 Uhr. Die Jungen könnten sich eine Pizza zum Abendessen auftauen und Mara könnte ins Krankenhaus fahren. Aber sie wollte auch nicht unaufgefordert dort auftauchen. „Ist Ellen schon unterwegs?", fragte sie.

„Nein. Abbys Eltern sind auf einer Konferenz in Atlanta. Sie wollten eigentlich erst am Freitag zurückkommen, aber Ellen will versuchen, ihren Flug direkt nach Kingsbury umzubuchen. Dann wäre sie vielleicht schon morgen hier."

Perfekt!, dachte Mara, nur um sich gleich wieder selbst zu ermahnen. *Werd endlich erwachsen!* Wie kindisch es doch von ihr war, darauf zu hoffen, dass sie die Erste wäre, die das Baby sehen würde. „Das tut mir leid“, sagte sie. „Abby wünscht sich sicher ihre Mutter an ihrer Seite.“ Mara hörte, wie Abby vor Schmerzen aufschrie.

„Ich muss jetzt Schluss machen!“, sagte Jeremy. „Ich melde mich wieder. Hab dich lieb!“

„Ich dich auch! Und bitte sag Abby, dass ich für euch bete!“ Aber Jeremy hatte schon aufgelegt.

Sie würde also wohl doch nicht ins Krankenhaus fahren.

Mara senkte den Kopf und begann für Abby, Jeremy und ihre Enkelin zu beten. *Bitte, Herr, lass alles in Ordnung sein. Bitte mach, dass das Baby gesund zur Welt kommt. Lass Abby alles gut überstehen. Sei bei Jeremy. Sei bei den Ärzten und Schwestern, die sich um sie kümmern. Bewahre sie und –*

„Was gibt's zum Abendessen?“

Mara fuhr zusammen und wäre beinahe vom Stuhl gefallen. Seit Brian im Stimmbruch war, klang seine Stimme mehr und mehr wie die von Tom.

„Tiefkühlpizza, denke ich.“

Er riss die Schranktüren auf. „Es ist mal wieder nichts zu essen da.“

Warte nur ab, dachte sie. Wenn dein Vater seinen Willen durchsetzt …

„Ich war heute einkaufen“, widersprach sie.

„Ich meinte, es gibt nichts *Vernünftiges* zu essen.“ Er öffnete die Kühlschranktür und inspizierte mit gerunzelter Stirn den Inhalt.

„Mach die Kühlschranktür zu. Die ganze kalte Luft geht raus.“

Brian nahm eine Milchtüte heraus, setzte sie an die Lippen und trank direkt aus der Packung.

„Brian! Hol dir doch bitte ein Glas.“

Er trank einen letzten Schluck und rülpste. „Brauche keins. Wann gibt es Abendessen?“

„Weiß nicht. Vielleicht in einer Stunde.“

Er ging zurück in die Speisekammer und begutachtete die Auswahl an Chipstüten.

„Wenn du hungrig bist, dann iss doch einen Apfel oder so was.“

Wortlos schnappte sich Brian eine Tüte Doritos und verschwand wieder im Keller.

Mara barg ihr Gesicht in den Händen. *Gott, hilf mir.* Seit Toms Abreise am vergangenen Sonntag hatte Brian sich noch widerspenstiger verhalten als sonst. Es würde sie nicht wundern, wenn Tom ihn von Cleveland aus zum Widerstand anstachelte. Dawn hatte vorgeschlagen, auch die Jungs sollten eine Therapie machen. Aber die Kosten dafür würde Tom keinesfalls übernehmen. Vermutlich würde auch Mara ihre Therapie bei Dawn abbrechen müssen. Und die Gespräche mit Katherine könnte sie sich dann vermutlich auch nicht mehr leisten.

Sie holte eine Packung Schokoladenkekse aus dem Schrank, goss die restliche Milch in ein Glas und ging hinüber ins Wohnzimmer, um sich *Law and Order* im Fernsehen anzuschauen, während sie auf Jeremys Anruf wartete. Sie hatte es sich gerade auf dem Sofa bequem gemacht und die Fernbedienung zur Hand genommen, als ihr die rote Plastikkiste neben dem Weihnachtsbaum ins Auge fiel. Der Baum war noch immer nur zur Hälfte geschmückt. Hin- und hergerissen zwischen der Frage, warum sie sich überhaupt noch die Mühe machen sollte, ihr Werk zu Ende zu bringen, und dem Gedanken, es vielleicht doch noch zu tun, schaltete sie den Fernseher ein, biss in einen Keks und kniete sich anschließend neben den Baum, um nachzusehen, was an Christbaumschmuck noch da war. Sie fand Lametta, verschiedene Kugeln, Nikolausstrümpfe, eine Sammlung von Weihnachtsmännern zum Aufstellen und eine Schachtel mit Krippenfiguren. Das Lametta würde sie weglassen und auf keinen Fall würde sie Toms Strumpf aufhängen. Auch die Weihnachtsmänner würde sie in diesem Jahr ignorieren – sie wären nur noch mehr Nippes, den sie abstauben müsste.

Mara öffnete die Schachtel mit den Krippenfiguren und holte eine nach der anderen heraus. Diese Figuren hatte ihnen eine ehrenamtliche Helferin im Crossroads-Haus geschenkt, kurz nachdem sie und Jeremy dort untergekommen waren. Jeremy hatte das Kamel und den „Piraten", wie er einen der drei Weisen aus dem Morgenland immer genannt hatte, jede Nacht mit ins Bett genommen, und das einen ganzen Monat lang. Das Plastik war zwar beschädigt und die Farbe etwas ausgeblichen, aber der Weise aus dem Morgenland hielt noch immer seine Geschenkkiste mit dem Gold in der Hand. Mara stellte ihn in der Nähe der Krippe auf, obwohl Pastor Jeff Jahr für Jahr betonte, die Weisen aus dem Morgenland seien eigentlich gar nicht dort gewesen. „Aber ich sage, dass du dorthin gehörst", sagte Mara laut. „Babys sollen nämlich Geschenke bekommen."

Rosie. Miss Rosie. Das war der Name der ehrenamtlichen Helferin gewesen.

Im Crossroads-Haus hatte es jedes Jahr einen Weihnachtsbasar gegeben, bei dem selbst gebackene Kekse, Kuchen und gespendete Geschenke gratis ausgegeben wurden. Während die Mütter Kleidung und Spielzeug aussuchten, „kauften" die Kinder in einem abgetrennten Raum Geschenke für ihre Mütter ein. Miss Rosie hatte Mara einmal erzählt, der damals vierjährige Jeremy habe die verschiedenen Geschenkmöglichkeiten für Mara ganz genau unter die Lupe genommen. Schließlich habe er sich für einen rosa Kaffeebecher mit Herzen entschieden. Doch als er ihn einpacken lassen wollte, hatte er ihn versehentlich fallen lassen, und der Becher hatte einen Sprung bekommen. Miss Rosie hatte ihn daraufhin getröstet und ihm versichert, das sei nicht schlimm und er solle doch einfach ein anderes Geschenk aussuchen. Und so hatte sich Jeremy schließlich für die extralangen, roten Socken mit Schneeflocken-Aufdruck an den Fersen entschieden. Auf den Zehen war „ho ho ho“ zu lesen und auf den Oberschenkeln saß ein freundlich winkender Weihnachtsmann. Diese Strümpfe besaß Mara immer noch, genauso wie den Becher, den sie mit Sekundenkleber geklebt und fortan als Stifthalter benutzt hatte.

Mara fragte sich, wie es Abby und Jeremy wohl gerade ging und wann er endlich anrufen würde. Geduld gehörte definitiv nicht zu ihren Stärken!

Sie wickelte die Figuren aus dem Seidenpapier. Hirten, Schafe, Esel, Engel, Josef, Maria, das Jesuskind. Und außerdem lagen auch noch Jeremys Beiträge zu der Krippe in der Schachtel: ein rotes Rennauto, das er dem Baby unbedingt schenken wollte, eine Plastik-Katze, die größer war als die Schafe, und ein kleiner Soldat mit einem Schwert. Das Baby, so hatte er ihr damals erklärt, brauche Spielzeug, ein Kuscheltier und einen starken Mann, der es vor den bösen Menschen beschützen würde. Auch Mara hätte ihrem Kind gern viele Geschenke gemacht, aber sie hatte leider nicht genug Geld dafür gehabt. Jeremy hatte also nie die Katze bekommen, die er sich so sehr gewünscht hatte, und er hatte auch nie viel Spielzeug gehabt – von einem starken Mann an seiner Seite, der sich für ihn eingesetzt hätte, mal ganz zu schweigen!

Aber ihre Enkelin würde auf jeden Fall einen Papa haben, der sie beschützte. Und vielleicht würde Abby ja erlauben, dass Mara ihr eines Tages sogar ein eigenes Haustier schenkte.

In diesem Moment fiel Mara ein, dass sie noch gar kein Willkommensgeschenk für das Baby besorgt hatte. Vielleicht könnte sie ja etwas Geld von ihrem gemeinsamen Konto abheben, und wenn Tom sie danach fragte, würde sie einfach sagen, es sei für die Jungs gewesen. 50 Dollar würden doch nicht auffallen, oder?

Sie zog sich ihren Mantel an und rief in den Keller: „Ich muss noch kurz ein paar Besorgungen machen! Bin in einer Stunde zurück.“

~

Mara musste schnell feststellen, dass sie mit 50 Dollar nicht weit kommen würde. Sie hatte bereits die Elfenschühchen gekauft, die ihr so gut gefallen hatten, einen Anhänger mit dem Aufdruck: „Mein erstes Weihnachtsfest“, einen flauschigen Rentieranzug mit Stummelschwänzchen und eine Nikolausmütze. Oh, und ein Lätzchen, auf dem stand: „Omas kleiner Engel“. Sie bezahlte 50 Dollar in bar und nahm für die restlichen 16,47 Dollar ihre Kreditkarte. Sie hoffte nur, dass Tom die Karte noch nicht hatte sperren lassen.

Als die Kassiererin sie bat, den Beleg zu unterschreiben, atmete Mara erleichtert auf. Sobald Tom den Namen des Geschäfts auf dem Auszug entdeckte, würde er garantiert ausrasten, aber damit würde sie schon fertig werden. Bis dahin wäre es dann ohnehin zu spät, um etwas zurückzugeben. Mit dem befriedigenden Gefühl, gerade einen weiteren kleinen Sieg eingefahren zu haben, trat Mara den Heimweg an.

Kevin saß am Küchentisch, als sie gut gelaunt das Haus betrat. Er warf einen Blick auf die Einkaufstüten, sagte aber nichts. Mara hätte sie einfach im Wagen lassen sollen! Schnell stellte sie sie in einer Ecke ab und sagte: „Halte dich bitte von den Tüten fern, die hier herumstehen, okay? Du weißt ja: Dies ist die Zeit für Weihnachtsüberraschungen!“ Zum Glück hatte Mara ihre Einkäufe für die Jungen schon vor Wochen erledigt.

„Hast du schon einen Termin für meine Sozialstunden ausgemacht?“, fragte er, ohne sie anzublicken.

„Ja. Wir haben uns auf zwei Stunden am Sonntagnachmittag geeinigt.“

„Dann bin ich doch bei Papa."

Oh. Richtig. Wie hatte sie das vergessen können? Tom würde am Donnerstagabend in die Stadt zurückkommen und die Jungen übers Wochenende zu sich ins Hotel holen. „Kein Problem, ich kann das verlegen. Nächste Woche hast du doch schon schulfrei. Wie wäre es mit Montag?"

Er zuckte die Achseln, was Mara als ein Ja interpretierte.

„Hast du Hunger?", fragte sie, während sie noch immer mit den Tüten aus dem Babyladen beschäftigt war. „Wir haben verschiedene Tiefkühlpizzen in der Gefriertruhe. Such doch bitte eine aus und heiz den Backofen vor, okay? Ich gehe mich nur schnell umziehen."

Mara verzog sich nach oben, schloss die Tür hinter sich und breitete ihre Schätze auf dem Bett aus, um sie noch einmal zu bewundern. Sie konnte es kaum erwarten, das Baby in den Kleidern zu sehen. Aber vielleicht würde Abby das ja auch gar nicht zulassen. Nun, ihr würde es schon genügen, das Baby in dem niedlichen Rentieranzug zu sehen. Davon würde sie dann viele Fotos machen und einige als Weihnachtsschmuck an den Baum hängen. Zufrieden summte Mara weiter.

„Was kommt in Ihrem Leben gerade zur Welt?", hatte Pastor Jeff gefragt.

Ein Baby. Ein richtiges Weihnachtsbaby. Und das war etwas – da war sich Mara sicher –, das Tom ihr ganz sicher nicht wegnehmen könnte. Ganz sicher nicht.

Meg

17. Dezember

Gebet der liebenden Aufmerksamkeit

Hilf mir, dich zu erkennen, Herr.

Geschenke heute:

Der Besuch des Händel-Hauses, wo ich heute dabei zuhören konnte, wie ein junger Musiker auf einem der Cembalos geübt hat. Das ganze Haus war von Musik erfüllt, beinah so, als wäre Händel selbst noch am Leben. Ich habe gar nicht gewusst, dass er gegen Ende seines Lebens blind war. Was für eine Prüfung. Da werde ich gleich viel dankbarer für die Geschenke, die ich sonst so oft als selbstverständlich erachte. Vergib mir, Herr. Danke für mein Augenlicht, danke für meine Gesundheit, danke für die Musik. Danke für die Möglichkeit, in London zu sein und all die Sehenswürdigkeiten anschauen zu können. Danke, dass ich einige davon auch gemeinsam mit Becca besichtigen konnte. Der Besuch des Händel-Hauses heute hat ihr wirklich Spaß gemacht. Für morgen planen wir Geburtstags- und Weihnachtseinkäufe bei Harrods.

Aber Simon verpestet nach wie vor die Luft zwischen uns, selbst wenn er gar nicht persönlich anwesend ist. Wenigstens hat Becca kein weiteres Treffen mit ihm vorgeschlagen. Sie ahnt sicher, wie ich empfinde. Aber sie redet immerzu von ihm, als wolle sie mich davon überzeugen, dass er der beste Mann auf der Welt ist. Ich kann verstehen, dass sie sich zu einem Mann hingezogen fühlt, den sie für reif und intelligent hält. Aber es tut mir leid. Jeder Mann, der sich mit einer Frau einlässt, die nur halb so alt ist wie er selbst, hat mit irgendwelchen tief greifenden Problemen zu kämpfen. Ich weiß nicht, was genau es in seinem Fall ist, aber Becca erfüllt für ihn zweifellos irgendeine verdrehte Fantasie. Und er füllt wiederum einen leeren Platz in ihr aus.

Ich muss immer noch an das Bild denken, das in mir entstanden ist, als ich mit Jesaja, Kapitel 11, gebetet habe. Dieses Bild hat mich überrascht und mir Angst gemacht. Würde ich wirklich wollen, dass Jesus Simon tötet? Bin ich so zornig? Jesus wünscht sich, dass ich ihm vertraue und meinen Stock aus der Hand lege. Aber wie kann ich ihm vertrauen, wenn sein Reich noch immer auf sich warten lässt? Der Wolf, den ich gesehen habe, hat nämlich nicht friedlich neben dem Lamm gelegen. Und die Schlange wollte das Kind beißen. So sind Wölfe und Schlangen nun mal. Das liegt ihnen im Blut. Wenn Jesus nichts unternimmt, um das zu verhindern, wie kann ich dann tatenlos dabeistehen und zusehen? Das ist dann nämlich keine Hoffnung mehr, sondern vielmehr ein Fall von unterlassener Hilfeleistung.

Vergib mir, Herr. Ich sollte deine Wege nicht infrage stellen. Aber ich verstehe nicht, was es heißt, mit erwartungsvollem Glauben auf dein Reich zu warten. Ich verstehe es einfach nicht.

Ich habe noch nie einen Menschen gehasst. Aber ich glaube, im Fall von Simon tue ich es tatsächlich. Ich will nicht, dass du ihn tötest, Herr. Nur sorge bitte dafür, dass er verschwindet. Bitte. Ich will meine Tochter zurückhaben.

Obwohl ich weiß, dass ich mir keine Gedanken darum machen soll, was in der kommenden Woche geschehen wird, frage ich mich doch, wie wir Heiligabend verbringen werden. Will Becca an ihrem 21. Geburtstag mit Simon zusammen sein? Erwartet sie vielleicht, dass ich mich ihnen anschließen werde? Wir haben ihren Geburtstag bisher immer gemeinsam gefeiert. Immer. Und ich kann mir nicht vorstellen, sie an diesem Tag mit ihm zu teilen. Das könnte ich nicht ertragen. Hilf mir, diesen Augenblick zu leben, Herr, ohne mir Gedanken darüber zu machen, was alles passieren könnte, und mich dann über Dinge aufzuregen, die noch gar nicht geschehen sind und die vielleicht auch nie geschehen werden. Meine Fantasie eilt mir immer voraus. Vergib mir. Hilf mir, voller Hoffnung auf dich zu warten. Hilf mir, darauf zu vertrauen, dass du kommst. Momentan bin ich allerdings noch nicht bereit, den Stock aus der Hand zu legen. Ich hoffe, du kannst das verstehen.

Hilf mir, Herr. Bitte. Du hast versprochen, dass du eines Tages die ganze Erde mit deiner Herrlichkeit erfüllen wirst – so, wie die Meere mit Wasser gefüllt sind. Im Augenblick sehe ich allerdings nur das Wasser, das mir bis zum Hals steht, und ich habe das Gefühl, darin zu ertrinken.

Mara

Gegen 20 Uhr fing Mara an, sich zu fragen, ob es vielleicht Komplikationen gegeben hatte. Aber wenn Jeremy noch im Kreißsaal war, würde sie ihn natürlich nicht anrufen können. 21 Uhr. Immer noch keine Nachricht. 22 Uhr. Die Jungen gingen zu Bett. Mara saß vor dem Weihnachtsbaum und versuchte zu beten. Mit Jeremy hatte sie damals sehr lange in den Wehen gelegen. Fast 21 Stunden. Vielleicht ließ die Kleine ja auch auf sich warten. Kevin war eine leichte Geburt gewesen. Nur vier Stunden. Brian hingegen war eine Steißlage gewesen und musste per Kaiserschnitt geholt werden. Mara konnte nur hoffen, dass bei Abby kein Kaiserschnitt nötig wäre. Die Genesungszeit war nämlich schrecklich gewesen. Vor allem, weil Brian unter starken Koliken gelitten hatte. Ihre Enkelin würde hoffentlich ein pflegeleichtes Baby sein.

Gerade, als sie ihrem inneren Drang nachgeben und Jeremy anrufen wollte, klingelte ihr Telefon.

„Mama?"

„Alles in Ordnung?"

„Ich halte sie im Arm, Mama." Jeremy weinte. „Sie ist wunderschön. Einfach wunderschön."

Auch Maras Augen füllten sich mit Tränen. „Oh Schatz! Herzlichen Glückwunsch."

„Ich habe nicht gedacht, dass ich mich so schnell in sie verlieben würde", schwärmte Jeremy.

Mara konnte sich noch sehr genau daran erinnern, wie sich das anfühlte. Bei ihren drei Jungen war es auch ihr so gegangen. „Habt ihr schon einen Namen ausgesucht?", fragte sie.

„Madeleine Lee.“

Madeleine Lee. Das war wirklich ein hübscher Name. Jeremy ratterte alle anderen Geburtsdaten herunter und Mara hörte interessiert zu. „Vermutlich ist es zu spät, um jetzt noch vorbeizukommen, nicht?“, fragte Mara. Inzwischen war es schon fast Mitternacht.

„Ja. Die Besuchszeit ist längst vorbei und Abby ist erschöpft. Ich werde heute Nacht hier im Zimmer schlafen. Komm doch einfach morgen früh vorbei.“

Auf diesen Augenblick hatte Mara nun schon so lange gewartet. Was wäre da eine weitere Nacht? „Dann sehen wir uns morgen, Schatz. Richte Madeleine aus, dass ich sie lieb habe. Und Abby auch. Fühl dich gedrückt! Ich hab dich lieb und bin sehr stolz auf dich.“

Sie legte auf und verbrachte die nächsten Minuten mit einem Dankgebet. Schließlich nahm sie Jeremys Piraten-Weisen aus dem Morgenland aus der Gruppe der Krippenfiguren heraus, drückte ihn an ihr Herz und schlief in ihrem Sessel ein.

~

Am nächsten Morgen war Mara bester Laune und freute sich so sehr darauf, ihre Enkelin kennenzulernen, dass keiner von Brians üblichen Versuchen, sie zu ärgern oder zur Weißglut zu bringen, Erfolg hatte.

„Habt einen schönen Tag!“, sagte Mara, als sie die Jungen vor der Schule absetzte. Sie hatte sich vorgenommen, ihnen nichts von Jeremys Baby zu erzählen, für den Fall, dass einer von ihnen – oder am Ende sogar alle beide – diese Information an Tom weitergeben würde. Die Geburt ihrer Enkelin war ihre ganz persönliche Freude, die sie in vollen Zügen auskosten wollte. „Ruft mich auf meinem Handy an, falls ihr heute irgendetwas braucht“, ergänzte Mara noch.

Kevin brummte etwas, das man als Verabschiedung durchgehen lassen konnte. Brian hingegen knallte die Autotür zu, ohne ein Wort zu sagen.

Mara ließ einige Autos passieren, die aus der falschen Richtung versuchten, sich in den Verkehr einzufädeln. Dann winkte sie einigen Schülern zu, die gerade den Parkplatz überquerten, und begann zu singen. *Denn es ist uns ein Kind geboren.* Ba-dabum. *Und zum Heil.* Tadadah. *Ein Sohn* – ob es wohl ketzerisch wäre, den Sohn in eine Tochter abzuändern? – *gegeben.* Tap, tap oder so ähnlich. *Und zum Heil.* Dadadah. *Ein Sohn gegeben.*

Mara hatte vergessen, wie der Text weiterging, darum wiederholte sie die Teile des Refrains, die sie kannte, bis sie schließlich am Krankenhaus ankam. Mittlerweile schien sogar der Morgen die Geburt des kleinen Mädchens zu feiern, denn in diesem Moment zogen hellrosa Bänder über den zartblauen Himmel. Was für ein prächtiger Anblick!

„Ich möchte gern Abigail Payne und meine Enkelin besuchen, die gestern Nacht zur Welt gekommen ist", verkündete Mara am Empfang. Wie sehr sie den Klang dieser Worte doch liebte!

„Herzlichen Glückwunsch!", grinste die Empfangsdame. Sie tippte auf ihrer Tastatur herum und schaute anschließend auf den Bildschirm. „Fünfter Stock, Zimmer 516." Sie schrieb ihr die Zimmernummer sicherheitshalber auf einen Zettel.

„Vielen Dank!" Mara steckte den Zettel in ihre Tasche und lief den Flur entlang. *Denn es ist uns …* schnapp, schnapp, schnapp. *Ein Kind geboren.* „Guten Morgen", grüßte sie einen Mann, der gerade auf den Aufzug wartete. *Und zum Heil.* Schnapp, schnapp, schnapp. *Ein Sohn gegeben.* Als sich die Aufzugstüren öffneten, trat Mara hinein und drückte den Knopf für das fünfte Stockwerk. „Welcher Stock?", fragte sie den Mann, der mir ihr eingestiegen war.

„Drei, bitte."

Mit strahlendem Gesicht drückte sie die Nummer, und erst als der Mann sie angrinste, bemerkte Mara, dass sie laut am Summen war. „Entschuldigen Sie", sagte sie. „Ich bin gerade zum ersten Mal Oma geworden."

„Herzlichen Glückwunsch!"

„Vielen Dank." Sie hoffte nur, dass er nicht gerade jemanden besuchen wollte, der an Krebs oder einer anderen schweren Krankheit litt. Welche Art von Patienten im dritten Stock lag, wusste sie natürlich nicht. *Bitte segne, wen auch immer er gerade besuchen möchte*, betete Mara im Stillen. *Und segne auch ihn.* Sie summte leise weiter, bis die Türen im fünften Stock aufgingen. Der Flur war hell erleuchtet. Die Einkaufstüten über die Schultern gehängt, folgte sie den Pfeilen zum richtigen Teil des Gebäudes und stand schließlich vor dem Zimmer mit der Nummer 516.

Die Tür war angelehnt. Doch Mara platzte nicht einfach herein, sondern blieb auf der Schwelle stehen und beobachtete, wie sich ihr Junge über seine Frau beugte, die ihr Baby im Arm hielt. Eine seiner Hände lag auf Abbys Schulter, die andere auf Madeleines Kopf. Einen kurzen Augenblick hatte Mara das Gefühl, sie solle vielleicht ihre Schuhe ausziehen oder so etwas. Da sie nicht stören wollte, blieb sie in der Tür stehen, bis Jeremy zufällig aufblickte.

„Mama!"

Abby drehte sich ebenfalls um und begrüßte sie mit einem derart herzlichen Lächeln, dass Mara beinah die Tränen gekommen wären.

„Komm herein und lern deine Enkelin kennen!", rief Jeremy und erhob sich von der Bettkante.

Mara stellte ihre Einkaufstüten auf den Boden und ging zum Bett herüber. Oh, Madeleine Lee war ja so niedlich! Einfach wunderschön. Volle, schwarze Haare, die Haut in einem cremigen Latte macchiato-Ton und eine kleine Stupsnase. *Oh*

Gott. Und erst ihre Finger! Mara hatte ganz vergessen, was für ein Wunder die Hand eines Babys doch war.

„Möchtest du sie mal im Arm halten?", fragte Abby.

„Oh ... ich – aber sie schläft doch gerade."

„Das macht nichts." Abby richtete sich auf, während Mara die Arme ausstreckte, um den kleinen Schatz entgegenzunehmen.

Verloren.

Mara verlor sich im Staunen. In der Freude. Im Lobpreis. In Dankbarkeit. In Liebe. Und ihr fehlten einfach die Worte.

Verloren.

Gefunden.

Denn es ist uns ...

~

Während Abby Madeleine stillte, packte Mara ihre Geschenke aus. „Das wäre doch nicht nötig gewesen!", sagte Jeremy, während er über den flauschigen, braunen Rentieranzug strich. „Sieh nur, Schatz – sogar mit einem Stummelschwänzchen."

Abby sah kurz auf und nickte. „Wie niedlich. Vielen Dank."

„Ich dachte, den Anzug könntet ihr Madeleine vielleicht anziehen, wenn ihr sie nach Hause bringt. Er ist mindestens genauso kuschelig wie diese kleinen Indianerdecken mit dem Reißverschluss. Keine Ahnung, wie sie heißen. Als Jeremy ein Baby war, gab es so etwas noch nicht."

„Und trotzdem habe ich überlebt", erwiderte Jeremy lächelnd.

Mara griff in ihre Tasche. „Das hier wollte ich dir unbedingt noch geben." Sie reichte ihm den Weisen aus dem Morgenland.

„Mein Pirat! Wo hast du den denn gefunden?"

„Bei den anderen Krippenfiguren."

Jeremy zeigte ihn Abby. „Der ist noch aus dem Crossroads-Haus, nicht? Habe ich den nicht kurz nach unserem Einzug dort von jemandem geschenkt bekommen?"

„Ja. Und einen geschlagenen Monat lang hast du ihn jeden Abend mit ins Bett genommen."

Mara hörte zu, wie Jeremy Abby von ihrer Zeit im Crossroads-Haus erzählte. Erstaunlich, welch glückliche Erinnerungen er doch an eine so schwierige und beängstigende Zeit hatte. Aber auf der anderen Seite konnte für ein Kind alles zum Abenteuer werden. Sogar die Obdachlosigkeit.

„Du musst jetzt eine schwierige Entscheidung treffen, Mama", sagte Jeremy und drehte sich wieder zu ihr um.

Oh Mann. Eigentlich war Mara gerade ganz und gar nicht nach schwierigen Entscheidungen zumute.

„Du musst entscheiden, wie du genannt werden möchtest."

Ach ja … das hatte sie ganz vergessen. „Oh, ich weiß nicht …" Ellen hatte sich vermutlich schon eine Bezeichnung ausgesucht. „Was ist mit deiner Mutter, Abby? Wie möchte sie genannt werden?"

„Po po", erwiderte Abby. „Das ist Chinesisch."

„Das ist hoffentlich nicht die Bezeichnung, auf die auch du spekuliert hattest, oder, Mama?", neckte Jeremy sie.

Mara lachte. Sie konnte wählen, was sie wollte. Was sie wollte! Plötzlich musste sie an ihre eigene Großmutter denken. Obwohl sie gestorben war, als Mara acht Jahre alt gewesen war, erinnerte sie sich immer noch an den Geruch von Vanille und Äpfeln und Nelken in ihrem Haus. Ihre Großmutter war es auch gewesen, die Mara das Backen beigebracht hatte.

Sofort hatte Mara ein Bild vor Augen: Madeleine, die auf einem kleinen Hocker stand, den Löffel in der Hand und eine Schürze umgebunden, die Mara für sie gekauft hatte. Oder vielleicht hatte Ellen sie für sie genäht? „Ich glaube, ich würde gern Nana genannt werden", sagte sie.

Jeremy griff nach ihrer Hand. „Nana passt perfekt zu dir, finde ich."

Perfekt.

Das war ein Wort, das Mara nur selten gebrauchte, wenn es um irgendetwas ging, das mit ihr oder ihrem Leben zu tun hatte. Doch dieser Augenblick erschien ihr wie reine Perfektion. Und deshalb war es ihr in diesem Moment auch vollkommen egal, dass es nicht so bleiben würde. Dies waren die Augenblicke im Leben, die alles andere erträglich machten, und sie würde sie in vollen Zügen genießen. *Danke, Jesus. Danke.* Sie lehnte sich auf ihrem Stuhl zurück und beobachtete in tiefer Zufriedenheit, wie Madeleine an Abbys Brust einschlief.

~

Meg

Noch nie in ihrem Leben war Meg in einem Kaufhaus wie Harrods gewesen. „Mehr als 300 Abteilungen!", rief sie, als Becca und sie mit dem Aufzug nach oben fuhren, vorbei an ägyptischen Statuen und Wandbildern. „Wo fängt man hier denn überhaupt an?"

Doch Becca war voller Tatendrang und hatte bereits einen Plan geschmiedet. Zuerst setzten sie jede Menge ausgefallene und verrückte Hüte auf, dann probierten sie unterschiedliche Düfte aus und schließlich ließen sie sich in der riesigen Lebensmittelabteilung leckere Gebäckstücke und Schokoladen schmecken. Meg probierte sogar ein Stück von Beccas Sushi, ohne es gleich wieder auszuspucken. Anschließend besuchten sie die weltberühmte Weihnachtsabteilung.

Becca schüttelte eine Schneekugel mit einer Miniaturversion des Londoner Parlamentsgebäudes. „Erinnerst du dich noch an die Sauerei im Wohnzimmer, als ich damals meine Schneekugel zerbrochen habe? Oma war fürchterlich sauer auf mich. Von da an durfte ich nicht mehr im Wohnzimmer spielen, obwohl ich mich dort eigentlich immer am liebsten aufgehalten habe."

„Bei mir war das auch so", sagte Meg. „Ich wurde als Kind immer ausgeschimpft, wenn ich meine Puppen ins Wohnzimmer geholte habe." Doch ganz anders als Becca, die Mutter immer Kontra gegeben hatte, hatte bei Meg bereits eine einmalige Ermahnung ausgereicht.

Sie und Becca beobachteten, wie die Schneeflocken um das House of Parliament herumwirbelten. „Gefällt sie dir?", fragte Meg.

„Oh … ich weiß nicht …"

„Such dir eine aus. Ich schenk sie dir."

„Du hast mir doch schon einen Hut gekauft. Und eine Handtasche."

„Nun, wie oft haben wir schon die Gelegenheit, in London für deinen Geburtstag einzukaufen? Na los, such dir eine aus."

Becca schaute sich die verschiedenen Motive an. „Die hier sieht fast so aus wie meine!" Sie deutete auf eine Schneekugel mit einem Schloss, das viele kleine Türmchen zierten. „Erinnerst du dich noch? Ich glaube, du hast sie mir mal zum Geburtstag geschenkt."

Meg nahm die Schneekugel in die Hand und schüttelte sie sanft. „Stimmt. Das hatte ich ganz vergessen."

Becca schlenderte zu den Teddybären hinüber. Ein flauschiger, brauner Bär mit der typischen Uniform der Wachen am Buckingham-Palast fesselte ihre Aufmerksamkeit, und sie drückte ihn fest an ihre Brust. In diesem Augenblick sah Meg wieder ihr kleines Mädchen vor sich, die kleine Elfe, die so oft versucht hatte, ihre Großmutter zu überreden, ihr doch bitte eine Teeparty mit ihren Teddybären im Wohnzimmer zu erlauben. Aber Mutter hatte nicht mit sich reden lassen. „Kein Spielzeug im Wohnzimmer" war immer ihre Antwort gewesen. Manchmal, wenn Mutter nicht zu Hause war, hatte Meg Becca erlaubt, alle ihre Stofftiere herunterzuholen und im Wohnzimmer mit ihnen zu spielen.

Sie wollte ihr gerade anbieten, ihr den Teddybären auch noch zu kaufen, als Beccas Telefon piepte und anzeigte, dass sie eine SMS erhalten hatte. An ihrem Gesichtsausdruck konnte Meg erkennen, dass sie von Simon war. Musste er sie denn immer stören?

Becca stellte den Teddybären ins Regal zurück und tippte eine Antwort. Das kleine Mädchen war wieder verschwunden und versteckte sich hinter einer jungen Frau, die viel zu sehr darum bemüht war, gebildet zu erscheinen.

Meg hielt immer noch die Schneekugel in der Hand. „Soll ich sie für dich kaufen?", fragte sie.

„Nein, danke." Becca musterte kritisch ihren Minirock und ihre Stiefel. „Aber zu einem schönen Paar Stiefel würde ich nicht Nein sagen."

Bevor sie in die Schuhabteilung gingen, kaufte Meg die Schneekugel für sich. Sie wusste schon genau, wo sie sie hinstellen würde.

Auf den Kaminsims.

Im Wohnzimmer.

~

Nach ihrem Einkaufsmarathon kehrten Meg und Becca ins Hotel zurück und tranken Tee. „Danke für all die Geschenke", sagte Becca. „Das hat richtig Spaß gemacht."

„Gern geschehen." Trotz Simon, der ihr Zusammensein wieder einmal überschattet hatte, ohne persönlich anwesend zu sein, war es ein guter Tag gewesen; ein Tag, der genauso gewesen war, wie Meg ihn sich für ihre Zeit in London gewünscht hatte. Sie gönnte sich einen zweiten Scone mit Erdbeermarmelade und dicker Sahne. Zu Hause würde sie diese Leckerei sicher vermissen. Vielleicht sollte sie mal nach einem guten Rezept suchen.

Becca löffelte etwas Zucker in ihre Teetasse und rührte um. „Mama, ich wollte noch etwas mit dir besprechen."

„Nur zu."

„Aber bitte werd nicht gleich wieder sauer, okay?"

Meg nahm das leise Klimpern des Löffels wahr, der beim Umrühren sanft das Porzellan berührte. „Okay."

Becca trank einen Schluck Tee. „Simon hat mich eingeladen, mit ihm nach Paris zu fahren."

Meg konzentrierte sich auf ihren Scone.

„Über meinen Geburtstag."

Meg spürte, wie ihr Auge zu zucken begann.

„Jetzt bist du doch verärgert. Ich merke das."

Verärgert? „Verärgert" beschrieb nicht ansatzweise –

„Es ist nur so, dass ich immer schon davon geträumt habe, einmal nach Paris zu fahren, und meinen Geburtstag in dieser Stadt zu verbringen wäre wirklich unglaublich toll für mich! Aber ich weiß ja, dass du gehofft hattest, wir würden Heiligabend zusammen verbringen, und ich möchte dich nicht ganz allein hier zurücklassen. Ich weiß, dass das nicht fair wäre."

Nicht fair?

Wie konnte Simon es wagen, Becca einen derartigen Vorschlag zu machen, während gleichzeitig auch ihre Mutter in der Stadt war, um sie zu besuchen? Was hatte er vor? Was für ein Mensch war er denn, dass er –

Becca nahm ihre Serviette vom Schoß und legte sie zusammengefaltet auf den Tisch. „Vergiss es. Ich habe ihm gesagt, dass du sauer werden würdest."

Nein.

Die beiden konnten doch nicht einfach irgendwelche Pläne schmieden und dann auch noch über Meg reden, ohne ihr die Möglichkeit zu geben, sich zu verteidigen.

Nein.

Und Becca konnte jetzt nicht einfach aufstehen und gehen, ohne das Gespräch vernünftig zu Ende zu bringen.

Nein.

Nein!

Ganz bestimmt nicht.

Das konnte alles nicht wahr sein.

Das würde sie nicht zulassen.

Meg konzentrierte sich darauf, mit ruhiger Hand ihr Messer auf den Teller zu legen.

„Wie lange wärst du denn weg?“, fragte sie mit einer Stimme, die nicht ihre eigene zu sein schien.

In diesem Moment schien Becca neue Hoffnung zu schöpfen. „Nur ein paar Tage. Ich meine, Simon wird bis Neujahr dortbleiben, und er hat mich für den kompletten Zeitraum eingeladen, aber ich könnte ja auch nach ein paar Tagen wieder zurückkommen. Dann könnten wir noch etwas Zeit miteinander verbringen, bevor du wieder zurückfliegst, wenn du möchtest.“

Wenn du möchtest?

Nichts von all dem hatte auch nur im Geringsten etwas mit dem zu tun, was Meg wollte.

Gar nichts.

Sie wollte das alles nicht.

Sie musterte eingehend Beccas erwartungsvollen Gesichtsausdruck, ihre strahlenden Augen, ihr leicht vorgeschobenes Kinn.

Becca wusste mal wieder ganz genau, was sie wollte. Daran bestand kein Zweifel.

Wie um alles in der Welt hätte sich Meg diesem Wunsch widersetzen können, ohne dass Becca es ihr übel genommen hätte? Wie würden ihr Geburtstag und die Weihnachtsfeiertage wohl aussehen, wenn Becca nur daran denken konnte, was sie gerade alles verpasste, weil sie sich den Wünschen ihrer Mutter gebeugt hatte?

In diesem Moment legte Meg in Gedanken ihren Stock aus der Hand, allerdings nicht voller Hoffnung und Vertrauen, sondern aus lauter Resignation.

Denn Simon hatte bereits gewonnen.

Sie konnte sein Gesicht vor sich sehen, sein spöttisches, hämisch grinsendes Gesicht.

Wie sehr sie ihn doch verachtete!

„Ich denke, vielleicht …" Meg hielt inne, um die Kontrolle über ihre Stimme zurückzugewinnen. „Vielleicht wäre es das Beste, wenn ich nach Hause fliege."

Becca zog die Augenbrauen zusammen und gab ein gereiztes Schnaufen von sich. „Also willst du mir jetzt wohl Schuldgefühle einreden?"

„Nein", erwiderte Meg. „Nein. Du bist alt genug, um deine eigenen Entscheidungen zu treffen. Du weißt, wie ich zu deiner Beziehung mit Simon stehe. Ich bin nicht mit ihr einverstanden. Ich mag ihn nicht. Mir gefällt der Gedanke nicht, dass du mit ihm nach Paris fährst. Ganz und gar nicht. Und ich bin traurig. Sehr traurig. Aber letztlich musst du selbst die richtige Entscheidung treffen."

Becca wandte den Blick ab und verschränkte die Arme vor der Brust. Meg war sich ziemlich sicher, dass der Vorschlag mit Paris ursprünglich von Becca gekommen war.

Immanuel.

Komm.

Bitte.

Hilf mir.

Während sie innerlich zitterte, streckte Meg ihre Hand aus und berührte Beccas Kinn. Mit gerunzelter Stirn wandte sich ihr Becca wieder zu. „Ich muss nicht mit deinen Entscheidungen einverstanden sein, um dich lieben zu können, Becca. Und ich liebe dich von ganzem Herzen."

Mit jeder Faser ihres zerbrochenen Herzens.

~

Von: Katherine Rhodes
An: Meg Crane
Datum: Donnerstag, 18. Dezember, 19:48 Uhr
Betreff: Re: Komme nach Hause

Liebe Meg,

ich habe Ihre E-Mail bekommen, in der Sie von Ihren geänderten Plänen berichten. Natürlich können wir uns nächste Woche treffen. Ich bete bereits jetzt für Sie und bringe Ihre Trauer und Enttäuschung vor Jesus. Ich bete auch für Ihre Abreise am Montag und dass Sie und Becca bis dahin noch ein paar schöne Stunden miteinander verbringen können. Es ist wirklich ein großes Opfer, das Sie Gott darbringen, indem Sie Ihre Wünsche zurückstellen und Becca ihren eigenen Weg wählen lassen. Möge er Ihnen beistehen!

Während ich für Sie bete, kommt mir ein Bibelvers in den Sinn. Das 2. Kapitel des Lukasevangeliums beginnt mit der Anordnung des Kaisers, dass „alle Menschen in seinem Reich erfasst werden sollten", und so machten sich auch Josef und Maria auf den Weg nach Bethlehem, um sich zählen zu lassen. Maria wird sich zweifellos gefragt haben, ob sie vielleicht die falsche Entscheidung getroffen hatten – ganz besonders an dem Punkt, als sie sich dazu gezwungen sah, den König der Könige in einem Stall zur Welt zu bringen und ihn in eine Futterkrippe zu legen. Aber unser Gott ist so groß, dass er sogar durch die Erlasse weltlicher Regierungen seine Pläne zum Ziel bringt, sodass die Geburt des Erlösers letztendlich genau an dem Ort stattgefunden hat, der bereits

Jahrhunderte zuvor vorhergesagt worden war. Für Gott ist ein Gasthaus, in dem kein Zimmer mehr frei ist, kein Hindernis. Was für ein Trost muss es für Maria gewesen sein, als die Hirten sie aufsuchten und bezeugten, dass die Engel ihnen gesagt hätten, wo sie hingehen müssten und wen sie dort finden würden.

Sie schreiben, dass Sie sich momentan fragen, ob Ihre Reise ein Fehler war und ob Sie nicht besser zu Hause geblieben wären, um diese Enttäuschung nicht erleben zu müssen. Aber an diesem Punkt können Sie unmöglich erkennen, was Gott durch Ihren Besuch bei Becca alles in Gang gesetzt hat.

Inmitten unserer Enttäuschung ist es naheliegend, unseren Schmerz mit einem Ausrufezeichen zu versehen. Aber Gott hat eine Vorliebe für Kommas, und unser Leben – mit all seinen unerwarteten Wendungen und Kreuzungen – entfaltet sich Tag für Tag ein wenig mehr in ihm. Verlieren Sie nicht den Mut, meine Liebe. Gott ist bei Ihnen. Möge er Sie hoffnungsvoll auf die nächste Etappe Ihrer Reise schicken.

Nun noch einmal zu unserem Termin: Wir können uns gerne am Dienstag, den 23. Dezember, treffen. Ich halte mir 13 Uhr für Sie frei, und dann werden wir gemeinsam Ausschau halten nach dem Licht, das die Dunkelheit nicht auszulöschen vermag.

Friede sei mit Ihnen.
Ihre Katherine

Charissa

Charissa schlug frustriert mit der flachen Hand gegen ihre Stirn. „Ich kann das nicht", sagte sie zu John, der am Herd stand und in einem Topf Spaghetti rührte. „Ich denke, ich werde Dr. Allen sagen, dass ich mir eine Auszeit nehme und diese blödsinnige Arbeit in den Weihnachtsferien bearbeiten werde."

„Überleg dir das gut“, widersprach John. „Denk lieber noch mal darüber nach!“ Er schwang den Löffel, als wäre er ein Zauberstab. „Wenn dir diese blöde Arbeit über Weihnachten noch im Nacken sitzt, wirst du den Kopf garantiert nicht frei haben, um gemeinsam mit deinem wundervollen Mann ein wundervolles Haus zu suchen, in dem wir dann mit unserem zweifellos wundervollen Kind leben können. Ist das nicht eine wundervolle Vorstellung?“

Im Moment wäre es besonders wundervoll, wenn Charissa etwas zu diesem blöden Thema einfallen würde. In den vergangenen Tagen war sie ihre Notizen aus dem Semester durchgegangen und hatte dabei ein besonderes Augenmerk auf die Notizen zum „Geistliche Reise“-Kurs gelegt. Aber es war einfach nur frustrierend gewesen. Wohin hatten all die vermeintlichen Erkenntnisse sie denn gebracht? Seit mehreren Wochen hatte Charissa ihre Bibel nicht einmal mehr aufgeschlagen. Was für eine Christin war sie denn bitte schön? Sie hatte sich deutlich besser gefühlt, als sie noch der Form halber ihre Stille Zeit gehalten hatte.

„Ich komme mir vor wie eine Heuchlerin“, sagte sie. „Worüber soll ich denn schreiben? Es ist ja nicht gerade so, als wäre mein Glaubensleben nachahmenswert.“

„Dann schreib doch genau das. Hat Dr. Allen euch nicht ans Herz gelegt, ehrlich zu sein?“

„Brutal ehrlich.“

„Okay, dann stell dir doch einfach mal vor, du würdest Tagebuch schreiben. Kurze Berichte von deiner Reise. Es muss doch nicht alles perfekt sein. Schreib einfach über das, was du unterwegs gelernt hast. Diese Sache mit den ‚zwei Schritten vorwärts, einen Schritt zurück‘, wovon du mir erzählt hast. Über den alltäglichen Kampf. Schreib das alles auf.“

Schreib doch einfach über die Reise.

Plötzlich konnte Charissa den Weg ganz deutlich vor sich sehen.

Sie öffnete ihr Dokument und tippte die ersten Zeilen aus Dantes *Inferno*. „In der Mitte unseres Lebenswegs kam ich zu mir in einem dunklen Wald. Der rechte Weg war da verfehlt. Ach, wie schwer ist es, davon zu sprechen, wie er war, dieser Wald, so wild, so rauh und dicht! Wenn ich nur daran denke, kommt mir wieder die Angst. Bitter war er, fast wie der Tod. Aber um vom Guten zu sprechen, das ich da fand, rede ich von den anderen Dingen, die ich dort sah."

Während der nächsten dreieinhalb Stunden schrieb Charissa über die Dinge, die sie erkannt hatte, darüber, wie ihre Augen aufgetan worden waren, über die Schritte nach vorn und wieder zurück, über Sehnsucht und Angst, über Widerstand und Nachgeben, über Sünde und Gnade. So viel Gnade. Sie tippte wie besessen, machte nicht einmal während des Essens eine Pause und war um kurz nach 21 Uhr fertig mit ihrer Arbeit. „Geschafft", verkündete sie und schickte das Dokument ab.

John blickte von seinem Buch auf. „Im Ernst?"

„Im Ernst." Sie fuhr ihren Computer herunter, streckte sich und ließ ihre Schultern kreisen.

Danke, Gott.

Vielleicht war es gar nicht so schlecht gewesen, über ihre Reise zu schreiben. Dadurch hatte Charissa nämlich erkennen können, wie sich einzelne Teile in ein größeres Ganzes einfügten. Trotz aller Frustration und Rückschläge hatte sie sich seit September in ihrem Verständnis von Gott offensichtlich doch etwas weiterentwickelt. Und sie hatte einiges in Bezug auf sich selbst erkannt. Sie war tiefer in einen dunklen Wald vorgedrungen, das stimmte. Aber gleichzeitig hatte sie dort auch Licht erwartet.

Sie setzte sich zu John auf die Couch. „Wollen wir uns noch einen Film ansehen oder so etwas?"

„Ich wäre für ‚so etwas'", erwiderte er.

Sie strich mit den Fingern durch seine Haare, und er legte seine Hand auf ihren Bauch, in dem gerade neues Leben heranwuchs. Er schob ihr T-Shirt hoch und drückte ihr einen Kuss auf den Bauch.

„Lass uns feiern", flüsterte sie und führte ihn ins Schlafzimmer.

Hannah

„Hast du die Fotos bekommen, die ich dir geschickt habe?", fragte Mara, als sie am Freitagmorgen mit Hannah telefonierte. „Ist das nicht das süßeste Baby, das du je gesehen hast?"

Hannah befühlte die Erde der Amaryllis-Knolle auf dem Fensterbrett. Noch nie zuvor hatte sie Mara so glücklich erlebt. Madeleines Geburt hatte ihr offenbar genau zum richtigen Zeitpunkt Freude und Ermutigung in die Dunkelheit gebracht. „Sie ist wirklich bezaubernd", erwiderte Hannah. „Herzlichen Glückwunsch, Nana!"

„Danke! Vielen Dank. Ich kann es gar nicht in Worte fassen, wie ich mich gerade fühle. Ich habe Gott gefragt, was an einem Ort wie diesem denn schon zur Welt kommen könne, und es ist, als hätte er mir geantwortet, verstehst du? Nicht dass es in meinem Leben nicht immer noch jede Menge Mist gäbe – das ist leider eine Tatsache. Aber es gibt auch Hoffnung. Gestern habe ich viele Stunden bei den frischgebackenen Eltern im Krankenhaus verbracht, aber inzwischen sind sie wieder zu Hause, und ich möchte sie nicht gleich wieder stören. Außerdem ist heute Morgen Abbys Mutter angekommen, und ich weiß nicht, wie lange sie bleiben wird. Ich will auch nicht so unhöflich sein und nachfragen, aber ich hoffe wirklich, dass ich sie alle am Wochenende wiedersehen werde."

„Ich freue mich so für dich, Mara."

„Danke", erwiderte Mara. „Aber jetzt genug von mir. Wann bist du wieder in der Stadt?"

„Heute noch." Hannah trat vom Fensterbrett zurück und ging in die Wäschekammer, wo die saubere Wäsche darauf wartete, gefaltet zu werden. „Ich habe einen Termin bei Katherine und anschließend fahre ich zu Megs Haus. Ich denke, dass wir Weihnachten vermutlich zusammen verbringen werden. Sie hat gefragt, ob ich mir das vorstellen könne."

„Die arme Meg. Ich kann es kaum erwarten, sie in den Arm zu nehmen. Ich werde dich am Montagabend auf jeden Fall zum Flughafen begleiten."

„Das klingt gut."

„Charissa hat heute Morgen angerufen", fuhr Mara fort. „Sie wollte mich auf einen Kaffee einladen. Und als ich ihr erzählt habe, was sich in den vergangenen Wochen alles ereignet hat, hat sie angeboten, sofort zu mir zu kommen und mit mir zu beten. Ich habe ihr gesagt, dass ich schon klarkommen würde und sie nicht zu kommen brauche, aber ihr Angebot hat mich sehr gerührt, verstehst du? Obwohl sie selbst so viel um die Ohren hat, möchte sie sich trotzdem nach Megs Rückkehr mit uns treffen. Ich habe ihr gesagt, ich würde es mit dir besprechen und über einen passenden Termin nachdenken. Bestimmt steht Meg nicht der Sinn nach einem Treffen gleich nach ihrer Ankunft. Sie wird dann garantiert erst mal mit einem ordentlichen Jetlag zu kämpfen haben. Aber vielleicht könnten wir uns am Dienstag zum Abendessen treffen oder an Heiligabend zum Mittagessen?"

Hannah nahm mit einer Hand die Wäsche aus dem Trockner. „Am besten lassen wir das erst mal offen und warten ab, wie Meg sich fühlt. Aber ich freue mich auch, dass Charissa angerufen hat."

„Ich weiß. Und als sie sagte, wie leid ihr die Sache mit Tom tue und dass sie mich gern unterstützen würde … Nun, du kannst dir sicher vorstellen, dass das eine große Sache für mich ist. Gott hat Charissa und mich wirklich weit gebracht. Ich glaube, tief im Innern hatte ich immer noch Angst, dass sie mich verurteilen würde. Aber das tut sie nicht." Mara hielt inne. „Es ist, als würde ich im Augenblick überall Hinweise darauf finden, dass ich nicht allein bin. Weißt du, wie viel mir das bedeutet?"

Mara hatte recht. Das war wirklich eine große Sache. Hannah legte die Wäsche zur Seite, ging zum Sofa und setzte sich neben sie. „Darf ich für dich beten?", fragte sie.

„Aber sicher doch, meine Freundin!"

~

Freitag, 19. Dezember, 14:30 Uhr

Ich sitze in der Kapelle des New Hope-Einkehrzentrums. Gerade hatte ich ein Gespräch mit Katherine, und ich möchte ein wenig von dem, was wir besprochen haben, festhalten, damit ich es auch ganz bestimmt nicht vergesse.

Nachdem wir über die vielen „Schwangerschaftsknöpfe" gesprochen hatten, die in letzter Zeit bei mir gedrückt worden sind, und darüber, dass ich mich gerade bemühe, das alles im Gebet zu verarbeiten, habe ich Katherine von dem „Siehe" und von „hineni" erzählt, und dass es mir schwerfällt, dieses Gebet von ganzem Herzen zu sprechen. „Was wird Gott denn Ihrer Meinung nach von Ihnen verlangen, wenn Sie sagen: ‚Hier bin ich'?", hat sie mich daraufhin gefragt.

Diese Frage war der Ausgangspunkt für ein Gespräch über mein Leben mit Gott bis zu diesem Zeitpunkt und darüber, dass meine Erwartungshaltung bisher immer die gewesen war, dass Gott etwas von mir verlangen würde, was zu geben mir besonders schwerfiele. Ich sagte: „Hier bin ich … es geschehe, wie du gesagt hast", und dann stellte ich mich innerlich darauf ein, zu leiden und ein Opfer bringen zu müssen. Ich habe dieses Gebet nie voller Hoffnung oder im Vertrauen auf die Liebe Gottes gesprochen.

Katherine hat sofort die Resignation in meiner Bemerkung herausgehört, die mir ständig einreden will, dass ich ausschließlich schwere Dinge aus Gottes Hand empfangen werde. Sie sagte, es könne natürlich vorkommen, dass wir etwas Schweres durchmachen müssten, wenn wir uns Gott vollkommen hingeben würden – so, wie Maria es damals erlebt habe. Aber wenn wir immer nur Schmerz und Leid erwarten würden, würde dies unsere Fähigkeit, Gottes Wirken zu erkennen, ernsthaft beeinträchtigen. Sie meinte, im Glauben auf Gott zu hören würde bedeuten, furchtlos auf Gottes Liebe zu vertrauen. Doch wenn wir uns Gottes Willen beugen und dann immer mit dem Schlimmsten rechnen würden, wären wir nicht frei, in Liebe zu hören. Genauso war es bei mir. Und ich weiß, dass ich nicht über Nacht davon frei werden kann. Es scheint vielmehr ein Lernprozess zu sein, die Fülle Gottes anzunehmen und Gott bedingungslos vertrauen zu können. Aber ich bin bereit, mich diesem Thema zu stellen. Und das ist doch schon mal ein Fortschritt.

Ich glaube, ich sollte sogar dankbar dafür sein, wenn meine „Knöpfe" gedrückt werden, denn sie zeigen mir die Bereiche auf, in denen Gott mich befreien und umgestalten will, damit ich Jesus ähnlicher werde.

Katherine hat mir geraten, im Augenblick nicht zu sehr auf mich selbst zu schauen, sondern mehr auf Jesus. Sie meinte, wenn wir uns darauf konzentrieren, die Liebe, das Wesen und die Vertrauenswürdigkeit Gottes in Christus zu erkennen, dann würde dadurch automatisch auch der Blick auf mich selbst durch diese Liebe geprägt. „Verweilen Sie nicht bei Ihrem ‚Hier bin ich' Gott gegenüber", sagte sie, „sondern vielmehr bei Gottes ‚Hier bin ich', das er an Sie richtet."

Das gibt mir zu denken, Herr. Ich will darüber nachdenken und diese Worte in meinem Herzen bewegen, wie Maria es getan hat. Deine Fleischwerdung ist die höchste Form deines „Hier bin ich". Hilf mir, dich im Blick zu behalten. Hilf mir, nicht zu vergessen, dass du der Liebende bist und ich die von dir Geliebte, und nicht umgekehrt. Und immer wieder habe ich das Bild der Blumen vor Augen. Jahrelang habe ich mich abgestrampelt, um dir Blumen zu bringen, um dir etwas anzubieten, damit ich dir gefalle. Es fällt mir nach wie vor nicht leicht, Blumen von dir anzunehmen, und ich wünsche mir, dass die Blumen, die ich dir zurückgebe, ein Geschenk der Freude und Dankbarkeit sind und nicht ein Wiedergutmachungsversuch, weil ich Angst habe, dass ich nicht genug für dich getan habe. Ich will nicht länger die erschöpfte Dienstbotin sein. Stattdessen möchte ich dich begleiten, wenn du anderen Blumen schenkst – ein grundlegender Perspektivwechsel in meinem Denken.

Wir haben auch über sichtbare Zeichen am Körper gesprochen. Sie lachte, als ich sagte, ich wolle kein Tattoo, aber ich würde Nate gern begleiten, wenn er sich seins stechen ließe. Als wir uns darüber unterhielten, kam mir ein Vers aus Psalm 40 in den Sinn: „Schlachtopfer und Speisopfer gefallen dir nicht, aber die Ohren hast du mir aufgetan."[10] *Natürlich meint David hier, dass Gott seine Ohren aufgetan hat, damit er hören kann. Ich hatte nie den Wunsch, mir Ohrlöcher stechen zu lassen. Aber wenn diese Ohrlöcher nicht nur eine kosmetische Maßnahme sind, sondern eine geistliche Bedeutung haben, dann könnte ich mir das durchaus vorstellen. Ich habe den Vers gerade nachgeschlagen. David schreibt weiter: „Siehe, ich komme."*[11]

Für mich ergibt das alles einen Sinn. Jahrelang habe ich Gott Opfer und Gaben dargebracht, die er gar nicht von mir verlangt hatte. Nachdem er nun aber meine Ohren aufgetan hat, wird mein „Hier bin ich" einen ganz anderen Unterton haben; es wird voller

Hoffnung und Vertrauen sein. Und wer weiß – vielleicht lasse ich mir ja tatsächlich Ohrlöcher stechen.

Du hast mich schon weit gebracht, Herr. Und trotzdem liegt noch ein weiter Weg vor mir. Doch du bist bei mir. Danke dafür. Hilf mir, deinem „Hier bin ich" zu vertrauen.

Meg

„Du brauchst mich nicht zum Flughafen zu begleiten", sagte Meg am Samstagabend zu Becca, als sie miteinander telefonierten. „Ich werde das schon allein schaffen."

„Willst du wirklich nicht, dass ich mitkomme?" Beccas Stimme klang gereizt. Meg kam einfach nicht gegen sie an.

„Nein – das habe ich nicht gesagt. Ich habe nur gesagt, dass du nicht mitzukommen *brauchst*."

„Nun, wenn ich selbst entscheiden darf, möchte ich dich gerne zum Flughafen begleiten."

„Okay. Danke." Meg starrte durch das Fenster auf die hellen Lichter im Park. Für sie war es immer noch unfassbar, dass sie Weihnachten nun doch nicht in London verbringen würde, dass sie und Becca an Heiligabend nicht zusammen sein würden. An Beccas Geburtstag. Ihrem 21. Geburtstag.

Wie sehr sie Simon doch hasste!

„Und was ist mit morgen?", fragte Becca. „Was möchtest du an deinem letzten Tag in London unternehmen? Du hast den Weihnachtsbaum am Trafalgar Square noch gar nicht gesehen. Wir könnten also dorthin fahren. Aber Covent Garden ist auch sehenswert. Ein toller Markt und wunderschön geschmückt."

Becca wollte Meg offensichtlich versöhnlich stimmen. Deshalb hatte sie sie am Abend zuvor auch in Händels *Messias* begleitet. Als Versöhnungsgeschenk sozusagen. Gelangweilt hatte sie neben ihr gesessen und demonstrativ eine SMS nach der anderen geschrieben. Aber wo sie gerade schon mal in versöhnlicher Stimmung war …

„Ich werde morgen früh in den Gottesdienst gehen", sagte Meg. „Möchtest du nicht mitkommen?"

Stille.

„Du kannst auch aussuchen, wohin wir gehen. St Paul's, Westminster …"

Immer noch Stille. Schließlich ein hörbares Seufzen. „Das ist wirklich nicht mein Ding, Mama."

Meg beschloss, mutig zu sein. „Was ist nicht dein Ding? Die Kirche? Gott? Was genau ist nicht dein Ding?"

„Einfach alles", erwiderte Becca. „Ich finde es toll, dass der Glaube dir so wichtig ist. Aber ich habe das Gefühl, dass du ihn mir aufzwingen willst. Oder mir Schuldgefühle einreden willst oder so etwas. Aber mich interessiert das einfach nicht."

Herr, hilf mir. „Ich will dir doch nichts aufdrücken. Ich wünsche mir einfach nur, dass auch du erlebst, was ich in den vergangenen Monaten erlebt habe. Dass du erkennst, wie gut Gott ist und wie erfahrbar. Wie sehr er dich liebt. Ich kann es nicht so gut erklären. Ich wünschte, ich könnte es. Aber leider kann ich nicht so gut mit Worten umgehen."

Einatmen. *Immanuel.*

Ausatmen. *Komm.*

Becca schwieg, darum redete Meg einfach weiter. „Als ich es vor einigen Monaten endlich wieder zulassen konnte, an deinen Vater zu denken, bin ich zu einer wichtigen Erkenntnis gekommen. Ich habe plötzlich erkannt, dass die Liebe deines Vaters, so groß sie auch gewesen sein mag, am Ende doch nur ein Fünkchen war im Vergleich zu der Liebe, die Jesus mir gegenüber empfindet, und ich –"

„Mama."

„Du sollst doch nur wissen, wie Jesus –"

„Mama. Hör auf damit. Bitte."
Flaches Einatmen.
Oh.
Mühsames Ausatmen.
Komm.

Teil 4

Die Liebe steigt herab

Bei euch gibt es doch das ermutigende Wort im Auftrag von Christus; es gibt den tröstenden Zuspruch, der aus der Liebe kommt; es gibt Gemeinschaft durch den Heiligen Geist; es gibt herzliches Erbarmen. Dann macht mich vollends glücklich und habt alle dieselbe Gesinnung, dieselbe Liebe und Eintracht! Verfolgt alle dasselbe Ziel! Handelt nicht aus Selbstsucht oder Eitelkeit! Seid bescheiden und achtet den Bruder oder die Schwester mehr als euch selbst. Denkt nicht an euren eigenen Vorteil, sondern an den der anderen, jeder und jede von euch! Habt im Umgang miteinander stets vor Augen, was für einen Maßstab Jesus Christus gesetzt hat. Er war in allem Gott gleich, und doch hielt er nicht gierig daran fest, so wie Gott zu sein. Er gab alle seine Vorrechte auf und wurde einem Sklaven gleich. Er wurde ein Mensch in dieser Welt und teilte das Leben der Menschen. Im Gehorsam gegen Gott erniedrigte er sich so tief, dass er sogar den Tod auf sich nahm, ja, den Verbrechertod am Kreuz.

Darum hat Gott ihn auch erhöht und ihm den Rang und Namen verliehen, der ihn hoch über alle stellt. Vor Jesus müssen alle auf die Knie fallen – alle, die im Himmel sind, auf der Erde und unter der Erde; alle müssen feierlich bekennen: „Jesus Christus ist der Herr!" Und so wird Gott, der Vater, geehrt.

Philipper 2,1–11

11

Charissa

Hand in Hand liefen Charissa und John über den Parkplatz ihrer Gemeinde. Der frische Schnee knirschte unter ihren Stiefeln. „Ich würde Mara gern eine Freude machen", sagte Charissa. „Während der Predigt über die Großzügigkeit Gottes ist mir aufgegangen, wie knauserig ich doch bin. Aber so will ich gar nicht sein. Vielleicht sollte ich anfangen, mich in der geistlichen Disziplin der Großzügigkeit zu üben."

„Toll! Kann ich dann eine *Xbox* haben?"

Sie boxte ihn mit den Ellbogen in die Seite.

„Oder wie wäre es mit einem neuen Smartphone?"

„Ich meine es ernst!"

„Vielleicht einen neuen Fernseher?"

„John!"

In einer übertriebenen Geste der Enttäuschung ließ John seine Schultern in sich zusammensacken. „Womit möchtest du Mara denn eine Freude machen?"

„Ich weiß es nicht. Ich würde gern in ihrem Namen eine Spende an das Crossroads-Haus überweisen, weil ihr diese Einrichtung so viel bedeutet. Und dann noch ein Geschenk für sie aussuchen, weil sie gerade Oma geworden ist."

„Zum Beispiel eine Tasse mit einem passenden Aufdruck oder so etwas?"

„Vielleicht." Wahrscheinlich würde Mara voller Stolz ihren Kaffee daraus schlürfen. „Können wir einkaufen gehen?"

John schloss den Wagen auf und holte eine Bürste unter dem Sitz hervor, um den Schnee von der Windschutzscheibe zu fegen. „Okay, dann kaufen wir etwas für Mara und ein bisschen elektronischen Krimskrams für mich", sagte er.

„Nein", erwiderte Charissa. „Keine Elektro-Geräte. Aber es gibt noch etwas anderes, das ich dir gerne zeigen möchte."

~

In der Evergreen Road standen kleine alte Häuser, von denen viele inzwischen renoviert worden waren. Ein einziger Wagen parkte in der Einfahrt des zum Verkauf stehenden Hauses mit der Nummer 1020. Und ihrer war der einzige, der davor auf der Straße parkte. „Warum hast du mir nichts davon erzählt?", fragte John.

„Ganz ehrlich, in den vergangenen Tagen ist so viel passiert, dass mir Megs E-Mail erst gestern wieder eingefallen ist. Und als ich mir die Beschreibung und die Fotos im Internet angeschaut habe, war ich nicht sicher, ob das Haus für dich überhaupt infrage kommen würde. Oder ob es für *mich* infrage kommt." Sie spähte durch die Windschutzscheibe auf das hellgelbe Haus mit dem weißen Gartenzaun und der überdachten Veranda. „Charmantes Haus mit Charakter" hatte in der Beschreibung gestanden. Und der Makler hatte nicht gelogen, denn obwohl es offensichtlich renovierungsbedürftig war, besaß das Haus dennoch einen gewissen Charme, der selbst von der Straße aus spürbar war. Es vermittelte den Eindruck, dass sich ein junges Ehepaar, das sein erstes Kind erwartete, darin durchaus sehr wohlfühlen könnte.

„Es ist ziemlich klein", fuhr Charissa fort. „Nur zwei Schlafzimmer und ein Bad. Und in der Beschreibung steht, dass es ziemlich renovierungsbedürftig ist. Aber als ich gesehen habe, dass es heute besichtigt werden kann, dachte ich, wir könnten ja mal vorbeischauen und es uns ansehen."

„Ja, warum nicht?", erwiderte John. Er beugte sich vor und küsste sie. „Danke", sagte er. „Dass du das getan hast, bedeutet mir sehr viel." Während sie gemeinsam zur Haustür gingen, öffnete Charissa unauffällig ihre Hand und schickte ein stummes Gebet zum Himmel.

Der Makler ließ ihnen Zeit, ungehindert durch das leere Haus zu schlendern. Sie sprachen kein Wort, während sie die Türen zu den winzigen Zimmern öffneten, und gaben keine Kommentare ab zu den dunklen Schränken, der altmodischen Blumentapete, dem fleckigen Linoleum und dem schmuddeligen Teppich, der sich in einer Ecke des Wohnzimmers sogar schon vom Boden gelöst hatte. John kniete sich auf den Boden. „Echtholzparkett", sagte er, nachdem er die abstehende Ecke vorsichtig angehoben hatte. „Unter dem Teppich liegt ein Holzfußboden. Wahrscheinlich sogar noch der ursprüngliche."

Charissa bückte sich, um sich die Sache anzuschauen, und fragte sich gleichzeitig, wieso jemand einen Echtholzboden mit einem billigen Teppich überdeckte. Meg wäre bestimmt nicht auf eine solche Idee gekommen.

„Tja", begann Charissa, „der Beschreibungstext war ehrlich. Es ist ziemlich renovierungsbedürftig."

„Aber es hat Potenzial", bemerkte John, der immer noch auf dem Fußboden kniete.

„Gefällt es dir?", fragte sie leise.

„Gefällt es dir denn?", entgegnete er.

Ja, es gefiel Charissa. Aber sie wollte John nicht beeinflussen, weil sie wusste, dass der Großteil der Renovierungsarbeit auf seinen Schultern lasten würde. Ein Ja zu diesem Haus würde ihm in den kommenden Wochen einiges abverlangen.

„Mir gefällt es“, sagte sie. „Aber ich weiß, dass wir viel Arbeit hineinstecken müssen. Schrecklich viel Arbeit. Und das meiste wird wohl an dir hängen bleiben.“

John ließ seinen Blick in die Ferne schweifen. Charissa wusste, dass er sich eigentlich etwas anderes gewünscht hatte – ein schickes Haus mit drei Schlafzimmern und viel Platz, in das sie sofort hätten einziehen können. Und das war auch ihre Hoffnung gewesen. Aber dieses unscheinbare, unvollkommene Häuschen hatte in ihren Augen etwas ganz Besonderes an sich.

„Sag mir, was du denkst“, forderte Charissa ihn schließlich auf.

Lächelnd ergriff John ihre Hand. „Ich denke, dass der Raum dort drüben sich gut als Kinderzimmer für unser Baby eignen würde.“

~

Mara

Als es am Sonntagnachmittag um 15 Uhr klingelte, befürchtete Mara, es könne Tom sein, der ihr eine Szene machen wollte. Durch das Küchenfenster sah sie eine ihr unbekannte weiße Luxuskarosse in der Einfahrt stehen. Na toll. Was hatte er sich denn jetzt wieder einfallen lassen? Auf dem Weg zur Haustür stellte sich Mara innerlich auf eine Auseinandersetzung ein, aber sie wurde angenehm überrascht, als sie Jeremy, Abby und deren Mutter Ellen sah, die mit strahlenden Gesichtern vor der Tür standen. „Madeleine wollte mal ihre Nana besuchen!“, sagte Jeremy und schüttelte sich den Schnee aus den Haaren.

„Oh, du meine Güte! Was für eine wundervolle Überraschung! Kommt doch rein!“ Ellen hatte sie seit der Hochzeit nicht mehr gesehen. Und kein Wunder, dass sie das Auto nicht erkannt hatte, denn vermutlich war es ein Mietwagen.

Mara nahm Jeremy die Babyschale ab, damit er seinen Mantel ablegen und die Stiefel ausziehen konnte. Ellen hatte bereits Blumen und den Schriftzug „Madeleine Lee“ auf die Babydecke gestickt. Hätte sich Mara eigentlich denken können.

„Meine Mutter wollte gern vorbeikommen und Hallo sagen“, erklärte Abby. „Ich hoffe, das ist in Ordnung.“

„Aber natürlich! Ich freue mich.“ Mara war nicht sicher, ob sie Ellen umarmen oder ihr nur die Hand geben sollte. Abby flüsterte ihrer Mutter, die Mara anlächelte, etwas auf Chinesisch ins Ohr. Jeremy nahm ihr die Babyschale wieder ab und schob die Decke zur Seite. Madeleine trug ihren Rentieranzug und schlief tief und fest. Der Anzug stand ihr wirklich gut. Sie sah unglaublich niedlich darin aus. Unfassbar niedlich. Mara fragte sich, ob Ellen das genauso sah. „Bitte“, sagte sie und zeigte zur Küche. „Kommt doch herein und nehmt Platz. Ich setze schnell Kaffee auf.“

„Wir können leider nicht lange bleiben“, erklärte Jeremy. „Ellen fliegt heute wieder nach Hause. Aber wir wollten doch wenigstens kurz vorbeischauen.“

Sie würde also nicht über Weihnachten bleiben. Gut. In den vergangenen zweieinhalb Tagen war es Mara sehr schwergefallen, der anderen Großmutter den nötigen Freiraum zu geben, um eine Beziehung zu Madeleine aufbauen zu können.

Während die anderen am Tisch Platz nahmen, legte Mara einige Kekse auf einen Teller und schaltete die Kaffeemaschine ein. „Und wie geht es unserem kleinen Engel?“ Sie deutete auf die Babyschale. Wie gern sie die Kleine doch auf den Arm genommen hätte! Sie war einfach zu goldig, wie sie so dalag mit ihren niedlichen Pausbäckchen.

„Alles prima. Sie ist ein tolles Baby“, antwortete Jeremy.

„Natürlich ist sie das!“, säuselte Mara.

Ellen lächelte und redete stockend und mit starkem Akzent: „Schönes Baby. Sehr glücklich. Sehr stolz.“

Abby holte ein kleines Päckchen und einen Briefumschlag aus der Wickeltasche hervor. „Ein Geschenk von meiner Mutter", sagte sie. „Und die Karte ist von mir."

„Oh! Das wäre doch nicht nötig gewesen!" Der Gedanke, ein Geschenk für die andere Großmutter zu kaufen, war Mara gar nicht gekommen. Na toll. Sie verzog die Lippen zu einem – wie sie hoffte – dankbaren Lächeln und öffnete ihr Geschenk. Zum Vorschein kam ein in Glas gerahmtes Pergamentpapier mit chinesischen Schriftzeichen. Darunter die Übersetzung in ausladender Schönschrift. „Madeleine Lee Payne: Hier ist das Kind, um das ich damals Gott angefleht habe; er hat mein Gebet erhört" (1. Samuel 1,27).

Oh.

Oh Herr.

Maras Augen füllten sich mit Tränen. „Für mich?" Sie drückte die Hand an ihre Brust.

Ellen strahlte sie an. „Großmütter", sagte sie. „Und Schwestern."

Schwestern.

Ellen sagte etwas auf Chinesisch und Mara wartete auf Abbys Übersetzung. „Meine Mutter möchte dir sagen, dass sie sich sehr gefreut hat, als sie erfahren hat, dass du Christin bist. Sie ist sehr froh, dass Madeleine zwei Großmütter hat, die für sie beten." Abby hielt inne und blickte zuerst zu ihrer Mutter, dann wieder zu Mara. „Und sie betet dafür, dass ich wieder in die Kirche gehe."

Bei dem Wort „Kirche" lächelte Ellen, nickte und deutete auf Abby.

Eine Übersetzung war an dieser Stelle überflüssig. Mara kannte die Sehnsüchte und Wünsche einer Mutter für ihr Kind nur zu gut.

„Jeremy und ich haben darüber gesprochen", fuhr Abby fort, „und ich habe ihr gesagt, dass wir dich an Heiligabend in die

Kirche begleiten werden. Ich bin schon lange nicht mehr in einem Gottesdienst gewesen."

Oh Herr. Was für ein unerwartetes Geschenk!

Unfähig zu sprechen, faltete Mara ihre Hände zum Gebet und nickte Ellen zu.

Ellen deutete auf den Bilderrahmen, anschließend auf Abby, Jeremy und Madeleine und sagte: „Für dieses Kind beten wir."

Mara schluckte ihre Tränen hinunter. „Amen."

Sie drückte Ellens Hand und öffnete anschließend den goldenen Umschlag, der auf ihrem Schoß lag. Darin steckte eine Weihnachtskarte, die Abby ihr geschrieben hatte.

Liebe Mama,

Schon die erste Zeile trieb Mara die Tränen in die Augen. Wenn sie zu Ende lesen wollte, musste sie sich jetzt zusammenreißen. Sie räusperte sich und begann noch einmal von vorn.

Liebe Mama,

danke für Deine wunderschönen Geschenke für Madeleine. Wir freuen uns so sehr, dass Du ein Teil unseres Lebens bist! Danke auch für alles, was Du für Jeremy geopfert hast. Er hat nie daran gezweifelt, dass – egal, was auch passieren würde – Du ihn mehr liebst als Dich selbst. Du hast ihm ein gutes Leben ermöglicht und dafür bin ich Dir sehr dankbar. Ich weiß, dass er ein wundervoller Vater für unsere Tochter sein wird, so, wie er bereits ein wundervoller und liebevoller Ehemann für mich ist.

Du sollst wissen, dass wir Dich lieb haben und Dir zur Seite stehen werden, egal, was passiert.

In Liebe,
Abby

Als Mara aufstand, um ihre Schwiegertochter zu umarmen, erhaschte sie einen Blick auf ihr Spiegelbild im Geschirrschrank. *Jesus liebt mich*, sagte sie in Gedanken zu sich selbst. *Er hat mich erwählt und wird mich niemals zurückweisen.*

Und das würde ihr nichts und niemand nehmen können.

Hannah

„Ich kann nicht begreifen, warum ich ihr gegenüber so missgünstig gewesen bin!", gestand Mara gegenüber Hannah ein. In einer Hand hielt sie eine Toilettenbürste, in der anderen eine Sprühflasche. „Ich war so eifersüchtig auf Ellen, habe sie nur als Rivalin und Bedrohung angesehen, und dann stellt sich heraus, dass sie wie ich eine Christin ist, die für ihre Familie betet. Für *unsere* Familie. Wie cool ist das denn?"

Hannah wischte Megs Badezimmerspiegel mit einem Papiertuch sauber. „Ziemlich cool", sagte sie. Über ihre rechte Schulter konnte sie Maras strahlendes Gesicht im Spiegel sehen, und Hannah wusste, was sie gerade im Stillen zu sich sagte. Eigentlich könnte Hannah es ihr doch gleichtun. Während sie in kreisenden Bewegungen über den Spiegel wischte, blickte sie ihr eigenes Spiegelbild an. *Danke, Herr, dass ich von dir geliebt bin – so unendlich geliebt. Danke für Nate. Seine liebevolle Art mir gegenüber ist für mich ein Spiegelbild deiner Liebe zu mir. Danke, dass du Mara deine Liebe offenbart hast. Danke, dass du Meg und Becca liebst. Hilf ihnen, deine Liebe wahrzunehmen. Danke, dass du Charissa und John segnest. Bitte schenke ihnen ein gutes Zuhause für ihre kleine Familie. Danke, dass du Heather und ihre Arbeit in der Westminster Church segnest. Danke, dass du jeden von uns liebst.* An dieser Stelle kam ihr Laura in den Sinn, aber Hannah konnte sich nicht dazu durchringen, für sie zu beten. *Entschuldige bitte, Herr, ich kann es einfach nicht.*

„Gibt es was Neues von Meg?“, fragte Mara.

„Nicht seit der E-Mail, in der sie geschrieben hat, dass sie nach Hause kommt.“

Mara stellte die Sprühflasche zurück unter das Waschbecken. „Ich werde morgen früh etwas zu essen vorbereiten, damit ihr Kühlschrank nicht leer ist, wenn sie nach Hause kommt. Sollte sie keinen Appetit haben, könnt ihr das Essen ja auch einfrieren. Sie landet um 19 Uhr, richtig?“

„Genau.“ Hannah putzte den Spiegel zu Ende und machte dann mit den Schränken weiter.

„Kevin und ich werden über die Mittagszeit im Crossroads-Haus in der Küche aushelfen – in der Zeit kannst du übrigens gern für uns beten. Abends werde ich mit den Jungen gemeinsam zu Abend essen und anschließend noch vorbeikommen. Wird Nathan auch mitkommen?“

„Nein. Er hat Sorge, dass es Meg zu viel werden könnte. Sie wird vermutlich ziemlich erschöpft sein.“ Die arme Meg. Was für eine Heimkehr!

„Ich habe Charissa versprochen, ihr Bescheid zu geben, wann wir uns treffen werden. Bei ihr passt entweder Dienstagabend oder ein Mittagessen an Heiligabend. Sie warten noch auf eine Rückmeldung zu ihrem Angebot für das Haus. Ich habe ihr versprochen, für sie zu beten. Was sagst du dazu, dass sie vielleicht Megs altes Haus kaufen werden? Das ist doch unglaublich, nicht?“

Hannah stimmte ihr zu. „Als ich Meg erzählt habe, dass Charissa und John auf der Suche nach einem Haus sind, hatte ich gar nicht mehr daran gedacht, dass ihr früheres Haus ja immer noch zum Verkauf steht. Ich hätte wirklich selbst darauf kommen können, sie auf das Haus aufmerksam zu machen. Wie gut, dass Meg ihnen den Link geschickt hat.“ Das war für Meg wirklich ein großer Schritt vorwärts gewesen, fand Hannah. Ein ganz wichtiger Schritt auf ihrem Weg der Trauer und des Loslassens.

Mara setzte sich auf den Toilettendeckel. „Ich hoffe nur, dass Meg unsere Weihnachtsdekoration gefallen wird."

„Ganz bestimmt."

Das Haus, das sie bei Hannahs erstem Besuch noch so trostlos empfangen hatte, wirkte nun festlich und einladend. Hannah hatte sogar Feuerholz besorgt, für den Fall, dass der Kamin gut in Schuss wäre und sie ihn anheizen könnten. Für Hannah gab es nämlich nichts Schöneres, als mit einer Tasse Tee und einem guten Buch vor einem knisternden Kaminfeuer zu sitzen. In dem Haus am See hatte sie schon so einige Holzscheite, Teebeutel und Bücher verschlissen.

„Du hättest heute Morgen unsere Kirche sehen müssen", fuhr Mara fort. „Ich habe dir doch erzählt, dass unser Pastor vor ein paar Wochen darüber gepredigt hat, dass Jesus ins Chaos hineingeboren wurde, nicht?"

„Ja. Und es schien eine sehr eindrückliche Predigt gewesen zu sein."

„Allerdings", bestätigte Mara. „Und als ich heute Morgen in die Kirche kam, dachte ich zuerst, die Vandalen hätten gewütet. Die Bühne war vollkommen verwüstet. Ein absolutes Chaos! Farbeimer, Müll, verbeulte Autotüren und Stoßstangen, umgeworfene Einkaufswagen, Papier und Holzstücke. Die Weihnachtssterne und der Weihnachtsbaum, die letzte Woche noch dort gestanden hatten, waren verschwunden. Aber neben einem der Abfalleimer stand eine Krippe, und aus der Krippe heraus war ein Strahler auf ein großes Holzkreuz gerichtet, das wiederum einen riesigen Schatten an die Wand warf. Es war ein unglaublicher Anblick, Hannah. Hässlich, abstoßend und gleichzeitig auch sehr eindrucksvoll. Pastor Jeff sagte, er wolle nur sichergehen, dass wir wirklich begreifen würden, was es bedeutet, wenn

Jesus in die Unordnung, das Chaos und die Sünde der Welt hineinkommt und welche Bedeutung dies für unser eigenes Leben hätte. Darum hat er es uns bildlich vor Augen geführt. Ein wirklich unvergesslicher Anblick. Ich kann mir gut vorstellen, was der eine oder andere Gottesdienstbesucher gedacht haben muss. Vermutlich haben sich einige von ihnen sogar regelrecht auf den Schlips getreten gefühlt."

Hannah lächelte schief. „Bestimmt. Das war nicht gerade das gemütliche Weihnachten aus dem Bilderbuch, nicht?"

„Nein. Versteh mich nicht falsch. Ich liebe all das Schöne an Weihnachten – die Lichterketten, Weihnachtsbäume und Kränze. Deshalb haben wir ja auch Megs Haus geschmückt. Aber ich kann dir gar nicht sagen, wie viel Mut mir der Anblick dieses Durcheinanders gemacht hat. Ich saß nur da und schaute auf das Kreuz. Und dann hat mich eine tiefe Dankbarkeit erfüllt, verstehst du? Dankbarkeit für alles, was Jesus für uns aufgegeben hat. Dieses Bild werde ich hoffentlich niemals vergessen. Jesus ist bei uns. In allem Mist."

Maras Telefon zeigte eine SMS an. Sie holte es aus ihrer Tasche. „Von Kevin", sagte sie, während sie die Nachricht las. „Tom wird die Jungen in einer Stunde zu Hause absetzen."

Hannah drehte den Wasserhahn auf und spülte das Waschbecken aus. „Kommst du klar?"

„Ich glaube nicht, dass Tom ins Haus kommen wird."

„Soll ich dich vielleicht begleiten?"

Mara schüttelte den Kopf. „Nein, danke. Ich werde schon fertig mit ihm." Sie hielt kurz inne und runzelte die Stirn. „Ich wette, er hat das Wochenende damit verbracht, teure Geschenke für die Jungen zu kaufen."

Hannah fiel auf, dass ihre Stimme inzwischen nicht mehr ganz so verbittert und ärgerlich klang – und längst nicht mehr so feindselig wie vorher.

„Ich habe viel über das nachdenken müssen, was Dawn über den ‚armen Tom' und sein leeres Leben gesagt hat", fuhr Mara fort. „Ich habe ganz sicher kein Mitleid mit ihm, und ich wünsche mir auch immer noch, dass er so viel wie möglich leidet. Das ist die Wahrheit. Aber langsam dämmert mir, wie reich mein Leben doch ist. Verrückt, nicht?"

Hannah nickte. „Klingt so, als wäre der Heilige Geist am Werk."

~

Sonntag, 21. Dezember, 18:30 Uhr

Also gut, Herr. Ich höre dir zu. Du hast meine volle Aufmerksamkeit.

In der vergangenen Woche habe ich gewissenhaft für Tom gebetet, obwohl er jemanden verletzt hat, der mir sehr am Herzen liegt. Ich habe für Mara gebetet, dass sie sich nicht von ihrer Bitterkeit und ihrem Zorn auffressen lässt, und ich sehe dein Wirken in ihr, sehe, wie du sie Schritt für Schritt weiterführst und sie gerade auf wundervolle Art und Weise von all dem Stress ablenkst.

Aber wann immer sich Laura in meine Gedanken schleicht, was in den vergangenen Tagen leider sehr oft der Fall gewesen ist, fühle ich in mir einen großen Widerstand, für sie zu beten. Nicht weil sie Nate verletzt hat, sondern weil ich nicht will, dass es ihr gut geht. Bitte vergib mir. Als Mara mir von ihrem Gottesdienst erzählt hat, ist mir einiges klar geworden. Du hast uns nichts vorenthalten. Absolut gar nichts. Und diese Unordnung auf der Bühne war nicht nur ein Bild für die Welt, in die du hineingekommen bist, sondern auch für die Herzen, in denen du Raum nehmen willst. Du bist in mein Chaos hineingekommen. Und du willst mich umgestalten. Bitte schenke mir den Wunsch und die Kraft zu tun, wogegen ich mich gerade noch so standhaft wehre. Hilf mir, deinen Segen für Laura zu erbitten. Ich schreibe die folgenden Worte im Glauben daran und im Vertrauen darauf, dass du in den Untiefen meines Geistes wirken und mich befreien wirst, obwohl meine Worte im Moment noch nicht von Herzen kommen.

Herr, bitte segne Laura mehr als je zuvor. Überschütte sie mit deiner Liebe und führe sie zu einem tiefen Leben in dir.

Amen.

Heute habe ich Mama und Papa angerufen und ihnen mitgeteilt, dass ich sie irgendwann im Januar oder Februar besuchen werde. Sie haben sich sehr gefreut. Und dann habe ich ihnen von Nate erzählt. Mama hat vor Freude geweint. Sie konnte sich sogar noch daran erinnern, dass ich während meines Studiums am Seminar von ihm erzählt habe. Damals habe sie immer gedacht, wir würden ein Paar werden. Das wusste ich gar nicht. Ich habe ihr gesagt, sie solle noch keine voreiligen Schlüsse ziehen, dafür sei es noch zu früh. „Aber bist du denn glücklich?", fragte sie. „Das wünsche ich mir nämlich so sehr für dich!" Das konnte ich ihr nur bestätigen.

Daraufhin gestand sie mir, Papa und sie hätten sich wirklich Sorgen um mich gemacht. Sie hätten gedacht, dass die Sabbatzeit mich in eine tiefe Depression gestürzt habe und dass ich deshalb nicht über Weihnachten zu ihnen kommen wolle. Sie wüssten doch, dass die Gemeinde mein ganzer Lebensinhalt sei, und sie hätten Angst um mich gehabt, als man mir das alles weggenommen hatte. Da meine Mutter selbst einmal unter Depressionen gelitten hat, muss ihre Sorge um mich umso größer gewesen sein. Ich bin froh, dass wir die Sache klären konnten. Und ich hoffe, dass wir bei meinem Besuch einige gute und heilende Gespräche über die Vergangenheit führen können.

Ich habe Papa erzählt, dass Nate mir ein Windrad gekauft hat, und er war total gerührt. Er konnte sich noch daran erinnern, dass er mir früher einmal eins geschenkt hat. Er sagte, er sei mit jedem

Mann einverstanden, der sich gut um sein Lieblingsmädchen kümmern würde – was mich wiederum zutiefst gerührt hat.

Gerade habe ich noch einmal den Text von Es ist ein Ros entsprungen *durchgelesen, den Nate mir mitgebracht hat. Zwei Verse sind mir dabei besonders ins Auge gesprungen:*

Das Blümlein, das ich meine,
davon Jesaja sagt,
hat uns gebracht alleine
Marie, die reine Magd;
aus Gottes ewgem Rat
hat sie ein Kind geboren,
welches uns selig macht.

Und:

Das Blümelein so kleine,
das duftet uns so süß;
Mit seinem hellen Scheine
vertreibts die Finsternis.
Wahr' Mensch und wahrer Gott.
Hilft uns aus allem Leide,
rettet von Sünd und Tod.

Ich weiß gar nicht, warum ich die Verbindung nicht schon früher erkannt habe. Du bist die Blume, Herr! Jesus, du bist die ganz besondere und wunderschöne Blume, die der Vater mir von Herzen schenken möchte. Die er uns allen schenken möchte. Das sichtbare Zeichen, der Beweis und die Offenbarung seiner Liebe. Und du hast mich eingeladen, dich zu sehen, wie Maria es getan hat. Und deinen süßen Duft einzuatmen. Und zu sehen, wie dein Licht die Dunkelheit vertreibt. Und deinem Erlöserwerk zu vertrauen.

Und Ja dazu zu sagen, dass du jede meiner Lasten leichter machen willst.

Ja, Herr.

Ich sage Ja.

Noch einmal.

Charissa

John legte auf und strahlte Charissa an, die bereits versucht hatte, sein Gespräch mit dem Makler zu belauschen. „Es gehört also uns?“, fragte sie.

„Es gehört uns“, bestätigte John. „Falls der Gutachter sein Okay gibt, können wir Anfang Februar den Kaufvertrag unterschreiben.“

Charissa schlang die Arme um ihn. „Ich habe ein gutes Gefühl dabei“, sagte sie. „Das Haus sieht zwar etwas verwahrlost aus, aber ich wette, die Bausubstanz ist gut.“

„Ich hoffe, du hast recht“, sagte John. „Ich werde gleich morgen den Gutachter anrufen. Vielleicht bekommen wir ja noch vor Weihnachten einen Termin.“

Sie stand von der Couch auf und nahm ihren royalblauen Mantel aus dem Schrank.

„Wo willst du hin?“, fragte John.

Sie zog den Mantel an und nahm seinen vom Bügel. „Wir fahren zum Haus“, sagte sie. „Wer werden in der Einfahrt sitzen, und du kannst diese stinkende, widerlich fettige Pizza essen. Und dann werden wir uns ausmalen, wie es wohl sein wird, dort zu leben.“ Sie hielt ihm den Mantel hin. „Es sei denn, du hast keine Lust.“

Er lachte. „Wie wäre es mit einem Kompromiss? Wir gehen zum Essen aus – du bestimmst das Lokal – und anschließend fahren wir zum Haus.“

Sie knöpfte ihren Mantel zu und wickelte einen Schal um ihren Hals. „Einverstanden."

~

Meg

Von: Meg Crane
An: Charissa Sinclair
Datum: Montag, 22. Dezember, 1:40 Uhr
Betreff: Re: ein Haus

Liebe Charissa,

ich habe gerade deine E-Mail mit den guten Neuigkeiten gelesen. Wie schön, dass ihr den Zuschlag für das Haus bekommen habt. Ich kann dir gar nicht sagen, wie sehr ich mich darüber freue, dass euch das Haus gefällt. Wie ich bereits erwähnt habe, ist es ein kleines, aber gemütliches Haus, in dem Jim und ich sehr glücklich gewesen sind. Ich bin allerdings erstaunt, dass jetzt ein Flauschteppich auf dem Holzboden liegt. Als wir noch dort gewohnt haben, waren die Böden in hervorragendem Zustand. Ich hoffe, sie können wiederhergestellt werden. Sind eigentlich noch die Glasgriffe an den Türen? Die haben Jim nämlich so gut gefallen. Ich bin sehr gespannt auf das Ergebnis des Gutachters. Ich hoffe, dass nur einige Schönheitsreparaturen nötig sind und dass es keine Probleme mit der Bausubstanz gibt. Ich werde auf jeden Fall für euch beten.

Danke, dass auch du im Gebet an mich denkst. Bis bald!

Liebe Grüße,
Meg

~

Von: Meg Crane
An: Hannah Shepley
Datum: Montag, 22. Dezember, 2:10 Uhr
Betreff: Re: Ich bete für dich

Liebe Hannah,

vielen Dank für deine E-Mail und deine Gebete. Ich habe schon gepackt und bin bereit, nach Hause zu kommen. Becca besteht darauf, mich zum Flughafen zu begleiten. Vermutlich sollte ich dankbar dafür sein, dass sie mitkommen will.

Die vergangenen Tage sind nicht leicht für uns gewesen. Ich denke, ein Teil von Becca wünscht sich noch immer, dass ich ihre Beziehung und ihre Entscheidungen billige. Ständig schwärmt sie mir vor, dass sie im Augenblick so glücklich ist wie nie zuvor in ihrem Leben. Da sie jedoch keinen Rat von mir annehmen will, gebe ich mir Mühe, meine Meinung für mich zu behalten, auch wenn es mir schwerfällt. Sie freut sich sehr auf Paris und hat inzwischen kein anderes Gesprächsthema mehr.

Ich weiß einfach nicht, was ich von der Veränderung halten soll, die ich bei meiner Tochter gerade feststelle. Am liebsten würde ich sie auf Simons Einfluss schieben. Das fällt mir leichter, als Beccas Selbstsucht beim Namen zu nennen.

In den vergangenen Tagen habe ich oft das Gleichnis vom verlorenen Sohn gelesen und über den Vater nachgedacht, der seinen Sohn schweren Herzens hatte ziehen lassen und der dann auf seine Rückkehr gewartet und nach ihm Ausschau gehalten hat.

Es fällt mir so schwer, Becca ihren eigenen Weg gehen zu lassen. Wie kann man einen Menschen loslassen, ohne ihn aufzugeben? Wie kann ich sie voller Hoffnung und Vertrauen ziehen lassen? Ich habe keine Ahnung.

Ich habe versucht, mit Becca über den Glauben zu reden, aber dafür war sie nicht zugänglich. Ich habe gerade das Gefühl, auf ganzer Linie versagt zu haben.

Bitte bete für mich.

Liebe Grüße,
Meg

~

„Und? Hast du alles?", fragte Becca.

Zum wiederholten Mal sah Meg in ihrer Handtasche nach, ob ihr Pass auch wirklich darin war. „Ich glaube schon." Ein Blick auf die Anzeigentafel bestätigte ihr, dass ihr Flug pünktlich starten würde.

„Wollen wir noch einen Kaffee trinken oder willst du gleich durch die Sicherheitskontrolle?"

Im Augenblick hatte Meg ihre Gefühle noch im Griff. Den Abschied durch eine Kaffeepause zu verlängern wäre vermutlich keine gute Idee. „Ach, du kennst mich doch. Meine Nervosität wird sich erst legen, wenn ich den Sicherheitscheck hinter mir habe. Vielleicht sollten wir gleich zum Flugsteig gehen." Sie blickte auf ihre Schuhe und biss sich auf die Lippe. Sie hatte sich so viel von dieser Reise versprochen – und da stand sie nun.

Da standen *sie* nun.

„Dann sehen wir uns das nächste Mal wohl im Mai, wenn du nach Hause kommst", sagte Meg.

„Ja", erwiderte Becca.

Meg wusste, dass dies eigentlich der Zeitpunkt im Gespräch gewesen wäre, an dem sie etwas Nettes hätte von sich geben müssen, wie zum Beispiel: *„Ich wünsche dir einen tollen Geburtstag"*, oder: *„Ich hoffe, du genießt deine Zeit in Paris"*, oder: *„Es war wirklich eine schöne Zeit mit dir."* Aber Meg wollte nicht lügen, und da auch Becca nichts in dieser Richtung äußerte, nahmen beide das unbehagliche Schweigen hin.

„Ich wünschte, du könntest dich für mich freuen, Mama." Dieses Mal lag keine Bitterkeit oder Schärfe in Beccas Stimme. Nur Sehnsucht.

Und Meg konnte diese Sehnsucht nachvollziehen.

Sie stellte ihr Handgepäck ab, nahm ihre Tochter in die Arme und strich ihr über die Haare.

Eine unendlich große Sehnsucht.

„Ich liebe dich, Becca", sagte sie leise. „Und ich wünsche dir nur das Beste. Aber was das Beste für dich ist, darüber sind wir uns im Augenblick nicht einig."

Becca blieb länger in ihren Armen, als Meg es erwartet hatte. Vielleicht bildete sie es sich nur ein, aber sie meinte, ein leises Schniefen vernommen zu haben.

„Also gut", sagte Becca, als sie sich wieder von ihr gelöst hatte. „Wir sind uns einig, dass wir uns uneinig sind." Sie nahm Megs Tasche und hängte sie sich über die Schulter. „Komm", sagte sie und hakte sich bei Meg unter. „Ich bringe dich zum Flugsteig."

Mara

Auf dem Weg zum Crossroads-Haus war Kevin ungewohnt schweigsam, und Mara war sich nicht sicher, ob er schlecht gelaunt oder nur nervös war. Vielleicht ein wenig von beidem. „Wenn wir dort sind, werde ich dich Miss Jada vorstellen. Sie wird dir deine Aufgaben zuweisen. Ich kann dir nicht sagen, wo sie dich einsetzen werden – ob bei der Essensausgabe, in der Küche oder ob du den Fußboden fegen oder den Müll raustragen musst. Aber was immer es auch ist: Du wirst es erledigen, ohne Widerworte zu geben, okay?"

„Das hast du mir doch schon x-mal gesagt."

„Weißt du, diese Menschen bedeuten mir sehr viel." Und deshalb wäre es Mara wirklich peinlich, wenn Kevin wie üblich mit einem langen Gesicht herumlaufen würde. „Und begegne den Bewohnern mit dem nötigen Respekt, hörst du?"

Keine Reaktion.

„Kevin?"

„Ja-ha."

Mara parkte den Wagen und schaltete den Motor aus. Wie würde sie ihm nur begreiflich machen können, wie viel ihr dieses Haus bedeutete? Kevin kannte ihre Geschichte nicht, wusste nicht, dass sie mit Jeremy selbst einmal im Crossroads-Haus gewohnt hatte und dass sie dort zum Glauben gekommen war. Die Bewohner hatten für sie gebetet und man hatte ihr einen Job besorgt, sodass sie ihren Lebensunterhalt selbst bestreiten konnte.

Sie hatte ihren beiden jüngeren Söhnen nie erzählt, dass man sich im Crossroads-Haus um Jeremy und sie gekümmert hatte, als seien sie Teil einer großen Familie gewesen. Kevin würde das nicht verstehen. Er wusste nur, dass Mara ehrenamtlich dort aushalf.

„Und das ist dann wohl dein Sohn, richtig?", fragte Miss Jada, als Mara mit Kevin den großen Speisesaal betrat. Die Tische waren bereits eingedeckt und der Duft von frisch gebackenem Brot stieg Mara in die Nase.

„Ja, das ist Kevin."

Zum Glück streckte Kevin die Hand aus und begrüßte Miss Jada freundlich.

„Kannst du mit einem Küchenmesser umgehen, Kevin?", fragte Miss Jada. „Wir brauchen nämlich Hilfe beim Gemüseschneiden."

Mara behielt lieber für sich, dass Kevin noch nie im Leben auch nur eine Möhre geschnitten hatte.

Miss Jada wartete seine Antwort gar nicht erst ab. „Häng deine Jacke dort drüben auf, wasch dir die Hände und dann komm in die Küche. Dort haben wir jede Menge Arbeit für dich."

Kevin gehorchte. Vermutlich war ihm bereits aufgegangen, dass man dieser Frau besser nicht widersprechen sollte.

Im Laufe der folgenden zwei Stunden beobachtete Mara ihn aus den Augenwinkeln, während sie die Suppe austeilte. Miss Jada sorgte dafür, dass Kevin immer genug zu tun hatte, und gab ihm wie ein Feldwebel knappe Anweisungen. Einmal füllte Kevin gerade die Wasserkaraffen auf, als eine der anderen ehrenamtlichen Mitarbeiterinnen Mara zu ihrem Enkelkind gratulierte. Mara beobachtete, wie Kevin leicht den Kopf neigte, als würde er versuchen, ihr Gespräch zu belauschen. Doch inzwischen war es Mara vollkommen egal, ob er Tom davon erzählen würde. Dawn hatte recht: Tom konnte ihr nur das wegnehmen, was sie sich von ihm wegnehmen ließ. Und Mara würde ganz bestimmt nicht zulassen, dass er ihr etwas von dem wegnahm, was ihr wichtig war. Auf keinen Fall.

„Und, wirst du diese Woche noch mal wiederkommen?", fragte Miss Jada Kevin, nachdem er am Ende seiner Schicht den Müll nach draußen gebracht hatte. „Deine Mutter hat gesagt, dass du insgesamt zehn Stunden ableisten musst, richtig?"

„Ja, Madam."

„Also, an Weihnachten könnten wir noch Hilfe gebrauchen." Schockiert starrte Kevin sie an. „Oder willst du lieber mit deinen Geschenken spielen?"

„Ich, äh …"

„Wenn du spielen möchtest, dann kannst du das gerne mit den Kindern hier tun. Davon haben wir nämlich jede Menge. Kinder, meine ich. Nicht Spielzeug." Sie wandte sich an Mara. „Kannst du ihn gegen zwei Uhr herbringen?"

Oh ja. Das konnte sie.

„Du hast gehört, was Miss Jada gesagt hat", wies Mara ihn zurecht, als Kevin im Auto herummeckerte. „An Weihnachten werden sie dich gut gebrauchen können. Du musst die Stunden nun mal nachweisen, und es ist am sinnvollsten, dass du sie ableistest, wenn deine Hilfe wirklich gebraucht wird."

„Ja, aber Papa hat gesagt –"

„Dein Vater hat in dieser Sache nichts zu sagen. Das hatten wir doch schon besprochen. Du wirst Heiligabend mit ihm verbringen und am Weihnachtstag mittags nach Hause kommen. Etwas gemeinsame Zeit mit Kindern, denen es nicht so gut geht wie dir, wird dir sicher mal guttun. Und vielleicht macht es dir ja sogar Spaß."

„Na gut. In Ordnung."

Das war ja viel leichter gewesen, als Mara es erwartet hatte. *Danke, Jesus.*

„Aber Abendessen gibt es doch so wie immer, nicht?", fragte er.

Mara hätte sich auch denken können, dass das Essen ein wichtiger Punkt für ihn war. „Honigschinken, Süßkartoffelauflauf und Kuchen – wie immer." Sie nutzte die Gelegenheit und weihte Kevin in ihre Weihnachtsplanung ein. „Jeremy und Abby haben ihr Baby bekommen. Sie werden am Weihnachtsabend mit uns essen."

Er schien darüber nachzudenken. „Dann bin ich jetzt also Onkel?"

Jeremy und er hatten inzwischen so wenig Kontakt, dass ihr dieser Gedanke noch gar nicht gekommen war. „Ja. Du bist jetzt Onkel."

Kevin lehnte sich auf seinem Sitz zurück. „Cool", sagte er, und Mara wäre vor Erstaunen beinah vom Sitz gerutscht.

Teenager. Sie waren wirklich unberechenbar.

Charissa

Nachdem Charissa mehrere Stunden lang auf der Webseite der Fakultät vergeblich nach ihren Zensuren gesucht hatte, wurde sie endlich fündig: eine Drei plus. Fassungslos starrte sie auf den Bildschirm und ihr Magen krampfte sich zusammen. Dr. Gardiner hatte ihr wirklich eine Drei plus für das Semester gegeben.

„Damit hast du doch schon gerechnet", sagte John, als sie ihn auf der Arbeit anrief.

„Ja, aber eine so schlechte Zensur habe ich nicht erwartet."

„Charissa …"

„Ich weiß! Ich weiß. Lass mich einfach ein wenig trauern. Ich hasse das."

Sie beendete das Gespräch und ließ ihn in Ruhe weiterarbeiten. Eigentlich war es doch vollkommen egal. Es sollte ihr nicht viel ausmachen. Aber es machte ihr etwas aus. Die Zensur hatte Charissa schockiert und sie war in finsteres Brüten verfallen. Warum konnte ihr die Note nicht einfach egal sein?

Verzeih mir, Gott. Hilf mir. Bitte. Hilf mir, loszulassen.

Charissa kam eine Gebetsübung in den Sinn, mit der Katherine Rhodes sie vertraut gemacht hatte. Sie legte ihre Hände mit den Handflächen nach unten auf den Tisch und versuchte, ihre Zensur loszulassen, ihr Image, ihren Ruf, all die Jahre der harten Arbeit, ihre Scham und Verlegenheit, ihren Zorn, ihren Ärger, ihre Kleinlichkeit, ihre –

In diesem Moment bekam sie eine E-Mail, doch Charissa ließ die Hände auf dem Tisch liegen. Sie wollte das Gebet zuerst beenden, bevor sie ihre Mail öffnete.

– ihre Kontrollsucht und ihr Streben nach Bewunderung. *Nimm all diese Dinge von mir, Herr. Ich kann das nicht allein in Ordnung bringen.*

Dann drehte Charissa ihre Hände mit der Handfläche nach oben, um zu empfangen. Was wollte sie denn eigentlich empfangen? Frieden? Vergebung? Die übernatürliche Fähigkeit, das alles irgendwann loslassen und endlich weitermachen zu können?

Das war eher unwahrscheinlich.

Hilf mir, Gott. Amen.

Sie öffnete ihr Mailprogramm. Eine Nachricht von Dr. Allen mit der Betreffzeile: „Ihre Arbeit".

~

Hallo Charissa,

ich habe gerade Ihre Hausarbeit zu Ende gelesen. Mir ist bewusst, dass es sehr schwierig für Sie gewesen sein muss, die Arbeit rechtzeitig fertigzustellen und einzureichen. Ich weiß zu schätzen, dass es Ihnen trotzdem gelungen ist. Ich freue mich, dass Sie sich ehrlich mit der Themenstellung auseinandergesetzt haben, indem Sie die Kämpfe und Herausforderungen benannt haben, mit denen Sie im Laufe des Semesters konfrontiert worden sind. Vielen Dank dafür! Das Bild einer Reise zu verwenden war eine gute Entscheidung – und damit meine ich nicht nur die Bearbeitung der Literaturanalyse, sondern auch die Beschreibung Ihrer ganz persönlichen Reise. Meine Anmerkungen finden Sie in der Randspalte.

Voller Freude habe ich auch von Ihren Erkenntnissen in Bezug auf Ihren Perfektionismus, Ihren Wunsch, in der Gnade zu wachsen, und Ihre Dankbarkeit für den „Geistliche Reise"-Kurs gelesen, auch wenn Letzterer Sie an manchen Punkten sehr herausgefordert hat. Möge Gott Sie weiterhin auf Ihrem Weg begleiten und Sie näher zu sich ziehen.

Gnade und Frieden seien mit Ihnen,
Dr. Allen

~

Keine Note. Warum hatte Dr. Allen ihr keine Note gegeben? Charissa sah noch einmal auf der Webseite nach. Nichts. Er wollte sie offensichtlich zappeln lassen, nicht? Also mal ehrlich. Manchmal konnte er einen wirklich ziemlich wütend machen.

Charissa strich mit ihrem Finger über ihre Unterlippe und zupfte an einer Stelle, auf der sie herumgebissen hatte. Eine neue E-Mail kam herein.

~

Betreff: PS

Bitte bewerten Sie Ihre Arbeit bis spätestens 22 Uhr morgen Abend, damit ich die Noten für das Semester einreichen kann. Frohe Weihnachten!

~

Was um alles in der Welt sollte das nun wieder bedeuten?

Charissa las die Nachricht noch einmal. *„Benoten Sie Ihre Arbeit selbst?"*

Das sollte bestimmt mal wieder eine Art geistliche Übung sein. Oder ein Test. Mussten sich etwa alle Studenten selbst benoten? Charissa schrieb eine SMS an eine Kommilitonin, die ihr sofort antwortete: „Ja. Seltsam, nicht?"

Ja. Äußerst seltsam.

Hannah

Hannah betastete die kleinen Goldknöpfe in ihren Ohrläppchen. Sie fühlten sich kalt und fremd an. Obwohl Nathan darüber gescherzt hatte, dass er eigentlich viel lieber in das Tattoostudio mit dem interessanten Namen *Die Nadel des Anarchisten* gegangen wäre, hatten sie sich am Ende doch lieber für ein gediegenes Studio entschieden, das der Freundin von einem seiner

Studenten gehörte. Die Tätowiererin war offensichtlich sehr fasziniert von den hebräischen Buchstaben und fragte Nathan nach ihrer Bedeutung – die perfekte Gelegenheit für ihn, um mit ihr über seinen Glauben zu sprechen. „Es ist wirklich interessant, wodurch manch einer auf Glaubensdinge aufmerksam wird", flüsterte er, als sie das Studio verließen. „Herr, bitte begegne Liz."

Hannah sagte gerade Amen, als ihr Telefon klingelte. „Störe ich?", fragte Meg.

„Nein, Nathan und ich kommen gerade aus einem Tattoostudio."

„Wie bitte?"

„Lange Geschichte", erwiderte Hannah. „Wo bist du?" Die Hintergrundgeräusche waren sehr laut, und Hannah nahm an, dass Meg irgendwo am Flughafen war. Hoffentlich bereits in Amerika.

„Es gibt schon wieder eine Flugverzögerung. Ich bin zwar schon in New York, aber vor 21 Uhr werde ich wohl nicht ankommen."

„Keine Sorge. Bevor ich losfahre, werde ich noch einmal nachschauen, für wann der Flieger angekündigt ist. Wie geht es dir?"

Meg brauchte lange für ihre Antwort, und Hannah hatte das Gefühl, dass sie gerade gegen die Tränen ankämpfte. „Ich wünschte, ich könnte endlich meine Absatzschuhe ausziehen."

Hannah griff nach Nathans Hand. „Du hast es bald geschafft, Meg. Unsere Gebete sind bei dir!"

~

In der Ankunftshalle des Flughafens reckte Hannah den Hals, um nach Meg Ausschau zu halten. Ganz in ihrer Nähe wurde gerade mit einem selbst gebastelten Schild ein Soldat, Ehemann und Papa begrüßt, der offensichtlich über Weihnachten nach

Hause kam. Kleine Kinder, die eigentlich schon längst im Bett hätten liegen müssen, sprangen von einem Fenster zum nächsten und verfolgten voller Begeisterung jede neue Landung. Eine Frau, die ein Neugeborenes im Arm hielt, wartete ungeduldig darauf, es endlich ihren Lieben vorstellen zu können. *Segne sie, Herr.* Hannah war so vertieft in die Geschichten dieser Menschen – ihren Schmerz und ihre Freude –, dass sie Meg, die mit hängendem Kopf und leerem Blick die Ankunftshalle betrat, beinah übersehen hätte.

„Meg!" Hannah hob die Hand und winkte, bevor sie sich mit ihrem Blumenstrauß durch die Menge hindurchzwängte.

Meg stellte ihre Tasche ab und erwiderte Hannahs Umarmung. „Willkommen zu Hause", begrüßte Hannah sie. „Du bist bestimmt erschöpft."

Meg nickte nur.

„Die Blumen sind für dich", sagte Hannah.

„Blumen im Winter", murmelte Meg. „Danke."

Hannah nahm Meg ihr Handgepäck ab und gemeinsam machten sie sich auf den Weg zur Gepäckausgabe. „Mara wäre sehr gern mitgekommen", erklärte Hannah, „aber Brian war sauer wegen irgendetwas, darum musste sie zu Hause bleiben. Aber sie hat schon einige Ideen für ein Treffen. Ich habe ihr gesagt, dass wir erst mal abwarten werden, wie du dich fühlst, und dann gemeinsam überlegen. Kein Stress."

„Danke. Im Augenblick wünsche ich mir nichts sehnlicher, als zu Hause in mein Bett zu kriechen und zu schlafen. Du übernachtest doch bei mir, nicht?"

„Wenn es dich nicht stört."

Megs Augen füllten sich mit Tränen. „Ich glaube, im Augenblick könnte ich es nicht ertragen, allein in diesem Haus zu sein."

„Dann bleibe ich natürlich sehr gerne bei dir." Hannah drückte ihre Hand.

Meg blieb förmlich die Luft weg, als sie bei ihr zu Hause eintrafen und sie all die Lichterketten, Pflanzgefäße und den Kranz auf der Veranda entdeckte. „Oh Hannah …"

„Gefällt es dir?"

„Ob es mir gefällt?", wiederholte Meg. „Es ist unglaublich schön!"

„Das haben wir Mara zu verdanken. Sie hat sich das alles ausgedacht. Sieh dich in Ruhe um. Ich hole in der Zeit dein Gepäck."

Während Hannah das Gepäck aus dem Kofferraum hievte, stieg Meg die Stufen zur Veranda hinauf und strich liebevoll über die Tannenzweige und Weidenäste. „Das Haus ist schon seit Jahren nicht mehr geschmückt worden", bemerkte sie. „Und vor allem noch nie so schön. Meine Mutter hatte einfach keinen Sinn für Weihnachtsdekoration. Das sei zu viel Aufwand, hat sie immer gesagt."

Meg schloss die Haustür auf und wurde vom Klingeln der Glöckchen begrüßt. Sie blieb abrupt stehen. Beinahe wäre Hannah mit dem Koffer in sie hineingelaufen.

„Alles in Ordnung?", fragte Hannah.

Meg schwieg und Hannah bekam Gewissensbisse. Vielleicht hätten sie nicht auch noch den Flur und das Wohnzimmer schmücken sollen. „Entschuldige bitte, wir haben es vielleicht etwas übertrieben."

„Nein – nein. Es ist unglaublich schön, Hannah." Meg ließ die Glöckchen noch einmal läuten. Sie schien ihren Gedanken nachzuhängen. „Als wäre das Haus von Grund auf verwandelt worden."

Sie zog den Mantel und die Schuhe aus, schaute ins Wohnzimmer und schüttelte langsam den Kopf. „Die Glöckchen über der Tür gefallen mir besonders gut. Und endlich steht mal ein Weihnachtsbaum im Wohnzimmer. Ich hätte mir niemals so viel Mühe gemacht. Ich bin sehr froh, dass ihr mir das abgenommen habt. Danke. Das ist genau das, was ich jetzt brauche. Ich hatte regelrecht Angst vor der Heimkehr in mein trauriges, leeres Haus."

Meg hockte sich hin, öffnete ihr Handgepäck und holte einen in Seidenpapier eingewickelten Gegenstand heraus. „Ich habe mir bei Harrods eine Schneekugel gekauft", erklärte sie und schüttelte sie kräftig, bevor sie sie auf den Kaminsims stellte. „Hier passt sie doch gut hin, findest du nicht?"

„Perfekt", erwiderte Hannah. „Wie wäre es mit einer Tasse Tee?"

~

Dienstag, 23. Dezember, 7 Uhr

Meg hat sich gestern Abend wacker geschlagen, bis wir nach oben gegangen sind, um uns schlafen zu legen. Doch dann wurde sie von ihrer Trauer übermannt. Ich habe in Beccas Zimmer übernachtet. Meg kam herüber und setzte sich noch ein wenig zu mir. Als sie die Fotos von Becca auf ihrem Schreibtisch und die Stofftiere auf dem Fensterbrett sah, hat sie die Fassung verloren. Ich habe ihr angeboten, für sie zu beten, und am Ende haben wir sehr lange für Becca gebetet – dafür, dass Gott ihr Herz weich machen und sich ihr offenbaren möge. Bei allem, was Meg gerade zu verarbeiten hat, scheint es ihr am meisten zu schaffen zu machen, dass Becca nicht offen für den Glauben ist. Hilf ihr, an der Hoffnung festzuhalten, Herr. Meg wünscht sich so sehr, dass Becca deine Liebe erfährt, sich von der Sünde abwendet und deine Gnade annimmt. Es bricht ihr gerade das Herz, aber du hast ihre Sorgen im Blick und sammelst ihre Tränen. Schenke ihr Trost und Erneuerung. Bitte. Und hilf mir, treu zu sein in meinem Gebet für Becca. Im Augenblick mag sie von Jesus vielleicht nichts wissen wollen, aber sie kann es Meg und uns nicht verbieten, für sie zu beten.

Heute Morgen habe ich Lukas, Kapitel 2, die Verse 8 bis 14, gelesen. Dieser Abschnitt gehört zu meinen Lieblingsversen in der Bibel, denn die Geschichte der Hirten auf dem Feld rührt mich irgendwie immer ganz besonders an. Danke, Herr, dass du deine gute Nachricht zuerst zu denen gebracht hast, die am Rande der Gesellschaft standen.

„Und es waren Hirten in derselben Gegend auf dem Felde bei den Hürden, die hüteten des Nachts ihre Herde. Und des Herrn Engel trat zu ihnen, und die Klarheit des Herrn leuchtete um sie; und sie fürchteten sich sehr. Und der Engel sprach zu ihnen: Fürchtet euch nicht! Siehe, ich verkündige euch große Freude, die allem Volk widerfahren wird; denn euch ist heute der Heiland geboren, welcher ist Christus, der Herr, in der Stadt Davids. Und das habt zum Zeichen: Ihr werdet finden das Kind in Windeln gewickelt und in einer Krippe liegen. Und alsbald war da bei dem Engel die Menge der himmlischen Heerscharen, die lobten Gott und sprachen: Ehre sei Gott in der Höhe und Friede auf Erden bei den Menschen seines Wohlgefallens.“[12]

Hängen geblieben bin ich vor allem bei der Aufforderung: „Fürchtet euch nicht! Siehe.“ Da war es also wieder. Fürchte dich nicht. Siehe! Erkenne! Begreife! Schau genau hin! Höre auf die gute Nachricht, die für alle Menschen gilt! Lass Becca deine gute Nachricht hören, Herr. Möge sie eines Tages wie die Hirten losgehen, um herauszufinden, was sie für sie persönlich bedeutet. Lass sie dich erkennen. Berühre ihr Herz und schenke ihr Sehnsucht nach dir. Lass sie unzufrieden sein mit dem Weg, den sie gewählt hat, und bringe sie nach Hause zu dir, Herr. In Jesu Namen.

An meine Ohrstecker muss ich mich erst noch gewöhnen, wobei es nicht verkehrt ist, dass sie mich an Gottes beständiges Wirken in meinem Leben erinnern. Denn wann immer ich mich im Spiegel anschaue, bleibt mein Blick automatisch an den Ohrsteckern hängen, und ich erinnere mich an Maras „Ich bin die, die Jesus liebt". Und das Gleiche sage ich dann auch mir zu. Dann denke ich an Nates „hineni"-Tattoo. Und ich übe mich darin, für Laura zu beten. Manchmal zumindest.

Hilf mir, auch weiterhin auf dich zu schauen, Herr, damit ich irgendwann einmal von ganzem Herzen sagen kann: „Sieh mich an, hier bin ich."

Meg

Meg saß im Empfangsbereich des New Hope-Einkehrzentrums und wartete auf Katherine. Sie hatten sich für 13 Uhr verabredet. In der Nacht hatte Meg sehr unruhig geschlafen. Bestimmt würde es einige Tage dauern, bis sich ihr Körper wieder auf die hiesige Zeit umgestellt hatte – und wahrscheinlich noch sehr viel länger, bis sie ihre Enttäuschung überwunden hatte.

Meg putzte sich die Nase.

Becca hatte fröhlich geklungen, als Meg sie angerufen hatte, um ihr mitzuteilen, dass sie gut zu Hause angekommen sei. „Das freut mich!", hatte Becca gesagt. Ob damit gemeint gewesen war, dass Meg gut zu Hause angekommen war oder dass sie überhaupt wieder zu Hause war, konnte Meg nicht sagen. Voller Begeisterung hatte Becca anschließend noch von einem Einkaufsbummel mit Pippa erzählt. „Ich habe ein Outfit gefunden, das hervorragend zu dem Hut, der Tasche und den Stiefeln passt, die du mir bei Harrods gekauft hast." Wenn Meg an jenem Tag gewusst hätte, dass Becca damit ihre Garderobe für Paris komplettieren würde, wäre sie vielleicht nicht so großzügig gewesen.

Meg schaute auf ihre Uhr. 13:05 Uhr. Katherine war normalerweise immer sehr pünktlich. Und gewöhnlich war sie schon vorher in ihrem Büro anzutreffen, wo sie ihre Christuskerze anzündete. Aber heute war ihr Büro verlassen und die Sekretärin machte gerade Mittagspause.

Meg spielte mit den Schnürsenkeln ihrer Stiefel.

Sie hatte den Vormittag damit verbracht, ihre Gedanken zu sortieren und sich Notizen zu machen, worüber sie mit Katherine sprechen wollte. Hannah hatte sie netterweise ganz in Ruhe gelassen und nicht versucht, ein Gespräch mit ihr in Gang zu bringen. Sie hatten im Wohnzimmer gesessen, und zum ersten Mal seit Jahren hatte ein fröhliches Feuer im Kamin gebrannt und der Duft von Tannengrün das Haus erfüllt. Mutter wäre entsetzt gewesen über all die Tannennadeln, die auf den Teppich rieselten.

So dankbar sie auch gewesen war, dass Mara eigentlich vorgehabt hatte, sie gemeinsam mit Hannah vom Flughafen abzuholen, hatte Meg doch eine gewisse Erleichterung verspürt, als lediglich Hannah auf sie gewartet hatte. Mara hätte sie bestimmt mit ihrem Mitgefühl erdrückt, sie mit Fragen bombardiert und ihr immer und immer wieder versichert, dass sie ihr in ihrem Leid zur Seite stehen würden.

In ihrem Leid. Wie konnte sie von „Leid“ sprechen, wo Maras Situation doch eigentlich viel schlimmer war? Wo es doch so viele Menschen gab, die viel Schlimmeres erlebten als sie? Meg würde sich darin üben müssen, dankbarer zu werden und gleichzeitig ihren Kummer nicht herunterzuspielen.

Meg schaute erneut auf ihre Uhr. Katherine war bereits zehn Minuten über die Zeit.

Okay. Dinge, für die sie dankbar war:

Erstens: Sie hatte zwei wundervolle Wochen in einer faszinierenden Stadt verbracht. London zu erkunden hatte ihr Freude gemacht – auch ohne Becca. Und sie hatte außerdem entdeckt, dass auch sie Flügel besaß, die sie ausbreiten konnte. *Danke, Herr.*

Zweitens: Sie war nicht unter der Last der Enttäuschung zusammengebrochen. Sie hatte Becca gegenüber ganz aufrichtig ihre Gefühle in Worte fassen können, und anschließend hatten sie sich trotzdem in den Arm nehmen und sich gegenseitig ihrer Liebe versichern können. *Danke, Herr.* Irgendwann wieder ein engeres Verhältnis mit ihr aufzubauen würde sicher nicht leicht werden, aber wenigstens waren sie nicht im Zorn auseinandergegangen.

Drittens: Sie hatte Becca in die Augen geschaut und sie um Vergebung dafür gebeten, dass sie ihr die Erinnerungen an Jim vorenthalten hatte. Auch wenn Becca nicht verstanden hatte, warum sie plötzlich den Drang verspürte, sie um Verzeihung zu bitten, hatte sie ihr dennoch vergeben. Und nun war es an Meg, sich ebenfalls zu vergeben.

Hm. Darüber hatte Meg noch gar nicht nachgedacht. Sie hatte Gott und Becca um Vergebung gebeten. Aber nun, da sie mit eigenen Augen gesehen hatte, wie sich ihr Fehlverhalten auf Beccas Leben auswirkte – denn schließlich lag es doch auf der Hand, dass sie auf der Suche nach einer Vaterfigur war –, würde sich Meg nach alldem tatsächlich selbst vergeben können?

Ein erneuter Blick auf die Uhr: 13:16 Uhr.

Gerade als Meg aufstehen und nachsehen wollte, ob Katherine vielleicht durch den Hintereingang ins Haus gekommen war, öffnete sich der Haupteingang, und Katherine kam herein. Sie zog ihre Handschuhe aus, trat den Schnee von ihren Stiefeln und hielt Meg die Hand hin. „Es tut mir so leid. Meg. Ich hatte Ihre Handynummer nicht dabei und Jamie ist in der Mittagspause."

„Kein Problem!" Noch nie hatte sie Katherine so niedergeschlagen erlebt. Vielleicht war sie ja krank. Meg folgte ihr durch den Flur. „Geht es Ihnen gut?"

Katherine zog ihren schwarzen Parka aus und hängte ihn an einen Haken. „Ich bin in letzter Zeit häufig im Krankenhaus und besuche eine Frau aus unserer Gemeinde, die im Sterben liegt.

Für die Familie ist es gerade besonders schwer – vor allem in dieser Zeit des Jahres, wo man alles so viel intensiver erlebt – die Freude wie auch das Leid." Sie schob Meg in ihr Büro und knipste einige Lampen an. „Sosehr ich die Zeit als Krankenhausseelsorgerin auch geliebt habe, bin ich doch froh, dass ich jetzt offiziell im Ruhestand bin."

„Sie haben als Krankenhausseelsorgerin gearbeitet?"

„Ja, im St. Luke-Krankenhaus."

Meg konnte sich entfernt daran erinnern, dass Katherine während ihres Kurses einmal von ihrer Arbeit mit Verbrennungsopfern erzählt hatte. Wie üblich nahm sie auf Katherines Couch Platz. „Wann genau waren Sie denn dort beschäftigt?", fragte Meg.

Katherine ließ sich in ihren Sessel fallen und zog die Stiefel aus. „Oh, lassen Sie mich mal nachdenken … von 1984 bis vor etwa zehn Jahren."

Dann war sie also auch dort angestellt gewesen, als Jim gestorben war. Und als Becca geboren wurde.

Meg konnte sich nicht mehr genau an den Seelsorger erinnern, der zu ihr gekommen war, nachdem der Arzt ihr die Nachricht von Jims Tod überbracht hatte. Nur, dass er sich mit ihr in einen kleinen Raum gesetzt und angeboten hatte, mit ihr zu beten. Anschließend hatte er sie noch zu Jims Leichnam begleitet und jemanden für sie angerufen, der sie abholen und nach Hause fahren würde. *„Es ist nicht gut, wenn Sie sich jetzt ins Auto setzen und selbst fahren"*, hatte er gesagt. *„Wer könnte Sie denn abholen?"*

Meg erinnerte sich an mehr, als ihr lieb war. Ihre Augen begannen zu brennen.

Weil Mutter nicht erreichbar gewesen war, hatte sie stattdessen ihre Nachbarin Mrs Anderson vom Krankenhaus abgeholt. Sie hatte Meg in ihr kleines Häuschen gebracht, das sie so liebevoll für ihr Baby hergerichtet hatten. Mrs Anderson hatte ihr geholfen, zwei Koffer zu packen, sie zu ihrer Mutter gebracht und war bei ihr geblieben, bis Mutter am Abend nach Hause gekommen war. Sie hatte ihr sogar dabei geholfen, die Beerdigung zu planen.

Katherine schob die Schachtel mit den Papiertüchern zu Meg hin. Sie zog ein Tuch heraus und schnäuzte sich. „Entschuldigen Sie", sagte sie.

„Sie brauchen sich doch nicht zu entschuldigen."

Meg knüllte das Taschentuch zusammen. „Ich weiß gar nicht, ob ich Ihnen schon mal erzählt habe, dass Jim im St. Luke-Krankenhaus gestorben ist. Ich war damals im siebten Monat mit Becca schwanger. Sie ist an Heiligabend zur Welt gekommen. Also morgen vor 21 Jahren."

„Oh Meg …"

„Es ist wirklich so, wie Sie gerade gesagt haben: In dieser Zeit des Jahres erlebt man alles viel intensiver. Und ganz besonders in diesem Jahr, in dem ich zum ersten Mal den Mut habe, mich an Dinge zu erinnern, die ich lange Zeit verdrängt hatte." Sie nahm ein weiteres Taschentuch aus der Packung. „Ich weiß nicht mehr genau, wie der Seelsorger hieß, der sich nach Jims Tod um mich gekümmert hat, aber bestimmt haben Sie ihn gekannt."

Katherine nickte. „Unser kleines Team hat gut zusammengearbeitet", erklärte sie. „Es waren allesamt wundervolle Menschen, jeder einzelne von ihnen. Und jede Woche haben wir uns getroffen und miteinander für die Menschen gebetet, die man uns anvertraut hatte."

„Dann haben Sie also auch für mich gebetet", bemerkte Meg leise.

„Ja."

Dass eine Gruppe von Fremden für sie gebetet hatte in einer Zeit, als sie selbst dazu nicht in der Lage gewesen war, war ein unerwarteter Trost für Meg. *Immanuel. Gott mit mir. Sogar schon damals.*

~

Katherine zündete die Kerze an und gab Meg ein paar Minuten Zeit für ein stilles Gebet. Zeit, die auch sie selbst gerade gut gebrauchen konnte. Meg hatte ihr eben zum ersten Mal davon erzählt, dass sie ihre Tochter an Heiligabend zur Welt gebracht hatte. Und nun kam auch Katherines Erinnerung langsam wieder zurück. Bestimmte Ereignisse brannten sich tief ins Gedächtnis ein, und auch wenn sie an dem Tag, an dem Megs Mann gestorben war, keinen Dienst gehabt hatte, konnte sie sich dennoch gut daran erinnern, dass ihr Kollege Peter davon gesprochen hatte. Ihm hatte nicht nur die Tatsache zu schaffen gemacht, dass der Verstorbene seine schwangere Ehefrau zurückgelassen hatte; er war auch in großer Sorge um die junge Frau selbst gewesen. Sie habe so zerbrechlich gewirkt, hatte Peter ihnen berichtet. Sie sei furchtbar einsam gewesen und habe ihre Mutter nicht erreichen können. In den folgenden Wochen hatte Peter die Säuglingsstation im Auge behalten und auf Megs Rückkehr gewartet, weil er für sie und ihr Kind beten wollte. Ja, Katherine erinnerte sich. *Wie geheimnisvoll Gottes Wege doch sind*, dachte sie und lächelte.

Als sie die Augen öffnete, war Megs nachdenklicher Blick auf die Kerze gerichtet. „Wie ich hier so sitze", sagte sie, „an den Seelsorger von damals denke und daran, dass Ihr Team für mich gebetet hat – ich weiß nicht, wie ich es beschreiben soll –, habe ich beinah das Gefühl, als hätte sich etwas verändert. Ich kann jetzt erkennen, dass Gott selbst in den dunkelsten Stunden meines Lebens für mich gesorgt hat. Und ich bin mir dessen gar nicht bewusst gewesen und habe mich schrecklich einsam gefühlt. Verstehen Sie, was ich meine?"

„Ja, Sie können die Dinge nun mit anderen Augen sehen."

„Ja. Als hätte sich meine Blickrichtung geändert. Ich erkenne, dass ich damals gar nicht allein gewesen bin; dass es Menschen gab, die mir beigestanden haben." Meg beugte sich leicht vor, während ihre gefalteten Hände in ihrem Schoß ruhten. „Und ich erinnere mich auch an Beccas Geburt. An diesem Tag war ich unglaublich traurig, dass Jim nicht dabei sein konnte und dass sich all unsere Hoffnungen und Träume in meinen schlimmsten Albtraum verwandelt hatten. Und ich fühlte mich überfordert. Heillos überfordert. Und plötzlich denke ich wieder an die Menschen, die für mich da waren, und ich erkenne, dass ich niemals allein gewesen bin. Eine Krankenschwester hat meine Hand gehalten und mir versichert, dass sie für mich beten würde. Und die Hebamme, die so viel Geduld mit mir hatte. Sie hat mir Mut gemacht, mir erklärt, wie ich atmen soll, und mir gesagt, ich sei unglaublich tapfer."

Ja, dachte Katherine. Sehr tapfer. Wirklich sehr tapfer.

Megs Blick wanderte zu Katherines Gesicht. „Und eine der Schwestern hat nach Beccas Geburt dem Seelsorger-Team Bescheid gesagt. Anschließend ist eine Seelsorgerin zu mir gekommen, um mit mir zu beten …"

Meg erinnerte sich.

Sie war sich sicher, dass sie nicht gegen die Schweigepflicht verstoßen würden, wenn sie Katherine weitere Einzelheiten preisgab, denn …

Katherine nickte langsam. „An Heiligabend habe ich immer die Tagesschicht übernommen."

~

Meg schloss die Augen und versuchte, die verschwommenen Bruchstücke deutlicher zu erkennen. „Sie haben unsere Tochter im Arm gehalten", murmelte Meg. „Sie haben sie im Arm gehalten und für sie gebetet. Und für mich." Zwar konnte sie

Katherines Gesicht nicht vor sich sehen, aber sie erinnerte sich daran, ein flüchtiges Gefühl des Friedens empfunden zu haben. Und ein Gefühl der Hoffnung, dass am Ende alles gut werden würde. Die Seelsorgerin – Katherine – hatte ihr Baby an sich gedrückt und einen Segen gesprochen.

Sie erinnerte sich.

Immanuel. Gott mit uns. Auch damals schon.

Und heute.

Meg barg ihr Gesicht in den Händen und ließ ihren Tränen freien Lauf.

12

Hannah

Hannah saß im Wohnzimmer und wartete auf Meg. Sie legte ein weiteres Holzscheit auf und sah zu, wie es Feuer fing, las ein paar Seiten in einer Erzählung, die sie aus dem Regal genommen hatte, und legte sie wieder aus der Hand. Die Standuhr im Wohnzimmer zeigte bereits 16 Uhr an. Dann 16:15 Uhr. Eine Autotür wurde zugeschlagen. Hannah sah zum Fenster hinaus. Beladen mit Einkaufstüten kam Meg die Einfahrt hoch.

Hannah hielt ihr die Haustür auf. Der Wind fegte durch die Eingangshalle und ließ die Glöckchen läuten. „Komm, lass mich dir helfen." Sie nahm Meg einige Tüten ab.

„Danke", sagte Meg und trat den Schnee von ihren Stiefeln. Sie trug die Tüten in die Küche, zog ihren grauen Wollmantel aus und hängte ihn über das Treppengeländer. „Ich ziehe mich nur schnell um", sagte sie, „und dann würde ich dir gern von meinem Gespräch mit Katherine erzählen."

„Ich setze inzwischen den Wasserkessel auf", bot Hannah an. Sobald Meg nach oben verschwunden war, holte sie sich einen Lappen aus der Küche und wischte den Schnee auf, der zum Großteil bereits zu einer Wasserpfütze geschmolzen war.

Wenige Minuten später kehrte Meg in einer roten Jogginghose und einem T-Shirt zurück. Die Haare hatte sie zurückgebunden. Während sie gemeinsam die Einkäufe wegräumten, berichtete

Meg von ihrem Gespräch und davon, dass es Katherine gewesen war, die sie bei Beccas Geburt als Seelsorgerin im Krankenhaus betreut hatte. „Und dann hat Katherine mich eingeladen, mir weitere Situationen in meinem Leben ins Gedächtnis zu rufen, in denen ich Gottes Treue und Beistand erfahren durfte."

Meg nahm zwei Becher aus dem Schrank, einen mit Blumen, auf dem anderen stand ihr Name. Hannah goss den Tee in der neuen Teekanne auf, die Meg ihr aus England mitgebracht hatte, und legte einige von Maras Zimtplätzchen auf einen Teller.

„Es ist seltsam", sagte Meg, nachdem sie sich an den Tisch gesetzt hatten. „Lange Zeit habe ich mich davor gedrückt, über die schwierigen Dinge in meinem Leben nachzudenken, weil ich das Gefühl hatte, die Traurigkeit einfach nicht ertragen zu können. Doch im Gespräch mit Katherine habe ich einen ganz neuen Blick für die Gegenwart Gottes bekommen: Er ist die ganze Zeit über mit mir gegangen, obwohl ich mir dessen gar nicht bewusst gewesen bin." Meg legte die Hände um ihren Becher. „Wir haben darüber gesprochen, dass die Erkenntnis, dass Gott schon immer an meiner Seite war, mir dabei helfen kann, ihm auch im Hinblick auf die Zukunft zu vertrauen. Und auch wenn ich sauer auf Becca bin, auch wenn ich traurig, zornig und mutlos bin, bekomme ich eine vollkommen neue Sicht der Dinge, wenn ich mir ins Bewusstsein rufe, dass es Menschen gibt, die bereits in der Vergangenheit für uns gebetet haben und die es noch immer tun. Zumindest kann ich es am heutigen Tag so sehen."

„Einen Schritt nach dem anderen", sagte Hannah. „Nur so kann es gelingen. Sich auf den Wellen der Trauer treiben lassen und einen Tag nach dem anderen anpacken." Langsam schüttelte sie den Kopf. „Ich kann es immer noch nicht fassen, dass Katherine damals bei Beccas Geburt Seelsorgerin in genau diesem Krankenhaus gewesen ist. Ganz ehrlich. Hier in Kingsbury scheinen die Geschichten der Menschen auf ganz besondere Weise miteinander verknüpft zu sein."

Meg nickte, stand auf und nahm die restlichen Einkaufstüten von der Arbeitsplatte. Hannah beobachtete, wie sie Bilderrahmen in unterschiedlichen Größen und Formen auspackte. „Mein Gespräch mit Katherine über Erinnerungen und neue Blickwinkel hat mich nachdenklich gemacht", erzählte Meg. „Ich habe beschlossen, im ganzen Haus Fotos von Jim, Becca und mir aufzustellen. Und von meinem Vater, meiner Mutter und Rachel. Mutter hätte das gehasst. Aber sie ist ja nicht mehr da. Und ich muss damit anfangen, dieses Haus zu meinem Zuhause zu machen – zumindest solange ich noch hier wohne."

Hannah verbarg ihr Erstaunen, indem sie in einen Keks biss.

Meg packte weiter ihre Einkäufe aus. „Ich werde beim Durchsehen der Kisten mit den Fotos ganz viel Unordnung im Wohnzimmer und im Esszimmer machen. Und vielleicht stelle ich auch einige Möbel um." Sie blickte von ihren Tüten hoch. „Hast du Lust, mir dabei zu helfen?"

Hannah grinste. „Um es in Maras Worten auszudrücken: ‚Darauf kannst du wetten, meine Freundin.'"

Charissa

Charissa blieb nur noch eine Stunde, bis sie Dr. Allen die Note für ihre Hausarbeit mitteilen musste, doch sie hatte noch immer keine Ahnung, wie sie sich selbst benoten sollte. Und das, obwohl sie bereits den ganzen Tag darüber nachgedacht hatte, während sie ihre Wohnung auf Hochglanz gebracht hatte.

Ihr erster Gedanke beim Lesen seiner E-Mail war es gewesen, ihre Arbeit möglichst gut zu benoten, um dadurch ihre Gesamtnote zu verbessern – vor allem nach Dr. Gardiners schlechter Bewertung. Schließlich würde die Abschlussarbeit mit

40 Prozent in die Gesamtnote einfließen, und Charissa hatte bereits ausgerechnet, welche Note sie bekommen würde, wenn sie sich die höchste, eine mittelmäßige oder eine schlechte Punktzahl geben würde. Doch sie musste sich eingestehen, dass ihr die Hausarbeit nicht sonderlich gut gelungen war: Dr. Allen hatte einige Schwachstellen in der Literaturanalyse gefunden und sie in seinen Randbemerkungen aufgeführt. Die Arbeit mit mehr als 97 Punkten zu bewerten wäre also nicht gerechtfertigt. Wenn Charissa sie mit 93 Punkten bewerten würde, bekäme sie immer noch eine Eins für den Kurs.

Aber hatte ihre Hausarbeit wirklich eine Eins minus verdient?

Wenn sie ganz ehrlich war, wäre es vielleicht gerade noch eine Zwei plus.

Sie berechnete die Note mit 89 Punkten, dann mit 87.

Dann holte sie ihren Lehrplan hervor, um sich noch einmal eingehend mit Dr. Allens Notenspiegel zu beschäftigen. Wenn sie sich eine geringere Punktezahl als 89 geben würde, stände bei ihrer Gesamtnote für den Kurs nur noch eine Zwei vor dem Komma.

Nervös trommelte Charissa mit den Fingern auf den Küchentisch und schaute auf die Uhr. Ihr würde noch eine Dreiviertelstunde für ihre Entscheidung bleiben.

In diesem Moment kam John in die Küche und nahm eine Getränkedose aus dem Kühlschrank. „Sag mir bitte nicht, dass du dich immer noch mit deiner Note herumquälst", sagte er.

„Ich quäle mich nicht."

„Tust du doch. Das ist nicht zu übersehen."

„Ich überlege nur, was ich tun soll. Das bedeutet nicht, dass ich mich herumquäle."

„Wenn du mich fragst, machst du dir viel zu viele Gedanken darum. Bewerte deine Hausarbeit doch einfach so, wie du es für angemessen hältst, und dann ist es gut."

„Du hast gut reden.“ Sie barg ihr Gesicht in den Händen.

„Im Gegensatz zu dir bin ich jedenfalls nicht von dem Gedanken besessen, alles perfekt machen zu müssen.“ John beugte sich vor und drückte ihr einen Kuss auf die Stirn. „Ich sag's ja bloß.“ Dann ging er zurück zur Couch und schaltete den Fernseher ein.

Hilf mir, Gott.

Hatte Charissa nicht vor Kurzem noch behauptet, dass sie lernen wolle, die Kontrolle abzugeben? So hatte sie sich das allerdings nicht vorgestellt.

So ein Mist.

Sie schlug sich mit der flachen Hand gegen die Stirn.

Jetzt wollte sie tatsächlich auch noch die Kontrolle darüber haben, wie sie ihren Kontrollzwang loswerden würde.

Mist und Hilfe.

Hilfe, Hilfe, Hilfe!

Charissas Telefon klingelte und sie schaute auf das Display. „Hallo Mama! Seid ihr schon wieder zu Hause?“

„Wir kommen gerade von der Gepäckausgabe“, erklärte sie. „Du klingst müde. Ist alles in Ordnung?“

„Ich bin mit einer Sache für Dr. Allens Seminar beschäftigt.“

„Was hat er sich denn jetzt schon wieder für euch ausgedacht?“

Charissa hatte ihrer Mutter in den vergangenen Monaten häufig erzählt, wie provozierend und unorthodox Dr. Allen in seinem Unterricht doch sei. „Nichts“, erwiderte sie. „Wir sollen nur unsere Abschlussarbeiten selbst bewerten.“

„Na, das dürfte doch kein Problem sein. Natürlich wirst du dir eine Eins geben!“

„Ganz ehrlich, es ist nicht meine beste Arbeit gewesen.“

Ihre Mutter lachte. „Selbst wenn das stimmen sollte, ist deine Arbeit sicher trotzdem um Welten besser als die Hausarbeiten deiner Kommilitonen. Und das, obwohl sich die anderen gerade nicht mit Schwangerschaftsproblemen herumschlagen müssen.“

„Ja, aber –"

„Sei doch gnädig mit dir, Charissa, und hak die Sache ab."

Sei doch gnädig mit dir.

Aber was genau würde das in diesem Fall bedeuten?

Sie starrte auf die Uhr an der Wand. Ihr blieben noch 30 Minuten, um es herauszufinden.

~

Da schau mal einer an.

Nathan nahm seine Brille ab, strich sich durch die Haare und faltete die Hände in seinem Nacken. Damit hatte er wirklich nicht gerechnet. Hier hatte offensichtlich der Heilige Geist seine Finger im Spiel. Nathan las Charissas E-Mail noch ein weiteres Mal durch.

~

Dr. Allen,

ich habe mich den ganzen Tag mit Ihrer Aufgabe auseinandergesetzt. Aber das ist wahrscheinlich auch Ihre Absicht gewesen: dass wir erkennen sollen, dass unsere Entscheidungen uns entweder Christus ähnlicher werden lassen oder dass sie uns zu einem noch egoistischeren Menschen machen. Sie haben mir beigebracht, bei dem zu verweilen, was mich provoziert. Für mich ist diese ganze Übung von Beginn an eine reine Provokation gewesen, aber sie hat mich auch um einige Erkenntnisse reicher gemacht.

Dass ich die Präsentation meines Referats bei Dr. Gardiner verpasst habe, hat mir auf ganz neue Art verdeutlicht, was – um es in Ihren Worten auszudrücken – „durcheinandergebrachte Wünsche" sind. In diesem Semester, und ganz besonders in der vergangenen Woche, habe ich erkannt, wie sehr mein Selbstwertgefühl von meiner Leistung und meinem Ruf abhängig ist. Ich habe nach der Anerkennung anderer Menschen gestrebt. Ich wollte bewundert, geachtet und respektiert werden, und seit meiner Grundschulzeit ist es mein Bestreben gewesen, meinen Platz auf dem Podest zu verteidigen. Doch ganz allmählich erkenne ich, wie selbstsüchtig und hochmütig dieses Bestreben doch gewesen ist. In gewisser Weise war es sogar eine gesellschaftlich anerkannte Form des Götzendienstes.

Es klingt noch immer in mir nach, was Sie vergangene Woche in Ihrem Büro gesagt haben: dass Gott dies alles vielleicht aus reiner Gnade geschehen lasse, um mich auf einer tieferen Ebene von meinem Streben nach Perfektion zu befreien. Langsam aber sicher verstehe ich, was Sie meinen, wenn Sie von Perfektionismus als einer Art Gebundenheit sprechen.

Und darum bewerte ich meine Arbeit mit 85 Punkten und bringe damit gleichzeitig meinen Wunsch zum Ausdruck, einige der Ketten abzuwerfen, die mich über so viele Jahre hinweg gefangen gehalten haben. Ich denke, das ist eine faire und passende Bewertung meiner Hausarbeit.

Vielen Dank für Ihre Geduld mit mir, die Sie auf so vielerlei Weise gezeigt haben. Frohe Weihnachten!

Charissa

~

Obwohl Nathan sich inzwischen daran gewöhnt hatte, dass so mancher Student im Laufe des Semesters eine außergewöhnlich positive Entwicklung durchmachte, kam Charissas Entwicklungssprung für ihn doch sehr überraschend. Wenn man ihm vor einer Woche, als sie nach ihrem Gespräch sein Büro verlassen hatte, gesagt hätte, sie würde schließlich sogar an den Punkt kommen, Dankbarkeit für ihr Versagen zu empfinden, dann hätte er gelacht, so, wie Sara damals gelacht hatte, als man ihr sagte, sie würde einen Sohn bekommen.

Eine halbe Stunde später schüttelte er noch immer den Kopf vor Erstaunen.

~

Hannah

23. Dezember, 22:15 Uhr

Morgen ist bereits Heiligabend. Unglaublich. Nate und Jake werden den Tag bei ihrer Familie verbringen. Nate hat mich eingeladen, sie zu begleiten, aber ich bin noch nicht bereit, ihnen als seine Freundin vorgestellt zu werden. Seine Enttäuschung ist mir nicht entgangen, aber er hat mir versichert, er könne es verstehen. Ich wünsche mir auch, dass Jake ganz ungestört Zeit mit seiner Familie verbringen kann. Durch die Sache mit seiner Mutter hat er im Augenblick schon genug zu verarbeiten. Es würde ihn bestimmt überfordern, wenn jetzt auch noch die Freundin seines Vaters mit am Tisch säße. Nate hat mir versichert, dass sich Jake bereits sehr darauf freut, den Weihnachtstag mit mir zu verbringen, und dass er auf eine Revanche beim Scrabble besteht. Und dann möchte er mir noch ein neues Spiel beibringen. Er scheint den Tag bereits vollkommen durchgeplant zu haben. Ich freue mich schon sehr, diesen Festtag gemeinsam mit ihnen zu verbringen.

Und auf den Gottesdienst morgen Abend freue ich mich auch schon sehr. Zum ersten Mal seit Jahren werde ich einen Heiligabend-Gottesdienst feiern können, ohne ihn selbst gestalten zu müssen. Weil Meg sich nicht der Tortur aussetzen will, von den Leuten in ihrer Gemeinde gefragt zu werden, warum sie denn früher nach Hause gekommen sei, werden wir um 23 Uhr den Gottesdienst in Nates und Jakes Kirche besuchen. Nate wird die Schriftlesung halten. In den vergangenen Wochen hat er mit dem Text aus Johannes 1 gebetet und daraufhin von sich aus angeboten, die Lesung zu halten – ein wichtiger Schritt in Richtung Freiheit.

Ich bin schon sehr gespannt darauf. Es wird sicher ein bewegender Moment werden.

Ich habe mich etwas unwohl gefühlt bei dem Gedanken, dass Meg den Weihnachtstag ganz allein verbringen würde, aber inzwischen hat sie Maras Einladung angenommen, den Tag mit ihrer Familie zu verbringen. Darüber bin ich froh. Und Mara freut sich schon sehr darauf, dass Meg dann auch Jeremy, Abby und Madeleine kennenlernen wird. Morgen wollen wir uns mit Charissa und Mara zum Mittagessen treffen. Es ist so viel passiert, seit wir Meg vor ihrer Abreise am Flughafen verabschiedet haben. Ich habe Mara bereits angedeutet, dass Meg noch ziemlich aufgewühlt ist und nicht über ihre Reise sprechen möchte. Herr, zeige uns, wie wir Zeit miteinander verbringen und uns dennoch gegenseitig den nötigen Raum geben können.

Meg und ich haben heute Abend mehrere Stunden lang die Fotos vom Dachboden sortiert – eine mühsame und gleichzeitig wunderschöne Aufgabe, denn Meg hat mir währenddessen auch viele Dinge erzählt. Wir haben zusammen gelacht und geweint und unter dem Weihnachtsbaum im Wohnzimmer Pizza gegessen. Sie möchte die Fotos noch in Alben einkleben und hofft, dass Becca und sie die Bilder eines Tages zusammen anschauen werden.

Ich hatte gedacht, die Fotos von Jim würden sie traurig machen. Wie jung sie darauf noch waren! Fotos aus ihrer Highschool-Zeit, von ihrer Hochzeit, ihren Flitterwochen und ihrem kleinen Häuschen. Als ich gesehen habe, wie glücklich die beiden miteinander gewesen sind, wurde ich traurig darüber, was Meg alles verloren hat. Auch sie musste bei einigen Fotos weinen, aber sie hat mir versichert, dass es Tränen der Dankbarkeit seien. Vielleicht wird sie am Weihnachtstag Jims Grab besuchen. Seit 21 Jahren sei sie nicht mehr dort gewesen, hat sie mir erzählt, weil sie sich einfach nicht dazu überwinden konnte, hinzugehen. Ich habe ihr angeboten, sie zu begleiten. Mal sehen, wie sie sich entscheiden wird.

Meg fällt es außerdem schwer, ihren Kummer über das gestörte Verhältnis zu Becca nicht mit einem Ausrufezeichen zu versehen. Das Bild mit den Ausrufezeichen gefällt mir dabei sehr gut. Katherine und sie haben darüber gesprochen, dass Gott eine Vorliebe für Kommas hat, und dass wir in einem Raum zwischen Trauer und Hoffnung leben und nicht wissen, wie die Geschichte ausgehen wird. Dabei ist mir die Geschichte von Jaïrus eingefallen, der Jesus angefleht hat, mit ihm zu kommen und seine kleine Tochter zu heilen. Ich habe mir seine Verzweiflung vorgestellt, als Jesus unterwegs zuerst noch eine Frau heilte, die an dauerhaftem Blutfluss litt. Ich sah die Boten aus seinem Haus vor mir, wie sie die Nachricht überbrachten, dass seine Tochter inzwischen bereits gestorben sei und dass Jesus nicht mehr mitzukommen brauche.

Und dann kommt die Wende in der Geschichte, das „Aber“, das Hoffnung in sich trägt, obwohl die Umstände zum Verzweifeln sind. „Jesus hörte es und sagte zu Jaïrus: ‚Hab keine Angst! Fass nur Vertrauen, dann wird sie gerettet!‘“[13] *Fass nur Vertrauen. Gib die Hoffnung nicht auf. Vertraue mir. Tu nur das, nichts weiter. Was für ein schwieriges Wort dieses „nur“ doch ist.*

Während ich mir die kahlen grauen Bäume anschaue, kommt mir der Gedanke, dass jemand, der bisher in einem Dschungel oder Regenwald gelebt hat, garantiert in schallendes Gelächter ausbrechen würde, wenn man ihm sagen würde, dass diese kahlen Äste im Frühling wieder voller grüner Blätter sein werden. „Bis auf die Nadelhölzer sind alle Bäume tot“, würde er sagen. Aber das stimmt nicht. Sie sind nicht tot! Sie schlafen nur! So ist es auch damals gewesen, als Jesus sagte, das kleine Mädchen sei nicht tot, es schlafe nur. Und in beiden Fällen ist eins sicher: Der Frühling wird kommen! Gott sei Dank!

Morgen Abend im Gottesdienst werden wir trotzig unsere Hoffnung in die Welt hinaussingen – eine Hoffnung, die mit jeder Menge Ausrufezeichen versehen ist!

Dabei kommt mir gerade noch eine Strophe von meinem liebsten Weihnachtslied in den Sinn:

Singt dem Fürst des Friedens heut',
Sonne der Gerechtigkeit.
Mild ist er uns zugewandt,
Todesschrecken sind verbannt.
Denn er gibt uns Zuversicht,
Holt uns vor sein Angesicht,
kommt uns Menschen zu erhöh'n,
ewig werden wir ihn seh'n.
Hört der Engel große Freud':
Christus ist geboren heut'.

Amen. Komm, Herr Jesus. Und bereite uns darauf vor, dich zu empfangen.

Heiligabend

Meg seufzte und stellte das Telefon in die Ladestation zurück.

„Immer noch nicht durchgekommen?“, fragte Hannah.

„Nein.“ Seit Stunden versuchte Meg nun schon, Becca in Paris zu erreichen, um ihr zum Geburtstag zu gratulieren.

„Und du bist wirklich sicher, dass du uns zum Mittagessen begleiten möchtest?“, fragte Hannah. „Die anderen würden es bestimmt verstehen, wenn du im Augenblick nicht den Kopf dafür frei hast.“

„Nein, das ist schon in Ordnung“, erwiderte Meg. „Wenn ich hierbleibe, mache ich mich ja doch nur verrückt. Etwas Ablenkung wird mir guttun.“ In den kommenden Wochen würde sie die Unterstützung der anderen sicher dringend brauchen. Warum also nicht gleich heute damit anfangen?

Als sie im Restaurant eintrafen, hatten Charissa und Mara bereits einen Tisch in der Nähe des Kamins belegt, der mit Tannenzweigen und Schleifen weihnachtlich geschmückt war. Als Meg an den Tisch kam, sprang Mara auf und schloss sie fest in die Arme. Charissa wartete ab, bis sie an die Reihe kam, umarmte sie kurz und sagte: „Ich bete für dich." Meg konnte spüren, dass es von Herzen kam.

„Danke." Meg zog ihren Mantel aus. Wie gut, dass alle bereits über das Geschehene informiert waren, wenn auch nicht in allen Einzelheiten. Sie hatte gerade nicht die Energie dazu, um alles noch einmal zu erzählen. Außerdem würde es auch ihre Gefühle wieder durcheinanderbringen. *Hilf mir, Herr.*

Katherine hatte Meg empfohlen, weiter über das nachzudenken, was sie gesehen hatte, als sie mit Jesaja, Kapitel 11, gebetet hatte. „Sie sind mit dem konfrontiert worden, was Ihre Seele in Aufruhr gebracht hat", hatte Katherine ihr erklärt. „Oft ist es so, dass unser Zorn nur sehr widerwillig aus seinem Versteck hervorkommt. Ich bin froh, dass er in Ihr Bewusstsein vorgedrungen ist. So schwer das alles auch sein mag: Gott ist bei Ihnen. Immanuel. Selbst in dieser Situation."

Warum nur konnte sie ihm nicht vertrauen?

Herr.

Hilf mir.

Vermutlich hatten es sich Becca und Simon gerade in ihrem Hotelzimmer gemütlich gemacht –

Stopp. Schluss damit! Im Augenblick durfte Meg ihrer Fantasie auf keinen Fall freien Lauf lassen. Sie vertiefte sich in die Speisekarte und überlegte, was sie bestellen sollte. Vielleicht eine Kürbissuppe. Einen Mais-Muffin. Und eine Kanne Tee und Scones mit Erdbeermarmelade und dicker Sahne, die sie mit ihrer Tochter teilen könnte. So, wie sie es sich gewünscht hatte.

Herr.

Hilf mir.

Meg schluckte. Nachdem sie ihre Bestellung aufgegeben hatten, zog Mara ihr Handy aus der Tasche und zeigte Fotos von Madeleine. Sie schwärmte von ihrer Enkelin, wie es wohl jede frischgebackene und stolze Großmutter tun würde. Madeleine sei so niedlich und Jeremy und Abby seien überglücklich. „Sie werden mich heute Abend zum Gottesdienst in die Kirche begleiten – kaum zu glauben, was? Das ist beinah so etwas wie ein Weihnachtswunder!“

In Megs Augen brannten heiße Tränen. Sie räusperte sich. *Komm schon*, ermahnte sie sich. *Stell dich nicht so an. Du drehst dich zu sehr um dich selbst.* Mara konnte ja nicht wissen, dass sie gerade einen wunden Punkt in Meg berührt hatte. Hannah dagegen legte ihre Hand auf Megs Arm, ohne dass Charissa und Mara es mitbekamen, als wolle sie sagen: „Ich bete für dich, jetzt, in diesem Augenblick.“

~

Am liebsten hätte Hannah versucht, das Gespräch in eine andere Richtung zu lenken. Sie konnte sich vorstellen, was Meg dabei empfand, als Mara von Abby erzählte und davon, dass Ellen schon so lange für ihre Tochter gebetet hatte und dass diese Gebete nun endlich erhört worden waren. Und dass Abby bereit wäre, an Heiligabend den Gottesdienst zu besuchen, sei wirklich ein kleines Wunder. Und was noch besser wäre: Nicht nur Abby würde mitkommen, sondern auch Jeremy. Hannah ahnte, was Meg durch den Kopf gehen musste, als Mara den gerahmten Bibelvers aus dem ersten Buch Samuel beschrieb und sagte, sie würde jetzt noch eindringlicher für die kleine Madeleine und ihre Eltern beten. Und zu guter Letzt schwärmte sie auch noch von Kevin und seiner Arbeit im Crossroads-Haus. Sie habe nun wieder neue Hoffnung, Kevin den Glauben näherbringen zu können. „Nicht dass es im Augenblick irgendwelche Anzeichen dafür gäbe", räumte Mara ein, „aber wer weiß? Und bei allem Mist, den ich gerade erlebe, zeigt mir Jesus trotzdem immer wieder, dass er da ist und Neues schaffen will."

So verlockend es für Hannah auch war, das Gespräch von Maras Freude und Megs Schmerz wegzulenken, hielt sie der Versuchung stand und befahl ihre Freundinnen lieber Gottes treuer Fürsorge an.

„Aber jetzt genug von mir", sagte Mara schließlich. „Zu welchem Ergebnis ist der Gutachter heute Morgen gekommen?"

„Zu einem sehr guten." Charissa blickte Meg an und lächelte. „Er hat keine gravierenden Mängel entdecken können. Ein paar Kleinigkeiten, für die wir vielleicht noch eine Reduzierung des Verkaufspreises aushandeln können, aber im Großen und Ganzen sieht es so aus, als würden wir am 9. Februar den Kaufvertrag unterzeichnen können."

„Ich freue mich so für euch", sagte Meg. „Es ist ein wundervolles Haus, und ich hoffe, dass du, John und euer Kleines dort sehr, sehr glücklich werdet." Sie lächelte, und Hannah kannte sie mittlerweile gut genug, um zu wissen, dass dieses Lächeln von Herzen kam, auch wenn ein Hauch von Wehmut darin lag.

„Vielen Dank", sagte Charissa. „Und vielen Dank auch dafür, dass du uns den Link geschickt hast. Du hast uns damit ein großes Geschenk gemacht."

Charissa schien zu verstehen, welche Bedeutung dieses Haus für Meg hatte.

„Ohne dich wären wir gar nicht darauf aufmerksam geworden", fuhr sie fort. „Wir hatten im Internet nur nach Häusern mit drei Schlafzimmern gesucht."

Meg nickte. „Jim hat immer gesagt, es sei noch genug Platz vorhanden, um weitere Zimmer anzubauen." Ihre Stimme kippte. „Platz zum Wachsen." Sie suchte nach einem Taschentuch.

„Hast du Fotos gemacht?", fragte Mara.

Charissa zögerte und schaute zu Meg herüber.

„Ich würde auch gerne ein paar Fotos sehen, falls du welche hast", erwiderte Meg.

Charissa legte ihr Sandwich aus der Hand und nahm ihr Handy aus der Handtasche.

„Ich habe heute Morgen welche gemacht." Sie durchsuchte ihre Fotos. „Hier."

Mara beugte sich vor, um besser sehen zu können. „Oh, das ist ja wirklich süß! In welcher Straße steht es denn?"

„In einem älteren Viertel von Kingsbury, nicht weit von der Universität entfernt."

„Und ganz in der Nähe meines Hauses", ergänzte Meg. „Es sind nur ein paar Kilometer."

„Das ist toll", sagte Mara. „Dann werdet ihr ja fast so was wie Nachbarn! Vielleicht werde auch ich mich in dieser Gegend mal umsehen. Ich gehe nämlich nicht davon aus, dass ich in unserem Haus bleiben kann. Wir werden sehen … Vielleicht finde ich ja doch noch einen tollen Job. Oder Tom kommt zur Vernunft und erkennt, dass es das Beste für die Jungs wäre, wenn sie in ihrer gewohnten Umgebung bleiben könnten. Nicht dass ich wirklich damit rechnen würde, aber ..."

Sie reichte das Telefon an Meg weiter. Als sie die Fotos sah, erhellte sich ihr Gesichtsausdruck. „Die Gartenlaube steht noch?", fragte sie mit zitternder Stimme.

„Ja", erwiderte Charissa, „hinten im Garten neben der Garage."

Meg flüsterte etwas vor sich hin, das wie ein Gebet klang. „Jim hat diese Laube an unserem ersten Hochzeitstag gebaut und Rosen angepflanzt."

Hannah legte ihre Hand auf Megs Schulter. Dies war ein weiterer Schritt nach vorn, ein weiterer Schritt in Richtung Heilung.

„Welche Farbe hatten die Rosen denn?", fragte Charissa.

„Rosa", erwiderte Meg. „Wunderschöne rosa Kletterrosen mit dem besten Duft, den man sich vorstellen kann. Wir haben oft abends nach der Arbeit dort auf der Bank gesessen, über den Tag gesprochen und ..."

Verblüfft bemerkte Hannah, dass Meg immer lebhafter wurde, nicht trauriger. Sie erzählte ausführlich von Jim und ihrem gemeinsamen Leben. Zu jedem Foto auf Charissas Handy gab Meg eine Geschichte zum Besten. „Seht nur", rief sie und zeigte ein Foto herum. Hier waren die Schränke zu sehen, die Jim in der Küche aufgestellt hatte! Und im Bad entdeckte sie die Tapete, die er immer so sehr gehasst hatte. Aber er war nie dazu gekommen, das Bad neu zu tapezieren. Und die Türgriffe aus Glas – es gab sie noch immer!

„Die Maklerin hat gesagt, jemand habe den Wäscheraum sehr fachmännisch umgestaltet", berichtete Charissa. „Sie meinte, es sei sehr ungewöhnlich, dass es in einem solchen Haus einen so schönen Wäscheraum hinter der Küche gebe."

„Ja!", erwiderte Meg. „Das war Jims Idee. Wir hatten keine Lust, unseren Samstagmorgen im Waschsalon zu verbringen, und deshalb hat er diesen Raum angebaut. Dafür mussten wir allerdings auf unsere kleine Frühstücksecke verzichten, aber das war es uns wert." Sie hielt immer noch Charissas Handy in der Hand und merkte vermutlich gar nicht, dass sie es gerade fest an ihr Herz drückte.

„Du wirst es dir doch ansehen, oder? Vielleicht sogar noch bevor wir einziehen?", fragte Charissa. „Oder würde dir das zu schwerfallen?"

Meg griff über den Tisch und nahm ihre Hand. „Ich würde mir das Haus sehr gerne ansehen."

Charissa schaute zu Hannah herüber. „John und ich hatten die Idee, dass wir uns dort vor unserem Einzug vielleicht treffen und miteinander beten könnten – um das Haus zu segnen, sozusagen. Würdest du das vorbereiten?“

Hannahs Kehle schnürte sich zu. Sie würde ein solches Treffen sehr gern vorbereiten, aber nicht als Pastorin, sondern als Freundin und Schwester in Christus. „Ja“, sagte Hannah. „Das mache ich sehr gern.“ Ein weiterer Schritt in Richtung Freiheit.

~

„Du machst Witze“, sagte John, nachdem Charissa ihm von Meg und den Fotos vom Haus erzählt hatte.

„Es war wie eine Zeitreise“, berichtete Charissa. „Meg sagte, seit sie damals ausgezogen wäre, habe sich außer dem Teppich auf dem Holzboden nichts verändert. Alles andere sei noch genauso wie damals. Als hätte sie gerade erst die Tür hinter sich zugezogen.“

John legte die Füße auf den Couchtisch. „Dann hat sie also kein Problem damit, wenn wir mit den Renovierungsarbeiten anfangen?“

Charissa schüttelte den Kopf. „Sie meinte, es sei alles sehr heruntergekommen, und sie würde uns gern helfen, wenn wir das möchten. Sie liebe es, Wände anzustreichen. Ich habe ihr gesagt, sie solle sich das Haus noch einmal ansehen, solange es noch leer steht. Dann könne sie in aller Ruhe noch einmal durchgehen.“

„Sie soll sich alle Zeit der Welt dafür nehmen“, sagte John.

Charissa setzte sich neben ihn und legte ihren Kopf an seine Schulter. „Ich war mir nicht sicher, wie sie auf die Fotos reagieren würde. Aber sie hat immer wieder betont, wie glücklich sie darüber sei, dass wir den Zuschlag bekommen haben. Und sie meinte, dass sie sich gut vorstellen könne, dass Gott die Sache gebrauchen würde, um sie zu heilen.“

„Vielleicht ist es eine Art Schlussstrich für sie“, meinte John.

„Vielleicht.“

„Ein Schlussstrich für sie, ein neues Kapitel für uns."

„Ein wunderschönes neues Kapitel." Sie küsste ihn. „Wenn ich in den vergangenen Monaten eins gelernt habe, dann, dass Gott eine Vorliebe für Überraschungen hat. Vielleicht sollte ich wirklich versuchen, nicht mehr alles bis ins kleinste Detail durchzuplanen."

John drückte seine Lippen auf ihren Bauch und sagte: „Hast du das gehört, Baby? Mami will lernen, die Kontrolle abzugeben!"

„Ja, nun …" Charissa strich über seinen Kopf. „Es gibt noch etwas anderes, das Mami in dieser Hinsicht tun muss." Sie beugte sich vor und nahm ihr Telefon in die Hand.

„Wen rufst du an?"

„Meine Mutter." Sie wählte die Festnetznummer ihrer Eltern. Charissa würde endlich in den sauren Apfel beißen müssen und etwas tun, das sie seit ihrem letzten Telefonat mit ihrer Mutter beschäftigt hatte: Sie musste ihrer Mutter sagen, wie das Semester für sie wirklich zu Ende gegangen war. Um ihrer selbst willen. Sie musste jetzt endlich einen weiteren Schritt nach vorn tun, um sich von Scham und Angst zu befreien.

Jesus, hilf mir.

Beim dritten Klingeln meldete sich ihre Mutter. „Hallo Schatz."

„Hallo Mama", sagte sie. „Ist Papa auch da?"

„Er sitzt neben mir. Möchtest du mit ihm sprechen?"

„Kann er vielleicht den anderen Hörer nehmen? Ich muss euch beiden etwas sagen."

„Sei doch gnädig mit dir", hatte ihre Mutter ihr geraten, *„und hak die Sache ab."*

Und nun war es an der Zeit für Charissa, den nächsten Schritt zu tun und gnädig mit sich zu sein.

~

„Alles in Ordnung?", fragte Hannah Meg, nachdem sie das Gespräch beendet hatte.

Meg streckte ihre zu Fäusten geballten Hände nach oben und öffnete sie langsam, obwohl sie viel lieber frustriert in die Luft geboxt hätte. „Hiermit lasse ich los." Sie seufzte tief. „Wieder einmal."

Hannah blieb am Küchentisch sitzen und öffnete als Geste ihrer Solidarität mit Meg ebenfalls langsam die Hände. Meg trat ans Spülbecken und starrte auf den mit Erde gefüllten Topf auf dem Fensterbrett. Hannah hatte ihr eine Amaryllisknolle geschenkt. Blumen im Winter. Als Zeichen der Hoffnung.

„Es geht ihr gut", sagte Meg. Sie goss sich ein Glas Wasser ein, weil ihr Hals so rau war. „Becca sprudelte nur so vor Begeisterung darüber, wie fantastisch Paris doch sei. All die Sehenswürdigkeiten, die Geräuschkulisse und die damit einhergehende Romantik. Das Essen, die Musik und die Kunst. Sie habe sich regelrecht in die Stadt verliebt und könne sich nicht vorstellen, jemals wieder dort wegzugehen. Und dann dieses ständige ‚Simon hier' und ‚Simon dort', ‚Simon hat dies gemacht', ‚Simon hat jenes gesagt'. Sie sagte, sie sei gerade so glücklich wie nie zuvor in ihrem Leben. Wie *nie zuvor!*" Meg machte eine kurze Pause, bevor sie fortfuhr: „Ich weiß, dass es gemein klingt, aber vor unserem Telefonat hatte ich noch die leise Hoffnung, dass es ihr vielleicht schlecht gehen würde."

Meg hatte gehofft, Becca würde zugeben, dass die ganze Reise ein entsetzlicher Fehler gewesen war und dass sie nun endlich erkannt hatte, wie Simon tatsächlich tickte – dass er sie benutzt und manipuliert hatte, dass er in einer Lebenskrise steckte und seine Frau verlassen hatte oder von ihr verlassen worden war, und das zweifellos aus gutem Grund –, und dass es ihr leidtat, dass Megs Besuch in London so danebengegangen war. *„Ich wünschte, ich wäre nie mit ihm nach Paris gefahren!"*, hätte Meg gern von Becca gehört. Aber nein. Stattdessen hatte sie ihr vorgeschwärmt, dass dies das schönste Geschenk sei, das sie jemals bekommen habe!

Hannah teilte die Stille mit ihr, während ihre Hände noch immer geöffnet auf dem Tisch lagen, als würde sie gerade etwas empfangen. Das war etwas, woran auch Meg sich erinnern musste, nicht? Dass es nicht nur darum ging, Dinge loszulassen, sondern auch darum, mit geöffneten Händen Neues zu empfangen. Mit einem offenen Herzen. Doch war es tatsächlich möglich, dass ein Herz, das trauerte, ängstlich, zornig, böse, zweifelnd und zerbrochen war, trotzdem auch ein offenes Herz sein konnte? *Nimm, was ich habe, Herr. Ich gebe es dir.*

Katherines Stimme hallte in ihrem Kopf wider. *„Immanuel. Gott ist mit dir."*

Auch damals.

Auch jetzt.

Auch hier.

Meg holte eine dicke weiße Kerze aus dem Schrank und zündete sie an.

Als Zeichen der Hoffnung.

~

Mara saß mit dem schlafenden Baby im Arm im Gottesdienst und formte mit ihrem Mund die Worte: „Im Stall, in der Krippe", während das als Maria verkleidete Mädchen inmitten des Chaos' auf der Bühne neben der Krippe kniete und ihr Wiegenlied sang. Abby beugte sich vor und flüsterte Jeremy etwas zu. Er nickte lächelnd. Vielleicht stellten sie sich gerade vor, wie Madeleine eines Tages dieses Lied singen würde. Oh, sie wäre sicher eine hübsche kleine Maria. Eine wunderhübsche Maria.

Mara strich über ihre seidenweichen Pausbäckchen, während ihr selbst die Tränen über die Wangen liefen.

„Sie sind auserwählt", hatte Katherine gesagt. *„Sie sind auserwählt, die Wohnstätte des allerhöchsten Gottes zu sein."*

Auserwählt. Begnadet. Geliebt. Wie konnte das möglich sein?

Danke, Jesus. Danke, dass du dich auf den Weg gemacht hast. Danke, dass du in das Chaos dieser Welt hineingeboren worden bist. Dass du in mir zur Welt gekommen bist. Danke.

„Sei gegrüßt", hatte der Engel gesagt. *„Der Herr ist mit dir. Hab keine Angst."*

Ja, das stimmte.

Mara schloss die Augen.

Und empfing.

~

Was für ein Geschenk, dachte Hannah. Was für ein Geschenk, an Heiligabend in einer von Kerzen erleuchteten Kirche zu sitzen und der Schriftlesung zu lauschen. Was für ein Geschenk, einige der Weihnachtslieder zu singen, mit denen sie in den vergangenen Wochen gebetet hatte. Was für ein Geschenk, neben Nate, Jake und Meg zu sitzen und sich gemeinsam mit ihnen an der Liebe Gottes erfreuen zu dürfen. Was für ein Geschenk, dieses Licht zu sehen, das in die Dunkelheit scheint, all die Lasten zu erkennen, die ihr abgenommen worden waren, und das Kommen Jesu zu feiern. Was für ein Geschenk, sich bereit machen zu dürfen, Jesus zu empfangen. Was für ein Geschenk, andere auf Christus hinweisen zu dürfen.

Was für ein außergewöhnliches und kostbares Geschenk!

Danke, Herr. Danke, dass du uns behutsamen Schrittes leitest, an unser Tempo angepasst. Danke für deine Geduld mit uns, wenn wir stolpern. Und für das Geschenk, dass wir gemeinsam auf dem Weg sein dürfen. Danke.

Hannah drehte die Ohrstecker in ihren Ohrläppchen und sprach ein Gebet für die Menschen, die ihr in den Sinn kamen.

Für Nate und Jake, ihre Eltern, ihren Bruder und ihre Schwägerin und die Nichten. Für die Kollegen in der Westminster Church und die Gemeinde. Für Nancy, Charissa und John, Meg und Becca, Mara, Tom, Brian und Kevin. Für Jeremy und seine Familie. Für Heather. Sogar für Simon. Und für Laura. Und ja, Herr, auch für Lauras Baby.

Nathan beugte sich vor und legte seine Hand an seinen Knöchel. Hannah betete im Stillen mit ihm. *Hineni. Herr, segne ihn, wenn er sich dir vollkommen hingibt.*

Als Nathans Lesung an die Reihe kam, drückte er ihre Hand, stand auf und stellte sich an das Pult neben der Kanzel. Die Lichter gingen aus. Er nahm ein Streichholz und zündete die Christuskerze an. „Am Anfang war das Wort", las er. „Das Wort war bei Gott, und in allem war es Gott gleich …"

Was für ein Geschenk, Herr.

Was für ein Geschenk.

Weihnachten

Meg schloss die Haustür ab und spähte vorsichtig die Straße hinunter. Der frische Duft von Tannenzweigen mischte sich mit dem beißenden Rauch des Kaminfeuers von einem ihrer Nachbarn. Schneeflocken wirbelten um sie herum – keine schweren Flocken, sondern eher feiner Schneestaub, der im Sonnenlicht funkelte. Die Stille des Morgens wurde nur durch das Bellen eines Hundes und das Lachen eines Kindes unterbrochen. Meg klapperte mit ihren Schlüsseln. „Und du hast auch bestimmt Zeit, Hannah?", fragte sie.

„Ausreichend Zeit", erwiderte Hannah. Sie zog ihre neuen, fuchsiafarbenen Handschuhe an und wickelte ihren dazu passenden Schal, den ihre achtjährige Nichte mit großen, ungleichmäßigen Maschen für sie gestrickt hatte, fest um den Hals.

„Es ist so schön, dass du mich begleiten willst", sagte Meg, „dass du dir die Zeit dafür nimmst, obwohl du heute doch noch etwas anderes vorhast." Sie hielt sich am Geländer fest, um nicht auf den vereisten Stufen auszurutschen.

„Du bist uns wichtig", erwiderte Hannah. „Wir sind bei dir. Das sollst du wissen."

Als sie gegen zehn Uhr auf dem Friedhof eintrafen, stand bereits ein schwarzer Geländewagen auf der kleinen Anhöhe ganz in der Nähe von Jims Grab. Meg biss sich auf die Lippe. Vor ihrem inneren Auge sah sie nun wieder den schwarzen Leichenwagen und die gesenkten Köpfe der Trauergäste, die vor 21 Jahren unter jener Eiche zusammengekommen waren, um Jim zu Grabe zu tragen. Sie sah Mutter, Rachel, Mrs Anderson und Jims Großmutter, die ihn nach dem Unfalltod seiner Eltern großgezogen hatte. Ein betrunkener Autofahrer hatte den Unfall verursacht, bei dem seine Eltern ums Leben gekommen waren. Oma Lois war kurz nach Jim ebenfalls verstorben – an gebrochenem Herzen, wie Meg vermutete.

Mara stieg aus ihrem Auto aus. Sie trug einen langen Webpelzmantel mit Leopardenmuster. Die Mütze mit den Ohrklappen hatte sie tief ins Gesicht gezogen und in der Hand hielt sie einen Kranz mit einer großen goldenen Schleife. Sie nahm Meg fest in den Arm. „Ich wusste nicht genau, ob man etwas auf das Grab legen darf", sagte Mara, „aber wie es scheint, haben es auch schon andere Leute getan."

Megs Blick wanderte über die Gräber, auf denen Gestecke aus Tannengrün und sogar Kinderspielzeug aus dem Schnee herausragten. „Danke, dass du gekommen bist", sagte Meg. „Vielen Dank."

Ein weiterer Wagen kam den Hügel hochgefahren. „Das wird Charissa sein", erklärte Mara. „Ich glaube, von hier aus werden sie gleich nach Traverse City weiterfahren. Sie wollen ein paar

Tage bei Johns Eltern verbringen." Sie richtete die Schleife an dem Kranz. „Und ich bin so froh, dass du Kevin und mich ins Crossroads-Haus begleitest, Meg, und dass du anschließend meine ganze Familie kennenlernen wirst. Ich weiß, du hattest dir das Weihnachtsfest in diesem Jahr ganz anders vorgestellt, aber –"

Meg legte ihre Hand auf Maras Schulter. „Aber ich bin dir sehr dankbar", sagte sie. „Vielen Dank für die Einladung."

Es stimmte. Der Tag würde ganz anders verlaufen, als Meg es sich vorgestellt hatte.

Ganz anders.

Und doch …

Meg hatte Hannahs Angebot, sie zum Friedhof zu begleiten, mit großer Erleichterung angenommen. Der richtige Zeitpunkt war nun gekommen. Wie gut, dass sie nicht allein am Grab zu weinen brauchte.

Hannah hatte die Idee gehabt, sich am Grab ein wenig Zeit für das Gebet, die Erinnerung und das Danken zu nehmen. Das fand Meg rührend. Von dem Trauergottesdienst hatte sie damals kaum etwas mitbekommen, weil sie innerlich wie erstarrt gewesen war.

Außerdem hatte Hannah vorgeschlagen, auch die anderen zu fragen, ob sie kommen wollten, damit sie gemeinsam „die Gegenwart, die Liebe und den Sieg Christi" besingen könnten, wie sie es ausgedrückt hatte.

Meg hatte Ja gesagt.

Und eines Tages – Komma –, eines Tages würde sie vielleicht gemeinsam mit Becca Blumen auf das Grab legen.

Während Charissa ihren Wagen abstellte, hockte sich Meg vor den Grabstein, drückte einen Kuss auf ihren Zeigefinger und strich damit langsam über Jims Namen. *James Michael Crane. Geliebter Mann und Vater.*

Einatmen: *Immanuel.*

Ausatmen: *Du bist mit mir.*

Meg stand auf, und gemeinsam stellten sie sich um das Grab herum, beteten und sangen ihre Hoffnung hinaus. Und während sie und ihre Freundinnen Gott von ganzem Herzen lobten, stellte sich Meg vor, wie die himmlischen Chöre in diesem Moment in ihren Lobpreis mit einstimmten.

Leitfaden für Gebets- und Gesprächsrunden

Weil du mit mir gehst spielt im Advent und damit in einer Zeit des Jahres, die uns dazu einlädt, die Augen dafür offen zu halten, auf welche Weise Christus in unsere Welt und in unser Leben kommen möchte. Der Advent ist eine Zeit der Vorbereitung, eine Zeit der Hoffnung – nicht die Art von Hoffnung, die sich ein bestimmtes Ergebnis herbeiwünscht, sondern eine Hoffnung, die fest im Wirken und in den Verheißungen Gottes in Jesus Christus verwurzelt ist. Als Christen sind wir eingeladen, an jedem Tag des Jahres in Bereitschaft und freudiger Erwartung zu leben.

Sybil MacBeth, die Autorin von *The Season of the Nativity: Confessions and Practices of an Advent, Christmas, and Epiphany Extremist*, schreibt: „Der Advent erinnert uns an die Widersprüche und Missverhältnisse des Lebens: Licht und Dunkelheit, Glaube und Angst, Freud und Leid, Verletzlichkeit und Macht, Schwäche und Stärke. Doch diese Gegensätze erleben wir nicht nur in der Adventszeit. Als Christen, die wir glauben, dass, obwohl der Messias bereits gekommen ist, die Welt trotzdem noch nicht vollständig erlöst worden ist, erleben wir sie Tag für Tag aufs Neue."

Dieser Leitfaden ist nicht (nur) für die Adventszeit gedacht, sondern er lädt Sie ein auf eine achtwöchige Reise hin zu geistlicher Weiterentwicklung. Eine Reise, bei der uns die Hauptfiguren des Romans begleiten und uns zu einem besseren Verständnis unserer eigenen Beziehung mit Gott verhelfen möchten. Sie werden uns helfen, unsere Empfänglichkeit und unseren

Widerstand, unsere Sehnsüchte und Ängste zu erkennen und uns darüber bewusst zu werden, dass wir alle von Zeit zu Zeit zwei Schritte vorwärts gehen und dann wieder einen zurück. Für jede der acht Wochen finden Sie in diesem Leitfaden Fragen, die Sie zum Nachdenken anregen sollen, und eine Reihe von geistlichen Übungen, die Sie ausprobieren können, entweder allein oder in einer Gruppe. Sie müssen nicht jede Woche alle Übungen durchführen. Wählen Sie einfach einige Übungen aus, die Ihnen weiterhelfen und die Sie aus Ihrer eigenen Komfortzone herausholen. Einige der Disziplinen können auch miteinander zu einer verlängerten Gebetszeit kombiniert werden. Bitten Sie Gott, Ihnen zu zeigen, wie groß seine Sehnsucht ist, Sie Christus ähnlicher zu machen, und wie Sie sich für den Heiligen Geist und das umgestaltende Wirken Gottes öffnen können. Und auch wenn Sie bisher noch kein Tagebuch geführt haben, sollten Sie dennoch eine Art „Reisetagebuch" führen, um Ihre Erlebnisse auf diese Weise festzuhalten.

Christus ist in diese Welt gekommen. Er kommt noch immer zu uns. Und eines Tages wird er sichtbar wiederkommen. Möge der Heilige Geist Sie darauf vorbereiten und Sie dafür öffnen, Christus jeden Tag aufs Neue zu empfangen – inmitten der Herausforderungen und der Freuden des Lebens, mit Staunen, Dankbarkeit und voller Hoffnung.

Sharon Garlough Brown

Woche 1

Teil 1: Wachsam sein

Lesen Sie in dieser Woche die Kapitel 1 und 2 aus Teil 1. Wählen Sie jeden Tag eine der folgenden Fragen zur Reflexion aus, über die Sie nachdenken wollen, oder eine oder mehrere geistliche Übungen, die Sie gerne ausprobieren wollen.

Vorbereitung im Gebet:
Öffnen Sie Ihre Hände und geben Sie Ihre Sorgen und Ängste bewusst an Gott ab. Empfangen Sie mit geöffneten Händen Gottes Fürsorge und Anteilnahme (siehe auch 1. Petrus 5,7).

Fragen zur Reflexion

1. In den ersten Szenen von *Weil du mit mir gehst* bekommen wir einen Eindruck von den andauernden Kämpfen der Hauptfiguren. Sie kämpfen mit Angst, Trauer, Neid, Egoismus, Sorgen, Entmutigung, Kontrollzwang, mangelndem Gottvertrauen und Ruhelosigkeit. In welchen Bereichen finden Sie sich wieder? Bringen Sie sie im Gebet vor Gott.

2. Was kommt Ihnen bei dem Wort „Hoffnung“ in den Sinn? Was hilft Ihnen, an der Hoffnung festzuhalten? Zünden Sie eine Hoffnungskerze an, wenn Sie beten – als sichtbares Zeichen für die Gegenwart Gottes.

3. Mara überdenkt ihr Leben und fragt sich: „Was kann an einem Ort wie diesem zur Welt kommen?“ Denken Sie nun einmal über Ihr eigenes Leben nach. Wie kann es Ihnen gelingen, Jesu Gegenwart trotz aller Versuchungen und Schwierigkeiten wahrzunehmen? Wenn Ihnen keine aktuelle Situation einfällt, denken Sie über vergangene Erlebnisse und Situationen nach. Wie hat Jesus Sie seine Gegenwart spüren lassen? Wie könnte die Erinnerung an Gottes Treue Ihnen Mut machen, ihm auch in der Zukunft zu vertrauen?

Atem-Gebet

Meg praktiziert das Atem-Gebet, um sich in Erinnerung zu rufen, dass Gott bei ihr ist. Versuchen Sie, ein passendes Gebet im Rhythmus Ihrer eigenen Atmung zu finden. Wählen Sie einen Bibelvers aus und teilen Sie ihn in zwei Teile auf. Zum Beispiel: „Seid stille (einatmen) und erkennet, dass ich Gott bin (ausatmen)“ (Psalm 46,11; LÜ). Oder wählen Sie einen Namen für Gott aus der Bibel aus und formulieren Sie eine kurze Glaubensaussage, eine Bitte oder einen Wunsch. Zum Beispiel: „Immanuel (einatmen), du bist bei mir (ausatmen)“, oder: „Schöpfer des Lebens (einatmen), erneuere mich in deiner Liebe (ausatmen).“ Nehmen Sie sich Zeit, Ihr eigenes Gebet zu finden. Wie lädt Gott Sie ein, ihn anzusprechen? Inwiefern wünscht sich Gott, dass Sie in Worte fassen, wer er ist oder was Sie brauchen? Während Sie atmen, empfangen Sie bewusst den Atem Gottes, der Sie neu belebt. Versuchen Sie, den ganzen Tag über auf Ihren Atemrhythmus zu achten, damit dieses Gebet für Sie zur Gewohnheit werden kann.

Bibelmeditation (*Lectio divina* oder „Heiliges Lesen")

Lesen Sie sich Jesaja 9,2–3 langsam und laut vor, und hören Sie auf ein Wort oder einen Satz, der Sie besonders anspricht. Welchen Zusammenhang gibt es zwischen diesem bestimmten Satz/Wort und Ihrem Leben? Wie tröstet oder provoziert Sie dieser Satz/dieses Wort? Sprechen Sie mit Gott über die Gedanken und Gefühle, die dieser Satz/dieses Wort in Ihnen auslöst. Hören Sie anschließend darauf, wozu Gott Sie einladen möchte. Beenden Sie diese Zeit in Stille und ruhen Sie sich in Gottes Gegenwart aus.

Tagebuch schreiben

Hannah schreibt Tagebuch über Jesaja 9,2–3. Welche Antwort finden Sie auf die folgenden Fragen: In welcher Form erhellt das Licht die Stellen in meinem Leben, an denen ich bisher in Dunkelheit gelebt habe? Wie reagiere ich auf das Licht und auf das, was es zum Vorschein bringt? Was sind die „Ketten" in meinem Leben, die Gott gerne für mich lösen möchte? Welche Lasten trage ich auf meinen Schultern mit mir herum, die Gott für mich tragen möchte? Wie kann ich mich darin üben, diese Lasten an ihn abzugeben?

Gemeinschaft

Nachdem die vier Hauptfiguren einige Monate miteinander unterwegs gewesen sind, haben sie den Wert der Gemeinschaft zu schätzen gelernt. Wer sind die vertrauenswürdigen Gefährten auf Ihrer geistlichen Reise? Danken Sie Gott für das Geschenk der Gemeinschaft und dafür, wie Sie bereits durch andere Menschen geformt, ermutigt und herausgefordert (ja, vielleicht sogar provoziert) worden sind. Nehmen Sie sich anschließend Zeit, auf

Gottes Stimme zu hören. Wie können Sie für Ihre Weggefährten beten? Wenn es Ihnen schwerfällt, sich anderen Menschen gegenüber zu öffnen, sprechen Sie Ihre Wünsche, Ängste und Verletzungen vor Gott aus. Bitten Sie ihn, Sie mit einem passenden Weggefährten zusammenzubringen.

Ruhe

Hannah hat sich viele Jahre lang hinter ihrem überzogenen Verantwortungsbewusstsein und ihrem Aktionismus versteckt. Sie hatte das Bedürfnis, gebraucht zu werden, und fand ihre Bestätigung und ihren Wert ausschließlich in ihrer Arbeit. Wie sieht es bei Ihnen aus? Nehmen Sie sich regelmäßig Zeit, um sich auszuruhen? Wenn das Ausruhen (der Sabbat) noch nicht zu Ihren Gewohnheiten gehört, fangen Sie damit an, indem Sie eine feste Zeit bestimmen, in der Sie die Arbeit ganz bewusst ruhen lassen. Suchen Sie Wege, sich an Gott zu erfreuen und seine Liebe zu feiern. Achten Sie darauf, dass Sie sich Zeit nehmen zum Spielen, für die Einsamkeit und die Gemeinschaft.

Dankbarkeit

Meg führt sich vor Augen, wie Gott fremde Menschen gebraucht, um für sie zu sorgen – auch solche Menschen, die Meg eigentlich gar nicht mochte. Lassen Sie betend den gestrigen Tag oder die vergangene Woche Revue passieren. Wie hat Gott für Sie gesorgt? Ist er Ihnen vielleicht an der ein oder anderen Stelle ganz unerwartet zur Hilfe geeilt? Danken Sie Gott für seine Fürsorge.

Woche 1: Fragen für die Diskussion in der Gruppe

(Bitte beachten Sie: Falls die Gruppe gerade erst zusammengefunden hat, besprechen Sie vorab die Erwartungen und Grenzen der Teilnehmer. Versichern Sie sich gegenseitig Ihrer Verschwiegenheit anderen gegenüber. Seien Sie dazu bereit, anderen aufmerksam und voller Mitgefühl zuzuhören. Die Gruppenleiter sollten für jede Woche die Rahmenbedingungen für die Diskussionsfragen festlegen. Wenn möglich, zünden Sie eine Kerze an, um sich Gottes Gegenwart in Erinnerung zu rufen.)

Möglicher Einstieg für das Gespräch: Welche der Hauptfiguren mögen Sie besonders gern? Welche gar nicht? Warum?

1. Sprechen Sie über einige der Kämpfe, die im Leben der vier Frauen deutlich werden. Inwiefern können Sie sich mit ihnen identifizieren?

2. Tauschen Sie sich über die Erfahrungen aus, die Sie in dieser Woche mit den geistlichen Übungen gemacht haben. Welche haben Ihnen weitergeholfen? Welche haben Sie als besonders herausfordernd empfunden? Warum?

3. Praktizieren Sie die *Lectio divina*. Bestimmen Sie vier verschiedene Leser und lesen Sie Jesaja 9,2–3 jeweils mit einer Minute Pause zwischen den einzelnen Versen. Welches Wort oder welcher Satz hat Sie beim Zuhören besonders angesprochen? Nehmen Sie sich Zeit und schreiben Sie betend Ihre Reaktion auf das Gehörte nieder. (Hinweis für den Gruppenleiter: Geben Sie den Teilnehmern 20 bis 30 Minuten Zeit, um sich intensiv mit dem Bibeltext auseinanderzusetzen. Anschließend stellen Sie ihnen folgende Frage: „Was

ist euch wichtig geworden, als ihr mit dem Bibeltext gebetet habt?“ Achten Sie darauf, dass jeder Teilnehmer, der etwas sagen möchte, auch wirklich zu Wort kommt.)

4. Wie kann die Gruppe für Sie beten, während Sie hoffnungsvoll den nächsten Schritt auf Ihrem Weg gehen?

Woche 2

Teil 1: Wachsam sein

Lesen Sie in dieser Woche die Kapitel 3 und 4 aus Teil 1. Wählen Sie jeden Tag eine der folgenden Fragen zur Reflexion aus, über die Sie nachdenken wollen, oder eine oder mehrere geistliche Übungen, die Sie gerne ausprobieren wollen.

Vorbereitung im Gebet: Wenn möglich, zünden Sie eine Kerze an, um sich Gottes Gegenwart in Erinnerung zu rufen. Werden Sie ruhig in der Liebe Gottes, indem Sie Ihr Atem-Gebet aus der vergangenen Woche anwenden. Atmen Sie Gottes Liebe Ihnen gegenüber ein, atmen Sie Ihren Widerstand gegenüber Gottes Liebe aus.

Fragen zur Reflexion

1. Inwiefern hat die Reise der vier Frauen Sie ermutigt beziehungsweise herausgefordert? Welche Erkenntnisse haben Sie in Bezug auf Ihre eigene Reise mit Gott gewonnen? Welche Sehnsüchte sind in Ihnen geweckt worden? Welche Widerstände oder Ängste sind Ihnen deutlich geworden? Bringen Sie alles im Gebet vor Gott.

2. Charissa beschäftigt die Gegensätzlichkeit von Marias Gehorsam, als sie erfährt, dass der Sohn Gottes in ihr heranwachsen wird, und ihrem eigenen Widerstand gegenüber

dem Leben, das gerade in ihr heranwächst (körperlich wie geistlich). Machen Sie Charissas Fragen nun zu Ihren eigenen: Sind Sie bereit, ein umfassendes Ja dazu zu finden, Ihr Leben von Grund auf verändern zu lassen? Oder ziehen Sie eine weniger intime, weniger persönliche Beziehung vor, in der Sie Jesus aus angemessener Entfernung heraus nachfolgen können? Wie können Sie einen heiligen Raum schaffen, in dem das Leben Christi wachsen und gedeihen kann?

3. Mara fällt es schwer zu glauben, dass sie auserwählt, geliebt und begnadet ist. Halten Sie in Ihrem Tagebuch Ihre Reaktion auf das Wort „begnadet“ fest. Was hilft Ihnen, die gute Nachricht von der Gnade Gottes anzunehmen? Was erschwert es Ihnen, daran zu glauben? Stellen Sie sich vor einen Spiegel und sagen Sie die Worte: „Sei gegrüßt, du Begnadete! Der Herr ist mit dir!“ Halten Sie fest, was bei dieser Übung in Ihnen vorgeht, ob Sie empfänglich dafür sind oder Widerstand empfinden.

4. Identifizieren Sie Ihre eigenen „Wie-kann-das-sein-Fragen“. „Wie kann das sein, wo ich doch … [füllen Sie die Leerstelle mit Dingen, die es Gott Ihrer Meinung nach unmöglich machen, in Ihnen und durch Sie zu wirken]?“ Bringen Sie Ihre Verwunderung, Ihre Ratlosigkeit und Ihre Ängste im Gebet vor Gott.

Die Wahrheit aussprechen

Charissa und Mara werden dazu aufgefordert, zu benennen, was gerade in ihnen vorgeht, auch wenn die Wahrheit „hässlich klingen mag“. Wie ehrlich und aufrichtig sind Sie im Gespräch mit Gott? Wie würden Sie beten, wenn Sie ganz sicher wüssten, dass

Gott Sie nicht dafür bestrafen wird, wenn Sie Ihre Gedanken und Gefühle offen und ehrlich aussprechen? Nehmen Sie sich die Zeit, es aufzuschreiben, und bitten Sie Gott um den Mut, es in ein Gebet umzuwandeln. Führen Sie diese Übung noch einen Schritt weiter, indem Sie sich einen vertrauenswürdigen Weggefährten suchen und ihm ganz offen Ihre Gedanken, Gefühle, Ängste, Kämpfe und Sünden anvertrauen.

Klage

Dr. Allen fordert Charissa dazu auf, die Dinge zu benennen, die in ihr gestorben sind: ihre Pläne, ihre Ziele, ihre Lebensvision. „Diese geistlichen und emotionalen Tode sind nicht weniger einschneidend als ein physischer Tod, aber vermutlich sind sie schwieriger beim Namen zu nennen." Charissa erkennt, dass der Heilige Geist versucht, ihre Aufmerksamkeit zu gewinnen, indem er den Finger auf einige ihrer wunden Punkte legt, damit sie ihren Schmerz im Gebet vor Gott bringt. Auf welche Weise werden Sie dazu eingeladen, „bei dem zu verweilen, was Sie provoziert"? Gibt es irgendeinen Kummer, den Sie im Gebet vor Gott bringen sollten? Irgendeine Wunde, die sich mit Selbstmitleid, Bitterkeit oder Zorn infiziert hat? Schreiben Sie ein Klagegebet auf, in dem Sie Ihre Gefühle, Ihren Schmerz und Ihre Enttäuschung aufrichtig vor Gott aussprechen.

Gebet der liebenden Aufmerksamkeit

Meg hat die Angewohnheit, ihren Tag im Gespräch mit Gott zu überdenken und dabei sowohl die Augenblicke zu benennen, in denen sie sich der Gegenwart Gottes bewusst war, als auch die Situationen, in denen ihr Gott weit weg zu sein schien. Kommen Sie in Gottes Gegenwart zur Ruhe, danken Sie ihm für die

Dinge, mit denen er Sie an diesem Tag beschenkt hat. Bitten Sie anschließend den Heiligen Geist, Ihnen zu zeigen, wann Sie sich auf Gott zu-, und wann Sie sich von ihm wegbewegt haben. Feiern Sie Gottes Güte Ihnen gegenüber. Bekennen Sie ihm Ihre Fehler und empfangen Sie seine Gnade und Vergebung. Was können Sie in Anbetracht dessen, was Ihnen durch diese Übung deutlich geworden ist, morgen anders machen? (Eine ausführlichere Beschreibung des Gebets der liebenden Aufmerksamkeit finden Sie in *Unterwegs mit dir*.)

Mit Vorstellungskraft beten

Lesen Sie Lukas 1,26–38 mehrmals langsam und laut durch. Stellen Sie sich vor, Sie wären Maria. Was sehen Sie? Was hören Sie? Was fühlen Sie? Was denken Sie? Wie reagieren Sie auf die Botschaft des Engels? Was sagt Ihre Reaktion über Ihre Beziehung zu Gott aus? Sprechen Sie mit Gott über das, was Ihnen deutlich geworden ist.

Feiern

Denken Sie einmal darüber nach, was es bedeutet, „mit dem Sohn Gottes schwanger zu sein". Suchen Sie nach einer Möglichkeit, das Wirken des Heiligen Geistes in Ihrem Leben zu feiern, der Sie zu einer Wohnstätte für den allerhöchsten Gott machen möchte.

Bibelverse personalisieren

Die Formulierung, die der Engel Gabriel gebraucht, als er Maria die gute Nachricht überbringt, findet sich auch an vielen anderen Stellen der Bibel: *Fürchte dich nicht! Du hast Gnade bei Gott gefunden.* Sagen Sie dieses Versprechen mehrmals täglich laut auf und setzen Sie dabei Ihren Namen ein: „Fürchte dich nicht, [Name]! Du hast Gnade bei Gott gefunden."

Fürbittengebet

Nehmen Sie sich Zeit zum Hören. Wen möchte Gott Ihnen im Gebet in Erinnerung rufen? Schauen Sie von Ihren eigenen Bedürfnissen weg und bitten Sie Gott, Ihnen zu helfen, voller Mitgefühl für andere Menschen zu beten. Und vertrauen Sie fest darauf, dass Gott nicht nur Ihre Worte, sondern auch Ihr Schweigen hört.

Woche 2: Fragen für die Diskussion in der Gruppe

Wenn möglich, zünden Sie eine Kerze an, um sich Gottes Gegenwart in Erinnerung zu rufen. Lassen Sie Raum für ein stilles Atem-Gebet, bevor Sie beginnen.

1. Tauschen Sie sich über Ihre Erfahrungen aus, die Sie in dieser Woche mit den geistlichen Übungen gemacht haben. Welche haben Sie weitergebracht? Welche waren eine Herausforderung für Sie? Warum?

2. Viele der Fragen zur Reflexion und der geistlichen Übungen konzentrierten sich auf Lukas 1,26–38. Lesen Sie den Text laut vor und sprechen Sie über die Erfahrungen, die Sie gemacht haben, während Sie in dieser Woche mit dem Text gebetet haben. Oder praktizieren Sie gemeinsam die *Lectio divina* oder das Beten mit Vorstellungskraft.

3. Wie kann die Gruppe für Sie beten, während Sie hoffnungsvoll den nächsten Schritt auf Ihrem Weg tun?

4. Bilden Sie einen Kreis und sagen Sie abwechselnd die folgenden Worte zu der Person zu Ihrer Linken: „Fürchte dich nicht, [Name]. Du hast Gnade bei Gott gefunden.“ Nehmen Sie sich Zeit, den Segen, der Ihnen zugesprochen wird, wirklich zu verinnerlichen.

Woche 3

Teil 2: Warten in der Dunkelheit

Lesen Sie in dieser Woche die Kapitel 5 und 6 aus Teil 2. Wählen Sie jeden Tag eine der folgenden Fragen zur Reflexion aus, über die Sie nachdenken wollen, oder eine oder mehrere geistliche Übungen, die Sie gerne ausprobieren wollen.

Vorbereitung im Gebet: Nehmen Sie sich Zeit, Gott dafür zu danken, dass er Sie auserwählt hat und Ihnen Gnade im Überfluss zuteilwerden lässt. Beginnen Sie Ihre Meditationszeit mit folgenden Worten: „Fürchte dich nicht, [Name]. Du hast Gnade bei Gott gefunden."

Reflexion

1. Hannah spricht über ihre Tendenz, ihr eigenes Leid ständig mit dem Leid anderer Menschen zu vergleichen und dabei dann ihren eigenen Kummer herunterzuspielen, weil es Menschen gibt, denen es noch viel schlechter geht als ihr. Haben auch Sie schon einmal Ihren eigenen Schmerz geleugnet oder versucht, ihn kleinzureden? Warum? Und mit welchen Folgen? Bringen Sie jeden noch so verborgenen Schmerz im Gebet vor Gott.

2. Hannah vertraut Nathan an, dass sie sich ganz bewusst Dinge vorenthält, die ihr Freude bereiten. Daraufhin fordert er sie heraus, weil er der festen Überzeugung ist, dass sie das Feiern in geistlicher Hinsicht weiterbringen wird als das Fasten. Wie sieht es bei Ihnen aus? Liegt Ihnen das Feiern näher oder das Fasten? Was könnte Gott sich gerade in diesem Augenblick von Ihnen wünschen? Dass Sie feiern oder fasten? Und was erhoffen Sie selbst sich davon?

3. Einige der Hauptfiguren erleben sehr konfliktreiche Beziehungen. Gibt es in Ihrem Leben Beziehungen, die gerade besondere Aufmerksamkeit und viel Gebet benötigen? Welche aktiven Schritte zur Versöhnung sind möglich oder notwendig? Gibt es jemanden in Ihrem Umfeld, der Sie in schwierigen Zeiten ermutigt und unterstützt? Welche Wahrheiten sollen Sie Gott, anderen Menschen und sich selbst gegenüber aussprechen?

4. Wenn Sie selbst gerade keine schwierige Zeit durchmachen: Gibt es vielleicht jemanden, dem Sie zur Seite stehen könnten? Wie werden Sie beten, zuhören, achtgeben und darauf vertrauen, dass Gott in die Probleme Ihres Gegenübers eingreifen wird?

5. Lesen Sie Johannes 1,20. Überlegen Sie, inwiefern Sie selbst vielleicht schon einmal versucht haben, Messias, der Retter, zu sein. Woher kommt es Ihrer Meinung nach, dass Sie eingreifen und Gottes Welt an seiner Stelle verwalten wollen? Formulieren Sie ein Rücktrittsgesuch gegenüber Gott. Wenn Sie mögen, lesen Sie es Ihrer Gruppe oder einem vertrauenswürdigen Freund vor.

Vergebung

Bei einer ihrer ersten Begegnungen hatte Hannah Mara verletzt, indem sie sie dazu brachte, Dinge aus ihrem Leben preiszugeben. Nun bittet Hannah sie um Vergebung. Bitten Sie Gott, Ihnen die Menschen vor Augen zu führen, die Sie verletzt haben. Wenn Sie Gelegenheit haben, diese Personen um Vergebung zu bitten, dann zögern Sie nicht, es zu tun. Wenn Sie eine Abwehr dagegen verspüren, bitten Sie Gott, Ihnen zu zeigen, warum dies so ist. Bitten Sie um den Mut, demütig zu sein und sich verletzlich zu machen.

Spielen

Erinnern Sie sich daran, wie gerne Sie als Kind gespielt haben. Üben Sie sich darin, in das Reich Gottes einzutreten wie ein Kind, indem Sie die Erinnerung an Ihr Lieblingsspiel wachrufen. Wenn Ihnen diesbezüglich nichts einfällt, überlegen Sie sich, welches Spiel Ihnen heute Freude bereiten würde, und folgen Sie diesem Wunsch.

Warten

Die Zeit des Wartens ist eine Möglichkeit für Gott, in uns zu wirken und uns zu verändern. Wenn es Ihnen wie Nathan schwerfällt, zu warten, dann suchen Sie nach Gelegenheiten, sich im Warten zu üben. Stellen Sie sich zum Beispiel an der Kasse mit der längsten Schlange an, ohne sich mit Ihrem Telefon oder einer Zeitschrift abzulenken. Nutzen Sie die Wartezeit, um sich ganz bewusst mit Gott auseinanderzusetzen. Was möchte Gott Ihnen in Bezug auf die Menschen in Ihrer Umgebung deutlich machen? Wie könnten Sie für sie beten? Haben

Sie vielleicht ein freundliches Wort für jemanden? Können Sie einem anderen Menschen einen kleinen Dienst erweisen? Halten Sie in Ihrem Tagebuch fest, was Ihnen in dieser Hinsicht klar geworden ist.

Studium

Lesen Sie Römer 5,1–5. Was sagt Paulus über Frieden, Gnade und Hoffnung? Was meint er mit dem Ausdruck „sie rühmen"? Was ist der Zweck und die Frucht des Leidens in unserem Leben? Welche Rolle spielt der Heilige Geist? Vertiefen Sie sich mithilfe einer Konkordanz oder eines griechischen Wörterbuchs in den Text. Schlagen Sie die einzelnen Begriffe nach (zum Beispiel „Leiden", „Geduld", „Bewährung" und „Hoffnung"). Welche Wörter lassen etwas in Ihnen anklingen? Warum? Was fordert Sie heraus? Was tröstet Sie? Beten Sie mit diesen Bibelversen. Was will Gott Ihnen gerade sagen?

Anbetung

Ist gemeinschaftliche Anbetung ein fester Bestandteil Ihres Lebens? Warum oder warum nicht? Denken Sie über Ihre Motivation und Ihre Wunschvorstellung nach. Wenn Sie es meiden, Gott im Beisein anderer Menschen anzubeten, sprechen Sie mit Gott über die Gründe für Ihr Verhalten.

Vorformulierte Gebete

Hannah übt sich im Beten mit Liedtexten. Es gibt viele geistliche Lieder, die eine große theologische Aussagekraft haben und sich gut für das Gebet eignen. Wenn Sie normalerweise eher spontan beten, versuchen Sie einmal, mit vorformulierten Worten aus einem Gesang- oder Gebetbuch zu beten. Was fällt Ihnen auf, wenn Sie mit den Worten anderer beten?

Gottes Führung

Gott hat versprochen, uns Weisheit zu schenken (Jakobus 1,5), uns den richtigen Weg zu zeigen, uns nicht aus den Augen zu lassen (Psalm 32,8), uns zu leiten (Sprüche 3,5–6) und wie der gute Hirte für uns zu sorgen (Johannes 10,27). Wie nehmen Sie Gottes Führung in Ihrem Leben wahr? Welche Rolle spielt dabei die Gemeinschaft mit anderen Christen? Welche Bibeltexte kommen Ihnen in den Sinn, wenn Sie über Gottes Führung nachdenken? Wenn Sie sich gerade im Augenblick Gottes Führung wünschen, denken Sie an eine Situation aus der Vergangenheit, in der Sie nicht weiterwussten. Wie hat Gott Ihnen damals seinen Weg gezeigt? Gibt es Gemeinsamkeiten zwischen Ihrer gegenwärtigen Situation und dem Erlebnis aus Ihrer Vergangenheit? Halten Sie Ihre Einsichten in Ihrem Tagebuch fest.

Bibelmeditation (*Lectio divina*)

Lesen Sie betend Johannes 1,1–9 mehrmals laut vor. Welches Wort oder welcher Ausdruck lässt etwas in Ihnen anklingen? Gibt es einen Zusammenhang zwischen diesem Wort/Ausdruck und Ihrem Leben? Welche Gefühle ruft dieses Wort/dieser Ausdruck in Ihnen hervor? Bringen Sie Ihre Reaktion im Gebet vor Gott und hören Sie, was er Ihnen sagen möchte. Nehmen Sie sich Zeit für Stille und ruhen Sie in Gottes Gegenwart aus.

Woche 3: Fragen für die Diskussion in der Gruppe

Wenn möglich, zünden Sie eine Kerze an, um sich Gottes Gegenwart in Erinnerung zu rufen. Beginnen Sie in dieser Woche Ihre Gruppenstunde damit, der Person zu Ihrer Rechten die folgenden Worte zuzusprechen: „Fürchte dich nicht, [Name]. Du hast Gnade bei Gott gefunden." Nehmen Sie sich Zeit, den Segen, der Ihnen zugesprochen wird, wirklich zu verinnerlichen.

1. Tauschen Sie sich über Ihre Erfahrungen aus, die Sie in dieser Woche mit den geistlichen Übungen gemacht haben. Welche haben Sie weitergebracht? Welche waren eine Herausforderung für Sie? Warum?

2. Praktizieren Sie die *Lectio divina* in der Gruppe. Bestimmen Sie vier verschiedene Leser und lesen Sie Johannes 1,1–9 jeweils mit einer Minute Pause zwischen den einzelnen Versen. Welches Wort oder welcher Satz hat Sie beim Zuhören besonders angesprochen? Nehmen Sie sich Zeit und schreiben Sie betend Ihre Reaktion auf das Gehörte nieder. (Hinweis für den Gruppenleiter: Geben Sie den Teilnehmern 20 bis 30 Minuten Zeit, um sich intensiv mit dem Bibeltext auseinanderzusetzen. Anschließend stellen Sie ihnen folgende Frage: „Was ist euch wichtig geworden, als ihr mit dem Bibeltext gebetet habt?" Achten Sie darauf, dass jeder Teilnehmer, der etwas sagen möchte, auch wirklich zu Wort kommt.)

3. Wenn Sie mögen, lesen Sie Ihre Rücktrittsgesuche vor. Nach jeder Erklärung nehmen Sie sich eine Zeit der Stille und bitten Gott, Ihnen zu helfen, die Kontrolle an ihn abzugeben.

4. Jedes Mitglied der Gruppe sollte beim Abschlussgebet die Möglichkeit bekommen, eine Sehnsucht oder ein Bedürfnis vor Gott auszusprechen. Halten Sie eine Zeit der Stille nach jeder Erklärung und bitten Sie Gott, seine Gegenwart zu offenbaren und den Betenden näher zu sich zu ziehen.

Woche 4

Teil 2: Warten in der Dunkelheit

Lesen Sie in dieser Woche die Kapitel 7 und 8 aus Teil 2. Wählen Sie jeden Tag eine der folgenden Fragen zur Reflexion aus, über die Sie nachdenken wollen. Neben den anderen geistlichen Übungen, die Sie bereits regelmäßig praktizieren, sind Sie in dieser Woche dazu eingeladen, täglich das Gebet der liebenden Aufmerksamkeit zu beten (siehe unten).

Vorbereitung im Gebet: Wenn möglich, zünden Sie eine Kerze an, um sich ins Gedächtnis zu rufen, dass Sie sich in der Gegenwart dessen befinden, der Sie kennt, liebt und beim Namen gerufen hat. Kommen Sie durch Ihr Atem-Gebet zur Ruhe.

Reflexion

1. Bei den vier Hauptfiguren der Geschichte ist das Leben aus den Fugen geraten. Mit welcher von ihnen können Sie sich am ehesten identifizieren? Warum? Hoffen Sie für eine oder mehrere von ihnen auf einen gewissen Ausgang ihrer Geschichte? Was verdeutlichen Ihnen Ihre Wünsche für die Frauen im Roman in Bezug auf Ihre Wünsche für sich selbst oder für liebe Menschen, die in einer schwierigen Situation stecken? Bringen Sie Ihre Beobachtungen im Gebet vor Gott.

2. Denken Sie an eine schwierige Zeit in Ihrem Leben zurück. Wie wichtig ist Ihnen in dieser Zeit die Gemeinschaft mit anderen Menschen gewesen, die Ihre Last und Ihren Schmerz mitgetragen haben? Wofür können Sie Gott danken, wenn Sie sich an dieses bestimmte Erlebnis zurückerinnern? Gibt es etwas, das Sie noch betrauern oder vergeben müssen? Schreiben Sie Ihre Gedanken auf und bringen Sie sie vor Gott.

3. Haben Sie schon einmal die Art von Gemeinschaft erlebt, wie Christus sie sich für uns wünscht? Wodurch zeichnet sich diese Gemeinschaft aus? Oder, wenn Sie noch keine derartige Gemeinschaft erlebt haben, wie sollte sie Ihrer Meinung nach aussehen? Wie und wo könnten Sie gerade für andere Menschen da sein? Welche Gaben hat Gott Ihnen diesbezüglich geschenkt und wie könnten Sie sie einbringen?

4. Hannah unterscheidet zwischen dem Vertrauen auf ihre Fähigkeit, Gott zu hören, und dem Vertrauen auf Gottes Fähigkeit, so zu ihr zu sprechen, dass sie ihn verstehen kann. Eröffnet Ihnen diese Denkweise einen neuen Blickwinkel? Wenn das so ist, nehmen Sie sich die Zeit, in Ruhe darüber nachzudenken.

5. Erinnern Sie sich an Zeiten in Ihrem Leben, in denen Sie von Angst, Schuldgefühlen oder übertriebenem Pflichtbewusstsein gequält worden sind? Welche Folgen hat dies für Ihr Leben gehabt? Erinnern Sie sich im Gegensatz dazu auch an Zeiten in Ihrem Leben, in denen Sie sich von der Liebe haben leiten lassen? Welche Frucht ist daraus entstanden?

6. Charissa kann nicht mit ihrem Versagen umgehen. Wenn Sie Charissa in dieser Situation zur Seite stehen würden, welche Worte der Hoffnung würden Sie ihr mit auf den Weg geben? Welche Worte der Hoffnung würden Ihnen selbst im Augenblick helfen?

Gebet der liebenden Aufmerksamkeit

Versuchen Sie, in dieser Woche täglich das Gebet der liebenden Aufmerksamkeit zu beten, um sich der Gegenwart Gottes in Ihrem Alltag bewusst zu werden. Halten Sie Ihre Gedanken in Ihrem Tagebuch fest.

Woche 4: Fragen für die Diskussion in der Gruppe

Wenn möglich, zünden Sie eine Kerze an, um sich Gottes Gegenwart in Erinnerung zu rufen. Lesen Sie gemeinsam Römer 5,1–5.

1. Die Frauen aus dem Roman entwickeln sich in unterschiedliche Richtungen. Was haben Sie beim Lesen empfunden? Für wen haben Sie Mitgefühl empfunden, über wen haben Sie sich geärgert? Warum? Inwiefern helfen die einzelnen Charaktere Ihnen dabei, ein deutlicheres Bild von Gott zu bekommen, und inwiefern erkennen Sie sich selbst in ihnen wieder?

2. Wie sieht es in Ihrer Gruppe aus? Sind Sie füreinander da? Was können Sie tun, um eine authentische, mitfühlende Gemeinschaft zu werden?

3. Was ist Ihnen in dieser Woche aufgefallen, als Sie das Gebet der liebenden Aufmerksamkeit gebetet haben? Gab es

Themen, die Ihnen immer wieder durch den Kopf gegangen sind? Wozu möchte Gott Sie Ihrer Meinung nach einladen?

4. Abschlussübung: Geben Sie der Person zu Ihrer Linken ein Wort der Hoffnung oder Ermutigung mit auf den Weg. (Nehmen Sie sich Zeit für hörendes Gebet, bevor Sie mit der Übung beginnen.) Welche Hinweise auf das Wirken des Heiligen Geistes können Sie bei dieser Person erkennen? Nehmen Sie sich Zeit, auf das Wort zu hören, das Sie selbst mit auf den Weg bekommen haben, und erfreuen Sie sich daran, bevor Sie sich Ihrem Nachbarn zuwenden.

Woche 5

Teil 3: An einem Ort wie diesem

Lesen Sie in dieser Woche Kapitel 9 aus Teil 3. Wählen Sie jeden Tag eine der folgenden Fragen zur Reflexion aus, über die Sie nachdenken wollen, oder eine oder mehrere geistliche Übungen, die Sie gerne ausprobieren wollen.

Vorbereitung im Gebet: Wenn möglich, zünden Sie eine Kerze der Hoffnung an. Kommen Sie mithilfe Ihres Atem-Gebets in der Gegenwart Gottes zur Ruhe.

Reflexion

1. Führen Sie sich noch einmal vor Augen, was es bedeutet, geliebt, auserwählt und begnadet zu sein. Welche Übungen helfen Ihnen, sich die Liebe Gottes bewusst zu machen? Welche Bibelverse verdeutlichen Ihnen die Liebe Gottes? Versuchen Sie, sich die Liebe Gottes ins Gedächtnis zu rufen, wann immer Sie in den Spiegel schauen.

2. Hannah setzt sich damit auseinander, was es bedeutet, auf Gottes Reich zu warten – zu ächzen, zu kämpfen und zu weinen und gleichzeitig Trost in dem Werk zu finden, das Gott durch Jesus Christus bereits vollbracht hat. Sehnen auch Sie sich danach, dass das Reich Gottes sich offenbart? Beten Sie

dafür, dass sein Reich Einzug in das Leben von Menschen hält, die traurig sind. Beten Sie dafür, dass es sich in dieser Welt ausbreitet.

3. Einige der Hauptfiguren werden Wege geführt, die sie nicht gehen wollen. Können Sie sich mit ihren Kämpfen, ihrem Widerstand und ihrem Zorn identifizieren? Können Sie sich daran erinnern, schon einmal ein Gebet der Hingabe gesprochen zu haben, indem Sie Gott gesagt haben: „Hier bin ich, Herr“? Was ist daraufhin geschehen?

4. Welche Situationen oder Menschen machen Sie wütend? Was könnte Gott Ihnen durch diese Gefühle zeigen wollen?

5. Hannah setzt sich mit ihrer Vorstellung von Mangel und Überfluss auseinander, indem sie Gottes Liebe einerseits mit einem Kuchen vergleicht, den es untereinander aufzuteilen gilt, und andererseits mit einem sonnigen Tag am Strand, den jeder in vollen Zügen genießen kann, ohne dem anderen etwas wegzunehmen. In welchem Bereich Ihres Lebens haben Sie Angst, im Hinblick auf Gottes Liebe und Segen zu kurz zu kommen?

6. Erzählende Texte in der Bibel eignen sich besonders gut zum Beten mit Vorstellungskraft. Beispielsweise kann Meg in Jesaja 11,1–9 viele Bilder erkennen, die das kommende Reich Gottes beschreiben. Welche Bilder aus Jesaja, Kapitel 11, haben Ihre Aufmerksamkeit geweckt und Ihre Fantasie angeregt? Was ist Ihr Gebet, während Sie darauf warten, dass das Reich Gottes vollständig offenbart wird?

Gebet der liebenden Aufmerksamkeit

Beten Sie auch weiterhin das Gebet der liebenden Aufmerksamkeit am Ende eines jeden Tages. Was fällt Ihnen auf, wenn Sie ganz bewusst in der Gegenwart Gottes leben? Bewegen Sie sich gerade auf Gott zu oder von ihm weg?

Kontemplatives Gebet

Das kontemplative Gebet ist ein Gebet der Stille und des „Ausruhens in der Liebe und Gegenwart Gottes" (siehe Psalm 131). In unserer heutigen Zeit fällt es uns schwer, wirklich zur Ruhe zu kommen. Selbst wenn wir schweigen, brauchen wir Zeit, um wirklich still zu werden. Deshalb kann es hilfreich sein, sich ein Wort auszusuchen, das man sich in einer solchen Situation ins Gedächtnis ruft. Dies könnte ein Name für Gott aus der Bibel sein, wie beispielsweise Nathans „hineni", oder eine kurze Absichts- oder Sehnsuchtserklärung. Wann immer Ihre Gedanken auf Wanderschaft gehen und Sie abgelenkt werden, kehren Sie zur Stille zurück, indem Sie Ihr Gebetswort sprechen. Das Ziel dieses Gebets ist dabei nicht Stille oder Frieden, sondern die vertrauensvolle Gemeinschaft mit dem, der uns liebt. So, wie Stille ein Ausdruck von Intimität und Vertrauen zwischen Freunden sein kann, ist das kontemplative Gebet ein Ausdruck unseres Vertrauens gegenüber Gott. Wenn Sie das kontemplative Gebet noch nicht kennen, versuchen Sie, erst einmal fünf Minuten durchzuhalten. Was fällt Ihnen dabei auf?

Bibelmeditation

Lesen Sie Johannes 1,9–14 mehrmals laut vor aus einer Übersetzung, die Ihnen noch nicht vertraut ist. Welche Worte oder

Sätze fesseln Ihre Aufmerksamkeit und laden Sie ein, im Gebet bei ihnen zu verweilen?

Fürbittengebet

Beten Sie nicht nur für die Menschen, die Sie lieben, sondern auch für diejenigen, die Sie nicht besonders mögen. Bitten Sie Gott, sich auch den Menschen zu offenbaren, die sich bewusst von ihm abwenden, und beten Sie für die Menschen, die Sie verletzt haben.

Beten mit Vorstellungskraft

Wenn Sie Megs Gebet mit Jesaja 11 zu sehr beeinflusst hat, wählen Sie einen anderen Text für Ihr Gebet mit Vorstellungskraft (beispielsweise Matthäus 13,24–30, in dem es um das Himmelreich geht). Stellen Sie sich vor, dass Sie in dieser Geschichte persönlich anwesend sind. Was hören Sie? Was sehen Sie? Was fühlen Sie? Was berühren Sie? Was sagen Sie? Wie reagieren Sie auf das, was geschieht? Bringen Sie Ihre Gedanken und Gefühle im Gebet vor Gott.

Feiern

Zählen Sie einige der „Blumen" auf, die Gott Ihnen bereits als sichtbaren Beweis seiner Liebe geschenkt hat. Nehmen Sie sich Zeit zu feiern und Gott für diese Geschenke zu danken. Denken Sie jetzt an einen Menschen, den Sie beneiden (oder in der Vergangenheit beneidet haben). Nehmen Sie sich Zeit, die Gaben und den Segen zu benennen, an denen sich diese Person erfreuen kann. Feiern Sie Gottes Großzügigkeit, und danken Sie Gott für die Blumen, die er anderen Menschen bereits geschenkt hat.

Woche 5: Fragen für die Diskussion in der Gruppe

Wenn möglich, zünden Sie eine Kerze an, um sich Gottes Gegenwart in Erinnerung zu rufen. Der Gruppenleiter wählt den Text eines Weihnachtsliedes für das Eröffnungsgebet aus. Nachdem Sie den Text mehrmals vorgelesen haben, singen Sie das Lied gemeinsam in der Gruppe.

1. Tauschen Sie sich über Ihre Erfahrungen aus, die Sie in dieser Woche mit den geistlichen Übungen gemacht haben. Welche haben Sie weitergebracht? Welche waren eine Herausforderung für Sie? Warum?

2. Lesen Sie gemeinsam Johannes 1,14. Nachdem Sie sich einen Augenblick Zeit genommen haben, um über die in Christus offenbarte Herrlichkeit Gottes nachzudenken, nennen Sie der Gruppe den Namen eines Menschen, für den zu beten Ihnen besonders schwerfällt. Erklären Sie kurz, warum es Ihnen so schwerfällt, und lassen Sie anschließend die anderen Teilnehmer für Sie und für die andere Person beten. Schließen Sie diese Gebetszeit ab, indem Sie noch einmal gemeinsam Johannes 1,14 lesen.

3. Sprechen Sie gemeinsam über Ihre Reaktion auf die dritte Frage zur Reflexion.

4. Abschlussübung: Üben Sie sich in der gemeinsamen Stille, indem Sie für fünf bis zehn Minuten ein kontemplatives Gebet durchführen.

Woche 6

Teil 3: An einem Ort wie diesem

Lesen Sie in dieser Woche Kapitel 10 aus Teil 3. Wählen Sie jeden Tag eine der folgenden Fragen zur Reflexion aus, über die Sie nachdenken wollen. Schreiben Sie als geistliche Übung in dieser Woche auf, wo Sie selbst schon einmal erlebt haben, dass es für Sie zwei Schritte vorwärts und dann wieder einen zurück gegangen ist (siehe unten).

Gebet zur Vorbereitung: Wenn möglich, zünden Sie eine Kerze an, um sich ins Gedächtnis zu rufen, dass Immanuel mit Ihnen ist. Praktizieren Sie fünf bis zehn Minuten des kontemplativen Gebets als Ausdruck für Ihren Wunsch, in der Liebe Gottes auszuruhen.

Reflexion

1. Was sind für Sie sichtbare Zeichen oder „Blumen im Winter", die Sie an die Gegenwart und Treue Gottes erinnern? Welcher Gegenstand ist in dieser Phase Ihres Lebens ein sichtbares Zeichen für Gottes Liebe? (Wenn Sie zu einer Gruppe gehören, bringen Sie diesen Gegenstand zu Ihrem nächsten Treffen mit und erklären Sie, was es damit auf sich hat.)

2. Gibt es eine Last oder eine Angst in Ihrem Leben, die Sie durch Gebet, Tagebuchschreiben oder durch das Bekenntnis

einem vertrauenswürdigen Gefährten gegenüber abwerfen könnten? Welche Wahrheit müsste dazu ausgesprochen werden?

3. Katherine schickt Meg in einer E-Mail Worte der Ermutigung, indem sie sagt, in schweren Zeiten sei es leichter, den Schmerz mit einem Ausrufezeichen zu betonen, als ihn mit einem Komma zu versehen. Lesen Sie Lukas 2,1–7. Inwiefern gibt Ihnen die Geschichte Hoffnung und Ermutigung? Warum? Denken Sie an eine Zeit in Ihrem Leben zurück, in der Sie den Eindruck hatten, am falschen Ort gelandet zu sein. Schreiben Sie auf, was passiert ist, und setzen Sie dabei überwiegend Kommas. Wie hat sich Gott durch die Windungen und Biegungen der Geschichte offenbart?

4. Wem in Ihrem Umfeld sollten Sie unbedingt einmal mitteilen, dass er oder sie nicht allein ist? Überlegen Sie, wie Sie einer Person, die gerade eine schwierige Zeit durchmacht, Mut zusprechen können.

5. Katherine rät Hannah, sie solle im Gebet nicht auf sich selbst schauen, sondern auf Jesus. „Verweilen Sie nicht bei Ihrem ‚Hier bin ich' Gott gegenüber, sondern vielmehr bei Gottes ‚Hier bin ich', das er an Sie richtet." Warum ist dieser Perspektivwechsel so wichtig für Hannah? Entdecken Sie an dieser Stelle eventuell Gemeinsamkeiten mit ihr? Nehmen Sie sich Zeit, über das Wesen und die Liebe Gottes nachzudenken. Wie wirkt sich das auf Ihre Fähigkeit aus, ihm zu vertrauen?

6. Meg erlebt eine große Enttäuschung, als sie versucht, mit Becca über Gott zu sprechen. Welche Erfahrungen haben

Sie in dieser Hinsicht gemacht? Gibt es Erlebnisse, die Sie feiern können? Die Sie traurig machen? Gibt es jemanden, bei dem Sie den Eindruck haben, Gott möchte, dass Sie ihm Ihre Geschichte erzählen? Wie können Sie für die Menschen beten, die Jesus noch nicht in ihr Leben eingeladen haben?

Ihre Geschichte schreiben

Nachdem es Charissa zuerst so schwergefallen ist, die Abschlussarbeit über ihre geistliche Entwicklung zu schreiben, kommt ihr schließlich die Idee, ihre persönliche Reise niederzuschreiben: die Schritte vor und zurück, die Sehnsucht und die Furcht, der Widerstand und das Nachgeben, die Sünde und die Gnade. Nehmen Sie sich Zeit, Ihren persönlichen Weg in Worte zu fassen. Wie gelingt es Ihnen, Gott näher zu kommen? Wie lernen Sie sich selbst besser kennen? Welche Ermutigungen haben Sie unterwegs bereits erfahren? (Wenn Sie mit einer Gruppe zusammen unterwegs sind, bereiten Sie sich darauf vor, in Ihrer letzten Sitzung davon zu erzählen.)

Woche 6: Fragen für die Diskussion in der Gruppe

Wenn möglich, zünden Sie eine Kerze an, um sich gemeinsam Gottes Gegenwart in Erinnerung zu rufen. Der Gruppenleiter bringt Blumen zur Verdeutlichung mit. Beginnen Sie mit einigen Minuten der Stille im kontemplativen Gebet.

1. Lesen Sie Psalm 40,1–10. Auf welche Weise erzählt David seine Geschichte? Was fällt Ihnen dabei auf?

2. Welche Gegenstände sind für Sie im Augenblick von besonderer Bedeutung für Ihr Glaubensleben? Wenn Sie einen

Gegenstand mitgebracht haben, erklären Sie der Gruppe, warum dieser Gegenstand so wichtig für Sie ist.

3. Überlegen Sie gemeinsam, wie es Ihnen gelingen kann, Gott nicht aus dem Blick zu verlieren. Erzählen Sie, wie Sie persönlich Gottes „Hier bin ich“ erlebt haben. Inwiefern stärken diese Erfahrungsberichte Ihre Hoffnung?

4. Nehmen Sie sich Zeit, für die Menschen zu beten, die Sie lieben und nach denen Sie sich sehnen, und auch für die Menschen, die Jesus Christus noch nicht in ihr Leben eingeladen haben. Beten Sie füreinander, dass Sie den Mut haben und eine Gelegenheit bekommen, mit anderen Menschen über Ihren Glauben zu sprechen.

Woche 7

Teil 4: Die Liebe steigt herab

Lesen Sie in dieser Woche Kapitel 11 aus Teil 4. In den Fragen zur Reflexion und in den geistlichen Übungen geht es diese Woche um die Liebe zu anderen.

Gebet zur Vorbereitung: Wenn möglich, zünden Sie eine Kerze an, um sich ins Gedächtnis zu rufen, dass Immanuel mit Ihnen ist. Üben Sie sich darin, mit geöffneten Händen loszulassen und zu empfangen. Drehen Sie die Handflächen nach unten und geben Sie Ihre Last, Ihre Sorgen, Ihr Leid und Ihre Sünde an Gott ab. Drehen Sie anschließend die Handflächen nach oben und empfangen Sie Gottes gute und gnädige Gaben für Sie.

Reflexion

1. Lesen Sie Philipper 2,1–11. Auf welche Weise steigt Jesus hier herab? Wie würde es sich auswirken, wenn wir dieselbe Gesinnung und Liebe hätten wie Christus? Welche praktischen Möglichkeiten gibt es für Sie, sich in selbstloser, demütiger Liebe zu üben?

2. Denken Sie an eine Zeit in Ihrem Leben zurück, in der Gott Ihnen besonders fern zu sein schien. Wer hat Ihnen damals zur Seite gestanden? Nehmen Sie sich Zeit, Gott für das

Geschenk seiner Gegenwart in schmerzhaften Zeiten zu danken. Gibt es Menschen, denen Sie einmal Danke sagen sollten? Schreiben Sie einen kurzen Brief, schicken Sie eine E-Mail, greifen Sie zum Telefon oder vereinbaren Sie einen Besuch.

3. Lesen Sie Lukas 2,8–14 mehrmals langsam vor. Beten Sie mit den Worten, Sätzen oder Bildern aus dem Text für andere, damit auch sie die gute Nachricht hören und annehmen können.

4. Wenn Sie es sich bislang noch nicht zur Gewohnheit gemacht haben, stellen Sie sich nun vor einen Spiegel und sprechen Sie sich zu, dass Gott Sie liebt. Wenn Sie in dieser Woche anderen Menschen begegnen, nehmen Sie sich vor, für sie zu beten und Gott darum zu bitten, sie seine Liebe spüren zu lassen. Gibt es einen Menschen, für den Sie nicht beten wollen oder können? Sprechen Sie Ihre Gefühle ganz offen vor Gott aus.

Großzügigkeit

Machen Sie einem Menschen in Ihrem Umfeld ein Geschenk. Überlegen Sie betend, was ein passendes Geschenk für sie oder ihn sein könnte, und verschenken Sie es von ganzem Herzen.

Dienen

Wie können Sie in dieser Woche einer anderen Person dienen? Versuchen Sie, Fremden wie auch Freunden einen Dienst zu erweisen. Wenn Sie einer Gruppe angehören, suchen Sie dort nach einer Gelegenheit, einander zu dienen.

Fürbittengebet

Beten Sie für einen Menschen, für den Sie eigentlich nicht beten wollen. Bitten Sie Gott, Ihnen seinen Blickwinkel auf diese Person zu schenken. Bitten Sie den Heiligen Geist, an Ihrer Stelle zu beten.

Dankbarkeit

Führen Sie sich Gottes Treue immer wieder neu vor Augen. Fangen Sie an, indem Sie die offensichtlicheren Gaben benennen, mit denen er sie beschenkt hat, und danken Sie anschließend für die Fürsorge Gottes, die vielleicht nicht ganz so offensichtlich ist. Suchen Sie nach Möglichkeiten, anderen Ihre Dankbarkeit zu zeigen.

Woche 7: Fragen für die Diskussion in der Gruppe

Üben Sie sich in dieser Woche darin, einander zu dienen. Oder tauschen Sie sich über Gelegenheiten aus, wie sie anderen Menschen dienen können, und vereinbaren Sie entsprechende Termine. Wenn das in dieser Woche nicht möglich sein sollte, berichten Sie in Ihrer Gruppensitzung, inwiefern Sie in dieser Woche Ihre Dankbarkeit ausdrücken, Großzügigkeit üben oder für andere beten konnten. Lesen Sie gemeinsam Philipper 2,1–11 und überlegen Sie, wie es ganz konkret aussehen kann, wenn die Liebe herabsteigt.

Woche 8

Teil 4: Die Liebe steigt herab

Lesen Sie in dieser Woche Kapitel 12 aus Teil 4. Wählen Sie jeden Tag eine der folgenden Fragen zur Reflexion aus, über die Sie nachdenken wollen. In der letzten Woche gibt es keine neuen Übungen. Konzentrieren Sie sich also auf die Übungen, die Sie bereits weitergebracht haben. Wenn Sie Ihre Geschichte noch nicht aufgeschrieben haben (siehe Woche 6), arbeiten Sie weiter daran.

Gebet zur Vorbereitung: Wenn möglich, zünden Sie eine Kerze an, um sich die Gegenwart Gottes ins Gedächtnis zu rufen. Kommen Sie durch kontemplatives Gebet oder das Atem-Gebet zur Ruhe.

Reflexion

1. Inwiefern kann Ihnen die Erinnerung an Gottes Treue in der Vergangenheit dabei helfen, ihm auch die Zukunft anzuvertrauen?

2. Charissa benennt mehrere Formen von „gesellschaftlich anerkanntem" Götzendienst. Auf welche Weise haben Sie Ihren eigenen Wert und Ihre Sicherheit schon einmal außerhalb von Gott gesucht? In welchem Bereich sind Sie dazu aufgefordert, die Kontrolle abzugeben?

3. Lesen Sie Markus 5,21–43. Stellen Sie sich vor, Sie wären Jaïrus. Was fühlen, denken und erleben Sie in dieser Geschichte? Was bedeutet das „Glaube nur“ für Sie?

4. Immanuel, der Herr, ist bei Ihnen. Damals genauso wie hier und heute. Wo haben Sie in der Vergangenheit schon einmal Hinweise auf Immanuel gefunden? Wo in der Gegenwart? Wo in schwierigen Zeiten?

5. Was bedeutet es, trotzige Ausrufezeichen der Hoffnung zu setzen? Wo lädt Gott Sie ein, in Ihrer Geschichte Kommas zu setzen? Schreiben Sie Ihre Geschichte zu Ende.

Woche 8: Fragen für die Diskussion in der Gruppe

Wenn möglich, zünden Sie eine Kerze an, um sich gemeinsam Gottes Gegenwart ins Gedächtnis zu rufen.

Dies ist ein Tag, an dem Sie alle von Ihren Erlebnissen berichten können. Feiern Sie und danken Sie Gott für das, was Sie auf Ihrem gemeinsamen Weg alles erlebt haben. Beenden Sie Ihre Sitzung, indem Sie sich im Kreis aufstellen und sich gegenseitig einen Segen zusprechen: „Sei gegrüßt, [Name], du Begnadete[r]! Der Herr ist mit dir. Fürchte dich nicht.“

Anmerkungen

1 Jesaja 9,5a; LÜ
2 Jesaja 9,5b; LÜ
3 John Donne: *Annunciation*; Wortlaut im englischen Text: „Thou hast light in dark, and shutst in little room, Immensity cloistered in thy dear womb."
4 Jona 3,8–9
5 2. Könige 4,42
6 Matthäus 10,16; Hfa
7 Johannes 1,12
8 Johannes 1,9–14
9 Lukas 1,38; LÜ
10 Psalm 40,7; LÜ
11 Psalm 40,8; LÜ
12 Lukas 2,8–14; LÜ
13 Lukas 8,50

MIX
Papier aus verantwortungsvollen Quellen
FSC® C014496

Die amerikanische Originalausgabe erschien im Verlag InterVarsity Press,
P.O Box 1400, Downers Grove, Illinois 60515-1426
unter dem Titel „Two Steps Forward".

Die Bibelzitate wurden, soweit nicht anders angegeben, der Gute Nachricht Bibel, revidierte Fassung, durchgesehene Ausgabe, entnommen.
Copyright © 2000 Deutsche Bibelgesellschaft, Stuttgart.
Weiterhin wurden folgende Übersetzungen verwendet:
Lutherbibel, revidiert 2017, © 2016 Deutsche Bibelgesellschaft, Stuttgart (LÜ).
Hoffnung für alle®, © 1983, 1996, 2002 by Biblica, Inc.®. Verwendet mit freundlicher Genehmigung von `fontis – Brunnen Basel (Hfa).

1. Auflage 2018
Bestell-Nr. 817462
ISBN 978-3-95734-462-5

Covergestaltung: Hanni Plato
Coverillustration: Hanni Plato unter Verwendung von Shutterstock
Lektorat: Carolin Kilian
Satz: Verlagsservice Apel, Wietze
Druck und Verarbeitung: GGP Media GmbH, Pößneck
Printed in Germany

www.gerth.de